KB071976

순암 안정복의

사상과 학문세계

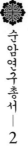
순암연구총서 — 2

순암 안정복의
사상과 학문세계

강세구 지음

성균관대학교 출판부　순암선생 탄신 300주년 기념사업회

금년은 순암順菴 안정복安鼎福 선생 탄신 300주년이 되는 해이다. 선생은 명문인 광주廣州 안씨安氏 가문에서 태어나 영특한 자질에도 불구하고 자신의 경륜을 펼칠만한 관직에 오를 기회를 얻지 못하고 평생을 재야에서 학문에 전념한 학자였다. 선생은 35세 때부터 성호星湖 이익李瀷 선생을 사사師事하여 성호 선생이 개창開創한 경세치용학經世致用學을 이어받아 근기실학近畿實學의 지평을 넓힌 실학자였다.

선생의 학문의 자취와 결과물은 다행히 초서농抄書籠과 저서농著書籠으로 남아 있어 후학들이 선생의 학문과 사상을 연구하는 데에 결정적인 자료가 되고 있다. 초서농과 저서농을 통하여 볼 때 선생은 80평생을 한 결 같이 연구와 저술에 몰두했음을 알 수 있다. 선생은 『성호사설유선星湖僿說類選』을 편찬하여 성호의 학문을 요약, 정리하는 한편, 『성호사설』에 비견되는 『잡동산이雜同散異』라는 백과전서적 찬록물纂錄物을 남기기도 했다. 뿐만 아니라 『동사강목東史綱目』, 『열조통기列朝通紀』, 『임관정요臨官政要』, 『하학지남下學指南』 등의 저술을 통하여 역사학, 지방행정, 교육 등 다방면에 걸쳐 괄목할만한 업적을 남겼다. 이 중 『동사강목』은 선생 필생의 역작으로 우리나라 민족사학民族史學의 토대가 되어 후일 박은식朴殷植, 신채호申采浩 등의 민족사학 수립에 커다란 영향을 미쳤다.

이와 같이 한국 사상사에 거대한 족적을 남긴 선생의 탄신 300주년을 맞아 2011년에 '순암선생 탄신 300주년 기념사업회'가 결성되었다. 기념사업회에서는 탄신 300주년을 기념하기 위한 여러 사업을 기획하고 있거니와 이번에 출판되는 순암연구총서順菴研究叢書는 그 기념사업의 일환이다. 순암연구총서는 지금까지 출판되었던 2권의 단독저서와 학계에 발표되었던 논문들 중에서 63편을 엄선하여 수록했다. 여기에는 1965년에 발표된 논문부터 최근의 논문들이 망라되어 있으며 외국 학자와 북한 측 학자의 논문 3편도 함께 수록되어 있다. 이제는 쉽게 찾아보기 어려운 초창기 논문을 포함해서 여기저기 흩어져 있던 순암연구 논문들을 한데 묶음으로써 앞으로의 순암연구를 위한 하나의 초석이 될 것이라 감히 자부해 본다.

이 연구총서를 간행하는 데에 물심양면으로 아낌없는 도움을 주신 광주廣州 안씨安氏 광양군파廣陽君派 종중과 논문의 게재를 허락해 주신 필자 여러분들께 깊은 감사의 뜻을 전한다. 그리고 연구총서 출판의 편집을 맡아 고생한 함영대 간사와 성균관대학교 출판부의 현상철 팀장에게도 고마운 마음을 전한다.

2012년 10월
성균관대학교 명예교수, 순암선생 탄신 300주년 기념사업회 회장
송 재 소宋載卲

책머리에

지금도 순암順菴 안정복安鼎福의 학문과 사상에 대한 학자들의 평가는 각양 각색이라 하여 과언이 아닐 정도이다. 역사학자라는 점에 있어서는 이론이 없으나 실학자라는 데 대해 의문을 제기하는 학자도 있고, 18세기 천주교 배척과 관련하여 벽위사상의 선구에 올려놓는가 하면, 주자학을 고집한 유학자라는 평가를 받아 왔던 것도 사실이다. 사실 그의 문집을 읽다 보면 주자학에 철저하다는 사실을 부인할 수 없어 실학과는 거리가 있는 것처럼 느끼게 하고, 반면 『하학지남下學指南』이나 『임관정요臨官政要』 그리고 『동사강목東史綱目』 사론을 분석하다 보면 현실의식이 강한 실학풍을 지니고 있다는 확신을 갖게 되는 양면성을 띠고 있어, 이따금 판단을 흐리게 하는 것도 사실이다. 더구나 그는 근기남인 실학자 성호星湖 이익李瀷이 아끼던 문인이었고 성호 실학풍을 철저하게 답습하던 학자였다. 그러기에 후대 학자들이 그의 학문과 사상을 접하면서 실학자 여부에 대한 판단에 더욱 고심하게 하는 것이 아닐까 한다. 필자 역시 그러한 경험이 있다.

본 『순암 안정복의 학문과 사상 연구』는 1996년 처음 출간되었다. 당초 이 책은 안정복의 생애와 행적에 맞추어 그의 학문과 사상이 어떤 과정을 거치면서 성장 변천해 왔는가를 알아 보려는 데 목적을 두고 쓰여졌다. 그러나 그의 저서에 대한 분석과 이해도 제대로 못한 채 서두르게 되어 많은 오류와 미비점을 낳고 말았다. 특히 사료의 잘못된 번역이 적지 않아 더욱 상처를 깊게 하고 말았다. 모두 필자의 경솔함과 무능이 낳은 소치로 부끄럽게 여긴다. 더욱이 그 후에도 본인의 나태함으로 인하여 연구가 계속 되지 못하였음을 매우 후회한다. 다만 안정복계열 성호학통이 성호→안정복→황덕길→허전의 사승을 거쳐 19세기 말 영남지방에 확산되기까지의 전승과정을 소책자 『성호학통 연구』(혜안, 1999)로 출간한 바 있어 작은 위안으로 삼을 뿐이다.

이 책의 초판이 나온 이후 안정복과 관련한 연구물이 관심있는 학자들로부터 꾸준히 나오고 있다. 기존의 각종 학회에서 발표되는 연구물 외에 2004년 성호학회가 창립된 이후 이 학회를 통하여 성호문인 안정복과 관련된 연구물이 점점 늘어나는 추세여서 더욱 반가운 일이다. 또한 안정복의 주거지였던 경기도 광주시의 관심도 높아져 2005년에는 광주문화원 주관으로 '광주실학연구 학술심포지움'을 개최하여 안정복의 학문 사상과 관련된 연구 발표도 있었다. 근래에는 광주 안씨廣州 安氏 종중에서도 적극적인 지원이 이루어지고 있어 매우 고무적인 일이다.

2012년은 안정복 탄생 300주년이 되는 해로서, 2011년 2월 '순암선생 탄신 300주년 기념사업회'가 창립되었다. 그 사업의 하나로 졸저 『동사강목 연구』와 함께 본서를 재판하기로 계획하였다. 초판이 나온 지 16년이나 되었고, 더욱이 애초에 부실하고 오류가 많았기 때문에 부끄러움을 감수하고 그 동안 미루어 왔던 수정 보완을 이 기회에 착수해 보고자 한다. 어색하거나 난해한 글을 바로잡고, 잘못된 분석과 판단 착오를 과감하게 정리하며, 번역의 오류를 바로잡는 데에 유념하였다. 다만 안정복의 경학이나 예론에 관한 내용도 다루어야 했으나 필자의 능력이 미치지 못하였음을 아쉽게 생각한다.

부실한 본서를 출간하는 데에 도움을 준 '순암선생 탄신 300주년 기념사업회'와 광주 안씨 종중에 깊은 감사를 드린다.

2012년 9월
강 세 구

차례

간행사 • 5
책머리에 • 7

서론 _ 13

제1부 청년기 학문과 사상의 형성 _ 21

제1장 『하학지남』을 통해 본 초기 안정복의 학문 성격 • 25
1. 머리말 ……………………………………………………… 25
2. 『하학지남』 저술 배경과 동기 ………………………… 27
3. 『하학지남』의 체재와 주요 내용 ……………………… 36
4. 하학과 안정복의 학문 성격 …………………………… 47
5. 안정복의 저술과 하학정신 …………………………… 52
6. 맺음말 …………………………………………………… 55

제2장 안정복의 실학사상 형성과 『임관정요』 저술 • 57
1. 머리말 …………………………………………………… 57
2. 『임관정요』의 저술 …………………………………… 59
3. 『임관정요』와 『하학지남』·『동사강목』의 관련 ………… 65
4. 『임관정요』의 체재와 내용 …………………………… 73
5. 『임관정요』「시조」를 통해 본 안정복의 개혁사상 ……… 94
6. 『임관정요』의 영향―『목민심서』를 중심으로 ………… 100
7. 맺음말 …………………………………………………… 106

제2부 성호문인으로서의 학문과 사상의 정착 _ 109

제1장 유형원·이익의 학문과 사상 전수 • 113
1. 머리말 …………………………………………………… 113
2. 유형원의 학문 접촉과 수용 …………………………… 114

　　3. 이익의 학문과 사상의 영향 ………………………………… 124
　　4. 맺음말 ………………………………………………………… 143

　제2장 안정복의 학문 교류와 성격 • 145
　　1. 머리말 ………………………………………………………… 145
　　2. 안정복과 학문 교류한 인물들 …………………………… 146
　　3. 학문 교류의 성격과 특징 ………………………………… 166
　　4. 맺음말 ………………………………………………………… 168

　제3장 안정복의 역사학과 역사편찬 인식 • 171
　　1. 머리말 ………………………………………………………… 171
　　2. 역사개념과 작사론 ………………………………………… 172
　　3. 역사평론 ……………………………………………………… 184
　　4. 역사편찬 인식 ……………………………………………… 197
　　5. 맺음말 ………………………………………………………… 214

　제4장 『동사강목』 편찬 개요와 안설 • 217
　　1. 머리말 ………………………………………………………… 217
　　2. 『동사강목』 편찬 개요 ……………………………………… 218
　　3. 『동사강목』 안설과 현실개혁 의지 ……………………… 227
　　4. 맺음말 ………………………………………………………… 245

제3부 노년기 벽위론의 전개와 하학 _ 249
　제1장 벽위론의 전개 • 253
　　1. 머리말 ………………………………………………………… 253
　　2. 불교비판 ……………………………………………………… 254
　　3. 서학 인식과 천주교 배척 ………………………………… 270
　　4. 양명학 비판과 확산의 대처 ……………………………… 313
　　5. 맺음말 ………………………………………………………… 319

제2장 안정복의 성리론과 하학 • 323
　1. 머리말 ……………………………………………………… 323
　2. 안정복의 성리학 공부와 성호학파의 이기논쟁 ………… 324
　3. 안정복의 성리론 …………………………………………… 330
　4. 이기논쟁의 배격과 하학 매진 …………………………… 343
　5. 맺음말 ……………………………………………………… 347

제4부 안정복계열 성호학통의 형성과 확산 _ 351

제1장 안정복계열 성호학통의 형성 • 355
　1. 머리말 ……………………………………………………… 355
　2. 황덕일・황덕길의 안정복 문하 입문 …………………… 356
　3. 안정복계열 성호학통의 주춧돌 황덕일 ………………… 365
　4. 황덕길의 대두와 안정복계열 성호학통 ………………… 371
　5. 맺음말 ……………………………………………………… 384

제2장 안정복계열 성호학통의 확산 • 386
　1. 머리말 ……………………………………………………… 386
　2. 19세기 안정복계열 성호학통 확산의 교량 안경의 …… 388
　3. 19세기 안정복계열 성호학통 확산의 주역 허전 ……… 403
　4. 맺음말 ……………………………………………………… 417

결론 _ 421

부록 _ 435 『의문』의 번역문과 원문

찾아보기 • 461

서론

　순암 안정복(1712~1791)은 조선 후기의 대표적인 실학자이면서 역사학자로 널리 알려져 있다. 특히 그가 편찬한 『동사강목』은 후대 많은 학자들의 주목을 받으면서 연구대상이 되었다. 그만큼 『동사강목』은 안정복의 학문과 사상을 이해하거나, 나아가 18세기 실학자의 역사인식을 이해하는 데에 사료적 가치가 큰 문헌이다. 따라서 지금까지 안정복에 관한 선학의 연구는 대부분 『동사강목』과 그의 문집 『순암집順菴集』을 통하여 이루어졌다고 할 수 있다. 그 동안의 연구 성과에 힘입어 안정복의 역사학을 포함한 학문과 사상의 윤곽이 대체로 드러났다고 판단된다.[1] 필자 역시 『동사강목』의 사학사적 중요성을 인식하

---

1 지금까지 안정복의 역사인식을 포함하여 학문과 사상을 대상으로 연구된 선학의 주요 논문 혹은 저술은 다음과 같다. 김사억(1965), 「동사강목에 대한 해제」 『력사과학』 4호; 李求容 (1970), 「순암 안정복의 역사관」, 연세대학교 교육대학원 석사학위논문; 卞媛琳(1973), 「안정복의 역사인식」, 『史叢』 17·18합집; 심우준·정필모(1974), 「순암 안정복 연구서설」, 『인문학연구』 1, 중앙대 인문학연구소; 심우준(1975), 「순암 안정복」, 『실학논총』, 전남대 호남문화연구소; 심우준(1981), 「순암의 井田制와 貢田制」, 『韓國學』 25, 영신아카데미 한국학연구소; 심우준(1981), 「순암 안정복의 사관」, 『중앙대논문집』 25; 심우준(1982), 「순암의 四書三經에 대한 釋疑」, 『인문학연구』 10; 심우준(1983), 「순암이 본 중국사의 서술」, 『한국학 문헌연구의 현황과 전망』, 아세아문화사; 심우준(1985), 『순암 안정복 연구』, 一志社; 崔東

여『동사강목』에 대한 분석을 나름대로 시도해 보았고,[2] 더불어『순암집』을 비롯하여 그 밖의 여러 관련 사료도 검토 분석하여 보았다.[3] 이와 같은 검토과정에서 필자는 안정복의 학문과 사상에 대한 지금까지의 연구 성과를 넘어 좀더 이해의 폭을 넓혀야 할 필요성을 느끼고 달리 연구 방법을 찾게 되었다. 즉그의 학문과 사상을 생애의 과정에 따라 단계별로 고찰하고, 그의 학문 발전에영향을 준 주변 환경 등을 시간적・공간적 흐름에서 입체적으로 검토하고 파악해 보기로 하였다.

물론 필자도 안정복의 학문과 사상을 이해하는 데『동사강목』이 결정적으로 중요하다는 사실을 인정하지만,『동사강목』은 중년기 안정복의 저술로 한

熙(1976),「안정복의 西學批判에 관한 연구」,『亞細亞研究』19-2(56호); 琴章泰(1978),「안정복의 서학비판론」,『한국학』19; 李佑成(1981),「안정복과 동사강목」,『한국의 역사사상』; 潘允洪(1982),「순암 안정복의 鄕村自衛論 연구」,『軍史』5; 趙珖(1982),「조선왕조 시대의 신라인식 -동사강목을 중심으로」,『민족문화연구』16; 姜秉樹(1986),「안정복의 사상 연구」, 동국대학교 대학원 석사학위논문; 金世潤(1986),「순암 안정복의 조선시대 인식 -列朝通紀의 史論을 중심으로」,『釜山女大史學』4; 李元淳(1986),「안정복의 天學論攷」,『朝鮮 西學史 研究』; 鄭求福(1987),「안정복의 史學思想 -동사강목을 중심으로」,『제2차 한일합동학술회의 한일근세사회의 정치와 문화』; 韓相權(1987),「순암 안정복의 사회사상」,『한국사론』17; 金壽泰(1987),「안정복의 大麓志」,『百濟研究』18; 韓永愚(1988),「안정복의 사상과 동사강목」,『韓國學報』53; 河宇鳳(1988),「순암 안정복의 일본인식」,『全羅文化論叢』2; 李采求(1990),「안정복의 下學指南」,『敎育研究』9, 원광대학교 교육문제연구소; 강광원(1991),「동사강목 연구」,『력사과학논문집』16; 車長燮(1992),「안정복의 역사관과 동사강목」,『조선사연구』1.
2 졸고(1986),「순암 안정복의 동사강목 지리고에 관한 일고찰」,『歷史學報』112; 졸고(1989),「동사강목의 저술 배경」,『東亞研究』17; 졸고(1990),「안정복의 역사 고증 방법」,『實學思想研究』창간호; 졸고(1991),「안정복의 國防論」,『실학사상연구』2; 졸고(1992),「순암 안정복의 忠節論에 관한 一考察」,『國史館論叢』34; 졸고(1993),「동사강목의 국사 체계와 마한 정통론에 관한 고찰」,『실학사상연구』4; 졸고(1994),『東史綱目研究』, 서강대학교 대학원 박사학위논문.
3 졸고(1994),「下學指南을 통해 본 안정복 학문의 성격」,『진단학보』78; 졸고(1995),「柳馨遠・李瀷과 안정복의 학문적 전승관계」,『실학사상연구』5・6합집; 졸고(2000),「성호학파의 이기논쟁과 그 영향 -공희노논쟁을 중심으로」(『실학사상연구』17・18합집, 무악실학회).

시점에 나타난 결정체이다. 때문에 그의 전 생애를 통한 학문과 사상이 모두 제시되었다거나 대변되었다고 보기에는 미흡하다 할 것이다. 이러한 관점에서 안정복의 학문과 사상이 어떤 내용으로 어떤 과정과 변화를 겪으면서 변천해 갔는가를 파악하고, 그러한 흐름 속에서 다시『동사강목』을 들여다보는 것도 그의 학문과 사상을 이해하는 데 좀더 가까이 접근하는 방법일 것으로 믿는다.

필자가 이와 같은 확신을 갖게 된 데에는 다음과 같은 안정복의 저술과 행적이 중요한 시사를 해 주었다. 첫째로 그의 나이 27세와 29세에 각각『임관정요』와『하학지남』의 초고를 저술하였다는 점이다. 두 저술이 그의 청년시절의 학문과 사상에 대한 실마리를 제공해 줄 수 있다는 생각이 든다. 두 저술의 내용을 언급하지 않더라도 이 시기가 정해진 스승도 없이 독학을 하던 시기이고 유형원柳馨遠이나 이익의 영향을 받기 이전이라는 사실에 주목할 필요가 있다. 즉 청년시절 안정복의 학문과 사상이 어떻게 형성되었는가를 엿볼 수 있다.

둘째로 독학으로 일관한 안정복이 33살에 유형원의 저서를 접하고, 2년 뒤에 경기도 안산에 거주하던 이익을 방문하여 성호문인이 되었다는 점이다. 안정복이 유형원의 저서를 접하고 이익을 방문하여 성호문인이 된 것은 그 동안 스스로 쌓은 학문이 정착될 수 있는 계기가 되었다는 사실을 충분히 짐작할 수 있다. 사실『동사강목』편찬도 성호문인의 한 사람으로서 이루어졌다는 사실은 이미 잘 알려져 있다.

셋째로 그가 노년기에 접어든 이후 양명학이나 서학西學 등 이른바 이단사상을 철저하게 배척하고, 조선 후기에 만연했던 이기논쟁을 배격하면서 청년시절부터 다져진 하학下學 공부를 강조하였다는 점이다. 그런데 안정복의 노년기 환경을 보면 성호학파 안에서 젊은이들이 천주교에 크게 관련을 맺고 있었고, 정부의 천주교 박해 기미가 점차 노골화되어 가고 있던 상황이었다. 그러한 환경에서 안정복의 이념과 활동이 표면화되었던 것이다.

이러한 관점의 고찰은 18세기 역사적 흐름에 따라 안정복의 학문과 사상이 어떻게 달라지고 있었던가를 파악하는 데에서만 필요한 것이 아니고, 모든 역사적 인물의 학문이나 사상을 연구하는 데 있어서도 마땅히 그렇게 해야 할 것이라고 생각한다.

이에 필자는 다음과 같은 방법으로 그의 학문과 사상을 이해하는 데 접근해 보려 하였다. 우선 편의상 3단계로 나누어 고찰하는 방법을 택하였다. 즉 그가 성호 이익의 지도를 받으면서 학문 활동을 한 기간을 중심으로 그 전후로 나누어 볼 수 있다. 성호 이익을 첫 방문한 해인 35세(1746)에서부터 성호가 타계한 해인 52세(1763)까지 18년 동안이 성호와 활동한 기간이다. 따라서 35세 이전은 성호학파와는 관계없이 독자적으로 학문을 연마하던 시기이고, 52세 이후는 윤동규尹東奎·이병휴李秉休와 함께 성호학파 중진으로 활동하다가 노년기에는 성호학파의 원로로 성호학파를 이끌며 어려운 시기를 겪어야 했다. 즉 독학으로 일관한 안정복의 청년시절, 성호의 가르침을 받던 중·장년 시절, 그 이후 벽위론을 펴면서 성호학파를 이끌어 가는 입장에 선 노년기로 크게 나누어 볼 수 있다.

먼저 청년기 학문이 어떠하였던가를 알아 보기 위하여 20대에 초고한 『하학지남』과 『임관정요』에 주목하여 구체적으로 분석해 보겠다. 저술 시기로 보아 『임관정요』가 『하학지남』보다 2년 앞서지만, 필자의 관점으로는 『하학지남』이 『임관정요』 저술의 학문적 바탕이 되었다고 보기 때문에 『하학지남』을 먼저 고찰대상으로 삼는다. 이 시기의 고찰은 유형원이나 이익의 학문과 사상을 접하기 이전에 안정복의 학문과 사상이 어떻게 형성되고 어떤 성격을 지니고 있었던가를 특히 눈여겨 보기로 한다.

다음으로 그가 성호학파의 일원으로 이익과 학문적 교류를 한 시기에는 처음 이익을 방문하여 나눈 대화 내용, 그 후 편지를 통하여 가르침을 받거나 학문토론을 한 내용을 중심으로 두 사람 사이에 있었던 학문적 전승관계 등을 분석해 보기로 한다. 아울러 이익을 만나기 2년 전에 접한 유형원의 저술 열람과 활용에 관한 내용도 고찰하겠다. 그리고 그가 성호문인이 되어 어떤 학자들과 교류를 하면서 학문적 폭을 넓혀 갔는가도 살펴 볼 것이다. 이어 안정복의 역사이론과 성호문인의 한 사람으로서, 이익과 그 밖의 성호문인의 협조로 이루어 놓은 『동사강목』에 대해 주목하고자 한다. 편찬 개요, 사론, 즉 안설의 체재와 대체적인 구성내용을 분석해 보고, 현실개혁 사상을 간략하게 정리하면서 유형원과 이익의 실학사상이 어떻게 적용되어 나타나는가를 검토해 볼까 한다.

노년기의 학문과 사상에 대한 고찰에서는 먼저 불교와 서학 그리고 양명학에 대하여 어떤 인식을 지니고 있으며, 어떤 내용으로 비판하였는가를 고찰해 보겠다. 특히 18세기 후반 천주교 전파에 대한 대응책과 그가 노년기에 접어 들어 잦은 논의 대상이 되었던 성리학과 하학에 대한 견해도 주목해 보겠다. 성호학파를 이끌어 가야 하는 입장에서 왜 그가 1780년대에 적극적으로 천주교 배척에 앞장섰던가, 그리고 그의 성리학이 어떤 성격을 지니고 있었던가를 정리해 보고, 이기논쟁에 대한 그의 견해에 주목하면서 적극적으로 하학공부를 주장한 배경을 분석해 보고자 한다. 그의 성리학에 대한 분석은 본 연구의 앞머리에서 고찰되어야 옳을 것이나, 성리에 대한 그의 논의가 하학과 더불어 노년기에 자주 언급되기 때문에 뒷부분으로 돌려 고찰대상으로 삼는다.

이상은 그의 생애와 행적에 맞추어 고찰된 것이다. 그런데 성호학파의 주요 멤버로 그가 이루어 놓은 학문과 사상이 그가 타계한 뒤에는 어떻게 되었을까, 즉 성호가 타계하고 천주교 문제로 사실상 성호학파가 분열된 상태에서 안정복도 타계한 뒤 성호학파의 변화와 함께 그의 후학들이 계승해 가는, 이른바 안정복계열 성호학통이 어떻게 변천되어 갔을까에 대해서도 본서에 정리해 두기로 하였다. 사실 이 부분은 이미 필자가 1999년 『성호학통 연구』라는 제목의 책으로 출간하였지만, 연구 내용의 성격상 본서와 연결되어야 할 것으로 생각되어 마지막 편에 보충하여 넣기로 하였다.

따라서 본 연구는 크게 4부로 나누어 전개된다. 제1부는 2개의 장을 두어, 제1장은 『하학지남』을 통해 본 초기 안정복의 학문 성격, 제2장은 청년기 안정복의 실학사상과 『임관정요』 저술의 관계를 고찰할 것이다. 제2부는 4개의 장을 두어, 제1장은 유형원·이익의 학문과 사상의 전승관계, 제2장은 안정복이 성호문인이 되어 이루어진 다른 성호문인과의 학문적 교류, 제3장은 안정복의 역사학과 역사편찬 인식 그리고 제4장은 『동사강목』편찬 개요와 안설의 주요 내용을 고찰할 것이다. 제3부는 2개의 장을 두어, 제1장은 안정복의 벽위론에 관하여, 제2장은 안정복의 성리학과 하학에 관한 내용을 다룰 것이다. 끝으로 제4부는 2개의 장을 두어 제1장은 안정복계열 성호학통의 형성에 대하여 황덕일과 황덕길을 중심으로, 제2장은 안정복계열 성호학통의 확산에 대하여 황덕길문인 안경의와 허전의 역할을 중심으로 고찰할 것이다. 이 고찰로 18세기 실학풍의 흐름에서 안정복의 학문과 사상 그리고 학통의 전승 관계를 이해하는 데 보다 더 가까이 접근할 수 있지 않을까 기대해 본다.

그러나 본 연구는 그의 생애와 행적을 따라 구분하여 이루어지기 때문에 다소 산만하고 집중적이지 못한 느낌을 주게 되지 않을까 우려된다. 안정복의 대표작 『동사강목』과 관련된 내용은 필자의 저서 『동사강목 연구』(민족문화사, 1994)가 이미 출간되었고, 이번에 본서와 함께 다시 수정 보완하여 출간되기 때문에, 본 연구에서는 자세하고 집중적으로 다루지 않고 요약해 정리한다. 또한 그의 본조사 『열조통기列朝通紀』에 대해서도 다루어야 했으나 손이 미치지 못했고, 그가 평소 중요하게 여긴 예론은 필자의 능력이 미치지 못하여 다루지 못하였다. 이러한 점을 필자는 본 연구의 적지 않은 한계점으로 생각한다.

마지막으로 뒷부분 부록에 「의문擬問」의 번역문과 원문을 게재한다. 「의문」은 안정복의 성리학을 이해하는 데에 반드시 참고해야 할 사료라고 생각되어 별도로 첨부하였다. 본서 초판에는 「천학고天學考」·「천학문답天學問答」을 함께 수록하였으나, 뒤에 국역 『순암집』이 번역 출간되어 그 안에 들어 있기 때문에 여기에서는 생략하였다.

---

4 이봉규(2000), 「순암 안정복의 유교관과 경학사상」, 『한국실학연구』 2, 한국실학학회; 강세구 (2000), 「순암 안정복의 高麗認識」, 『昔步 鄭明鎬教授停年退任紀念論叢』, 혜안; 강병수

끝으로 2000년대 들어 안정복의 학문과 사상을 비롯한 다양한 내용의 연구가 계속되면서 연구 성과가 쌓여가고 있어 매우 기쁘게 생각하며 기대가 크다.[4]

(2005), 「18세기 성호학파의 학문과 사상전개 -순암 안정복의 경학과 정주학 이해를 중심으로」, 『중앙사론』 21, 한국중앙사학회; 강병수(2005), 「순암 안정복의 동사강목의 고증태도와 학문관」, 『광주실학연구 학술심포지움』; 원재연(2005), 「순암 안정복과 광암 이벽의 서학인식」, 『광주실학연구 학술심포지움』; 원재린(2008), 「순암 안정복(1712~1791)의 鄕政方略 -臨官政要 時措 분석을 중심으로-」, 『대동문화』 64집, 성균관대학교 대동문화연구원; 이은주(2008), 「순암 안정복의 喪禮諸具와 喪禮服飾觀」, 『성호학보』 5호, 성호학회; 함영대(2008), 「순암 안정복의 학문적 지향과 孟子疑義」, 『한국실학연구』 16, 한국실학학회 등.

제1부

청년기 학문과 사상의 형성

본 편은 청년 시절 안정복의 학문과 사상이 어떻게 형성되었으며, 어떤 성격을 지니고 있었던가를 알아보려는 데 주된 목적을 두고 있다. 대체로 20대 청년기에 속하는 시기를 대상으로 하였다. 안정복은 15세가 되던 해 울산부사를 물러난 조부 안서우安瑞羽가 경상도 울산蔚山에서 전라도 무주茂朱로 옮겨 칩거함에 따라, 그도 여기에서 10년 동안 살았다. 그 후 24세에 조부와 사별하고 부친 안극安極과 함께 경기도 광주군 경안면 덕곡의 선영으로 이사하여 이후 타계할 때까지 이 곳에서 살았다. 결국 안정복은 20대 전반기를 무주에서, 후반기 및 30대 전반기를 광주 덕곡에서 보낸 셈이다. 특히 무주에서 이사온 이후 덕곡에서 살았던 4~5년은 그의 학문과 사상을 이해하는데 중요한 시기이다. 『임관정요』와 『하학지남』 초고가 이 기간에 저술되었기 때문이다. 사실 이 때까지만 하여도 그는 실학자 반계 유형원의 학문을 접해 보지도 못했을 뿐아니라, 성호 이익과 접촉도 없었다. 덕곡에서 농사일을 도우면서 공부하던 일개 서생에 불과하였던 것이다.

이에 필자는 거의 독학으로 일관해 온 20대 청년 안정복이 『하학지남』과 『임관정요』를 저술한 사실에 대해 주목해 보기로 하였다. 그것은 두 저서에 당시 그의 학문과 사상이 어느 정도 결집되어 나타나 있다고 판단되기 때문이다. 『하학지남』을 통하여 그의 청년기 학문적 성격을 알아보고, 『임관정요』를 통하여 청년 시절 정치적·사상적 성격을 찾아 보려 한다. 이로써 그가 훗날 유형원의 저서를 접하고 성호 이익을 만나 성호문인으로 활동하기 전 그의 학문과 사상이 어떤 성격을 지니고 있었던가를 어렴풋이나마 알 수 있을 것이다. 무주에서 덕곡으로 이사온 해로부터 33세(1744)에 유형원의 증손 유발柳發로부터 『반계수록磻溪隨錄』을 비롯한 유형원의 각종 저술을 빌려 볼 때까지 그의 주요 저술과 행적을 보면 다음과 같다.

- 25세(1736) : 10월 무주에서 광주 덕곡으로 이사함.
- 26세(1737) : 봄에 『성리대전性理大典』을, 5월에 『심경心經』을 독서함.
  「치통도治統圖」와 「도통도道統圖」를 작성함.
- 27세(1738) : 『임관정요』 초고를 저술함.
- 29세(1740) : 『하학지남』을 저술하고 「정전설井田說」을 작성함.
- 30세(1741) : 『내범內範』을 저술함.

「치통도」는 중국의 역대 제왕의 계통을 도표로 작성한 것이고, 「도통도」는 역대 성현을 표로 만든 것이다. 「정전설」은 『주례周禮』를 주로 하고 각종 문헌을 참조하여 정전의 원리를 설명한 글이다. 『내범』은 『하학지남』 저술을 마치고 부녀자가 지켜야 할 규범을 주희朱熹의 뜻을 따라 6편으로 나누어 쓴 책이다.

1

『하학지남』을 통해 본 초기 안정복의 학문 성격[1]

1. 머리말

　『하학지남』은 『임관정요』와 함께 안정복이 20대의 청년 시절에 쓴 대표적 저술이다.[2] 『임관정요』 초고보다 2년 후에 쓰였다고 하지만, 안정복이 25세에 전라도 무주에서 광주 덕곡으로 이사온 지 2~4년 사이에 두 저서가 거의 같이 이루어졌다. 그러한 점에서 필자는 두 저술이 기본적으로 같은 정신에서 만들어졌을 것이라는 생각을 갖게 되었다. 실제로 두 책의 목차만 비교해 보아도 『임관정요』의 저술이 『하학지남』의 기본정신에 바탕을 두고 있는 것이 아닌가 하는 느낌이 들게 한다.

　그렇다면 『하학지남』은 어떤 성격의 저술일까. 이 『하학지남』도 후대 학자

---

1 이 글은 졸고(1994), 「하학지남을 통해 본 안정복 학문의 성격」, 『진단학보』 78을 거의 전재한 것이다. 2000년대 들어 성호학파의 下學觀에 대한 논고도 나왔다. 원재린(2003), 「조선후기 성호학파의 하학관과 道器─致論」, 『역사학보』 180.
2 『하학지남』은 안정복의 나이 29세(영조 16년, 1740) 때 저술되었다.

들의 주목을 받아 고찰대상이 되어 왔다.[3] 단순히 초학자의 입문용이나 선비 교육 지침서[4] 또는 학자들의 행동지침서로 이해하는 데 그치기에는 아쉬운 점을 떨쳐버릴 수 없다.[5] 필자는 다음과 같은 관점에서 『하학지남』을 주목해 본다. 첫째로 『하학지남』이 안정복의 학문적 성격이나 초기 실학사상을 알려줄 수 있는 중요한 단서를 제공하리라는 생각 때문이다. 그것은 안정복의 『하학지남』 저술이 유형원, 이익의 학문과 사상을 알기 전에 이루어졌으면서도, 이 책의 내용 가운데 여러 부문에 걸쳐 실학사상의 면모를 찾아볼 수 있다. 둘째로 청년 시절에 익혀진 안정복의 학문과 사상이 유형원과 이익의 영향을 받은 이후 어떻게 변모해 갔는가를 들여다볼 수 있지 않을까 하는 점이다. 사실 48세에 편찬된 『동사강목』에는 유형원과 이익의 현실개혁사상이 크게 깃들여 있다.[6] 끝으로 『하학지남』을 통하여 안정복의 학문과 사상이 과연 보수적이며 성리학을 고수하려 하였는가 하는 의구심을 어느 정도 해소해 줄 수 있다고 생각된다.

본고에는 이상과 같은 의문점을 풀어 보기 위하여 다음과 같은 순서로 고찰해 보려 한다. 안정복이 『하학지남』을 저술한 배경과 동기가 무엇인가. 어떤 체재와 내용을 담고 있는가. 『하학지남』을 통하여 나타나는 하학과 실학적 성격 그리고 다른 저술과의 관계 등을 정리해 본다. 이 고찰로 청년 시절 안정복의 학문과 사상이 어떻게 형성되었는가에 대한 실마리를 제공해 주리라 기대해 본다.

---

3 전적으로 『하학지남』을 다룬 논문은 다음과 같다. 沈喁俊(1978), 「하학지남에 나타난 순암의 독서관」, 『한국학』 19, 영신아카데미 한국학연구소; 李采求(1990), 「안정복의 하학지남」, 『교육연구』 9, 원광대학교 교육문제연구소. 위 두 논문은 안정복의 독서관이나 교육사상을 알아보는 데 주된 목적을 두고 연구되었다.

4 이채구, 앞의 논문, 163면.

5 鄭求福은 『하학지남』이 학자들의 행동지침서로 만들어진 것이라고 하였다(정구복, 「안정복의 사학사상 ─ 동사강목을 중심으로」, 7면).

6 졸저(1994), 『동사강목 연구』, 민족문화사, 325~326면.

2. 『하학지남』 저술 배경과 동기

안정복이 『하학지남』을 저술한 배경과 동기는 무엇일까. 우선 1740년 『하학지남』 본문을 쓰고 44년 뒤인 1784년에 쓴 다음과 같은 「제하학지남서면題下學指南書面」[7]을 참고해 보자.[8]

① 학學이란 지행의 총체적인 이름인데, 거기에서 공부하는 것은 성인을 배우는 것이다. 성인은 나면서부터 모르는 것이 없이 총명하여 편안한 마음으로 도를 행하여 인륜의 지극함이 되었는데, 성인의 도를 배우는 것은 성인의 지행을 구하는 것에서 벗어나지 않는 것으로 일상 쓰고 있는 인간의 도리 밖에서 나오는 것이 아니다. 맹자가 순舜을 칭찬하여 이르되 '모든 사물에 밝고 인륜에 살피셨다' 하였으니, 그것은 만물의 이치를 밝게 알고 또한 인륜에 그 이치를 자세히 함에 극진하게 한다는 것을 말한다. 『대학大學』에서 격물치지를 논하여 또한 이르기를 '먼저 하는 것과 나중에 하는 것을 알면 도에 가깝다'고 하였다. 앎이 비록 많더라도 마땅히 먼저 할 것은 진실로 일상 쓰고 있는 사람으로서 지켜야 할 도리의 밖에서 나오는 것이 아니다. 맹자가 또한 이르기를 '요순의 총명함으로도 만물에 두루 하지 않고 먼저 할 일을 급하게 하였다' 하였으니, 그것은 어떤 일에 먼저 힘쓰는 것을 말한다.

② 공자가 이르기를 '하학하여 상달한다' 하였으니, 하下란 우리 주위에서 흔히 볼 수 있고 가까운 것을 말한다. 비근하여 쉽게 알 수 있다는 것은 항상 쓰이는 떳떳한 도리가 아니고 무엇이랴. 이를 쌓기에

---

7 이하 본문에서는 題文으로 약칭한다. 1900년에 간행한 『순암집』 19권, 「題下學指南」에는 위 인용문 ④ 이하의 내용이 생략되었다.

8 고찰의 편의상 단락을 나누어 숫자를 붙여 제시하였다.

부지런히 함을 그치지 않을 뿐이므로, 갖추어 다하기를 많이 하여 갖은 어려움을 겪은 후에는 몸과 마음이 하나가 되어, 고난과 이르지 못하리라는 걱정이 없이 가까이서 즐겁고 산뜻한 지경을 보게 된다. 상달이, 즉 여기에 있는 것이다. 성인의 언행은 『논어』에 갖추어져 있다. 거기에는 모든 하학이 가까운 곳에 있고 매우 높아서 행하기 곤란한 일이 없음을 말하였다.

③ 후세에는 학문을 논하되 반드시 심학心學이니 이학理學이니 하는데, '심리心理' 두 글자는 형체가 없는 그림자로 더듬어 찾지 않고는 도대체 먼 허공의 설화이다. 공자가 이르기를 '거처함에 공순하며 일을 함에 공경하며, 다른 이와 더불어서는 충성한다' 하고, 또 이르기를 '말이 충성스럽고 믿음이 있으며 행동이 돈독하고 공경스럽다' 하였으니, 과연 이를 착실하게 하여 하학의 공부가 쌓여 익히는 일을 오래 하면, 몸에는 청명함이 있어 의지와 기운이 신통하여 마음을 단속하지 않으려 해도 단속되고, 이치를 기다려 궁구하지 않아도 밝고 능함이 상달의 경지에 이르게 되는 것이다. 후세 학자들은 하학이 비천하다 하여 물리치고 항상 천인성명이기사칠설天人性命理氣四七說에 뜻을 두고 부지런함을 떠는데, 그 행함은 많으나 일컬을만한 것이 없다. 상달을 이루지 못함을 수치스럽게 여기고 한탄하며 종신토록 배워도 덕성을 마침내 세우지 못하며 재능과 기량도 마침내 이루지 못함이 여전하다. 이는 일찍이 학자로서의 모습이 아닌데, 이것은 하학에 대한 공부를 모르기 때문이다.

④ 나는 어려서 배움을 얻지 못하고 성인이 되어서도 스승과 벗의 도움이나 천부적인 재주가 없어 날로 정신을 차리지 못하고 금제할 줄을 몰랐으니, 이에 유유히 떠나가는 배처럼 뜻없이 한 평생을 보낸다면 금수와 무엇이 다르랴. 이러한 두려움 때문에 고금의 아름다운 말과 착한 행실을 모아 대략 제목을 나누고 『소학』의 의례를 본떠 이 책을 만들었다. 모두 스스로를 경계하는 한 실마리로 삼고자 함이었으니 바로 경신년(1740, 29세) 여름이었다. 올해로 거의 50년이 되어 면

목은 다만 남아 있는데, 사람은 옛날과 같이 어루만지며 익히기를 오래 하였어도 깨닫지 못하고 처량하게 되었으니, 이 책을 써서 또 자경하여 죽기 전에 혹 조금의 유익함이라도 있기를 바라나, 전날에 이로써 자경해 온 것이 말만 앞세운 결과가 된즉, 지금 이 자경이 능히 갈고 닦은 자취를 이루지 못할 것인가. 무후武侯[諸葛亮]가 허술하게 만들어진 집을 비탄해 했던 말을 되풀이하면서 다만 한숨만 쉴 뿐이다.[9]

갑진년 10월 18일, 상헌의 남쪽 창가에서 73세의 늙은이가 쓰다.
경신년 여름 광주 영장산 덕곡리 정사에서 편집하였다.[10]

---

9 諸葛亮이 비탄에 빠진 모습으로 자신의 심경을 대신한 또 다른 표현을 찾아볼 수 있다. "孔明悲歎窮廬悔 將何及之說 常須著念也"(『순암집』권9, 「答舍弟家兒書 壬申(1752)」). 안정복은 스스로 밝힌 것처럼, 평소 제갈량과 陶淵明의 사람됨을 사모하였다고 한다(『순암집』권19, 靈長山客傳, 甲戌(1754)). 제갈량과 도연명은 그의 저서『希賢錄』에 '二賢傳'이라는 전기로 저술해 넣을 정도로 숭배했던 인물이었다.

10 『하학지남』, 「제하학지남면」. "學者 知行之總名 而其所學 學聖人也 聖人生知安行 而爲人倫之至 學聖人之道 不過求聖人之知與行 而不出於日用彛倫之外也 舜明於庶物 察於人倫 言其明知庶物之理而又致察於人倫也 大學論格致之義 亦曰知所先後 則近道矣 知雖多般 而所當先者 實不出於日用彛倫之外 孟子亦曰 堯舜之知 而不過物 急先務也 其謂先務 指何事也 子曰 下學而上達 下者卑近之稱也 卑近易知者 非日用彛倫而何 用工於此 積累不已 備盡多少辛苦境界然後 心體爲一 無艱難扞格之患 而庶幾觀快活灑然之境 上達卽在此也 故所謂學者 只是下學而已 聖人言行 具於論語一書 其言皆是下學 卑近易知易行之事 而無甚高難行之事矣 後世論學 必曰心學曰理學 心理二字 是無形影 無摸捉 都是懸空說話也 子曰 居處恭 執事敬 與人忠 又曰 言忠信行篤敬 果能於此下工 積習之久 淸明在躬 志氣如神 心不待操而存 理不待究而明 自能至於上達之境矣 後世學者 却以下學爲卑淺而不屑焉 常區區於天人性命理氣四七之說 夷考其行 多無可稱 而唯以不知上達爲羞吝 終身爲學 而德性終不立才氣終不成 依然是未嘗爲學者貌樣 是不知下學之工而然也 余少而失學 長無師友之助 天賦之夷 日就顚倒而不知檢焉 悠悠汎汎 醉生夢死 與禽獸何別乎 爲是之懼 裒粹古今嘉言善行 略分題目 倣小學例 爲此書 庶爲自警之一端 卽庚申歲夏也 今歲五十年 面目徒存 而人猶舊 撫玩良久 不覺悵然 而書此又自警 未死前或冀有一分之益 而前日之以此自警者 未免爲能言之歸 則今此自警能不爲磨驢之迹乎 三復武侯悲歎窮廬之語而徒唁耳 甲辰陽月之望越三日 七十三歲翁書于橡軒南牖

위에 제시한 제문은 『하학지남』 본문을 쓴 44년 뒤 안정복이 당시를 회고하면서 비교적 착잡한 마음으로 쓴 것이다. 이 내용을 크게 네 부분으로 나누어 볼 수 있다.

첫째, 위 제문의 ①에 해당되는 내용으로 학자가 학문을 하는 순서를 제시하였는데, 『맹자』 「이루장구離婁章句」와 『대학』 격물치지의 내용을 빌려 설명하였다. 둘째, 제문의 ②에 해당되는 내용으로 『논어』 「헌문편憲問篇」, 제37장의 '하학하여 상달[下學而上達]'[11]하는 내용을 골자로 하여 하학의 의미와 하학을 먼저 익혀야 할 근거와 당위성에 대해 설명하였다. 셋째, 제문의 ③에 해당하는 내용으로 종래 학자들이 하학을 무시하고 공허한 성리학에만 매달리는 폐단을 『논어』 「자로편子路篇」과 「위령공편衛靈公篇」에 있는 내용을 빌려 지적하였다. 넷째, 제문의 ④에 해당되는 내용으로 『하학지남』을 저술할 당시 안정복 자신의 처지와 현재 제문을 쓰는 심정을 토로하였다.

제문을 통하여 안정복이 『하학지남』을 쓴 동기를 어느 정도 짐작할 수 있다. 간추려 보면, 하나는 학문적으로 하학을 먼저 하고 상달해야 한다는 점이고, 다른 하나는 일상생활에서 실제 소용되는 것은 어려운 성리학보다는 하학이라는 점이다.[12]

그렇다면 안정복이 말하는 하학이란 무엇인가. 먼저 '하下'의 의미에 대해 위 제문에 나타나 있는 것을 요약해 본다면, '하'란 우리 주위에서 쉽게 접할 수 있고 가까운 것으로 일상생활에서 인간이 지켜야 할 도리라 할 수 있다. 그는 이륜彝倫을 닦는 데에도 앞뒤가 있다고 하였다.[13] 그 가운데에서도 하학을 부지

庚申夏編輯于廣州靈長山德谷里之精舍."
11 『논어』, 憲問篇. "子曰 不怨天 不尤人 下學而上達 知我者 其天乎."
12 제문을 통하여, 하학하여 상달하는 것, 가까운 것으로부터 익혀야 한다는 어린이 교육의 대원칙을 朱熹 역시 『소학』에서 『二程全書』의 기록을 빌어 제시하였지만, 아마도 안정복은 『이정전서』에 전해지는 程明道의 글에서 영향을 직접 받지 않았을까 생각된다. 그도 『이정전서』를 지니고 있었다(『古文書集成』 8, 順菴著書目錄 참조).

런히 익혀 몸에 배도록 하는 것이 먼저 할 일로, 하학을 통하여 오랫동안 덕성을 함양하면 심기가 영명하여 상달한다는 것이다.[14] 그럼에도 불구하고 후세 사람들은 이해하기 어려운 성리학에만 집념하고 실제 생활에 유용한 하학은 소홀히 한다고 지적하였다. 따라서 많은 사람들이 성리학을 종신토록 공부하여도 깨닫지 못할 뿐만 아니라 덕성이나 재기를 이루지 못하여 좌절하고 만다는 것이다. 심지어 그는 성명이기사칠론에 빠져 몰두하는 학자들의 모습을 들어 기생이 예를 외우는 것과 다름이 없다 하면서, 이것이 과연 어떤 유용함이 있는가 하고 반문할 정도로 비판적인 입장을 보였다. 안정복의 판단으로는 당초 이황李滉이나 조식曺植이 이에 대해 논의한 것은 이 학문의 근원이 불명하여 관심을 두었던 것인데 후학들이 그 본뜻을 모르고 여기에 매진한다고 하였다. 자신도 여기에 적지 않은 세월을 보냈지만 끝내 얻은 것이 없는데, 이와 같은 사람이 많이 있다는 것이다.[15]

결국 안정복은 하학을 먼저 익히고 그 다음으로 철학적인 성리학을 공부해야 한다는 뜻을 나타낸 것이라 할 수 있다. 이는 좀더 풀어 말하면 하학을 통하여 익히면 자연히 상달의 경지에 오른다는 뜻으로 받아들여진다. 물론 그가 비판대상으로 삼은 것은 주로 학문 초기부터 매달리는 양반 사대부의 학문 성향이라 하겠지만, 하학을 먼저 해야 한다는 주장은 비단 사대부만 해당되는 것이 아니고 학문을 하는 자라면 누구나 지켜야 할 과정으로 말했다고 보아야 할 것이다.

---

13 『순암집』 권8, 「答韓士凝書 庚寅(1770)」. "日用彝倫間 似有先後."
14 『순암집』 권8, 「答南宗伯(漢朝)書 丙午(1786)」. "下學之涵養德性 心氣靈明上達."
15 앞의 책, 같은 조. "今之學者 大抵不屑於下學 而徒役心於性命理氣四七之辨 今日爲學明日 便說 此道理 雖自謂學貫天人 夷考其歸 與娼家之誦禮無異 此果何益哉 退溪之時 此道之原 本不明 故必以濂溪圖說爲先 時義然矣 當時南冥有手 不知灑掃應對之節 而口談天理之譏 此則不知老先生之意而然也 當今之世 義理之說 已爛漫矣 學者所行 實不出於南冥之語 僕 亦閱歷多少歲月 見如此人多矣 欺天欺人欺心 而能有爲學乎."

그는 자신의 성리학에 대한 저술 『의문』을 통하여 하학을 익히고 성리학에 매진하지 말아야 된다는 견해를 다음과 같이 분명히 나타냈다.

천하의 의리는 무궁하고 사람마다 보는 바가 같지 않은 즉, 내가 천박한 몸으로 어찌 성리 하나하나를 감히 논설하여 꼭 맞는 답을 얻겠는가. 요즈음 어려서부터 개발하고 익혀 쌓으려 하지만 털 위에 털이 일어나고 실오라기 위에 실오라기가 일어나 얽히고설켜 있으니, 천하에 지극히 정밀하지 않으면 그 누가 그것을 변별하겠는가. 옛 사람이 이르기를 '하학하여 상달한다'고 하였으니, 하학이 그치지 않는다면 청명함이 몸에 있고 지기가 신령과 같아 자연히 상달의 경지에 이를 것이다. 그런 연후에 털과 실오라기 뭉치에서 의義를 변별하고 천지에서 마음의 자취를 판별할 수 있는 것이다. 그렇다면 오늘 힘쓸 것은 마땅히 하학 공부에 있을 뿐이다. 내가 『하학지남』 두 권에 바라건대, 마음으로 베끼고 입으로 읽어서 뒷날 학문이 나아지고 지식이 나아지기를 기대한다.[16]

성리학은 털 위에 털이 일어나고 실오라기 위에 실오라기가 얽혀 있는 것과 같아 풀 수 없다고 하면서, 공자의 가르침에 따라 하학하여 상달해야 한다는 견해를 폈다. 그가 자신의 성리에 대한 견해를 설명하면서 결론을 통하여 학자들에게 풀 수 없는 성리학에 매진하지 말고 하학에 열심할 것을 강하게 주장하는 뜻이 어디에 있는가를 알게 한다. 그리하여 『하학지남』을 저술하는 취지도 함께 밝혔다. 안정복의 기본 유학이 바로 하학이며, 나아가 그의 실학의 바탕이 되는 학문이 이 하학에 있음을 읽을 수 있다.

안정복이 하학을 절실하게 여긴 때는 바로 20대의 청년 시절이었다. 무엇 때문에 이처럼 하학에 매진할 것을 강조하였을까. 위 제문에도 있는 것처럼,

---

16 원문은 本書 부록에 있는 『擬問』, 四七理氣 참조.

성리학이 난해하여 달성하기 어렵다는 이유도 수긍하지만, 꼭 이러한 이유만으로 하학을 강조하였을까. 여기에는 그의 가정적, 경험적 환경이 적지 않게 작용하였을 것으로 짐작된다.

잠시 청년 시절 안정복의 주변 환경을 검토해 보자. 그 자신도 제문題文을 통해 회고하였듯이, 안정복은 어려서부터 한 곳에 머물러 학문을 할 처지가 못되었다. 외가와 친가를 왕래하면서 유소년기를 보내고, 조부 안서우가 문과에 오른 뒤 벼슬하면서 외지에 나가 있을 때에는 그도 임지를 따라 다녀야 했다. 따라서 10세에 비로소『소학』을 접했을 정도로 공부를 늦게 시작하였다. 또한 정해진 스승도 없었지만, 경학이나 역사학을 비롯하여 음양·천문·의약·점복·병법·불교와 노장사상·야사·소설 등 가리지 않고 두루 책읽기를 좋아하여 15~16세에 이르러서는 통하지 않는 것이 없을 정도였으며, 스스로 서계書契를 만들어 책을 수집하였다고 전한다.[17] 비록 그가 유학 외의 학문을 이단이라 하여 배척하였더라도 청소년 시절에는 많은 서적을 섭렵하여 지식을 쌓았던 것이다.

15세에 조부가 울산부사에서 파직되어 전라도 무주에 들어가 칩거함에 따라 10년을 이곳에서 지내지 않으면 안 되었다. 그러나 무주에서의 10년은 안정복에게 매우 중요한 시기였던 것으로 보인다. 그 동안 다방면의 독서로 이루어진 그의 지식이 이곳에서 어느 정도 체계가 잡힌 학문으로 정립될 수 있는 계기가 되었기 때문이다. 조부 안서우가 관직을 그만두고 이곳에서 한가한 생활을 하였기 때문에 안정복에게는 조부로부터 경전이나 역사에 관한 교육을 받을 수 있는 기회가 주어졌던 것이다. 초보적인 단계에 머물렀지만, 특히 이때 역사학에 관한 그의 학문체계가 정리될 수 있었고 경전의 이해도 상당한 경지에 이르렀던 것으로 보인다.

무주의 생활은 그의 나이 24세에 조부가 타계함에 따라 끝나게 되었다. 그

---

17 『순암집』, 순암선생연보, 영조 13년.

리하여 이듬해 가문의 종손 부친 안극安極이 가사를 정리하여 경기도 광주 덕곡 선영으로 이사함에 따라 안정복도 함께 올라오게 되었다. 덕곡으로 이사온 그는 일생을 처사로 보낸 부친의 농사일을 돌보는 한편, 독학으로 학문의 길을 걸어야 했다. 경제적으로도 넉넉지 않았던 것으로 전해진다. 더욱이 부친은 병약하여 가정을 크게 일으키지 못했을 뿐 아니라, 안정복의 학문 발전에 크게 관심을 둘 형편도 못 되었던 것으로 보인다. 따라서 안정복은 한편으로 가사를 돌보며 자신이 스스로 학문 계발을 하지 않으면 안 되었다. 실제로 그는 35세에 안산에 살던 성호 이익을 방문하여 성호문인이 될 때까지 어느 누구의 문하라는 학문적 계보가 정해지지 못하였다.

그러나 안정복의 이러한 환경이 오히려 그로 하여금 비판적이고 실천적인 성격을 길러 주지 않았을까 생각된다. 더구나 당시는 대외적으로 서양의 새로운 문물, 즉 서학이 들어오고 국내적으로 사회 계층의 상하가 흔들리는 상황에서 농촌은 관리의 불법 비리가 자행되어 극도로 피폐하고 있었던 때였다. 이러한 주변 환경을 목격하면서 학문하는 그에게 점차 현실개혁 의식이 싹트게 되고, 나아가 자신의 학문에 대한 성찰의 계기를 만들어 준 것이 아닐까 한다.

이즈음 26세에 비로소 안정복은 『성리대전』을 읽기 시작하였다. 이 사실은 그 동안 그의 학문이 주로 사서四書 중심의 학문이었다는 것을 말해 준다. 청년 시절에도 병약했던 안정복은 3년 동안 『성리대전』을 익히려고 노력하였지만 오히려 하학에 대한 공부가 부족함을 절실하게 느끼고 상념에 쌓여 있었다.[18] 아직은 심오하고 철학적인 성리학의 깊은 경지에 들지 못한 상태이지만, 하학도 제대로 닦여지지 않은 상태에서 이해하기 어렵고 실제 생활과 거리가 먼 성리학에 깊게 빠져 드는 것을 매우 안타깝게 여겼던 것으로 판단된다. 위 제문의 기록을 그대로 따른다면, 안정복은 일상생활과 관계깊은 공맹의 가르침인

---

18 『순암집』 권8, 「答南宗伯(漢朝)書 丙午」. "年二十五 始得性理大典 讀過三冬 遂知吾儒門路 而疾病纏身 惟常撫卷 興喟而已 不曾施實下之工 常常歎恨."

윤리도덕을 철저히 익혀도 상달의 경지에 이를 수 있다고 생각하였다 하겠다.[19]

그러면 안정복이 강조한 하학은 어떤 성격의 것이었던가. 그가 나타냈듯이, 하학의 궁극적인 목표를 사람이 지켜야 할 도리에 두고, 그 내용이 『논어』나 『효경』에 갖추어져 있다고 말한 것으로 보아 그의 하학 공부 주장이 인륜에 필요한 도덕생활에서 벗어나지 않는다고 볼 수 있다.[20] 이와 같은 안정복의 주장에서 주목해야 할 것은 일상생활에 필요한 하학을 익혀야 한다는 것을 강조하였다는 점과 당시 유행하고 있던 이기사칠 논쟁을 기피하고, 이에 대한 연구를 불필요한 것으로 평가하였다는 점이다. 이는 곧 성리학에 빠져 공리공담을 일삼는 종래 학자들에 대한 비판이기도 하다. 『하학지남』 본문에 구체적으로 나타나 있는 것처럼, 하학을 통해 익힐 대상은 대부분 신분 고하를 막론하고 실생활에서 필요한 것들이다. 이와 같은 내용을 담은 『하학지남』이 17~18세기에 확대되어 나갔던 실학사상의 흐름에서 청년 시절 안정복의 손에 의해 저술되어 뒤에 문인들에게 읽혀지게 되었다. 이는 곧 안정복의 경세치용적 실학사상이 학문적으로 하학에 바탕을 두고 있음을 말해 준다 하겠다.

요컨대 안정복이 『하학지남』을 저술한 동기는 조선 후기에 들어 젊은이들이 성명이기사칠과 같은 성리학에 매진하는 것을 배격하고, 일상생활과 직접 관계가 깊은 하학, 즉 배워 실천할 수 있는 공맹의 가르침을 먼저 익혀야 한다는 생각에서 주로 초학자를 대상으로 활용하려는 데에 있었다고 하겠다. 그가 하학교육을 다지기 위해 『소학』의 의례를 본떠 만든다고 한 뜻도 여기에 있다 할 것이다.

---

19 그렇다고 안정복이 성리학을 배척하였다고 볼 수는 없다. 다만 하학을 익힌 다음에 성리학을 공부하여 더 높은 학문적 경지에 오르는 순서를 밟아야 한다는 뜻으로 받아들여야 할 것이다.

20 『순암집』 권8, 「答南宗伯(漢朝)書 丙午」. "常謂孔門教人 不過孝經論語 此二書 皆於下學有依據處言之."

3. 『하학지남』의 체재와 주요 내용

1) 체재의 특징

『하학지남』은 3권, 9편, 70장의 체재로 이루어져 있는데, 안정복은 『소학』의 의례를 따라 저술하였다고 밝혔다. 수권은 일용편, 상권은 독서편·위학편·심술편 그리고 하권은 위의편·정가편·처기편·접인편·출처편으로 구성되어 있다.[21]

〈표 1-1-1〉『하학지남』의 체재

卷	編	章
首卷	日用編	• 夙興章 日間章 夜寢章
上卷	讀書編	• 讀書之義章 讀書之序章 讀書之法章 讀小學四書章 讀諸經章 讀性理諸書章 讀史章 尙論章 (附 寫字章 作文章)
	爲學編	• 總論章 立志章 變化氣質章 窮理章 力行章 存養章 省察章 克治章 敦篤章 論敬章 論誠章 異端章
	心術編	• 誠意章 正心章 養氣章 操存章 喜怒章 逸慾章 器量章 誠實章
下卷	威儀編	• 總論章 敬身章 正容章 謹言章 衣服章 飮食章
	正家編	• 總論章 孝敬章 居喪章 祭祀章 友愛章 夫婦章 敎養章 冠禮章 敦睦章 饗下章 治産章 儉約章
	處己編	• 持身章 處事章 操守章 義命章 改過章 辭受取與章 出入往來章
	接人編	• 長幼章 師友章 接賓章 待人章 篤義章 處世章 居鄕章
	出處編	• 總論章 事君章 治道章 居官章

『하학지남』에서 드러나는 몇 가지 특징을 정리해 보면, 첫째로 『소학』이나 『대학』의 편차를 우리나라 실정에 맞게 조절하였다는 것을 들 수 있다. 그러

---

21 『하학지남』 목록에는 수권의 일용편을 제외하고, 상·하권을 讀書第一, 爲學第二 등으로 표기되어 있다. 본고에서는 편의상 編으로 통일하여 쓰기로 한다.

나 그가 의례를 본떴다고 하는 『소학』의 체재[22]와 비교해 보면 사뭇 다른 면을 찾아볼 수 있다. 전체 편수도 다를 뿐 아니라 편차에서도 차이가 난다. 오히려 체재상으로나 내용상으로 수기치인修己治人의 기본 정신아래 『대학』을 기본 구도로 하여 이루어진 듯한 느낌을 준다. 책 이름에서도 알 수 있듯이, 『하학지남』은 초학을 대상으로 쓰였기 때문에 효를 기본 사상으로 하는 『소학』의 내용 수준에 머무르는 부분도 적지 않지만, 다루어진 내용을 검토해 보면 성인을 대상으로 하는 내용도 많고 또한 백성을 다스리는 일에 관한 내용도 가볍게 다루지 않은 것을 찾아볼 수 있다.[23] 즉 『하학지남』 위학편·심술편은 『대학』의 격물치지와 성의정심, 위의편·정가편·처기편은 수신제가, 출처편은 치국과 통한다고 볼 수 있다. 오히려 이이李珥의 『격몽요결擊蒙要訣』의 영향을 많이 받지 않았나 하는 느낌을 준다.[24] 『격몽요결』의 목차에 보이는 내용은 모두 『하학지남』의 독서편·위학편·정가편·처기편·접인편에 포함되었다. 따라서 우리나라 문헌으로는 『격몽요결』을 많이 참고하였다 하겠다.

둘째로 독자로 하여금 명료하게 이해하도록 세분 편차하였다. 그는 70개의 장에 다시 221개의 항을 두었다. 이와 같은 편차는 『대학』이나 『소학』은 말할 것도 없고 『격몽요결』과도 크게 다르다. 이는 유사한 내용을 묶고 다시 세분함으로써 피교육자에게 혼란을 주지 않고 배우기 편리하도록 배려한 것이 아닐까 한다. 특히 수권의 일용편에서 매일 습관적으로 할 일을 새벽, 낮, 밤으로 나누고 다시 시간별로 자세한 설명을 붙인 것 또한 주목되는 부분이라 하겠다.

셋째로 자신의 견해는 가능하면 세주하여 나타냈다. 『하학지남』에는 많은 각주가 있는데, 그 가운데 안설로 나타낸 것이 78개나 된다. 따라서 본문은 대

---

22 『소학』의 체재는 크게 內篇과 外篇으로 나눠지고, 다시 내편은 立教篇, 明倫篇, 敬身篇, 稽古篇 등 4편으로, 외편은 嘉言篇, 善行篇 등 2편으로 나눠진다.
23 특히 출처편에서 두드러지게 나타난다.
24 『격몽요결』의 편차는 序, 立志章·革舊習章·持身章·讀書章·事親章·喪制章·祭禮章·居家章·接人章·處世章 등 10개 장으로 되어 있다.

체로 참고문헌의 내용을 그대로 수록하여 자신의 견해와 구별하였다. 물론 본문에 인용한 글은 소개에 그친 것도 있고, 안정복 자신이 동조한다는 뜻을 나타낸 것도 있다.

끝으로 『하학지남』은 수권과 상·하권이 서로 유기적인 체재를 이루고 있다. 즉 수권의 일용편이 일상생활에서 의당 해야 할 일을 갖추고 있는 반면, 상권에서는 하권의 본체로 공부[存養]를 다루었고, 하권에서는 상권에서 공부한 것을 밖에 나타내는 것, 즉 쓰임[用功]에 관한 내용으로 이루어졌다.[25] 더불어 편이 시작될 때마다 안설을 붙여 왜 이 편을 두게 되었는가를 일일이 설명해 두었다. 대체로 상·하권의 편차는 이 책을 익혀야 할 순서대로 짜여져 있다. 요컨대 일용편을 총론이라 한다면, 상·하권은 각론으로, 상권은 공부편 혹은 내편, 하권은 활용편 혹은 외편이라 볼 수 있다.[26]

2) 주요 내용

그러면 『하학지남』은 어떤 내용으로 이루어졌을까. 여기에서는 편의상 『하학지남』 각 편의 순서에 따라 안설을 중심으로 간략하게 살펴보기로 한다. 그것은 본문의 내용이 대부분 참고문헌에 있는 글을 이용하고 자신의 생각은 주로 안설에 썼기 때문이다. 단 인용문 가운데에도 안정복이 동조하였다고 생각되는 부분이 있으면 논의 대상으로 삼는다.

---

25 이와 같은 체재로 쓴다는 사실을 안정복은 수권·상권·하권의 바로 아래에 쓴 안설을 통하여 밝혔다.

26 이와 같은 체재의 기본 골격으로 본다면, 『하학지남』의 상·하권은 『소학』의 내·외편과 비교될 수 있다.

(1) 수권의 일용편

수권의 유일한 편이다. 일용편은 상·하권의 총론격이라 할 수 있다. 대체로 처기處己·사친事親·처사處事·접물接物 등 일상생활에서 마땅히 해야 할 일을 대략 열거하였다.[27] 동틀 무렵부터 새벽 닭이 울 때까지의 일과를 인시寅時부터 축시丑時까지 12간지의 순서대로 과거 선현들이 실천한 행실을 소개하면서 해야 할 일을 제시하였다. 즉, 매상인昧爽寅 → 일출묘日出卯 → 식시진食時辰 → 우중사禺中巳 → 일중오日中午 → 일일미日昳未 → 일포신日晡申 → 일입주日入酉 → 황혼술黃昏戌 → 인정해人定亥 → 야반자夜半子 → 계명축鷄鳴丑의 순서로 짜여져 있다. 일용편에는 과거 우리나라 사람들의 모범된 행실을 소개하였는데, 길재吉再·이황李滉·김굉필金宏弼·조광조趙光祖·서경덕徐敬德·이영응李永膺·이우李偶(이황의 숙부)·이준경李浚慶·이이李珥·성혼成渾·한충韓忠·조헌趙憲·이지량李之樑·조식曺植·조욱趙昱 등이 대표적 인물이다.

(2) 상권의 내용

하학지남의 상권은 독서편·위학편·심술편 등 3편으로 구성되었고, 공부에 대한 내용으로 이루어져 있다.

• 독서편

궁리의 요체는 반드시 독서에 있다는 주자의 말을 안설에 게재하고, 10개의 장으로 나누어 서술하였다. 독서의 뜻, 독서의 순서, 독서하는 법을 먼저 설명한 다음 『소학』과 사서를 읽는 법, 그 밖에 여러 경서를 읽는 법, 성리에 관한

---

27 일용편, 按. 안정복은 구체적인 것은 상·하권에 열거한다고 하였다.

서적을 읽는 법 그리고 여러 역사서를 읽는 순서와 방법, 선현의 언행을 논하는 방법 등을 설명하였다. 부록으로 습자와 작문법도 뒤에 붙였다. 여기에서는 안정복이 제시한 독서의 순서만 소개하고자 한다.

'독서지서장讀書之序章'을 통해 『격몽요결』과 정서례程瑞禮의 독서분년법讀書分年法 그리고 구양수歐陽修의 독서법을 소개하였다. 어느 방법이 좋다는 확실한 언급을 하지 않았으나 일찍이 문하생 정혁동鄭赫東에게 보낸 편지에서 다음과 같은 '독서차제讀書次第'를 볼 수 있다.[28]

독서차제

- 대학 → 논어 → 맹자 → 중용 → 심경 → 근사록 → 성리제서(겸하여 익힘) → 시 · 서 · 춘추 · 강목(여러 역사와 경론 그리고 여러 학설도 겸하여 공부함)
- 역易과 예禮는 별도로 공부함
- 『소학』과 『가례』는 매일 외우고 익힘

안정복은 『소학』을 이 독서차제에 넣지 않고 『대학』에 앞서 매일 익히도록 하였다. 그만큼 『소학』과 『가례』를 통하여 효도와 예절교육을 중시하였다고 볼 수 있다. 물론 『격몽요결』이나 정서례의 독서분년법에서는 『소학』을 맨 먼저 읽도록 하였다. 대체로 『격몽요결』에 있는 독서 순서와 유사하다고 할 수 있다.[29] 사서삼경을 독서의 주된 서목으로 하여 먼저 읽게 하고, 다음으로 역사서를 읽게 한 것은 이이나 안정복이 같은 생각을 하였지만, 안정복은 특히 『심경』의 독서를 중시하였다.[30] 한편 작문에 힘쓰는 것과 과거를 위한 독서를 바

---

28 『순암집』 권6, 「書贈鄭君顯」.
29 『격몽요결』 독서장에 있는 독서 순서를 보면 『소학』·『대학』·『논어』·『맹자』·『중용』·『시경』·『예경』·『서경』·『역경』·『춘추』 등 五書五經을 기본으로 하고, 『근사록』·『가례』·『이정전서』·『주자대전』 등은 틈틈이 익히도록 하였다.

람직하게 여기지 않았다.[31]

• 위학편

안정복은 학문을 함에 오로지 두 가지 길이 있다고 하였다. 즉 하나는 알아서 선善을 밝히는 일이고, 다른 하나는 행하되 정성으로 하는 것이다.[32] 위학편 12개의 장은 학문을 하는 순서로 이루어져 있다. 총론장에서는 위학을 하는 까닭과 범위를 설명한 다음, 옛날의 학문과 오늘의 학문이 그 목적하는 바가 다름을 나타내고 타인을 위한 오늘의 학문 경향을 바람직하게 보았다. 위학장에 제시된 학문을 하는 순서를 정리해 보면 다음과 같다.

(1) 먼저 입지立志가 서야 한다. 비록 힘써 하려 해도 뜻이 서 있지 않으면 시작하자마자 그만두게 되어 도에 들어갈 수 없기 때문에 반드시 입지를 귀하게 여겨야 한다는 것이다.[33]

(2) 기질을 변화해야 한다. 학문을 함에 있어 방해되는 나쁜 습관을 제거해야 한다는 것이다. 게으름, 주위 산만, 나쁜 무리에 섞이는 일 등을 말한다. 그는 학문을 귀하게 여기고 뜻이 서 있어도 나쁜 기질이 바뀌지 않으면 뜻이 지향하는 바가 올바르지 않게 된다는 것이다.[34] 『격몽요결』 '혁구습장革舊習章'에

---

30 안정복이 『심경』을 중시한 예는 『임관정요』 서문에서도 잘 나타나 있다.
31 『하학지남』, 附作文章, 作文之害 및 科業之害 참조. 여기에서는 朴嘯皐와 퇴계 이황의 말을 소개하는 정도로 그쳤으나, 그는 본시 작문 중심의 공부나 과거시험 준비의 공부를 매우 바람직하지 못한 것으로 평가하고 있었다(졸저, 『동사강목 연구』, 258~264면 참조). 따라서 그가 작문이나 습자에 대한 공부를 부록에 넣어 다룬 것도 이와 같은 의식에서 비롯된 것이 아닐까 생각된다.
32 위학편 第二, 按.
33 위학편, 입지장, 按.
34 위학편, 변화기질장, 按. 안정복의 기질의 性에 대한 논의는 『의문』에 잘 나타나 있다. 그의 성리학에 대한 고찰에서 다시 언급되겠지만, 그는 『의문』을 통하여 기질의 성에 대한 억제를 크게 강조하였다.

있는 대표적인 8개 구습을 그대로 제시하였다.

(3) 궁리를 하여 치지致知를 이룬다. 치지를 이루지 못하고 다만 실행에 힘쓰는 것은 마치 맹인이 애꾸눈 말을 타고 밤중에 깊은 연못으로 들어가는 것과 같다는 것이다.[35]

(4) 힘써 실행한다. 치지에 이르고도 역행하지 않으면 마치 자기 집에 쌓아둔 무진장한 양식을 버리고 밥그릇 들고 다니는 거지를 본받는 것 같다고 하였다.[36]

(5) 존양存養을 굳게 한다.

(6) 성찰한다. 성찰을 하면 앎이 더 밝아진다는 것이다.[37]

(7) 사욕과 잡념을 물리친다.

(8) 돈독해야 한다. 오직 극기로써 돈독해야 한다고 하였다.[38]

(9) 지행知行이 관통하도록 노력한다.[39]

(10) 성취를 이루도록 성실하게 한다.[40]

(11) 이상과 같이 공부하지 않으면 학문의 진전이 없어 이단의 해를 입는다.[41] 불교·도교·양명학 등을 대표적인 이단이라 하였다.[42]

• 심술편

심술편은 앞의 위학편에서 공부한 것을 심술로써 더욱 바르게 하는데 목적을 두고 있다.[43] 심술편의 8개 장 가운데 성의장·정심장·양기장은 각각 위학

---

35 위학편, 궁리장, 按.
36 위학편, 역행장, 按.
37 위학편, 성찰장, 按.
38 위학편, 돈독장, 按.
39 위학편, 논경장, 按.
40 위학편, 논성장, 按.
41 위학편, 이단장, 按.
42 안정복의 이단사상에 대한 고찰은 다른 장에서 구체적으로 언급될 것이다.

편의 존양장·성찰장·논경장과 부합된다. 그리고 다시 심술편의 조존장·희노장·일욕장·기량장은 같은 편의 정심장에 해당되는 장으로, 이들 각 장에는 마음을 바르게 하는 방법이 구체적으로 제시되어 있다. 특히 기량장에는 배우는 자가 뜻이 성실하지 못한 것은 마음이 바르지 못하기 때문인데, 이는 견식과 도량이 편협하거나 좋아하고 미워함이 중도를 잃어서 그렇다고 하였다.[44] 마지막 장인 성실장은 심술편의 결론에 속한다. 그는 이 성실장을 통하여 '성誠'이야말로 지행을 총괄하는 것으로 배우는 자는 지금까지의 공부를 성실하게 하여 덕을 닦아야 한다고 하였다.[45] 심술편을 맺으면서 그는 모든 공부는 몸과 마음으로 하고 행동으로 옮겨 성실하게 할 뿐이라고 결론지었다.[46]

요컨대 심술편은 위학편에서 배운 것을 올바른 방향으로 나아가도록 길을 제시한 부분이라고 할 수 있다.

(3) 하권의 내용

『하학지남』 하권은 상권에서 공부한 것을 밖으로 나타내는 것, 즉 상권 공부의 쓰임[用]에 속하는 것을 다루었다고 할 수 있다. 그 쓰임의 요체는 성찰로써 도를 찾는데 두어야 한다고 하였다.[47] 위의·정가·처기·접인·출처편이 이에 속하는데, 오히려 상권에서 다루어진 공부보다도 많은 분량을 다룸으로써 이 부분에 더욱 심혈을 기울인 것으로 보인다.

---

43 심술편, 按.
44 심술편, 기량장, 按.
45 심술편, 성실장, 按.
46 앞의 책, 같은 按.
47 『하학지남』 권 하, 按.

• 위의편

위의편은 총론장을 포함하여 자신의 몸을 바르게 갖추어야 한다는 경신장, 용모를 단정하게 해야 한다는 정용장, 대인관계에서 말을 삼갈 것을 강조한 근언장, 항상 의관을 정제하고 검소해야 한다는 의복장, 음식을 절제하고 술을 삼가야 한다는 음식장으로 엮어졌다. 그는 비록 심술을 바르게 하여 안을 잘 다스려도 품위있는 모습을 길러 밖을 정제하지 못하면 내부에 존재해 있는 것이 다져지지 못할 수 있다고 하였다.[48]

• 정가편

관혼상제를 비롯하여 가정에서 지켜야 할 도리를 선현의 모범을 들어 설명하였다. 모두 13개의 장을 두었다. 마음이 바르게 되고 몸이 이미 닦여졌다면 가정을 바르게 할 수 있다고 하였다. 그리하여 정가편을 심술편과 위의편 다음으로 편제했다는 것이다.[49] 여기에서는 효와 예 그리고 검소한 생활이 특히 강조되었다.

• 처기편

처기는 자신을 다스리는 것으로써 자신을 지키는 것 뿐 아니라 일을 처리하고 대인관계나 출입시의 행동도 포함된다. 안정복은 선비로 태어나 자신을 다스리는 방도를 알아야 하기 때문에 정가편 다음에 처기편을 두었다고 밝히고, 이치가 밝지 못하고 의로움이 정밀하지 못하면 마땅하게 일을 처리할 수 없다고 하였다.[50] 처기편에서는 공겸으로 자신을 지키는 법, 서두르지 않고 번거롭지 않게 일을 처리하는 법, 지조를 지키는 일, 의롭게 생명을 보존하는 일, 과

---

[48] 위의편, 按.
[49] 정가편, 按.
[50] 처기편, 按.

오를 고치는 일, 받는 것을 사양하고 주는 것을 받아들이는 일, 출입할 때 지키는 일 등이 다루어졌다.

• 접인편

접인편은 대인관계에서 지켜야 할 방법과 도리를 다룬 부분이다. 상도에서 벗어나는 방법을 쓰고 정성스럽지 못하면 사물을 움직일 수 없기 때문에 접인편을 둔다고 하였다.[51] 이 편에서는 어른과 어린이, 스승·벗·손님을 대하는 방법, 인간관계를 원만하게 하는 방법, 의義를 돈독하게 하는 방법, 처세에 있어 삼가야 할 방법, 향리에서 지녀야 할 몸가짐 등을 다루었다.

• 출처편

안정복은 이상에서 언급한 처기와 접인의 방법을 알았으면 벼슬을 할 수 있다고 하였다. 본 편에서는 임금을 섬기는 방법, 목민관으로서 민정에 임하는 법, 관리로서 지녀야 할 태도 등이 다루어졌다.

특히 처기편·접인편·출처편은 『하학지남』보다 2년 앞서 저술된 『임관정요』와 기본정신에 있어 통하고 있다는 점이 주목된다.

지금까지 『하학지남』의 체재와 주요 내용에 대해 간략하게 살펴보았다. 내용의 구성면에서 몇 가지 주목되는 점을 찾아볼 수 있었다. 첫째로 종래의 다른 저서와는 달리 우리나라 선현들이 쓴 저서나 언행을 크게 참고하였다는 점을 들 수 있다. 명기한 인명을 다음과 같이 정리해 보았다.

고려시대 길재吉再·정몽주鄭夢周(2명)

조선시대 유관柳寬·황희黃喜·정인지鄭麟趾·김종직金宗直·김굉필金宏

---

51 접인편, 按.

弼 · 정여창鄭汝昌 · 유우柳藕 · 정붕鄭鵬 · 조원기趙元紀 · 조광조
趙光祖 · 이황李滉 · 정도가鄭道可 · 성혼成渾 · 서경덕徐敬德 · 이
언적李彦迪 · 조호익曺好益 · 조헌趙穆 · 이지남李至南 · 이준경李浚
慶 · 이이李珥 · 한충韓忠 · 조헌趙憲 · 이지량李之樑 · 조식曺植 ·
성운成運 · 유성룡柳成龍 · 조욱趙昱 · 박승임朴承任 · 상진尙震 ·
홍인우洪仁佑 · 김근공金謹恭 · 김성일金誠一 · 이지함李之函 · 최
영경崔永慶 · 권발權撥 · 정구鄭逑 · 이일재李一齋 · 이수광李睟
光 · 성수침成守琛 · 안현安玹 · 정경세鄭經世 · 조공린趙公遴 · 권
공질權公礩 · 정광필鄭光弼 · 이연경李延慶 · 곽영화郭永華 · 장현
광張顯光 · 임숙영任叔英 · 이명래李銘來 · 정공완鄭公浣 · 이영응李
永膺 · 안처함安處諴 · 이항복李恒福 · 이충암金沖庵(54명)

언행의 모범으로 삼은 인물로는 김종직과 그 문인을 비롯하여 16세기 전후
의 인물이 많다. 대체로 이황과 그의 문인이 다수 소개되었고, 이이의 언행 기
록도 적지 않게 수록되었다. 그 이전의 인물로는 고려시대의 길재와 정몽주,
조선 초기의 유관 · 황희 · 정인지를 들 수 있다. 초학자들을 위한 입문서로 이
처럼 본국 선현들의 언행을 기록하여 나타낸 안정복의 뜻이 어디에 있을까. 아
마도 종래 초학을 위한 문헌이 대부분 중국 선현의 기록으로 되었다는 점을 의
식한 것은 아닐까. 여기에서 안정복이 『하학지남』을 본국 실정에 맞게 쓰려
하였다는 점을 찾아볼 수 있을 것 같다.

둘째로 백성을 다스리는 일[治]시에 관련된 내용이 중시되었다는 점을 들 수
있다. 처기 · 접인 · 출처편이 이에 해당된다. 더욱이 비슷한 시기에 저술되고
개혁적인 내용을 많이 담고 있는 『임관정요』에서 다루어진 내용이 여기에 바
탕을 두고 있다는 점은 주목되는 부분이라 하겠다. 특히 그는 『임관정요』를
통하여 조선 후기 농촌의 경제적인 어려움을 관리들의 작폐와 관련지어 비판
하면서 목민관의 목민 방법과 자세를 크게 다루었다.

셋째로 『하학지남』 내용 전반에 걸쳐 실천이 강조되고 있다는 점이다. 이는

일용편을 비롯하여 하권의 활용편에서 잘 드러난다. 물론『하학지남』제문에
도 잘 나타나 있듯이, 당초 안정복이『하학지남』을 쓸 때 대부분 일상생활에서
쉽게 실천되어야 할 것을 기대하고 썼던 것이다. 학행일치가 경전이나 실학자
들 사이에서 크게 강조되고 있음은 재론의 여지가 없겠으나, 안정복은 조선 후
기 만연된 이기논쟁이나 과거시험을 위한 시부 중심 공부의 폐단을 의식하여
더욱 이를 강조한 것으로 생각된다.

4. 하학과 안정복의 학문 성격

이상과 같이 안정복은 하학 공부를 학문의 출발이며 기본으로 삼았다. 이러
한 학문적 성향이 유형원이나 이익의 영향을 받기 전부터 형성되었다는 점에
주목할 필요가 있다. 다시 말하면 17~18세기 실학사상의 흐름을 타고 안정복
이 스스로 학문을 익히는 과정에서 자연스럽게 터득하였다는 점이다. 따라서
안정복의 나이 33세(1744)에 유형원의『반계수록』을 접하고 2년 뒤 성호 이익
을 방문하여 성호문인이 된 이후 이들의 학문과 사상으로부터 영향을 받기 이
전에 안정복의 실학사상은 이미 스스로 연마한 학문과정을 통하여 나타나기
시작했다고 보아야 할 것이다. 그가 1746년 10월 17일 안산의 이익을 방문하
여『대학』을 비롯한 사서삼경에 대하여 밤늦도록 토론을 벌인 것을 보아도,[52]
그의 학문적 관심이 어디에 있었던가를 알게 한다. 성호문인이 된 이후 하학에
바탕을 둔 그의 실천적 학문관은 더욱 확고해지고, 말년에 접어들어서는 그의
문인을 대상으로 하학 공부에 대한 중요성을 더욱 역설하였다.
이처럼 그가 노년기에 하학의 중요성을 역설하면서 이에 대한 보급운동을

---

52 『순암집』권16, 「函丈錄」참조.

펴기 전에, 성호문인이 되어 학문활동이 활발하였던 때에도 스승 이익은 물론 선배 성호문인 윤동규에게도 자신의 학문관을 밝히고 하학의 중요성을 주장하는가 하면, 그 밖에 주변 인물들에게도 성리학에 매진하지 말고 하학에 힘쓸 것을 강조하였다. 그는 스승 이익에게 학문을 함에 상달을 귀하게 여기지만 하학보다 긴요한 것은 없다 하고,[53] 윤동규에게도 정주학이 나온 이후 많은 사설이 있되 그 이전보다 도리어 괴이함이 있고, 지금은 더욱 심하여 왕왕 작은 이해관계에 얽매이기도 한다고 비판을 가하기도 하였다.[54] 다시 말하면, 이는 하학이 이루어지지 못한 상태에서 고차원의 성리학에 매진하는 것은 오히려 학문적으로 낭비나 폐단만 초래한다는 생각이다.

그렇다고 안정복이 주장하는 학문의 목표가 하학에 그치는 것은 아니다. 그가 힘써 공부할 것을 주장한 하학은 상달을 위한 전 단계일 뿐이다. 1756년 친구 이휘원李輝遠이 저술한 「동자의童子儀」 발문을 쓰면서,

> 천리의 먼 길을 가는 자도 발 아래에서 시작하고 숭산이나 화산과 같이 높은 산을 오르는 자도 산 밑에서 시작하는 것이니, 군자의 학문 역시 이와 같다. (…) 하학하여 상달의 효험이 있으니, 이른바 갈 길이 멀어도 가까이로부터, 높은 곳에 오르되 낮은 곳으로부터라는 말이 곧 여기에 있으니 마땅히 동자의 법칙이 되고 대학의 기본이 될 것이다.[55]

라 하였듯이, 학문을 연마하여 진보하고 경지에 이르는 상달도 결국 하학으로

---

53 『순암집』권2,「上星湖先生書 戊寅(1758)」. "學貴上達 莫要於下學."
54 『순암집』권3,「答邵南尹丈書 乙亥(1755)」. "程朱以後 諸儒之辭說甚多 而論其篤行 則反有愧於漢唐之君子 至于今而益甚 往往臨小利害便失常道."
55 『순암집』권18,「童子儀跋 丙子(1758)」. "適千里之遠者 起於足下 登嵩華之高者 始於山根 君子之學 亦猶是也 (…) 而下學上達之敎 所謂行遠自近 升高自卑者 則在是矣 宜爲童子之儀則 而大學之基本矣."

부터 시작해야 한다고 하였다. 그런데 앞서 언급하였던 것처럼, 안정복이 보기에 현재 이루어지고 있는 학문 연마는 이와 같은 단계를 무시하고 어려운 이기사칠론에 몰두한 나머지 일생을 공부하여도 얻는 것이 없고 도리어 이들의 행동에는 본받을 만한 것을 찾아보기 힘들다는 것이다.[56]

여기에서 그가 『의문擬問』을 저술하여 '사칠이기四七理氣'와 '인물지성人物之性'을 분석 설명한 의도를 알 수 있다. 그 가운데 '사칠이기'의 말미에서 후학들에게 이기론이나 사칠론에 심취하지 말 것을 강조하면서, 자기의 저술 『하학지남』을 공부하여 학문과 지식의 진전이 있기를 기대한다는 바람을 나타내기도 하였다.[57] 이는 그가 『하학지남』 제문에서 밝힌 견해와 다를 바 없는 견해로써 사칠이기론과 하학을 분명하게 구별해 둘 필요성에서 나온 것이라 하겠다.

이와 같은 그의 학문관에서 그의 실학의 바탕을 찾아볼 수 있지 않을까 한다. 그렇다면 안정복은 실학을 어떻게 정의하고 있었던가. 다음 서간문을 참고하여 보자.

학문을 하는 요점은 '무실' 두 자에 불과하다. (…) 다만 밝히는 공부만 하고 존성存省에 소홀하면 편협하고 메마른 학문이 되어 명덕의 본체를 스스로 보존할 수 없게 된다. 이는 지행이 상호 필수적이기 때문으로 분리될 수 없는 것이다. 이 구(『대학』의 수구首句 : 필자주)를 다만 한 번 읊고 말 것이 아니라 실심으로 구하고 실심으로 행동해야 한다. 뭇 책 읽는 방법을 모두 이와 같이 한 뒤에는 내가 소유하게 되는 데에 가까워지니, 진실로 실학實學이라 일컬을 만하다.[58]

56 『하학지남』 題文 참조.
57 『의문』, '四七理氣'의 말미에 있는 글 참조.
58 『순암집』 권8, 「與柳敬之諭書 乙未」. "爲學之要 不過務實二字 (…) 徒下明之之工 而忽於存省 則爲偏枯之學 而明德之本體 不能自保矣 此知行之所以相須而不可離者也 故讀此句 不徒一番吟詠而已 必以實心求之 實心行之 諸書讀法 皆知此然後 庶幾爲我之有 而眞可謂

여기에서 안정복은 학문을 하는 요체를 '무실務實'이라 간결하게 말하고 『대학』을 예로 들어 말하였으나, 다른 책을 읽을 때에도 실심으로 탐구하고 그것을 토대로 실심으로 행동하여 나의 것으로 만들어야 한다는 것을 강조하면서 이것이 곧 실학이라 하였다. 그의 판단으로는 하학도 제대로 안 된 상태에서 이기사칠론과 같이 이해하기 어려운 것을 먼저 공부하면 터득하기도 어려울 뿐 아니라 실천할 수도 없다는 견해이다. 그의 학문 목표가 궁극적으로는 실천에 있다는 것을 알 수 있다. 비록 사서를 중심으로 한 정통 유학에 근거하고 있지만 일상생활에서 반드시 행동으로 실천되어야 함을 강조하였다.

어쩌면 안정복의 이와 같은 주장은 조선 사회에서 유학을 공부하는 사람이라면 누구나 통상 강조하던 것으로 이해될 수도 있다. 그렇다면 안정복이 하학을 강조하였다고 해서 눈여겨볼 만한 일고의 가치가 없을 수도 있다. 또한 타락한 도덕적 생활을 강조하여 유교적 생활 양식을 고수하려 한 것이 아니었을까 하고 의심할 수도 있을 것이다. 그러나 16세기 이후 논쟁이 되어 오던 성명론이나 이기사칠론의 유행을 병폐로 단정하고, 먼 것에 힘쓰고 가까운 것을 소홀히 한다[務遠忽近]고 지적하면서[59] '무실'을 강조[60]한 데에는 어쩌면 당시 사대부 사회의 고루한 학문에 대한 일종의 반동적 비판도 있었다고 보여진다.

그가 이처럼 하학을 강조하기까지에는 유형원이나 이익의 영향을 무시할 수 없다. 즉 『반계수록』을 통하여 유형원의 개혁사상을 수용하고, 성호문인으로서 이익의 학문을 전수하면서 하학의 중요성에 대한 신념이 더욱 굳어졌다고 할 수 있다. 그가 성호문인이 된 후 『임관정요』의 서문을 쓰고 노년에 들어 『하학지남』의 제문을 쓴 것도 실상 청년 시절에 다져진 실천적 학문의 중요성이 유형원이나 이익의 영향을 받아 확고하게 될 수 있었기 때문이라 하겠다. 더 나

之實學也."
59 『순암집』 권12, 「橡軒隨筆 上」, 性情.
60 『순암집』 권8, 「與柳敬之(譏)書 乙未」.

아가 그는 노년기에 들어 자신이 몸소 체득한 학문의 방법과 실천을 바탕으로 젊은 문인들에게 중요성을 말하면서 '무실'한 학문에 힘쓰도록 거듭 강조하였다.

안정복의 수제자 황덕길黃德吉이 『하학지남』에 대해 '평생을 두고 활용할 규범'이라고 평한 것도,[61] 비록 안정복은 『소학』의 의례에 맞추어 『하학지남』을 썼다고 하였지만, 초학자 뿐만 아니라 기성 학자들도 유념해야 한다는 것을 말해 준다.

요컨대 안정복의 학문은 일상생활에 유용한 실천을 중시한 학문, 즉 하학이다. 철학적인 성리학은 이 하학이 이루어진 뒤의 공부로써, 사실상 하학이 완전하게 이루어지기 곤란하다고 본 안정복의 입장으로 볼 때, 결국 그의 학문은 하학을 넘지 않는 범위에 있었다고 보아야 할 것이다. 즉 하학에 의한 실천적 학문이다.

그러나 그가 성호학파의 소장학자들인 한정운韓鼎運이나 이기양李基讓과 같이 양명학에 관심을 두었거나 권철신權哲身처럼 천주교에 심취된 문인들에게 하학의 중요성을 고집하고[62] 이들이 탐닉한 새로운 사상에는 귀를 기울이려 하지 않은 점은 아직도 그의 학문성이 전통적 틀에서 크게 벗어나지 못하고 있음을 말해 준다. 노년기 그의 주변에는 그가 이단으로 몰아붙인 서학이나 양명학에 관심을 둔 성호학파 젊은이들이 많았다. 오히려 이러한 주변적 배경이 그로 하여금 기존 학문에 바탕을 두면서 공맹의 실천적 가르침, 즉 하학에 매진하는데 머무르고, 좀더 새로운 사상을 대폭 수용하는 데에는 인색하였다고 할 수 있다. 물론 그가 유학을 고집하고 말년에 천주교 수용을 적극적으로 막았던 데에는 원로 성호문인 안정복의 입장에서 성호학파의 내부문제나 정부의 천주교 박해와 같은 정치적 이유 등 절실한 이유가 있었지만,[63] 어떻든 그의 실학적

---

61 『下廬先生文集』 권16, 「順菴先生行狀」. "下學指南 平生用功門路也."
62 『순암집』 권6, 「與權旣明書 甲辰(1784)」 등 참조.

학문성을 평가하는데 중요한 한계로 작용될 수 있음을 부인할 수 없다.

5. 안정복의 저술과 하학정신

안정복이 『하학지남』을 통하여 드러난 실천적인 학풍은 그의 다른 저술에도 그대로 반영되어 나타났다. 『임관정요』·『내범』·『동사강목』·『의문』 등 그의 대표적인 저술에서 찾아볼 수 있다.

먼저 『하학지남』과 비슷한 시기에 저술된 『임관정요』는 그 체재에 있어서도 잘 드러나듯이, 『하학지남』의 처기편·접인편·출처편과 기본정신 면에서 서로 통하는 내용을 포함하고 있다. 목민관 자신의 몸가짐으로부터 대민행정에 이르기까지 『하학지남』에서 논의된 기본정신이 거듭 강조되어 나타나 있다. 이를테면 청렴을 강조하고 독서를 즐기며 술을 삼가고 사적 감정을 버리는 일을 비롯하여 의리로써 업무를 처리하고 중도를 취하며 급히 서두르지 않고 인재를 기르는 일, 관청의 재산을 아끼고 교화정치를 하며 흉년에 세금을 탕감하는 일, 기강을 세우고 백성을 편안하게 하는 정치를 펼 것 등 『하학지남』에서 언급한 내용들이 『임관정요』에서는 현장에서 이루어지는 업무인 관계로 보다 구체적으로 제시되었다. 따라서 『하학지남』에서 사용된 문헌들이 『임관정요』의 「정어政語」에서 대부분 인용되었을 뿐 아니라, 그 가운데에서도 그가 하학 공부의 교과서처럼 여긴 사서의 내용이 주종을 이룬다. 특히 『임관정요』「시조」는 『하학지남』 처기편·접인편·출처편을 실제 응용한 내용으로 보아도 무리가 없다.

---

63 안정복이 1780년대 천주교 전파와 관련하여 적극적으로 벽위론을 편 배경에 대해 졸고 (2003), 「18세기 말 천주교 확산과 성호학파의 진로」, 『부산교회사보』 제37호, 부산가톨릭대학교 부산교회사연구소 참조.

『내범』은 기본적으로『하학지남』에서 다루어져야 할 성질의 것이었으나, 아녀자의 생활규범을 대상으로 하였기 때문에 별도로 저술한 것이다. 이는 원래 주자가『소학』과 함께 달리 여성용으로 쓰려 하였지만, 이루지 못한 것을 안정복이『하학지남』을 쓴 다음 주자의 유지를 받들어『소학』체재에 맞추어 6편으로 만든 것으로 전해 온다.[64]『예기』의 내칙편內則編이 많이 활용되었을 것으로 보이지만, 아마도 아녀자의 일상생활에 나타나는 행동 규범을 주된 내용으로 했을 것으로 추측되며,[65] 따라서 여기에서도『하학지남』을 통해 그가 강조한 실천적 성격이 나타나지 않았을까 싶다.

하학을 근본으로 하는 안정복의 학문관은 역사서인『동사강목』에도 예외없이 적용되어 나타난다. 안설을 통하여 현실개혁을 주장하는 내용에서 적지 않게 찾아볼 수 있다. 이를테면,

> 천지의 도는 오로지 성誠일 뿐이다. 성이란 실實인지라 물物에 붙으면 실리實理가 되고 용用에 간직되면 실사實事가 된다. 그 실리를 밝혀서 다른 갈래의 의혹을 없애며 실사를 행하여 거짓된 습성을 없애는 이것이 군자의 도리로써 격물·치지·성의·정심을 귀하게 여기는 것이다.[66]

라 하여, 실리와 실사를 행할 것을 말하고, 더불어『하학지남』에서 하학을 익히는 기본 수단인 격물·치지·성의·정심의 중요성을 주장하였다. 특히 그가『동사강목』사론에서 주장하는 현실개혁안은『하학지남』의 기본정신을 그대로 적용한『임관정요』의 내용을 다수 포함하고 있다. 이렇게 볼 때,『동사강목』

---

64 『순암집』,「순암선생연보」, 영조 17년 辛酉.
65 『순암집』,「安鼎福祭文 鄭時復」. "雖遠而先生之言 著在編秩 則內以內範 外以指南 ---."
66 『동사강목』제4하, 壬午, 신문왕 2년 夏5월, 按. "天地之道 惟誠而已 誠者實也寓於物爲實理 藏諸用爲實事 明其實理而無它岐之惑 行爲實事而無虛假之習 此君子之道 所以貴格致誠正之學也."

저술 배경에는 역시 『하학지남』을 통해 나타낸 그의 학문관과 실천적 정신이 크게 작용하였다고 볼 수 있다. 그가 안설을 통하여 시부 중심의 과거시험을 반대하였고,[67] 문장 중심의 교육으로 말미암아 동몽의 교양이 이루어지지 못하고 행실이 바르지 못하게 되었다[68]고 비판한 것도 좋은 예라 하겠다.

『의문』은 그가 성리학에 대해 어떻게 생각하고 있었던가를 가장 분명하게 보여 준 저술이라 하겠다. 이 글은 대체로 50대 후반 이후에 저술된 것으로 보인다.[69] 『하학지남』 제문에서 비판했던 이기사칠론과 심성론을 구체적으로 다룬 글이다. 이 글의 체재는 이기의 구성과 운행을 설명한 총론 부분, 이기사칠과 심성론을 문답식으로 분석 정리한 '사칠이기'와 '인물지성'으로 짜여져 있다. 그는 이 글을 통하여 사단칠정이 이발理發인가 기발氣發인가를 주된 문제로 삼아 객이 묻고 자신이 주인이 되어 대답하는 방식으로 이기론을 매우 구체적이고 정연하게 설명하였다. 그런데 그는 '사칠이기'의 말미에서 갑자기 하학에 매진할 것을 강조하였다.[70] 『의문』을 통해 성리 공부에 대한 안정복의 부정적인 결론은 성리학과 하학에 대한 자신의 견해를 분명히 해 둠으로써 후학들이 성명이기론에 지나치게 몰두하는 것을 막자는 뜻에서 나온 것으로 판단된다. 어떻든 『의문』은 이기심성에 관한 논설이지만, 『하학지남』의 기본정신을 확고하게 해 준 저술이라고도 할 수 있다.

---

67 『동사강목』 제6상, 辛未, 성종 2년 冬10월, 按.

68 『동사강목』 제7상, 辛未, 현종 22년 윤10월, 按.

69 그렇게 생각하는 이유는 안정복이 이기론에 대해 윤동규와 이병휴로부터 구체적인 자문을 구하여 알았다고 말한 해가 1766년이기 때문이다. 1770년 안정복이 이기양에게 보낸 편지에 '龍湖丈與長川'이라는 호칭이 나오는데(『순암집』 권8, 「與李士興書 庚寅(1770)」), 필자가 처음에는 長川을 이익의 종손 李嘉煥으로 착각하였었다(졸고, 「하학지남」을 통해 본 안정복 학문의 성격」, 『진단학보』 78, 140면 註65). 그러나 뒤에 생각해 보니 그 장천은 이철환이 아니고 이병휴를 말한다. 본고를 통하여 수정한다.

70 『의문』, 사칠이기. "古人曰 下學而上達 下學不已 則淸明在躬 志氣如神 自然及上達之境矣 然後可以辨義於毫縷判 心迹在天壤者也 然則 今日之務 當在乎下學工夫而已 吾欲於下學指南二卷 心抄之口讀之 以待後日學進而識進也."

6. 맺음말

지금까지 안정복의 학문 성격을 알아 보기 위하여 안정복의 초기 저술인『하학지남』의 저술 동기와 배경, 주요 내용, 하학의 실학적 성격 그리고 안정복의 다른 저술과 하학정신 등을 고찰해 보았다. 고찰된 내용을 토대로『하학지남』 저술의 의의를 생각해 보면서 맺음말로 갈음하고자 한다.

안정복의 학문은『논어』「헌문편」에 있는 '하학이상달'에 바탕을 두고 있었다. 따라서 어려서부터 성리에 대한 연구에 몰두하는 것을 바람직하게 생각하지 않고, 하학에 충실하여 자연스럽게 상달하기를 권장하였다. 그는 청년 시절에 스스로 이 하학의 중요성을 터득하여 일개 서생의 입장에서『하학지남』을 저술하였던 것이다. 하학을 연마하고 일상생활에서 행동으로 옮겨지는 것을 중시하여 '무원홀근務遠忽近' 혹은 '무실務實'이라는 용어를 자주 사용하면서 주변 인물에게 하학에 매진할 것을 강조하였다. 비록 그의 주장이 어쩔 수 없이 유교적인 학문적 바탕을 떠날 수 없었다 하더라도, 성리학에 밝았던 그의 학문 수준에서 볼 때, 조선 후기에 끊임없이 이어온 성리의 연구와 논쟁을 배격하고, 실생활에 필요한 학문에 힘쓸 것을『하학지남』을 통하여 주장한 사실은 안정복의 실학사상을 이해하는 데 있어 매우 주목되는 부분이라 할 수 있다.

우선 초기 안정복의 실학사상이 유형원이나 이익의 영향을 받아 비로소 형성된 것이 아니라는 점이다. 즉『하학지남』을 통하여 알 수 있듯이, 이미 청소년 시절부터 형성되어 있었다고 말할 수 있다. 이는 선대로부터 이어온 남인계통 가계의 영향을 받은 데다가 조부 안서우의 가르침 그리고 광주지방에서 접촉한 주변 인물들과의 교류, 농촌생활의 경험 등 안정복 자신의 성장과정에서 얻은 견문과 경험이 작용하였을 것으로 추측된다.

그 후 30대 초반 안정복은 그 동안 염원하던 유형원의 저술을 접하고, 다시 뒤에 이익을 방문하여 성호문인이 되면서 이들의 학문과 사상을 접목할 수 있었다. 지방행정 개혁에 관한 내용을 담은『임관정요』에 이들의 의견을 참고하고 내용을 보완하여 1757년 서문을 써 내놓고, 역시 현실개혁에 관한 사론을 적지 않게 제시한 『동사강목』도 유형원과 이익의 저서 혹은 학문적 교류를 통하여 이루어졌다고 보아야 한다.

결론적으로 하학의 공부와 실천에 바탕을 둔 학문관에 유형원과 이익 같은 실학자의 학문이 접목되면서 안정복의 학문은 더욱 확고하게 실학적 성격을 띠면서 발전하게 되었다고 볼 수 있다. 『동사강목』이 이들의 실학풍과 역사인식이 잘 조화된 대표적 작품이라고 한다면, 『하학지남』은 안정복 초기의 독자적인 실학적 학문을 바탕으로 하여 이루어졌다고 할 수 있다. 그리고 『하학지남』과 거의 같은 시기에 쓰여진 초고 『임관정요』는 하학에 바탕을 둔 안정복의 경세적 실학사상의 대표적인 저술이었다고 보아 좋을 것이다.

2

안정복의 실학사상 형성과 『임관정요』 저술

1. 머리말

『임관정요』는 안정복의 많은 저술 가운데 가장 먼저 쓰여진 저작이라 할 수 있다. 그의 나이 27세(영조 14년, 1738)에 초고를 냈고, 19년 뒤인 46세(영조 33년, 1757)에 서문을 붙여 완성한 저술로 전해 온다.[1] 이 『임관정요』의 초고는 그가 전라도 무주에서 경기도 광주로 이사온 지 2년 만에 이루어진 것으로 『하학지남』보다는 2년 앞서, 48세(영조 35년, 1759)에 편찬한 『동사강목』보다 사실상 21년이나 앞서 쓰여졌다.

그런데 지금까지 후인들은 안정복의 학문과 사상을 이해함에 있어 『동사강목』은 귀중한 사료로 이용되어 왔지만, 이 『임관정요』에 대해서는 『동사강목』보다는 관심을 덜 집중해 왔던 것이 사실이다. 아마도 이는 그 동안 『동사강목』이나 『순암집』 등을 통한 그의 역사인식 이해에 주로 관심을 가짐에 따라 그

---

1 『순암집』, 「순암선생연보」, 영조 33년 7월. "自戊午歲始草 初名治縣譜 至是更加增刪 改名政要."

그늘에 가려 잠시 관심 밖으로 밀려난 것이 아닐까 생각된다. 물론 번역서에 해제를 붙이거나[2] 안정복의 지방행정 인식이 어떤 것인가를 알아보기 위하여 내용 분석이 이루어지기도 하고,[3] 그 밖에 관련 논문에서 부분적으로 다루어지기는 하였으나,『임관정요』가 차지하는 위치나 가치를 보다 정확하게 이해하기에는 미흡하다.

더불어『동사강목』을 이해함에 있어서도『임관정요』에 대한 좀더 깊은 이해가 필요하다. 다시 말하면『동사강목』과『임관정요』는 밀접한 관계를 지니고 있다. 이미 잘 알려져 있는 바와 같이, 안정복은『동사강목』사론을 통하여 자신의 많은 견해를 나타냈다. 거기에는 현실개혁에 관한 의견도 적지 않게 포함되어 있다. 주로 안정복의 견해로 이루어진『임관정요』「시조時措」를 분석하여 보면,『동사강목』에서 언급된 현실개혁에 관한 내용을 상당히 포함하고 있다.『동사강목』초고 집필이 1756년으로부터 1760년까지 진행되던 과정에서 1757년 그 동안 수정·보완을 해오던『임관정요』의 초고에 서문을 붙여 내놓았다는 점을 감안해 볼 때,『동사강목』의 편찬과『임관정요』의 저술은 서술 내용면에서 틀림없이 밀접한 관련이 있다.

필자는 이미 안정복이『동사강목』사론을 통하여 역사적 사실을 면밀하게 분석하고 그 분석 결과를 토대로 현실문제를 해결해 보려는 논리적 실마리를 찾으려 하였다는 점을 지적한 바 있다.[4] 그러한 점에서도 역사서인『동사강목』과 목민관의 민정지침서라 할 수 있는『임관정요』는 서로 무관하지 않다는 점을 알 수 있다.

이에 필자는『임관정요』의 중요성을 새삼 인식하고 다음과 같은 문제를 중

---

2 번역서에 해제를 붙인 것으로 金東柱 譯(1974),『임관정요』, 乙酉文化社, 1974를 들 수 있다.
3 심우준,『순암 안정복 연구』제4편 地方行政觀과 洞約·井田·貢田制, 8. 地方行政觀, 230~276면 참조.
4 졸저,『동사강목 연구』, 257면.

심으로 분석·정리해 보고자 한다. 첫째로『임관정요』저술의 배경 및 동기를 살펴보고, 거의 같은 시기에 저술된『하학지남』과는 어떤 관계를 지니며,『동사강목』편찬과 어떤 연관이 있었던가를 좀더 상세하게 고찰할 것이다. 둘째로『임관정요』의 체재와 주요 내용을 분석하여 안정복이 이 저술을 통하여 나타내고자 하는 의도가 무엇인가를 밝혀 본다. 셋째로『임관정요』에 나타난 안정복의 현실개혁사상을 정리해 볼 것이다. 넷째로『임관정요』가 후대에 어떻게 영향을 주었는가에 대해 정약용의『목민심서牧民心書』를 중심으로 고찰해 보고, 마지막으로『임관정요』저술의 의의를 생각해 볼까 한다.

2. 『임관정요』의 저술

앞서 본 바와 같이『임관정요』의 초고는 안정복의 나이 27(1738)세에 광주 덕곡에서 이루어졌다. 즉, 이 해에『치현보治縣譜』라는 이름으로 초고를 써서 집에 보관해 놓고 있다가 뒤에 수정 보완하여『임관정요』로 개명하였다.[5] 아마도『임관정요』로 탈고하기 전에는『정요政要』와 자신의 저술인『치현보』를 다른 책으로 보관해 두었다가 합쳐 편집하여『임관정요』라는 이름으로 개명된 것으로 보인다.[6] 이어 29세에 사대부의 행동지침서라 할 수 있는『하학지남』

---

5 심우준은 안정복이『임관정요』를 27세(1738)에 쓰기 시작하여 46세(1757)에 완성한 것으로 보고,『임관정요』가운데「시조」부분은 안정복이 38세(1749)에 만령전 참봉으로 나아간 이후 43세(1754)에 사헌부 감찰을 그만둘 때까지 관직경험과 사회사정을 감안하여 쓴 일종의 경험서라고 하였다(심우준, 앞의 책, 230-231면).
  그러나 안정복이 1757년 자신이 쓴 서문에서 "余少時 爲是書 雖有出位之嫌 而亦有爲爲之者也 在亂藁中 未嘗出而示人"라 하였고,「순암선생연보」에 "自戊午歲始草 初名治縣譜 至是更加增刪 改名政要"라고 한 기록으로 보아, 안정복이「시조」를 포함하여 27세에 초고를 써서『치현보』라 하였다가 뒤에 수정·보완하여『임관정요』라고 개명하였던 것이다. 즉 관직을 경험한 뒤에「시조」를 따로 썼던 것으로는 생각되지 않는다.

을 저술하였던 것이다.

　그러면 우선 안정복이 『임관정요』를 저술하게 된 주목되는 몇 가지 배경을 들여다보기로 하자. 앞서 보았듯이 역시 그의 청소년기 생활을 통하여 어느 정도 짐작할 수 있지 않을까 한다. 첫째로 목민관을 지낸 조부의 영향을 적지 않게 받았을 것으로 여겨진다. 조부 안서우는 남인계 학자인 하계霞溪 권유權愈의 문인으로서 숙종 17년(1691) 30세에 문과 급제하여 예조정랑·비인현감·태안군수·울산부사 등을 역임하였다. 시서에 밝고 경사에도 매우 능하였으며, 관직에 몸담고 있었을 때에는 매우 청렴강직하고 업무의 추진력도 강하였던 것으로 전한다.[7] 또한 병법이나 지리에도 매우 관심이 컸던 것으로 알려져 있다. 충청도 태안군수로 재직하였을 때에는 태안의 군사지리적인 중요성을 들어 정부에 시폐소時弊疏를 올린 적도 있었다.[8] 그만큼 그는 관직에 몸담고 있으면서 소신에 따라 정사를 돌보았고 개혁의지도 강하였던 것 같다.

　안서우의 가문은 조상 대대로 광주에 뿌리하고 있었다. 그러나 그는 울산부사를 그만둔 이후에 어떤 이유에서인지는 확실히 알 수 없지만 선영이 있는 광주로 낙향하지 않고 무주에 칩거하여 그 곳에서 여생을 마쳤다. 무주에서 10년 동안 조부의 교육을 받은 안정복이 조부의 학문이나 목민관 시절에 지녔던 개혁정신을 본받았을 것은 의심의 여지가 없다. 유형원의 저술『반계수록磻溪隨錄』이나『동국여지지東國輿地志』에 대한 정보도 사실은 무주에서 조부와 그 주변 인물을 통하여 접할 수 있었다.[9] 조부가 별세한 지 3년 뒤에『임관정요』를 저술하였던 것도 그의 견문과 조부의 가르침 그리고 학문적 연구 결과가 뒷받침

6　「順菴藏書目錄」에『政要』2권과『治縣譜』1권이 수록되어 있다(『古文書集成』8, 한국정신문화연구원). 이『치현보』가 안정복이 쓴『임관정요』의 초고인 듯하다. 당시 중국의 傅琰이 쓴『치현보』는 전해 오지 않았던 것으로 생각된다.

7　『성호선생문집』권45, 「蔚山府使安公墓誌銘」.

8　『안정복총서』권25, 復蘗, 時弊疏 및『숙종실록』권62, 44년 9월 己卯.

9　『순암집』권18, 「磻溪年譜跋 乙未(1775)」.

되었다고 보아야 할 것이다.

둘째로, 안정복의 성장환경이 주로 지방의 농촌이었다는 점도 간과할 수 없다. 안정복이 서울에서 거처한 기간은 네 살 때 출생지인 충청도 제천堤川에서 어머니를 따라 상경하여 건천동乾川洞에서 2년 살았고, 그 후 여섯 살 때 외가의 농장이 있었던 전라도 영광으로 내려갔다가 아홉 살 때 다시 상경하여 남대문 밖 남정동藍井洞에서 5년 동안 생활한 것이 전부이다. 그러다가 14세에 조부가 울산부사로 전임되자 온가족이 울산으로 이사를 하게 되었던 것이다. 조부가 울산부사를 그만두고 전라도 무주에 칩거하자 무주에서 약 10년 동안 살다가 광주로 이사한 뒤 관직생활을 위하여 나간 때를 제외하고는 광주에서 여생을 마쳤다. 따라서 농촌의 현실을 누구보다도 잘 알 수 있었고, 특히 당시 삼정의 문란으로 어려움을 겪는 농민의 경제적 어려움을 직접 체험할 수 있었다. 뒤에 구체적으로 언급되겠지만, 『임관정요』에서 다루고 있는 내용이 대부분 농민의 고충을 대상으로 하고 정부의 잘못된 정치를 비롯하여 지방관리의 부정부패에 대한 비판과 그 대안으로 제시한 개선책으로 이루어졌다는 점이 이를 증거한다. 27세의 젊은 나이에 당시 농민의 어려운 실정을 면밀하게 분석하여 서술한 것을 보면, 청년 시절 안정복은 농촌의 어려움을 타개하기 위한 개혁의 필요성에 매우 절감하고 있었던 것으로 보인다.

셋째로 청소년 시절부터 실천적 학문정신을 지니고 있었다는 점을 들 수 있다. 앞 장에서 고찰하였듯이, 그가 『임관정요』보다 2년 뒤에 저술한 『하학지남』에 잘 드러난다. 『하학지남』은 학자들이 일상생활에서 지켜야 할 실천사항을 조목별로 정리한 일종의 행동지침서이다. 특히 안정복은 종래 학자들이 '무원홀근務遠忽近' 즉 먼 것에 힘쓰고 가까운 것을 소홀히 하는 것을 걱정하여 『하학지남』을 저술하였다고 밝혔다.[10] 현실개혁에 관한 내용을 많이 담은 『임관정요』와 실학적 성격이 짙은 『하학지남』이 2년이라는 시차를 두고 거의 같은 시기

---

10 『순암집』, 순암선생연보, 영조 16년.

에 저술되었다는 사실 또한 간과할 수 없는 점이다.

그러면 안정복이 『임관정요』를 저술한 목적과 동기는 무엇일까. 다음에 제시한 『임관정요』의 서문을 분석하여 보자.

① 천덕과 왕도는 본래 일체요, 수기치인은 두 가지 뜻이 없다. 배움이 넉넉하면 벼슬을 할 수 있고 벼슬을 함에 여유가 있으면 배울 수 있다. 출처는 같지 않아도 그 도는 같은 것이다. 그리하여 공자는 자로의 재주를 미워하였고 칠조개漆雕開의 자신없는 말은 기뻐하였다. 이는 까닭이 있는 것이다. 그런즉, 사람이 정치를 함에 배우지 아니하고 능란할 수 있는가.

일찍이 보건대 선배 유학자들이 백성을 임함에 있어 정교의 실시와 규모의 정밀함이 세인과 비교될 바가 아니었다. 또한 역대 『순리전循吏傳』을 보면 비록 전적으로 유가의 사업으로 하지는 않았으나 경사에 박통하였다거나 어느 경전을 익혔다고 하지 않은 것이 없다. 일찍이 배우지 않고 정치를 할 수 있는 자는 없었던 것이다. 후세에는 학문과 정치를 달리 보아 유리儒吏와 속리俗吏로 구별하고 법률을 배우는 것을 중하게 여기니 슬픈 일이다. 진서산眞西山이 일찌기 경전의 정치적 논의에 관한 것을 모아 『정경政經』이라는 책을 만들었지만, 학문의 밖에 정치가 있다는 것은 아니다. 그 본체는 비록 같으나 일을 조치함에 있어서는 사용의 간격에 차이가 있기 때문에 어쩔 수 없이 달리하여 구별하였던 것이다. 이것은 『심경』과 서로 표리가 되는 것이다.

② 나는 어릴 적에 이 책을 썼다. 비록 지위에서 벗어난 혐의는 있으나, 역시 쓸모가 있어 썼던 것이다. 난고 중에 있었기 때문에 일찍이 다른 사람들에게 내보이지는 못하였다. 그러나 서로 아는 사이에 혹 정치를 하는 데 가르침을 청하는 자가 있으면 역시 반드시 이것을 주었다. 대개 옛 사람이 남긴 말의 뜻에 따르는 것일 뿐, 내가 시험해 본 것도 아니다. 자물쇠를 어루만지며 쓰일 날을 의심하여도[撫鑰疑

日] 그 쓰임에 혹 착오가 있는 것이고, 문을 닫고 신을 삼는다 하여도
[閉戶爲屨] 원칙은 여기에 있는 것이다.

옛날 부염傅琰이 『치현보』를 써서 자손들에게만 서로 전하고 다른
사람에게는 보이지 않았는데, 대대로 관리가 되어 공적이 현저하였
다고 『남사南史』에 전한다. 그러나 내 마음은 그것을 인색하게 여기
는 바, 이는 유능한 관리라는 이름을 독차지하려 하였기 때문이다.
실로 세상 사람으로 하여금 내가 하고자 하는 것을 배우게 한다면
다른 사람의 정치도 나의 정치인 것이다. 초궁楚弓의 득실을 어찌 반
드시 그 사이에서 마음을 쓰겠는가.

③ 이 책은 크게 세 편으로 되어 있는데, 「정어」는 성현의 가르침이요,
「정적」은 옛적에 행해진 본보기요, 「시조」는 이치에 맞지도 않는 어
리석은 이론으로써 시세를 참작하여 중얼거린 것이다. 풍속에 피차
간에 구별이 있고, 인심에 고금의 다름이 있으며, 세상의 도에 성쇠
의 차이가 있고, 법제에 치란의 분별이 있으니, 변통이 의당 그 사람
에게 있는 것이다.[11]

위의 자서는 안정복이 1738년 『임관정요』 초고를 작성해 놓은 뒤, 19년 만

11 『임관정요』, 序. "天德王道本一體 修己治人無二致 學優而仕 仕優而學 出處不同 其道則同
也 夫子惡子路之佞 而說漆雕開之未信 有以夫 然則人之爲政 非學而能之乎 嘗觀先儒出而
臨民 政敎之設施 規模之詳密 非世人所比 亦觀歷代循吏傳 雖非專責以儒家事業 而無不日
博通經史 日治某經 未嘗以不學而能政者也 後世學與政爲二 有儒吏俗吏之別 而法律之學
恒爲重焉 悲夫 眞西山嘗輯經傳論政文字 爲政經一書 非學外有政也 其體雖同 而措之事爲
之間 施用有異 故不得不殊而別之 此與心經相爲表裏者也 余少時爲是書 雖有出位之嫌 而
亦有爲爲之者也 在亂藁中 未嘗出而示人 然而相識中 或有爲政而請敎者 亦必以是投之 蓋
附古人贈言之意也 余未試者也 撫鎭疑日 其用或錯 閉戶爲屨 大體斯存 昔傅琰爲治縣譜
子孫相傳 不以示人 世以吏績 著稱南史 余心鄙之日 是欲獨擅能名也 誠使世人學 我之爲
則人之政 我之政也 楚弓得失 何必用心於其間哉 書凡三篇 日政語 聖人之訓也 日政績 已
行之效也 日時措 瞽說之酌時而斟之者也 風俗有彼此之別 人心有古今之殊也 世道有汚隆
之異 法制有治亂之分 變通之宜 存於其人."

인 1757년에 쓴 것이다. 자서의 내용을 검토하여 보면, 크게 세 가지의 내용으로 이루어져 있음을 알 수 있다. 앞부분은 안정복의 정치에 대한 기본인식을 나타낸 것이고(인용문 ①), 중간 부분은 안정복이 『임관정요』를 쓴 목적과 활용에 대한 견해이며(인용문 ②), 마지막으로 『임관정요』의 체재를 소개하였다(인용문 ③). 당시 그의 정치의식이 잘 반영된 글이라 할 수 있다.

물론 자서에 나타낸 견해는 백성을 직접 접하는 목민관을 대상으로 한 것이다. 그는 정치와 학문이 기본적으로 일체라는 인식을 지니고 있었다. 정치와 학문의 일체는 다른 말로 표현한다면, 정치가 학문을 바탕으로 이루어져야 한다는 의미로 해석된다. 즉 학문이 익혀진 뒤에 정치에 임해야 한다는 것으로써 정치를 하는 사람은 정치의 직접 수단이 되는 법률만 공부해서는 안되고, 학문을 익혀 이를 토대로 정치를 펴야 한다는 뜻으로 풀이된다.

그렇다면 여기에서 그가 말하는 학문이란 무엇일까. 자서에 보이듯이, 한마디로 옛 성현의 가르침과 성군의 치적을 익히는 것이라고 하겠다. 『임관정요』 상편의 「정어政語」와 하편의 「정적政績」에 잘 나타나 있다. 결국 그의 정치인식은 '수기치인'의 유교정치 이념에 뿌리하고 있다 하겠다.

이와 같은 생각에서, 안정복은 직접 민정을 맡은 목민관의 정치에 조언을 하기 위해 『임관정요』를 썼다는 사실을 밝혔다. 아마도 『임관정요』를 저술할 당시 농촌에 살면서 직접 보고 들은 경험에 따라 이 문제가 절실하게 요구되었던 것이 아니었을까 여겨진다. 초고를 쓸 당시에는 자신이 관직에 있었던 것도 아니고 또한 자신이 제시한 견해를 시험해 본 경험도 없었기 때문에 다른 사람에게 보일 입장이 못된다는 것을 솔직하게 밝혔다. 따라서 1757년 자서를 붙여 내기까지는 잘 아는 사이이거나 안정복에게 가르침을 청하는 경우가 아니면 『임관정요』를 밖으로 드러내지 않았던 것으로 보인다. 그가 1757년 자서를 써서 낸 것도 비록 목민관으로서의 경험은 아니지만 1749년부터 1754년 사헌부 감찰을 그만둘 때까지의 관직에 대한 경험도 있고, 성호문인으로서 어느 정도의 정치적 혹은 학문적 입지가 다져진 배경이 작용하지 않았을까 여겨진다. 물론 뒤에 언급되겠지만 『임관정요』의 내용과 『동사강목』의 연계문제도 의식하였을 것이다.

어떻든 '실로 세인으로 하여금 내가 하고자 하는 것을 배우게 한다면 다른 사람의 정치도 나의 정치'라고 하였듯이, 그는 비록 자기가 목민관이 되어 시행할 수 없는 경우가 있더라도 다른 사람이 배워 대민정치에 도움이 된다면 그것으로 만족하겠다는 뜻을 나타낸 것이다. 늦게나마 그도 65세(1776)의 말년에 충청도 목천현감을 제수받아 3년 남짓 수령으로 있으면서, 27세의 젊은 나이에 『임관정요』를 통하여 나타낸 생각을 실제 목민관이 되어 몸소 체험하며 여러 선정을 베풀었다.[12] 요컨대 안정복이 『임관정요』를 저술한 동기는 민정을 직접 담당한 목민관으로 하여금 읽게 하여 민생의 어려움을 개선해 나아가는 정치에 지침을 주기 위한 것이었다고 하겠다.

3. 『임관정요』와 『하학지남』·『동사강목』의 관련

1) 『임관정요』와 『하학지남』

그러면 『임관정요』보다 2년 뒤에 저술된 『하학지남』과 어떤 관계에 놓여 있는지 잠시 살펴보자. 안정복은 『하학지남』 본문을 써놓고 44년 뒤(73세, 1784)에 「제하학지남서題下學指南書面」이라는 서문적 성격을 지닌 제문을 붙였다. 『하학지남』이 비록 『임관정요』보다 늦게 저술되기는 하였지만, 오히려 『임관정요』의 저술이 『하학지남』의 기본정신에 근거하였을 것이라는 점에 주목해 보았다. 그것은 『하학지남』의 체재와 내용을 보면 쉽게 알 수 있다.

앞서 보았듯이, 『하학지남』은 3권(수권, 상권, 하권)·9편(일용편, 독서 제1, 위학

---

12 안정복이 목천현감으로서 어떤 정치를 하였는가는 그가 저술한 『木州政事』에 잘 나타나 있다.

제2, 심술 제3, 위의 제4, 정가 제5, 처기 제6, 접인 제7, 출처 제8)・70장으로 이루어졌다. 이 체재는『소학』의 의례에 따라 이루어졌다. 이러한 체재를 갖춘『하학지남』에서『임관정요』와 관련을 맺는 부분은 제6편 처기로부터 제8편 출처까지이다. 다음 〈표 1-2-1〉을 참고하여 보자.

〈표 1-2-1〉『임관정요』의 체재와『하학지남』

『임관정요』의 체재	『하학지남』에 있는 내용
1. 爲政章	下卷, 出處 8, 治道章
2. 持身章	下卷, 處己 6, 持身章
3. 處事章	同上　　處事章
4. 風俗章	
5. 臨民章	下卷, 出處 8, 居官章, 臨民
6. 任人章	下卷, 出處 8, 治道章
	居官章, 擇人
7. 接物章	下卷, 接人 7
	出處 8, 居官章
8. 御吏章	
9. 用財章	下卷, 出處 8, 治道章, 理財
10. 農桑章	
11. 戶口章	
12. 教化章	下卷, 出處 8, 治道章, 明教化
13. 軍政章	
14. 賦役章	下卷, 出處 8, 治道章, 輕搖役
15. 田政章	同上　　薄稅斂
16. 糶糴章	
17. 賑恤章	下卷, 出處 8, 治道章, 理財
18. 刑法章	下卷, 出處 8, 治道章, 刑法
19. 詞訟章	同上
20. 去奸章	同上　　綱紀
21. 治盜章	同上

〈표 1-2-1〉은『임관정요』에 있는 각 장의 내용이『하학지남』의 어느 장과 연계되어 있는가를 나타낸 것이다. 대부분『하학지남』하권의 제6 처기, 제7 접인, 제8 출처에 들어 있는 내용에 해당된다.『하학지남』의 처기, 접인, 출처 편에 있는 내용을 검토하여 보면 많은 부분이『임관정요』에서 언급되는 목민

관 자신과 대민 업무와 관련된 것들이다. 이 부분이 목민관의 수기치인에 해당되는 부분으로『임관정요』에서 다루어진 내용이라 하겠다. 그렇다면『임관정요』와『하학지남』은 안정복이 두 책을 저술하면서 의도적으로 일정한 연계를 맺어 놓은 것은 아닐까. 두 저술은 안정복이 광주 덕곡에 살면서 2년 사이를 두고 거의 같은 시기에 이루어져 오랫동안 보관되어 오다가 수십년 뒤에 서문이 붙여졌다는 공통점을 갖고 있다. 두 저술은 공히 안정복이 20대의 청년 시절에 어려운 농촌생활을 직접 체험하면서 정해진 스승도 없이 독학에 의존하여한 학문적 역경을 걷고 있던 때에 저술되었다. 이와 같은 환경에서 두 저술이 비록 저술 목적은 서로 다르지만 거의 같은 시기에 같은 인식에서 쓰여졌다는 점을 주목하게 된다.

실제 내용을 보면『임관정요』와『하학지남』에 나타나는 저술의 기본정신에 있어서도 서로 통하고 있다는 점을 찾아볼 수 있다. 문인 황덕길이 쓴「순암선생연보」에 따르면,

> 선생은 예로부터 학자들의 병이 먼 것에 힘쓰고 가까운 것을 소홀히 함에 많이 있다고 여기시어, 이에 심신으로 일상생활에 마땅히 행할 도리를 12시로 나누고, 또한 조목을 정하여 옛 성현의 아름다운 말과 착한 행실을 붙여 하학에 넣어 이름하기를『하학지남』이라 하고 평생 취하여 쓸 자료로 삼았다.[13]

라 하였듯이, 안정복이 예로부터 학자들이 먼 것에 힘쓰고 가까운 것을 소홀히 함을 우려하여『하학지남』을 썼다는 배경을 밝혀 놓았다. 가까운 것이란 바꾸

13『순암집』, 순암선생연보, 영조 16년, 撰下學指南. "先生以爲古來學者之患多在於務遠忽近 乃於身心日用所當行之道 分排十二時 又列定條目 附以古聖賢嘉言善行 屬於下學者 名之曰下學指南 以爲平生取用之資."

어 말하면 우리 일상생활과 직접적으로 관계있는 것을 말하는데, 바로 이와 같은 것을 익히는 것을 안정복은 하학이라 하였다. 이에 대해서는 『하학지남』 서문에 좀더 구체적으로 나타나 있다. '하'란 '비근卑近', 즉 우리 주변에서 흔히 접할 수 있는 것이라 하였다. 이처럼 하학은 가까운 곳에 있고 실행하기 어려운 것도 아닌데 많은 사람들이 이를 멀리하여 종신토록 어려운 성리학의 이해에만 매달림으로써 실상 추구하던 학문도 성취하지 못하고 일상생활에서 갖추어야 할 덕성이나 재기도 이루지 못한다는 것이다.[14] 안정복이 당시 사대부들의 학문적인 태도에 얼마만큼 개탄스러워 하였던가를 엿볼 수 있다. 더불어 성리학이 일상생활과는 거리가 먼 공리공담에 흐르고 있는 것을 우려하고 있었다는 사실도[15] 이미 앞서 본 바와 같다. 여기에서 안정복의 실천적 학문정신 혹은 실학정신이 일찍이 청년 시절에 다져지고 있었음을 들여다볼 수 있다. 이 점에 있어 유형원과 이익의 실학사상으로부터 영향을 받기 전에 이미 스스로 실학사상이 싹트고 있었다는 사실을 알 수 있다.

이처럼 『하학지남』에 나타나는 그의 학문정신은 『임관정요』를 통하여 그가 주장한 견해의 바탕을 이루고 있다고 보여진다. 일상생활과 직결되는 학문의 중요성을 생각하여 쓴 『하학지남』과 백성들의 실생활을 보다 낫게 할 목적으로 목민관에게 백성을 다스리는 방법을 가르쳐 주기 위해 쓴 『임관정요』는 모

---

14 『하학지남』, 題下學指南書面. "下者卑近之稱也 卑近易知者 非日用彝倫而何 用工於此 積累不已 備盡多少辛苦境界然後 心體爲一 無艱難扞格之患 而庶幾覯快活灑然之境 上達卽在此也 故所謂學者 只是下學而已 聖人言行 具於論語一書 其言皆是下學 卑近易知易行之事 而無甚高難行之事矣 後世論學 必日心學日理學 心理二字 是無形影 無摸捉 都是懸空說話也 子曰 居處恭 執事敬 與人忠 又曰 言忠信行篤敬 果能於此下工 積習之久 淸明在躬志氣如神 心不待操而存 理不待究而明 自能至於上達之境矣 後世學者 却以下學爲卑淺而不屑焉 常區區於天人性命理氣四七之說 夷考其行 多無可稱 而唯以不知上達爲羞吝 終身爲學 而德性終不立才氣終不成 依然是未曾爲學者貌樣 是不知下學之工而然也."

15 이상과 같은 비판과 함께 下學에 힘써야 한다는 내용은 『순암집』 권8, 「答南宗伯(漢朝)書 丙午(1786)」에도 잘 나타나 있다.

두 그의 실천적 실학정신에 뿌리를 둔 것이라고 보아도 좋을 것이다.

『하학지남』은 『임관정요』와 함께 안정복이 생존시에도 문인들 사이에 등사하여 많이 읽혀지고 있었다.[16] 또한 안정복의 많은 저술 가운데 안으로는 『내범內範』이요 밖으로는 『하학지남』이고, 가까이는 『동사강목』이요 멀리는 『사감史鑑』으로 불릴 정도로 『하학지남』은 중요한 위치를 차지하고 있었다.[17] 안정복의 수제자였던 황덕길은 『하학지남』을 평생을 두고 소용될 규범이라고 평하기도 하였다.[18] 『하학지남』이 초학자를 위한 입문서라고 볼 때, 안정복은 자신의 문인들에게 초학 시절부터 공리공담적인 학문을 지양하고 보다 현실적이고 실천적인 학문을 교육하려 하였다고 볼 수 있다. 『임관정요』는 바로 이와 같은 성격으로 쓰여진 『하학지남』의 정신에 근거하고 있었던 것이다.

2) 『임관정요』와 『동사강목』

『임관정요』와 『동사강목』 또한 깊은 관계를 지니고 있다. 두 저서를 관계지어 보려는 것은 안정복이 『임관정요』 초고를 쓴 후 19년 만에 하필 1756년부터 1760년까지 『동사강목』의 초고 저술이 진행되던 중에 서문을 붙여 놓았기 때문이다. 그렇다면 당시 『동사강목』의 집필이 매우 힘든 과정이었는데도 불구하고, 안정복이 어떤 생각에서 『임관정요』를 완성하여 내놓게 되었을까.

『동사강목』에는 630여 개의 안설이 수록되어 있다. 그 안설에는 안정복이 『임관정요』를 통해 언급한 내용이 적지 않게 수록되어 있다는 사실을 찾아볼 수 있다. 무엇보다도 『동사강목』의 저술이 진행되던 과정에서 『임관정요』가 완성

---

16 丁志永이 쓴 안정복 祭文.
17 鄭時復이 쓴 안정복 祭文. "先生之言 著在編秩 則內以內範 外以指南 近以東史 遠以史鑑."
18 『하려선생문집』 권16, 「순암선생행장」. "下學指南 平生用功門路也."

되었다는 점으로 보아, 필시 이는『임관정요』의 내용이『동사강목』의 사론에 활용되었다는 사실을 나타낸다고 볼 수 있다.『동사강목』안설에 나타낸 견해 가운데『임관정요』에서 찾아볼 수 있는 것을 대강 제시해 보면 다음〈표 1-2-2〉와 같다. 편의상『임관정요』의 내용은 생략하고 목차만 밝혀 둔다.

〈표 1-2-2〉『동사강목』안설과『임관정요』

『동사강목』안설	『臨官政要』
1. 군의 기강, 병기확보, 변방의 경계강화, 주변국에 관한 정보수집 등 국방에 관한 것	軍政章
2. 소송 및 죄수 관리 등 형법제도에 관한 것	詞訟章, 刑法章
3. 환곡 및 구휼제도에 관한 것	賑恤章, 糶糴章
4. 노비의 대우에 관한 것	御吏章
5. 인재등용과 관련된 것	任人章
6. 관리의 근검, 청렴과 관련된 것	爲政章, 用財章 去奸章
7. 인륜, 예절, 풍속 등에 관한 것	處事章, 風俗章 教化章

위〈표 1-2-2〉에 보이듯이,『동사강목』안설에는『임관정요』에 있는 내용이 다수 나타난다. 물론『임관정요』저술이 목민관을 대상으로 하였기 때문에『동사강목』에서처럼 국정에 필요한 전반적이고 포괄적인 내용이 다루어질 수는 없었다고 하겠다. 따라서『동사강목』안설의 일부에서『임관정요』의 내용을 찾아볼 수밖에 없다. 그리고 서술된 내용도『임관정요』의 내용이 그대로 인용된 것은 아니고, 많은 경우 일반적인 내용으로 다루어지고 있기 때문에『임관정요』의 내용보다는 구체성이 결여되어 있다. 그러나 지방에서 이루어지는 대민업무와 관련된 현실문제에 대한 비판, 아울러 제시된 개선안도 적지 않게 다루어지고 있다. 이 모두가 목민관의 업무수행과 직접 관련된 내용임은 말할 것도 없다. 그렇다면 안정복은 그 자신이『임관정요』에 이미 제시한 견해를『동사강목』이라는 역사서에 다시 한 번 반영하였다는 결론을 얻을 수 있다. 즉 청년 시절에 다져진 안정복의 개혁정신이 그의 역사인식과 함께『동사강목』사

론에 옮겨졌다고 보아 좋을 것이다.

안정복이 『동사강목』을 편찬하던 과정에서 『임관정요』에 자서를 붙이게 된 의도를 짐작할 수 있다. 얼핏 보면 안정복이 『임관정요』를 통하여 나타낸 견해가 별다른 의도 없이 평소의 생각대로 『동사강목』 사론에 쓰였을 것으로 생각할 수도 있다. 즉 『동사강목』 사론에 제시된 견해가 『임관정요』의 그것과 유사하게 실려진 것은 우연일 수도 있다는 점이다. 그러나 몇 가지 점에서 그렇게 넘기기에는 아쉬운 점이 있다. 하나는 『동사강목』 사론을 쓰는 과정에서 『임관정요』를 활용하지 않을 수 없었다는 점이다. 역사학자로서 안정복의 현실개혁 의식이 강하였다는 사실은 잘 알려져 있다.[19] 그는 『동사강목』 사론을 통하여 역사적인 사건을 분석하고 더불어 현실문제와 관련지어 많은 언급을 하였다. 대체로 역사적인 사건을 분석·비판하면서 교훈적인 자료로 대두시켜 당대 제반 문제해결의 거울로 삼는 한편, 자신의 개선안도 함께 제시하였다. 따라서 이미 『임관정요』에 제시한 안정복의 견해가 『동사강목』 사론을 쓰는 과정에서 자연스럽게 활용되었던 것이 아닐까 한다. 특히 조선 후기 수령의 학정과 비리로 삼정의 문란이 계속되었다는 사실을 상기한다면, 『임관정요』에 나타낸 민정에 대한 그의 개혁의지가 사론을 통하여 다시 부각되지 않을 수 없었을 것으로 생각된다. 그가 『동사강목』 사론에서 군왕을 보필하는 신하의 청렴과 정직여부를 크게 문제삼은 것도 같은 맥락으로 설명될 수 있다. 요컨대 『임관정요』는 『동사강목』의 사론을 쓰는데 중요한 자료가 되었을 것이다.

이렇게 볼 때, 그가 오랫동안 간직해 오던 『임관정요』의 초고를 다시 손질하여 자서를 붙여 내놓은 것은, 『동사강목』 편찬에 앞서 일단 이를 마무리해 놓을 필요성 때문이었을 것으로 추측된다. 다시 말하면 『임관정요』와 『동사강

---

19 이미 다음 논문에서 안정복의 현실개혁 의식이 비교적 소상하게 소개된 바 있다. 黃元九 (1970), 「實學派의 史學理論」, 『延世論叢』 7; 정구복(1987), 「안정복의 사학사상 – 동사강목 을 중심으로」, 『제2차 한일합동학술회의 한일근세사회의 정치와 문화』.

목』 사론의 연계를 의식하였다고 하겠다.

다른 하나는 『임관정요』에 제시한 자기의 견해에 대해 어느 정도 자신감을 갖게 되었다는 점이다. 그가 『임관정요』 자서에서 솔직한 심정을 나타냈듯이, 언젠가 쓰일 바가 있어 저술해야만 했다고 하면서도 자신의 위치에서 벗어난 내용을 썼기 때문에 드러내기를 꺼려한 점에서 짐작할 수 있다. 사실 『임관정요』 초고를 쓸 때의 안정복은 광주에서 농사일과 함께 경사를 연마하던 27세의 일개 젊은 서생에 불과했다. 즉, 당시 『임관정요』에 제시한 견해가 자신의 처지에서 벗어나 있다는 점을 그 스스로 잘 알고 있었다. 그렇지만 그 자신이 직접 농촌의 사회적·경제적 어려움을 체험하면서 비록 몸은 아직 관직에 나아가지 못하였지만, 목민관의 대민업무와 제도개혁의 필요성을 절박하게 느끼고 있었다.

그러다가 그의 나이 35세(영조 22년, 1746)에 성호 이익을 방문하여 성호문인이 된 후 학문에 대한 자신도 생기고,[20] 이익을 비롯하여 성호문인들로부터 학문적 인정을 받아, 드디어 성호학파의 역사 의식을 대표할 수 있는 『동사강목』 편찬의 책임을 맡게 되었다. 그리고 말직이나마 천거를 통하여 관직의 길도 트이게 되어, 38세에 만령전 참봉을 나아가 43세에 사헌부 감찰을 끝으로 4년 남짓의 관직생활을 경험하였다. 성호학파를 대변할 만큼 높은 학문 수준에 이른 것, 그리고 관직생활의 경험은 『임관정요』를 세상에 드러낼 수 있을 정도로 그에게 일종의 자신감을 갖게 한 것이다.

요컨대 안정복이 오랫동안 소장해 둔 『임관정요』를 하필 『동사강목』을 편찬하던 과정에서 자서를 붙여 정리해 놓은 것은 『동사강목』 사론과의 연계를 염두에 둔 한편, 이제는 자신의 입장으로 보아 세상에 내놓아도 꺼릴 것 없다는 어느 정도의 심적인 여유가 작용한 것으로 볼 수 있다.

---

20 『순암집』 권8, 「答南宗伯(漢朝)書 丙午(1786)」. "三十五歲 始謁星湖頗蒙印 可因亦自信."

4. 『임관정요』의 체재와 내용

1) 『임관정요』의 체재

『임관정요』의 체재는 크게 「정어」·「정적」·「시조」와 「부록」으로 구성되어 있다. 「정어」는 목민관이 지방통치를 하는데 도움이 될 만한 옛 성현의 교훈을 모아 놓은 부분이고, 「정적」은 옛 사람들의 지방통치에 나타난 치적을 소개한 것이며, 「시조」는 목민관의 지방통치에 관한 안정복 자신의 견해를 밝힌 것으로 많은 비판과 개선안이 제시되어 있다. 「부록」에서는 '향사법鄕社法'이나 '주자사창절목朱子社倉節目' 등 지방통치에 참고가 될 만한 자료를 소개해 놓았다. 물론 자료의 소개를 벗어나지 못하지만 경우에 따라서는 자신의 안설을 붙이기도 하였다.[21]

『임관정요』에서 주목해야 할 부분은 「정어」나 「정적」보다 안정복 자신의 견해로 이루어져 있는 「시조」라 하겠다. 「시조」는 다음 〈표 1-2-3〉과 같이 대체로 「정어」의 체재를 따르고 있다.

〈표 1-2-3〉에 나타나 있듯이, 「정어」는 16개의 장, 「시조」는 21개 장의 체재를 갖추고 있다. 체재상에 나타나는 몇 가지 특징을 열거하여 보면, 첫째로 「정어」의 체재가 어디에 근거하였는지는 알 수 없지만, 안정복은 이 「정어」의 체재를 세분하고 서술 순서를 조절하거나 명칭을 바꾸어 「시조」의 체재로 삼았다. 먼저 세분된 장을 보면 권농장(목차에는 '농상'으로 기록됨)이 농상장과 전정장으로, 부역장이 군정장과 부역장으로, 진제장(목차에는 '진기'로 기록됨)이 조적장과 진휼장으로, 형옥장이 형법장과 사송장으로, 그리고 금간장禁奸章이 거간장去奸章과 치도장으로 나뉘어지거나 추가되었다. 명칭이 바뀐 대표적인 예를 들면 논정장을 위정장으로, 정기장正己章을 지신장持身章으로, 어하장御下章을 어리장御

---

21 이를테면 '주자사창절목' 말미에 있는 按을 들 수 있다.

〈표 1-2-3〉『임관정요』「정어」와 「시조」의 체재

「政語」	「時措」
1. 論政章	1. 爲政章
2. 正己章(總論正己, 附誠信, 公正, 廉潔, 學問)	2. 持身章
3. 處事章	3. 處事章
4. 接物章(待上官, 待下官, 待同僚, 待小人)	7. 接物章
5. 御下章	8. 御吏章
6. 知人章(知人, 任人)	6. 臨人章
7. 臨民章	5. 臨民章
8. 風俗章	4. 風俗章
9. 明教章(附學校)	12. 教化章(七事三學校興)
10. 勸農章	10. 農桑章(七事一農桑成)
	15. 田政章
11. 戶口章	11. 戶口章(七事二戶口增)
12. 賦役章	13. 軍政章(七事四軍政修)
	14. 賦役章(七事五賦役均)
13. 理財章	9. 用財章
14. 賑濟章	16. 糶糴章
	17. 賑恤章
15. 刑獄章	18. 刑法章
	19. 詞訟章(七事六詞訟簡)
16. 禁奸章	20. 去奸章(七事七奸猾息)
	21. 治盜章

吏章으로, 이재장을 용재장 등으로 바꿨다.

이렇게 「정어」의 체재를 재조절하여 쓴 것은 아마도 「정어」의 체재를 따르는 것을 원칙으로 하되, 당시 지방행정의 실정을 감안하여 안정복 자신의 견해를 좀더 구체적으로 세분하여 제시하거나 새롭게 강조해야 할 필요성을 느꼈기 때문이었으리라 여겨진다. 이를테면 군정장이나 조적장에서 볼 수 있듯이, 국방과 관련된 문제나 농민의 경제사정과 직결되어 있는 환곡제도 등이 조선후기에 들어 매우 문란하였다는 점은 새삼 논의의 여지가 없다.

둘째로 대부분 백성들의 일상생활과 직결된 내용으로 짜여져 있다. 이는 바꿔 말하면 목민관이 의당 처리해야 할 대민업무로써 여기에는 종래 수령들의 잘못이나 태만으로 민원의 대상이 되었던 내용을 적지 않게 포함하고 있다. 목민관의 기본 업무로써 고과 대상이 되었던 수령 '칠사七事'가 포함됨은 물론이다. '칠사'라 함은 〈표 1-2-3〉에 나타나 있듯이, ① 농상성農桑成 ② 호구증戶口增 ③ 학교흥學校興 ④ 군정수軍政修 ⑤ 부역균賦役均 ⑥ 사송간詞訟簡 ⑦ 간활식奸猾息을 말한다. 이 '칠사'는 모두 「정어」에 포함되어 있지만, 안정복은 그 가운데 농상과 전정을, 사송과 형법을, 거간과 치도를 분리하여 다루었다. 그만큼 안정복이 전정, 형법, 치도문제를 개선이 긴급한 사안으로 다루었다고 볼 수 있다.

2) 『임관정요』「시조」의 주요 내용

21개 장으로 구성되어 있는 『임관정요』「시조」를 분석해 보면 크게 여섯 가지 내용으로 나눌 수 있다. 즉 목민관이 지녀야 할 기본정신, 목민관의 몸가짐, 목민관이 백성을 대하는 태도, 목민관의 업무처리 자세, 하급 관리의 업무에 대한 관리 그리고 대민업무의 주요 개선책 등이다. 이 가운데 대민문제가 주된 부분을 이루고 있다. 중요하게 다루어진 내용을 정리해 보기로 한다.

(1) 목민관의 기본정신

안정복은 『임관정요』「시조」의 첫 장 '위정장'을 통하여 목민관이 지녀야 할 기본 정신을 제시하였다. 즉, 충성·공변·청렴·근면·근신을 관직에 있는 자가 지녀야 할 주요한 요소라고 하였다. 충성스러우면 나라를 등지는 일이 없고, 공변하면 사사로운 감정에 따르지 않으며, 청렴하면 마음이 편안하고, 부지런하면 일을 분별할 수 있으며, 근신하면 몸가짐과 일을 처리하는 데에 있어 조금도 망령되지 않는다는 것이다.[22]

그런데 세속에는 세리勢吏·능리能吏·탐리貪吏라는 세 종류의 속리俗吏가 있다 하면서 세리는 하지 못할 것이고[不能爲], 능리는 할 수 없는 것이며[不可爲],

탐리는 차마 못할 것[不忍爲]이라는 것이다. 더불어 세리는 근신하지 못하고 법을 어기고, 능리는 자기 분수를 지키지 못하며, 탐리는 청렴하지 못하다 하면서, 근謹·졸拙·렴廉이야말로 관리가 지녀야 할 본색이라 하였다.[23] 특히 관리의 몸가짐과 청렴 그리고 맡겨진 본분을 충실히 지키는 것을 중요시하였다고 하겠다. 그 가운데에서도 관리의 청렴과 근면을 으뜸으로 여겼다.

안정복이 이처럼 목민관의 본분에 관심이 컸던 것은 "국가의 흥망은 백성의 편안함 여부에 있고 백성의 편안함 여부는 수령이 어진가 그렇지 않은가에 달려 있다"[24]라 하였듯이, 국가의 흥망과 민생이 수령이 어진가의 여부에 달려 있다고 보았기 때문이다.

(2) 목민관의 몸가짐

안정복은 관리의 업무처리에 앞서 관리 자신의 몸가짐을 바르게 해야 한다는 것을 강조하였다. 그것은 관리가 수신이 되어야 기강이 바로잡힐 뿐 아니라, 애민이 이루어진다고 보았기 때문이다. 수신을 하려면 먼저 욕심을 버리고 애민을 하려면 폐정개혁을 으뜸으로 삼아야 한다는 것이다. 관직에 있는 자가 기욕을 버린다는 것은 '마음을 깨끗이 하고 일을 돌보는 것[淸心省事]'을 뜻한다 하겠다.[25] 그의 주장이 수기치인 정신에 바탕을 두고 있다는 사실을 알 수 있다.

그가 '지신장持身章'을 통하여 제시한 관리의 몸가짐에 대해 다음과 같이 간략

---

22 『임관정요』, 시조, 위정장. "忠公廉勤謹五者 居官之至要也 忠則不負國 公則不循私 廉則心
　安 勤則事辨 謹則持身處事 皆不妄矣."
23 『임관정요』, 시조, 위정장.
24 『임관정요』, 시조, 위정장.
25 『임관정요』, 시조, 처사장.

하게 정리해 보았다.

가. 여가시간에는 독서를 하거나 업무와 관련된 일을 연구하고 놀이로 소일
　　하지 말 것.
나. 시 쓰는 일에 빠지지 말 것.[26]
다. 청렴한 생활을 할 것.
라. 여색을 멀리하고 말을 조심할 것.
마. 술을 삼갈 것.
바. 많은 가족을 거느리고 부임하지 말 것.
사. 관청 안에서 개인적인 감정을 버리고 품위를 지킬 것.

안정복이 위와 같이 제시한 내용은 당시 지방관의 근무실태를 거의 그대로
반영한 것으로 볼 수 있다.[27] '지신장'을 통해 개선의 필요성을 나타낸 것은 아
마도 평소 그 자신이 수령의 목민정치에 불만을 품고 있던 것을 드러낸 것으로
볼 수 있다.

(3) 백성을 대하는 태도

수령이 지방통치를 함에 있어서 백성을 어떻게 대할 것인가 또한 중요한 문
제가 아닐 수 없다. 무엇보다도 정치를 하는 자는 백성을 사랑하는 마음으로

---

26 본시 안정복은 시부를 말기라 하고 나라를 다스리는 데에 별로 유익하지 못하다 하여 과거
　　시험 과목으로 부적절하다는 입장을 보인 바 있다(『동사강목』 제9상, 丁卯, 의종 원년, 8월,
　　更按; 『순암집』 권7, 「與李廷藻(家煥)書 乙酉(1765)」 참조).
27 안정복이 나타낸 글을 통하여 당시의 실정을 반영한 것으로 미루어 볼 수 있지만 '今世'(持
　　身章), '今人'(處事章) 등과 같은 표현을 쓰기도 하였다.

임해야 한다는 것이 안정복의 기본 입장이었다. 그렇지만 그 사랑이란 어디까지나 정치의 기강이 흐트러지지 않는 범위의 것이었다.[28] 그런데 현재 우리나라에서는 백성을 사랑하기는커녕 백성을 도탄에 빠뜨리는 일이 하나 둘이 아니라는 것이다.

다음으로 그는 민심을 잃지 말 것을 강조하였다. 백성을 다스리는 자는 민간의 실정을 살펴 따르되, 민심에서 싫어하는 것이 무엇인가를 먼저 관찰해야 하고, 민심이 좋지 못한 원인이 어디에 있는가를 찾아서 해결해야 할 방도를 찾아야 한다고 하였다. 그러나 실정을 보면 그 반대로 백성을 감언으로 유도하지 않으면 형벌을 가한다는 것이다.

안정복은 민심을 얻으려면 오직 수령 자신이 정성을 다할 뿐이라고 하고, 그 방법으로 사랑과 공평무사를 꼽았다. 그렇지만 현실적으로 적지 않은 수의 수령은 도탄에 빠진 백성을 사랑으로 구하려 하지는 않고 다만 구구한 언어와 문자로 백성을 얽어 매어 현상유지를 하려 한다는 것이다. 편민과 애민의 정치를 강조한 안정복이 당시 목민관의 민정에 얼마만큼 불만이 많았던가를 알게 한다.

(4) 업무처리의 기본자세

안정복은 '처사장'을 통해 목민관이 어떻게 업무를 처리할 것인가에 대해 몇 가지 유의할 점을 제시하였다.

첫째, 정책을 자주 바꿔 백성들에게 병폐를 끼치지 말 것. 요즈음 수령들은 능력도 없으면서 무능하다는 평가를 받지 않을까 염려하여 일을 만들어 추진하다가 결국에는 폐단만 일으키고 만다는 것이다. 차라리 그럴 바에야 하지 않

---

28 『임관정요』, 시조, 임민장.

는 것만 같지 못하다고 하였다.

둘째, 일을 급하게 서두르지 말 것. 급하게 서두르는 것은 평소 함양의 공부가 되어 있지 않기 때문이라는 것이다. 그리고 큰 일이 닥쳤을 때에는 마음에 먼저 주재를 세운다면 흔들리지 않는다고 하였다. 그런데 우리나라 사람들의 기질은 가볍고 의지가 약하여 오히려 무슨 일이든지 급하게 서두르지 않으면 해이해진다는 것이 현 실정이라고 지적하였다.

셋째, 너무 기쁘거나 노여운 마음, 혹은 술을 먹고 일을 처리하지 말 것. 너무 기쁠 때에 일을 처리하게 되면 방종하기 쉽고, 노여울 때에 일을 처리하면 잔혹할 우려가 있어 중도를 벗어나기 쉽다는 것이다.

넷째, 난해한 사안에 대해서는 의리로써 하고 절대로 경솔하게 처리하지 말 것. 혹 목전의 해결이 비록 관청에서는 일시적으로 능란한 처리가 될 수 있지만 백성에게는 오래도록 원한이 될 수 있기 때문에 신중하지 않을 수 없다는 것이다.

다섯째, 일의 처리에는 일정한 기준이 있을 것. 이는 업무처리를 할 때 일정한 기준이 있어야 한다는 의미로 풀이된다. 척량이 없으면 일을 당했을 때 자칫하면 현혹되거나 중도를 잃게 된다는 것이다.

여섯째, 하나의 일에는 반드시 하나의 강綱을 세울 것. 이를테면 업무처리에는 공公, 백성에 임할 때에는 애愛, 아랫사람을 다스릴 때에는 신信, 사람을 임용할 때에는 명明, 재물을 쓸 때에는 절節, 부역에는 균均, 사송에는 신愼이 강이 된다는 것이다.

일곱째, 뜻하지 않은 일을 당하여 두려운 나머지 결코 회피하지 말 것.

아홉째, 번거로운 일을 참을 수 있을 것. 그런 가운데 식견과 도량이 생기게 되는데 근래에는 번잡스런 일이 많다고 하였다. 더불어 실심實心의 공부가 필요하다고 말하였다.

마지막으로, 반드시 점검을 할 것.

이상과 같은 안정복의 제안을 요약해 보면, 목민관은 안으로는 기강을 바로잡고 중도를 지키며, 대민 관계에 있어서는 백성의 원성을 사지 않으면서도 적극적으로 임하는 자세를 견지해야 한다는 것이라 하겠다.

(5) 하급관리에 대한 관리

향리나 하급 관료의 업무와 관련된 비리대책이 주된 논의 대상이 되었다. 더불어 이들의 생계문제도 다루어졌다. 「시조」의 여러 장을 통하여 두루 언급되었는데, 그 가운데에서도 '어리장'을 비롯하여 '조적장' 등 농민의 경제문제가 다루어진 장에서 자주 논의되었다.

우선 안정복은 특히 향리의 신분에 대해 적지 않은 관심을 표명하였다. 이들 역시 백성으로 처소를 잃게 해서는 안 된다는 입장을 보였다. 또한 보수없이 스스로 의식을 해결하며 관역에 종사하게 하는 것은 법이 잘못된 것이라 하면서 이들의 생계를 유지하도록 변통해야 한다는 견해를 나타냈다.[29] 특히 지방의 향리들은 백성들 가운데 뛰어난 자들이기 때문에 법에 의존하여 엄하게만 단속할 것이 아니라 교화로 인도하고 생계대책을 강구해 주어야 한다고 주장하였다.[30]

그는 수령이 부임하면 곧 아전들에게 나랏일에 진력할 것, 백성의 일을 염려할 것, 뇌물을 받지 말 것, 문서의 기록을 정확히 할 것 등을 의리로써 깨우쳐 약속해야 한다고 하였다. 그 밖에 아전을 효과적으로 다스리기 위해 몇 가지 방법을 제시하였다.

첫째, 잦은 훈계나 대화를 삼가며 기강을 문란하게 해서는 안 된다. 가능한

---

29 『임관정요』, 시조, 어리장. "吏亦民也 不可使之失所 (…) 我朝制法 吏奴無廩 自辦衣食 日役官門 蓋闕典也 官屬難支之弊 必須變通"
30 앞의 책, 같은 장. "郡邑之吏率 是凡民中趫楚也 不可一向勒之以法 亦當導之以敎"

한 말수가 적은 것이 좋다.

둘째, 수령 자신이 정성과 믿음을 가지고 대한다.

셋째, 너그럽게 대하되 위엄을 잃지 말아야 한다. 될 수 있으면 스스로 깨우치도록 하고 교훈으로 인도해야 한다.

넷째, 아전이 민간과 잦은 접촉을 삼가도록 한다. 이는 뇌물수수의 폐단을 방지하기 위함이다.

다섯째, 아전을 통한 무역을 하여 이익을 챙기지 않는다.

여섯째, 아전의 간계를 경계해야 한다. 관패나 관인을 함부로 맡겨서는 안된다. 특히 세금 징수나 관의 곡식을 다루는 하급 관리의 횡포 혹은 사리를 채우는 비리 방지에 노력할 것을 강조하였다.[31]

일곱째, 연소하고 재질있는 아전에게 독서를 하게 하여 성과에 따라 직책을 부여한다.

(6) 대민업무의 개선책

가장 많은 부분을 차지하는 목민관의 대민업무에 관한 내용을 다음과 같이 간추려 분류·정리해 보았다. 사실상 『임관정요』의 요체가 되는 부분이라 할 수 있다.

가. 호적정리에 관한 업무(호구장)

나. 풍속 및 교화에 관한 업무(풍속장, 교화장)

다. 농산장려에 관한 업무(농상장)

라. 재해대책 및 구호에 관한 업무(조적장, 진휼장)

---

31 『임관정요』, 시조, 조적장.

마. 조세 및 노역에 관한 업무(전정장, 부역장)

바. 국방과 관련한 업무(군정장)

사. 치죄와 재판에 관한 업무(형법장, 사송장)

아. 치안유지에 관한 업무(거간장, 치도장)

각 장에서 비교적 중요하게 다룬 내용을 좀더 구체적으로 알아 보기로 하자.

호구의 정확한 정리

그는 당시 관청에서 호구를 정확하게 파악하지 못하고 있음을 지적하였다. 통호統戶의 질서가 문란한 데다가 호구를 거짓 늘리거나 누락시킨다는 것이다. 그가 호구를 정확하게 정리해야 할 필요성을 느낀 것은 호구 파악이 대민정치의 근본일 뿐 아니라, 비상시에 혹 징발이 필요하게 되면 어떻게 대처할 것인가를 우려했기 때문이다.

우선 수령이 부임을 하면 호구와 산물의 많고 적음을 파악해야 한다고 하였다. 국가에서 호구의 증가여부로 수령의 능력을 평가한다 해서 거짓 늘리는 것은 죄를 범하는 것이기 때문에 법으로 엄하게 다스리고, 한편 누락된 호구를 철저하게 조사하여 입적시킬 것을 강력히 주장하였다. 그의 판단으로는 당시 누락된 호구가 특히 삼남지방에 많고, 이들 지방에서도 토호나 양반 그리고 향소鄕所가 거느린 무리 가운데에는 입적자가 매우 적다는 것이다.

호구를 늘이는 방법으로 수령이 가혹한 정치를 하지 않고, 백성을 위로하여 따르게 하며, 편안하게 모여 살 수 있게 해주면 된다고 하였다. 그런데 요즈음은 상하가 서로 믿지 못하여, 백성들은 관청의 명령이 있어도 혹 속임을 당하지 않을까 염려하여 따르지 않는다는 것이다. 그는 인심의 향배는 믿음에 달려 있다고 하였다. 요컨대 수령이 백성들에게 믿음을 주는 정치를 베풀어 백성들이 따르도록 해야 한다는 견해라 하겠다.

미풍양속의 장려와 교화정치

팔도의 풍속이 각각 다르기 때문에 지방통치도 그에 맞게 행해져야 한다는 의견을 제시하였다. 그러나 수령이 예의와 겸양으로 인도하고 충성과 신의로 접하며 청렴과 조심성으로 처신해야 하는 것은 남북의 차이가 없다고 하였다. 한편 수령은 마땅히 풍속을 관찰하여 민간의 실정이 항상 수령 자신의 눈 앞에 나타나도록 해야 한다는 것이다. 따라서 수령이 된 자는 아무리 심산유곡이라 하더라도 몸소 관내를 순시할 것을 강조하였다.

그는 수령의 임무로 백성에 대한 교화를 매우 중시하였다. 교화를 하려면 수령('교화장'에서는 관장官長이라 함)이 몸소 실천하여 백성들에게 믿음을 심어 줄 것을 첫째 조건으로 들었다. 수령 자신이 바르지 못하면 명령을 하여도 백성들이 따르지 않는다는 것이다. 그리하여 그는 교화에 앞서 법에 의존하는 정치를 반대하는 입장을 보였다. 교화 역시 수령이 백성을 가깝게 하면 더욱 빨라질 수 있다고 하였다.

'교화장'을 통해 안정복이 예시한 교화의 주요 내용으로 학교를 진흥하여 인재를 양성하고, 미신을 타파하며, 효행과 열행을 기리는 일 등을 들었다. 그러나 그가 더욱 중시한 것은 교화가 실효를 거두는 일이었다. 그리하여 수령은 교화의 실행을 직접 점검하고, 마을에서는 동약洞約을 만들어 실시할 것을 권장하였다.[32]

농산물 증산과 산림훼손 방지

농사에 힘쓰는 일을 정치의 근본으로 생각한 안정복은 당시의 농정이 잘못되어 있다는 실정을 들어 "요즈음 권농의 정치는 다만 문구만 갖추어져 있어 실효가 없다"[33]고 하였다. 다시 말하면, 농정이 탁상공론에만 흘러 실제 농산물

---

32 실제 안정복은 사헌부 감찰을 그만두고 낙향하여 경기도 광주 덕곡에 거주하는 동안 45세 때인 1756년에 '廣州郡慶安面二里洞約'을 만들었다(자세한 내용은 『순암집』 권15, 잡저 참조).

의 증산에는 효과를 거두지 못하고 있다는 뜻으로 풀이된다. 농정의 실패가 수령의 태만에서 비롯되었다고 판단하였던 것 같다. 그리하여 그는 '농상장'을 통하여 수령이 마땅히 수행해야 할 무농務農의 방향을 다음과 같이 제시하였다.

　첫째, 농민의 농사일을 독려할 권농관의 책임과 역할을 증대시킨다.
　둘째, 소를 증식하고 철저한 관리와 농번기에 효율적인 활용을 한다.
　셋째, 파종과 수확의 시기를 놓치지 않도록 한다. 파종과 수확은 가능하면
　　　　빨리하되 절대로 늦어서는 안 되고, 미리 권농관으로 하여금 10여일
　　　　전부터 알려준다.
　넷째, 수차水車를 보급하여 논에 물을 쉽게 대도록 한다.
　다섯째, 양잠을 장려한다.
　여섯째, 산에 나무를 많이 심는다.[34] 물론 수원 확보가 주된 원인이겠으나
　　　　유실수 등을 심어 소득을 증대할 목적도 포함되어 있다. 그는 당시 화
　　　　전이 너무 많다고 하였다.[35]
　일곱째, 목축을 장려하고, 노는 땅(밭두덕 등)에 채소를 많이 심는다.
　여덟째, 저수지와 수로를 확보하고 개간에 힘쓴다.

　그 밖에도 새로운 식물의 재배방법을 기후와 풍토를 고려하여 개발하거나 길가에 일정한 간격으로 나무를 심어 휴게소로 이용할 것을 권장하기도 하였다. 목민관이 농업에 힘쓰는 정치를 잘하느냐 못하느냐에 따라 백성이 잘 살고 못사는 것이 결정된다고 보았기 때문에 목민관에 거는 기대가 그만큼 컸

33 『임관정요』, 시조, 농상장.
34 이에 대해서는 안정복이 쓴 「禁松作契節目」과 관련하여 다시 구체적으로 논의되어야 할 것으로 생각된다.
35 『임관정요』, 시조, 전정장.

다고 할 수 있다.

빈민과 이재민 구호

조선 후기 삼정의 문란 가운데 환곡제도의 폐해가 농민의 경제적 어려움을
가중시켰다는 사실은 논의의 여지가 없다. 안정복도,

> 우리나라의 환자법(봄에 쌀을 내어 백성에게 대여하고 가을에 관청에 다시 바치
> 기 때문에 환자라 부른다)이 언제 생겼는지는 알 수 없으나(경국대전에 환자조는
> 없다), 백성의 근심과 한탄이 대개 여기에서 비롯되었다.[36]

라 하였듯이, 백성들의 근심과 한탄이 환자에서 비롯되었다고 하였다. 여기에
서 말하는 환자란 환곡제도를 뜻한다. 환곡은 대부분 경제적으로 어려운 빈민
들이 이용하였기 때문에 이 제도가 자칫 잘못 운영되면 당초 진대의 뜻을 벗어
나 오히려 백성들의 경제적 어려움을 더할 소지가 많았다. 안정복도 '조적장'에
서 지적하였듯이, 당시 관리의 착복과 농간이 혹심하였다. 이를테면, 법으로
정한 이자보다 많이 거두어 유용하는 외에, 비축곡을 몰래 방출하여 부당한 이
식을 착복하는 행위, 창고 담당자가 겨를 섞거나 좋지 않은 곡식을 채우고 나
머지를 챙기는 행위, 정해진 곡식을 제 때에 대출하지 않고 가난한 사람 약간
에게만 준 다음 나머지는 사사로이 돈으로 바꾸었다가 가을에 곡식값이 쌀 때
에 다시 사서 본곡을 채우고 차익을 착복하는 행위 등이 그것이다.[37] 안정복은
본래 가난한 백성을 구제하려는 목적으로 만들어진 진휼의 참뜻이 이미 사라

---

36 『임관정요』, 시조, 조적장. "我朝還上(春出米貸民 秋還上于官 故名還上)之法 未知出於何時
　　(經國大典無還上條) 而生民之愁歎 大抵由此."
37 그 밖에도 大同米를 값이 비싼 춘궁기에 돈을 받고 팔거나, 추곡이 익을 무렵 쌀값이 매우
　　높을 때 또 팔아 가을에 본곡을 채운 뒤 나머지를 착복한다는 것이다(『임관정요』, 시조, 부
　　역장).

졌다고 보았다.

그리하여 그는 관리의 농간이 심한 환곡제도를 근본적으로 폐지하고, 그 대신 기존의 상평창常平倉을 모체로 하여 사창社倉의 적극적인 실시를 주장하였다.[38]

한편 재해로 피해를 본 백성에 대한 진휼정책 또한 중시하였다. 물론 재해의 예방이 우선되어야 한다는 것을 전제로 하였으나, 재해가 발생하기 전이나 발생한 뒤 처리방안에 대해 '진휼장'을 통하여 제시하였다. 주목되는 부분을 다음과 같이 간단히 정리해 보기로 한다.

첫째, 비축곡을 점검하여 부족분을 채워 대비한다. 이 경우 수령이 비축한 곡식이나 백성들로부터 받은 곡식을 교묘하게 착복하는 예가 있다는 것이다.

둘째, 진휼대상은 신분을 가리지 않고 기아가 심한 자를 우선으로 하여 숙식을 제공한다. 그러나 제공만 하지 말고 그들에게 맞는 일을 시켜 게으른 습성이 들지 않도록 한다.

셋째, 질병을 구호한다. 의원과 의논하여 약재를 구입하고 치료까지 겸한다.

넷째, 조세를 경감해 주고 기타 부역을 늦추어 준다. 그는 곡식을 직접 제공하는 것보다 조세를 경감해 주는 것이 바람직하다고 생각하였다.

다섯째, 각종 법의 시행을 완화해 주어 백성들이 자유롭게 생활하도록 한다.

여섯째, 굶주린 백성을 모집하여 공공사업에 참여하도록 한다. 이는 오늘날 정부에서 시행하는 취로사업과 같은 것이 아닐까 생각된다.

일곱째, 부유한 사람의 협조를 구하여 주린 백성을 돕도록 한다. 그런데 당

---

38 안정복의 사창제 실시에 대한 구체적인 내용은 졸고(1994), 『동사강목 연구』, 민족문화사, 279~282면; 吳煥一(1993), 「안정복의 사창에 대한 연구」 『국사관논총』 46, 국사편찬위원회 을 참조하기 바람.

시에는 수령들이 흉년이 들 때를 이용하여 빈민구호라는 명목을 내걸고 부호들로부터 곡식을 거두어 착복하는 일이 많다고 지적하였다. 더불어 안정복은 수령도 관청의 음식을 줄이고, 백성의 굶주림이 자신의 굶주림이라는 정신으로 구호할 것을 강조하였다.

경작지의 정확한 파악과 부역의 균등한 부과

'전정장'에서 논의된 것은 조세의 수입원인 실제 경작지의 실태를 정확하게 파악하는 제반 업무이다. 즉 양안糧案에 있는 토지와 실제 경작지의 비교 그리고 재해로 인하여 못쓰게 된 땅이나 묵힌 땅과 당년의 재해로 감수되는 수확량 등을 조사하는 일이다. 그 과정에서 관리와 백성 사이에서 적지 않은 농간이 발생한다는 것이다. 이에 그는 몇 가지 유념해야 할 일을 제시하였다.

먼저 6월에 전결田結 문서를 정비하여 면의 풍헌風憲에게 하달하고, 풍헌은 8월 10일 이후 9월에 걸쳐 현지답사를 한 뒤 10월까지 최종 결안結案을 작성한다. 이 경우 실제 현지답사를 나가는 재書員와 백성들 사이에 농간이 있을 수 있기 때문에 수령이 양안의 실수를 정확하게 파악하고 수령 자신이 현지를 답사하여 기록과 실제를 대조해야 한다는 것이다. 이를테면 묘지의 증가, 묵는 땅의 발생, 하천의 건설 등으로 말미암아 토지의 실제 형질이 현재 문서의 기록과 전혀 다른 경우가 적지 않다고 하였다. 따라서 백성들은 사실상 세금을 더 내는 결과를 빚게 되고, 재산을 탐내는 관리들은 이미 정해진 양안에 해당되는 수만 보고하고 나머지는 사욕을 채우는 경우가 있다는 것이다.

그는 백성들이 직접 자기의 경작상황을 기록하여 제출함으로써 중간의 농간을 방지하는 것도 바람직하다고 하였다. 더불어 농한기에는 도로나 교량을 수리하여 통행이나 농사일에 차질이 없어야 한다고 하였다. 끝으로 우리나라에서 현재 쓰이고 있는 결부법結負法보다는 중국에서 쓰고 있는 경묘법頃畝法이 좋을 것이라는 견해도 비쳤다.

한편 각종 부세나 잡역도 균등하게 부과할 것을 주장하였다. 주목되는 내용을 약간만 소개하기로 한다. 우선 각종 잡역 대신에 땔나무나 닭 등으로 변통해 쓸 때에 호수를 기준으로 할 것이 아니라, 토지의 다과를 기준으로 부과해야 한다는 것이다. 그것도 민간에게 편부의 의사를 물어 시행해야 된다고 하였다. 그리고 항상 백성들의 근심거리가 되고 있는 신역도 공평하게 시행되어야한다고 하였다. 대동법大同法의 시행에 따라 대부분의 각종 특산물 징수가 쌀로 대치되었지만 아직도 얼음이나 땔감 등은 일률적으로 현물로 징수되고 있는 실정이기 때문에 백성들에게 불편을 준다고 하였다. 따라서 원근에 따라 조정을 하되 먼 곳은 쌀로 대치해야 한다는 견해를 나타냈다. 방납防納의 폐해를 철저하게 경계하고, 대동미 또한 환상의 폐단 못지않게 관리의 사리사욕을 채우는 근원이므로 엄중한 처벌이 요구된다고 하였다.

군정의 비리 척결과 양병

당시 군정에서 가장 어려웠던 것은 군에 입대할 사람의 확보였다. 안정복은 그 원인이 각종 불법이나 탈법으로 누락된 자가 많기 때문으로 보았다. 예컨대, 토호나 유향留鄕이 조세를 대납해 주고 자기 집에서 하인으로 부리는 양효養孝, 향교나 서원의 정원 외의 학생, 부역을 피하려는 승려나 거사居士, 관청에 노비로 들어간 자, 그 밖에 뇌물을 써서 면역된 자 등을 대표적으로 들었다. 이와 같은 사태가 대부분 관리와 백성 사이의 불법행위에 의해 생겼다는 것은 말할 것도 없다. 수령은 이를 모두 조사해 밝혀야 한다는 것이다.

한편 그는 고을에서도 군인을 양성해야 한다는 주장을 하였다. '군정장'에 있는 다음 글을 참조해 보자.

국가의 제도에 고을에는 군사가 없으니 이 법은 좋지 않은 것이다. 이리하여 필부가 날뛰게 되면 여러 고을이 무너지고 국가의 권위를 손상시키며 도둑의 세력을 강하게 하여 고을을 전적으로 책임지고 있는 수령은 패배한 장수가 되어야 했으니, 천하에 어찌 이와 같은 이치가 있을까. 지금 각 읍에는 오직 이노吏奴로 대오를 만들었으니, 이들은 이른바 시정 모리배이다. 평상시에 조련하는 방법이 없으면 난을 당하여 어떻게 적을 제압하겠는가. 이 외에 또 관군과 관속이 있지만 본관은 베를 거두어 개인적으로 쓰니 처음부터 군제가 되지 못하였다. 이러한 무리들이 이미 본관에 소속되었다면 마땅히 대오를 만들어 병기와 군복을 미리 준비하고 군진의 대오를 단단히 하여 변란에 대응하는 쓰임이 될 수 있으니 해볼 만한 일이다. 그러나 이는 당론이 엇갈려 서로 털을 헤치고 흠터를 찾아 내려는 이 때에 사사로이 병졸을 조련하면 죄가 되니 역시 두려운 일이다. 마땅히 형세를 헤아려 처리할 일이니 그 적절함을 얻어야 할 것이다.[39]

위의 사료에 나타나 있듯이, 지방 관아에서도 군을 양성하여 치안과 적군의 내습에 대비하자는 제안을 하였다. 그의 판단으로는 조직과 훈련이 제대로 되지 않은 '이노작대吏奴作隊' 정도로는 유사시에 소요의 진압이나 적군의 침범을 막아낼 수 없기 때문에, 수령은 마치 전쟁에 패전한 장수같은 꼴이 될 수 밖에 없다는 것이다. 그리하여 그는 나름대로의 방안을 생각하여 구체적인 규정을 마련하였다. 그것이 『임관정요』 부록에 있는 「향사법」인데 그 안에는 편제와 운영방법 등이 잘 나타나 있다.[40] 오늘날의 향토방위와 유사한 성격을 지닌 것이 아닐까 생각된다. 그러나 당시는 법으로 지방의 군대 양성을 막고 있었기 때문에 실현될 수 없음을 아쉽게 여기고, 적절한 방안을 강구하지 않으면 안 된다는 견해를 밝혔다.

한편 변방의 수령이 된 자는 경계를 강화하고 요새지의 경비를 철저히 하며, 주변국의 동향에 대한 감시도 소홀히 해서는 안 된다고 하였다. 더불어 평시에

---

39 『임관정요』, 시조, 군정장. "國制 郡邑無兵 是法之不善也 是以匹夫跳梁 列郡瓦解 損國家之威 而長賊人之勢 專百里之責 而爲奔敗之將 天下豈有是理哉 今各邑惟以吏奴作隊 此所謂市井油滑之徒 平時無操試之道 則臨亂何以禦賊乎 此外又有官軍官屬 本官收布私用 而初非軍制也 此流旣屬本官 則當各作隊 預備器服 團束部伍 爲應變之用 庶乎可矣 然而當此黨論橫潰吹毛求疵之時 以私試兵卒爲罪 亦可怕也 當量勢處之 務得其宜."

40 안정복의 「鄕社法」을 중심으로 연구된 논문으로는 潘允洪(1982), 「순암 안정복의 鄕村自衛論 硏究」, 『軍史』 5, 國防部戰史編纂委員會가 있다.

병기를 갖추고 화약을 제조하여 충분히 비축해 두어야 한다는 견해를 나타냈다.[41]

치죄의 개선과 재판의 공정성

범죄의 슬기로운 다스림과 재판의 공정성에 대한 안정복의 관심 또한 매우 컸다. 『동사강목』 사론을 통해서도 많은 의견을 제시한 바 있다.[42] 그러나 목민관이 형정을 어떻게 할 것인가는 『임관정요』 '형법장'과 '사송장'에 좀더 구체적으로 서술되어 있다.

"형刑은 정치를 돕는 도구"[43]라는 인식을 지닌 안정복은 형법이 정치의 기강을 잡는데 없어서는 안 될 것으로 생각하였다. 그러나 현재의 형정에는 적지 않은 문제점이 있다고 보았다. 그가 『임관정요』를 통해 제시한 문제점과 바로 잡아야 할 방향에 대해 간추려 보기로 한다. 첫째, 형벌만 가지고 인심을 복종시킬 수 없다는 견해이다. 정상에 따라 형법을 엄하게 혹은 신중하게 적용하여 중도를 취해야 하는데, 요즈음은 형벌에 지나치게 의존하기 때문에 자칫 잘못 판단하면 인명을 손상시킬 우려가 있고, 설사 엄한 형법 때문에 백성이 따른다 하여도 그것은 겉모양일 뿐 진심으로 따르지 않는다는 것이다.[44] 그리하여 수령은 위민정신을 갖고 죄를 다스려야 한다고 하였다. 국가에서 수령을 선택하여 백성을 다스리게 한 것은 백성을 위한 것이지 자신을 위한 것이 아니기 때문이라는 것이다. 그는 이러한 자신의 생각을 그의 문인이나 관직에 있는 사람에게 유념하도록 당부하기도 하였다.[45]

---

41 그 밖에 안정복의 국방에 관한 견해는 졸고(1991), 「안정복의 국방론」, 『실학사상연구』 2집, 毋岳實學會을 참조하기 바람.
42 이에 대해서는 졸저, 『동사강목 연구』, 제5장 제4절에 구체적으로 설명한 바 있다.
43 『동사강목』 제9하, 庚戌, 명종 20년 秋8월, 按.
44 『임관정요』, 시조, 교화장.
45 『순암집』 권5, 「與韓咸之書 甲申(1764)」.

둘째, 빠른 시일 안에 처리해야 한다는 것이다. 당시 각 고을에는 많은 죄수가 있는데 이는 수령이 처리를 미루어 왔기 때문이라는 지적이다. 그렇다고 경솔하게 잘못 처리하여 백성의 원성을 사서도 안 된다고 하였다. 이는 재판에 있어서도 마찬가지이다.

셋째, 죄수의 인권을 보호해야 한다는 입장을 보였다. 갇혀 있는 죄수 가운데 병자가 있으면 치료해 주고, 배고픈 자는 먹여 주며 혹서나 혹한기에 유념하고 명절에는 주식을 주어 구호해 주어야 한다는 것이다.

넷째, 금법이 있다는 사실을 예고하여 백성들이 미리 알도록 한다. 혹 갑자기 금법을 선포하면 백성들이 당황하게 되는데 결국 백성을 속이는 결과를 빚게 되고, 본의 아니게 범죄자가 되면 부자는 뇌물로 풀려 나오지만 가난한 자는 죄를 덮어 쓰게 된다는 것이다. 이 경우 뇌물수수가 크게 이루어진다고 하였다.

다섯째, 절대로 고문을 해서는 안 된다는 것이다. 고문은 신체에 고통을 주어 억지로 자백을 받는 방법으로 그 자백은 신체적 고통에서 나왔기 때문에 진실여부가 의심스럽다는 의견이다.[46] 결국 고문에 의한 자백은 입증하기가 곤란하다는 견해라 하겠다.[47] 실정을 잘 살펴 입증 자료를 찾아야 한다고 하였다.

여섯째, 죄를 가볍게 할 수 있는 방도를 찾아야 한다는 것이다. 이는 이유 없이 죄를 가볍게 해야 된다는 의미가 아니고, 혹 가혹한 죄의 다스림으로 무죄한 사람이 중형을 받을 가능성을 막기 위해 신중한 치죄가 이루어져야 한다는 뜻에서 나온 것이다.

일곱째, 지나치게 법에만 의존하지 말고 미풍양속을 고려하여 재판한다는 것이다. 친고죄를 다루는 경우에서 찾아볼 수 있을 것이다.

---

46 『동사강목』 제9상, 丁亥, 의종 21년 춘정월, 按.

47 그 대신 그는 사건의 진상을 국문하는 방법으로 오직 유도하고 위협을 주는 것 뿐이라 하였다(『임관정요』, 시조, 사송장 참조).

그렇지만 범죄가 발생한 뒤 법으로 다스리는 것보다는 미리 백성들을 교화하여 범죄를 예방하는 것이 가장 바람직스럽다고 보았다.

치안의 유지

수령은 부임하면 고을의 간사한 무리와 교활한 아전을 제거해야 한다고 하였다. 이들을 제거하기 위해서는 명확함과 결단이 있어야 하는데, 명확하면 능히 물정을 살필 수 있고, 결단력이 있다면 너그럽게 용서해 주지 않는다는 것이다. 요컨대 지혜롭게 살펴 엄히 다스려야 한다는 뜻으로 풀이된다.

한편 수령은 백성들이 생업에 안정할 수 있도록 도둑의 횡행을 엄하게 다스려야 한다고 하였다. 당시에는 소도둑이 많았다고 한다. 그런데 관리들은 그 도둑을 알면서도 그들로부터 소를 싼 값에 사는 이점을 이용하여 오히려 방관하는 실정이었다. 수시로 순찰을 해도 도둑이 성행하는 것은 법만 갖추어져 있지 시행에 있어 태만하기 때문이다. 이를테면 법으로 오늘날의 경계초소 같은 것[警盜幕]을 만들어 사용하게 되었지만 그저 앉아서 입으로 주의만 한다는 것이다. 그는 도둑을 근절하기 위해서 동약洞約을 활용하는 것이 좋다고 하였다.[48]

또한 수령은 폭력배를 근절해야 하는데 사전에 고을의 유지를 통해 정보를 얻은 다음, 호적을 조사하여 상세한 신변사항을 기록해 두었다가 이들을 교화하고 경계해야 한다고 하였다.

그 밖에도 맹수를 잡는 자에게는 후한 상을 주고 격려하여 백성들의 협조를 구해야 한다는 의견도 내었다.

지금까지 안정복이 『임관정요』 「시조」에 제시한 주요 내용을 대강 살펴보았다. 이를 다시 정리해 본다면, 첫째로 위민과 애민에 바탕을 둔 지방행정이 되

---

48 동약에 관한 자세한 것은 『순암집』 권15, 「廣州府慶安面二里洞約」 참조.

어야 한다는 점이다. 그 중에도 생산의 주역인 일반 백성의 생활안정과 자립기반에 유념한 민정이 되어야 함을 여러 부문에 걸쳐서 제시하였다. 둘째로 관리의 불법행위 근절에 주안점을 두었다. 수령 자신은 물론이고 하급관리의 불법행위로 인한 폐해가 결국 힘없는 백성에게 돌아간다고 보았기 때문이다. 그가 관리의 청렴을 유달리 강조한 뜻이 어디에 있는가를 이해할 수 있다. 셋째로 행정의 편의와 지방자치 능력의 제고에도 관심을 기울였다. 향청의 자문에 큰 기대를 걸고, 사창社倉을 확대 실시하며, 향촌 자위의 필요성을 나타낸 것이 그 대표적인 예라 할 수 있다. 넷째로 교화와 예방행정을 권장하였다. 법에 의존하는 행정보다는 애정과 설득으로 민정을 이끌어 나아가고, 백성이 법의 위엄을 인식하여 준법하도록 하자는 것이 그의 지론이었다. 물론 이와 같은 안정복의 견해가 조선의 유교정치 이념아래 종래에도 흔히 주장되어 오던 민본정치의 범주에서 크게 벗어나지 않는다고 볼 수도 있다. 그러나 안정복은 구호에 머무르는 종래의 민본정치에 대해 매우 비판적이었다. 따라서 그가 제시한 개선안을 보면 매우 구체적이고 실천성이 강조되어 있다. 실제로 안정복은 노년에 자신이 목천현감이 되어 몸소 실천하는 본보기를 보였다.

이상과 같은 안정복의 견해는 안정복 자신의 독창적인 것도 있지만, 유형원이나 이익과 같은 선학들이 이미 제시한 견해의 영향도 적지 않게 받았다. 「시조」의 내용을 보면, 유형원의 『반계수록』과 이익의 『성호사설』을 참조한 자취를 찾아볼 수 있다.[49] 아마도 안정복은 『임관정요』를 초고한 뒤, 유형원의 증손 유발로부터 『반계수록』을 입수하고, 다시 성호문인이 되어 『성호사설』을 빌려 본 다음, 『임관정요』에 이들의 견해를 증보하였던 것 같다. 즉 『임관정요』의 초고가 1738년에 이루어졌는데, 안정복이 유발로부터 유형원의 유고를 접한 해가 1744년이라는 점[50]과 안정복이 성호문인이 된 해가 1746년이라는 점

---

49 『임관정요』, 시조, 농상장에 유형원과 이익의 견해가 들어 있다.
50 『순암집』 권18, 「磻溪年譜跋」 참조.

이 이를 증명해 준다. 그렇다면 『임관정요』 초고는 유형원과 이익의 저서를 접하면서 수정 보완되었음에 틀림없다고 할 수 있다.[51]

5. 『임관정요』「시조」를 통해 본 안정복의 개혁사상

앞서 보았듯이, 『임관정요』「시조」를 통하여 나타낸 안정복의 주장은 대부분 매우 현실적이고 경험적이고 실천 가능한 것이라 할 수 있다. 따라서 백성의 입장에서 보면 이들의 생존과 관련돼 대개 실천이 요구되는 것이고, 정부의 입장에서 보면 안민대책으로 수용할 가치가 있었던 것으로 수령의 지방 통치에 매우 유익한 방향을 제시한 것으로 평가될 수 있다. 특히 안정복의 관점으로 보면 경제적·사회적 안민이라는 최고의 목표를 실현하기 위해서 수령의 민정 방향과 방법에 절실한 개혁이 필요하다고 느꼈던 것이다. 이제 『임관정요』를 통해 드러나는 지방통치에 대한 안정복의 개혁사상을 정리해 보기로한다.

1) 실익을 추구한 애민사상

안정복이 주장하는 목민의 기본정신이 '수기치인'에 뿌리하고 있음은 말할 것도 없다. 주지하다시피 이는 조선 유교정치시대 치자로서 갖추어야 할 기본으로, 조선 후기 개혁의 선각자로 불리는 실학자들도 그들이 지향하는 정치개

---

51 유형원이 『반계수록』을 통해 나타낸 개혁내용과 개혁사상에 관한 구체적인 것은 千寬宇, 「반계 유형원 연구」, 『역사학보』 2·3집과 정구복, 「반계 유형원의 사회개혁사상」, 『역사학보』 45집 참조.

혁의 바탕은 역시 수기치인에 있었다고 할 것이다. 안정복이 『임관정요』를 통해 제시한 여러 견해는 18세기 삼정의 문란이 극심했던 시기를 배경으로 하고 있다. 사실 당시 수령을 둘러싸고 일어나는 각종 비리와 부패는 이미 잘 알려져 있기 때문에 여기에서 재론할 필요가 없다. 그 원인이 어디에 있으며 누구에게 책임을 물을 것인가의 문제는 「시조」에 잘 나타나 있는 것처럼, 안정복은 우선 수령의 실정失政에 눈을 돌렸다. 즉 그는 지방행정의 개선을 직접 대민업무를 맡고 있는 목민관의 역할에서 찾으려 했던 것이다.

백성이 잘 사느냐 못 사느냐가 수령이 어진가의 여부에 달렸다고 본[52] 안정복은 무엇보다도 수령이 권위주의를 지양하고 백성을 가까이하여 백성들이 따르는 정치가 이루어져야 함을 누차 강조하였다. 이것이 조선 유교사회에서 습관적으로 불려오던 애민정신에서 비롯되었다는 점은 말할 것도 없다. 그렇다고 하여 안정복이 「시조」를 통하여 거듭 되뇌는 '애민'도 별로 눈여겨볼 만한 가치가 없을 것인가. 여기에 필자가 주목하는 바는 종래 입버릇처럼 습관화된 애민이 안정복의 관점에서 그릇되었다고 생각했다는 점이다. 앞에서 본 것처럼, 많은 수령의 정책이 그럴듯한 말이나 문자만 늘어놓은 것이라고 비판한 것이 그 좋은 예가 된다. 즉 이들 수령이 정책을 수행함에 있어서 실적의 유무를 떠나 애민이나 충성을 앞세운다고 평가한 것이다.

그리하여 그는 백성들에게 실질적으로 도움이 될 수 있는 민정이 이루어질 것을 요구하였다고 할 수 있다. 그가 『임관정요』「시조」의 각 장을 통하여 당시 수령의 비리와 부패상을 하나하나 지적하고 더불어 그 대안까지 제시한 것이 이를 잘 말해 준다.

무엇보다도 그는 수령이 사정에 끌리거나 자신의 명예나 욕심을 가져서는 안되며 오직 의리로 업무에 충실할 것을 강조하였다. 수령이 임명장을 받으면 그 날로부터 조정의 소유이기 때문에 오직 국사에만 전념해야 한다는 것이

---

52 『임관정요』, 시조, 위정장.

다.[53] 그리하여 수령은 모름지기 충忠·공公·렴廉·근勤·근謹을 지켜야 하는데, 그 가운데에서도 청렴을 가장 중요시하였다. 수령의 청렴을 이렇게 강조하였던 것도 당시 수령 가운데 관물이나 백성들의 재산을 사사로이 착복하는 경우가 비일비재하였기 때문이다. 심지어 수령이 대가족을 동행하는 것까지 관청의 재물을 낭비한다 하여 바람직하지 못하다고 하였다. 그러나 가난한 자의 구호에는 물자를 아끼거나 인색하지 말 것을 강조하였다.[54]

또한 수령은 정확한 업무처리를 위하여 자주 현지답사를 하고, 백성의 의견을 직접 묻거나 대화를 통해 어떻게 하면 백성들에게 편리하고 유익한 것인가를 급선무로 삼아야 한다고 하였다. 권위를 앞세우고 탁상공론으로는 도탄에 빠진 백성을 구해 내지 못한다는 것이다. 그는 구호만 요란하고 실익이 없는 편민정치가 특히 농정에 심하다고 보았다.[55]

그 밖에도 균등한 군정이나 세정, 공정성이 유지되는 형정, 가난한 자를 위한 환자나 진휼정책을 실시하여 백성들에게 실익이 돌아가야 한다는 점을 강변하였다. 이 모두가 안정복의 적극적이고 실천적인 애민사상에서 비롯되었다고 보아 좋을 것이다.

2) 자립지향적 농본사상

실익이 있어야 한다는 안정복의 애민사상에는 백성들이 소득을 증대하여 부를 축적하고 자립기반을 다져야 한다는 인식이 또한 깃들어 있다. 각종 재해나 부역으로 경제적 어려움을 겪는 농민들을 환곡제도나 그 밖의 임시적인 진휼

---

53 『임관정요』, 시조, 접물장.
54 『임관정요』, 시조, 용재장.
55 『임관정요』, 시조, 농상장.

책으로 구호하는 데에는 한계가 있다는 사실을 인식하였던 것이다. 그가 「시조」에 나타낸 제안을 보자.

첫째로 수리시설을 확충하고 물을 퍼 올릴 수 있는 수차를 이용하자고 하였다. 저수지를 만들고 수로를 확보하며 수차를 보급하여 가뭄을 극복하자는 것이다. 물론 이러한 주장이 통상 논의되는 가뭄대책으로 여겨지기도 하지만, 항구적인 대책을 세워 농산물의 증산을 꾀해 보자는 것이 그의 주장이기도 하다. 호남지방에는 조수의 영향을 많이 받아 인공적인 저수지가 많이 필요하되, 그 밖에 산악이 많은 지방에서는 계곡의 물을 막아 이용하면 관개에 큰 어려움이 없다고 하였다. 그렇지 못한 곳에서는 관청이 주도하여 물의 근원을 찾아 농민들이 물 부족을 느끼지 않도록 해야 한다는 것이다.[56] 수차의 이용은 조선 초기부터 조정에서도 보급 여부를 놓고 논란이 많았으나, 사실상 농촌에서 크게 활용되지 못하였다. 그러나 안정복은 이의 적극적인 활용을 주장하였다. 활용 여부가 수령의 근면 여부에 달려 있다는 것이 안정복의 생각이었다.

둘째로 목축을 장려하고 소득작물을 많이 심도록 하였다. 소・말・닭・개를 번식시키고, 밭두덕에 생강・토란・파・마늘・오이・가지・무우・배추 등을 많이 심으면 재화를 늘릴 뿐 아니라 흉년을 구제할 수도 있다는 것이다. 그리고 길에도 백성들의 생활에 필요한 것이라면 어떤 나무라도 심게 하고, 과일나무를 심어 수확을 하여도 관청에서 관여하지 않고 백성들이 자유롭게 이용하게 하자고 하였다. 귤과 같이 기후의 영향을 많이 받는 식물을 심자고 한 것을 보면 농민들의 소득을 올릴 수만 있다면 어떤 것이든 재배해야 된다는 것이 그의 생각이었다고 하겠다. 여기에서 그도 농민의 상업적인 농업을 긍정적으로 고려하지 않았을까 짐작된다.

셋째로 개간을 많이 하여 농토를 넓혀야 한다고 하였다. 화전이 늘어나는

---

56 『임관정요』, 시조, 농상장.

것을 산림이 황폐된다 하여 바람직하지 못하다고 본 그였지만, 개간을 하고 수리시설을 늘리는 것이 백성을 위해 가장 시급한 것으로 지적하였다. 따라서 수령은 관내를 돌아보아 가능한 곳을 조사하여 미루지 말고 제때에 시행해야 한다는 뜻을 나타냈다.

이상과 같은 안정복의 주장이 단지 백성들의 기아를 면하게 하거나 조세의 증수를 위한 경작지의 확대에 있다고만 볼 수는 없을 것이다. 우선은 어려운 농촌경제의 활로를 찾아야 했겠지만, 궁극적으로는 농민의 소득을 증대하여 부를 축적하자는 것이 안정복의 기본적인 뜻이었다고 보여진다. 그의 제안이 결코 농민의 소득을 향상시킬 수 있는 근대적이고 획기적인 방안이라고는 보기 어렵다. 그러나 적어도 국가에서 생산증대의 기반을 확충하여 주고 관리의 수탈만 막는다면 농민 스스로 소득을 늘려 자립기반을 닦을 수 있다는 것이 안정복이 건 최소한의 기대가 아니었을까 한다.

한편 그가 지금까지 정부의 주도아래 실시되어 오면서 오히려 농민들의 근심만 가중시킨 환곡제도를 폐지하고, 전국적인 실시 여부를 놓고 조선 초기부터 조정의 논란 대상이 된 사창제를 확대 실시하자고 한 것[57]도 농민들의 경제적 어려움을 덜어 주고, 다른 한편으로 농촌의 자립기반을 조성해 주자는 목적에서 나온 것이라 할 수 있다.[58]

---

57 『동사강목』 제6상, 丙戌, 성종 5년 秋7월, 按.

58 안정복은 『임관정요』 부록에 사창에 관한 내용을 담은 「향사법」과 「주자사창사목」을 넣었다. 그렇다면 그가 사창제 실시를 강력하게 권장한 사실을 상기해 볼 때, 비록 「시조」에서 사창에 관한 논의는 하지 않았더라도 안정복의 사창제 권유와 「시조」의 내용은 함께 다루어져야 할 것이다.

3) 여론을 중시한 정치사상

안정복의 애민사상은 민심에 따른 정치사상이 수반되어 있다. 그는 물을 잘 다스리는 자가 물의 흐름을 따라 유인하듯이, 백성을 잘 다스리는 자는 백성의 실정을 보아 따르는데, 만약 물의 흐름을 어긴다면 반드시 옆으로 흐르게 되고, 민정을 거스른다면 백성은 반드시 원망하게 된다고 하였다. 따라서 백성을 다스리는 자는 먼저 백성이 무엇을 싫어하는가를 관찰해야 하고, 백성들에게 정이 통할 수 있는 일로 급선무를 삼아야 한다고 하였다.[59]

고을의 일을 추진할 때에도 공론을 청취하되, 특히 향청鄉廳에 의존하는 바가 컸다. 그렇지만 향청의 책임자인 좌수座首가 공정한 사람이어야 한다는 전제를 두고 있다. 그 밖에 부역을 부과할 때 백성들의 편부를 물어 시행해야 하고,[60] 전세의 기초자료를 백성들이 직접 제출케 하여 불만이 없도록 할 뿐 아니라 관리의 농간을 막고,[61] 오늘날의 여론함이나 투서함의 성격을 지닌 항통법缿筒法의 시행을 권유한 것[62] 등을 들 수 있다. 완전하다고는 볼 수 없지만, 여론정치의 중요성을 인식한 안정복의 민본정치 사상을 들여다볼 수 있지 않을까 생각된다.

---

59 『임관정요』, 시조, 임민장.
60 『임관정요』, 시조, 부역장.
61 『임관정요』, 시조, 전정장.
62 '항통'이란 「항통법」의 설명에 따르면, 작은 병이나 竹筒을 단단하게 밀봉하여 밖에서 겨우 작은 종이가 들어갈 수 있도록 구멍을 뚫고 밖에서 꺼낼 수 없도록 만든 것이다. 각 면의 크기에 따라 1~2개, 혹은 2~3개를 里長을 통해 마을에 매달아 두었다가 1개월 뒤에 수거하여 열어 보게 되어 있었다(『임관정요』, 缿筒法).

6. 『임관정요』의 영향―『목민심서』를 중심으로

그러면 『임관정요』는 후대에 어떤 영향을 주었을까. 여기에서는 후대인들에게 비교적 많이 읽혀지고 있는 정약용의 『목민심서』를 중심으로 『임관정요』와 어떤 관계가 있는지 살펴보기로 한다. 그것은 두 저서가 저술된 시기는 다르지만 대체로 같은 목적으로 쓰여졌기 때문이다.

『목민심서』 역시 목민관을 위해 쓰여진 저술이라는 점은 잘 알려져 있다. 『임관정요』와 같은 속성을 지닌 저서이지만, 『목민심서』는 일반 독자나 많은 학자에게 큰 관심을 끌면서 비교적 소상하게 연구되고 더불어 좋은 평가를 받고 있다. 그러나 먼저 저술된 『임관정요』에 대해서는 많은 사람들에게 오히려 생소하게 느껴져 왔음을 부인할 수 없을 것이다.[63]

그것은 여러 까닭이 있겠지만, 우선 『임관정요』가 『동사강목』의 그늘에 가려 관심을 끌지 못했다는 점을 들 수 있을 것이다. 사실 『동사강목』은 조선 후기 대표적인 역사서로서 후인들의 큰 관심을 끌면서 연구대상이 되어 왔다. 그런 가운데 지금까지의 연구를 보면, 『동사강목』 연구에만 몰두된 나머지 『임관정요』가 『동사강목』에 어떤 영향을 주고 있는지에 대해서는 별로 관심 밖의 일이 아니었나 하는 느낌을 받는다. 그러나 앞서 언급하였듯이, 『동사강목』과 『임관정요』는 불가분의 관계를 갖고 있다.

다른 하나는 『목민심서』가 정약용의 명성과 함께 목민정치에 대한 저서로서 교과서처럼 인식되고 있다는 점이다. 정약용은 안정복보다 50년 뒤에 태어난 사람으로 관직에 발을 들여 놓은 뒤 파란많은 정치생활을 겪었고, 조선 실학의 집대성자로 알려져 있어 많은 연구대상이 되어 왔다. 그렇지만 정약용이 『목

---

63 최근 『임관정요』 「시조」를 자세하게 분석한 연구물이 나왔다(원재린(2008), 「순암 안정복 (1712~1791)의 鄕政方略 – 임관정요 시조 분석을 중심으로」, 『대동문화연구』 64집, 성균관대학교 대동문화연구원).

민심서』를 저술하기 거의 80년이나 앞서 안정복이 『임관정요』의 초고를 저술하였다는 사실은 『목민심서』가 후세에 더 많이 읽혀지고 있다는 점을 인정한다 하더라도, 『목민심서』의 선구가 된다는 점을 간과해서는 안될 것으로 생각된다.

무엇보다도 정약용이 『목민심서』를 저술하면서 『임관정요』를 참고하였다는 사실을 들 수 있다.[64] 정약용이 『목민심서』에 책명을 밝혀 인용한 『임관정요』의 장과 내용을 제시해 보면 다음 〈표 1-2-4〉와 같다.

〈표 1-2-4〉 『목민심서』에 인용된 『임관정요』의 내용

『목민심서』	『임관정요』	주요 내용
① 권 1, 赴任六條, 上官	풍속장	* 풍속에 따른 민정
② 권 4, 吏典六條, 察物	항통법(부록)	* 항통법사용은 좋은 법
③ 권 7, 戶典六條, 勸農	농상장	* 水車의 이용
④ 권 9, 刑典六條, 聽訟 下	사송장	* 暗葬의 방지
⑤ 권 12, 工典六條, 道路	전정장	* 일정한 간격으로 나무를 심어 이정표 겸 휴식처로 활용
⑥ 권 14, 賑荒六條, 補力	진휼장	* 공공사업을 일으킴

위 〈표 1-2-4〉에서 볼 수 있듯이, 정약용은 『임관정요』를 활용하면서 『목민심서』를 썼다. 물론 방대한 『목민심서』의 내용에 비하면 양적으로 비교가 될 수 없다. 체계적으로 많은 내용을 다룬 『목민심서』와 목민서로는 비교적 초기 저술이라 할 수 있는 『임관정요』를 질적·양적으로 비교하는 것은 무리이다. 이런 점에서 아마도 정약용은 『임관정요』의 내용이나 체계가 크게 빈약하다는 사실을 느꼈을 것으로 짐작된다. 그리하여 정약용은 이를 체계적이고 새로운

---

64 정약용의 『임관정요』 활용은 『欽欽新書』에서도 찾아볼 수 있다(예: 『欽欽新書』 권1, 經史要義 3, 鬼哭誣奴 및 髡儒作僧).

내용을 보완하여 다시 써야 할 필요성을 느꼈을 것이다.

이는 두 저서의 내용은 말할 것도 없고, 우선 체재에서도 드러난다. 정약용은 『목민심서』를 12개 조로 나누어 이·호·예·병·형·공을 근간으로 하여 앞부분에 부임·율기·봉공·애민을, 뒷부분에 진황·해관을 두었다. 『임관정요』의 「정어」와 「정적」에 해당되는 부분을 별도로 두지 않고 12개 조에 포함하여 다루었다. 두 저서의 체재가 얼핏 보기에 크게 다른 듯하지만 기본적으로는 유사하다고 볼 수 있다. 다만 정약용은 목민관의 부임에서부터 해관에 이르기까지의 체재를 세워 『임관정요』「시조」의 내용을 분산시켰다고 할 수 있다. 아마도 정약용은 『경국대전』을 모방하려 한 것으로 보인다.

대체로 「시조」의 위정장·지신장·처사장·풍속장·임민장·접물장은 『목민심서』의 부임·율기·봉공·애민조에 흡수되고, 어리장·용재장·농상장·호구장·교화장·군정장·부역장·전정장·조적장·형법장·사송장·거간장·치도장은 이·호·예·병·형·공전에 적절히 분산시켜 정리되었으며, 진휼장은 진황조에서 다루어졌다. 그러나 『목민심서』의 해관조는 『임관정요』에는 없다.

다음으로 두 저서의 서문에 보이는 내용을 비교해 보면서 두 사람의 견해를 검토해 보기로 하자. 첫째로 두 사람 모두 목민관을 대상으로 한다는 점을 명시하고 있다. 다만 저술시기로 볼 때, 안정복이 수령의 경험을 겪지 못하고 자신이 현재 겪고 있는 농촌 현실에서 『임관정요』를 저술하기 시작한 반면, 정약용은 일찍이 황해도 곡산부사谷山府使(36세, 1797)를 역임한 뒤 1801년부터 18년 동안 전라도 강진康津 유배 중에 『목민심서』를 완성하였다. 따라서 안정복은 18세기 전반기 조선 후기 농촌의 농민 입장에서 자신의 견해를 밝혔다고 할 수 있고[65], 정약용은 암행어사와 곡산부사로서 얻은 경험 그리고 강진 현지의

---

65 물론 안정복도 조부 安瑞羽가 울산부사로 있는 동안 울산에서 생활을 하면서 목민관의 정치에 대한 견문이 있었을 것이나, 이때 그의 나이는 15세 미만이었다.

견문을 토대로 목민관의 입장에서 18세기 후반에서부터 19세기 초에 걸친 조선 농촌을 배경으로 서술하였다 하겠다. 다시 말하면 안정복이 피지배자의 입장이었다면, 정약용은 지배자인 수령의 입장에서 각각 목민관에 대한 자신들의 견해를 제시하였다고 보아 좋을 것 같다. 물론 안정복도 『임관정요』 초고를 작성해 놓은 뒤 수년간의 관직을 경험하고 서론을 붙였다. 그렇지만 「시조」는 『임관정요』 초고를 쓸 때의 내용이 근간을 이루고 있다고 볼 때, 안정복 자신이 일개 서생의 몸으로 역시 18세기 전반의 상황을 진술하였다고 보아야 할 것이다.

둘째로 『임관정요』와 『목민심서』의 저술 시기가 차이가 나고, 두 사람의 입장이 서로 달랐다고는 하지만, 저술의 기본 배경에 있어서 유사한 점을 찾아볼 수 있다. 두 사람은 모두 농촌 출신으로서 목민관을 지낸 조부나 부친을 따라 생활한 경험이 있다. 안정복은 그의 생애에서 볼 수 있듯이 충청도 제천에서 태어나 청소년 시절을 서울과 시골을 오가며 성장하였고, 정약용은 안정복이 여생을 마친 경기도 광주 덕곡에서 얼마 떨어지지 않은 광주군 초부면草阜面 마현馬峴(현 양주군 와부면 능내리)에서 태어나 소년 시절에는 수령을 지낸 부친 정재원丁載遠의 임지를 따라 생활하면서 교육을 받았다. 이른바 삼정의 문란으로 농촌의 경제적 어려움이 가중되던 조선 후기에 안정복에게는 조부 안서우가, 정약용에게는 부친 정재원이 목민관이었다는 사실이 감수성이 빠른 두 소년에게 목민관의 선정 여하에 백성의 편부가 달려 있다는 사실을 어느 정도 깨닫게 하지 않았을까 한다.[66] 그런데 『목민심서』의 서문에 보이듯이, 정약용은 안정복

---

66 『목민심서』, 自序에서 정약용은 "나의 선친이 聖朝에 두 縣에서 監을, 한 郡에서 守를, 한 府에서 護를, 한 州에서 牧을 맡아 실적을 이루었으니, 비록 鏞이 불초하나 따라다니면서 배우고 다소 견문하기도 하고 깨달은 바 있어, 물러나와 이를 시험하니 다소 증험도 있었다 (吾先子 受知聖朝 監二縣守一郡護一府牧一州 咸有成績 雖以鏞之不肖 從而學之 竊有聞焉 從而見之 竊有悟焉 退而試之 竊有驗焉)."라 하였듯이, 목민관을 지낸 부친 정재원을 따라 다니면서 견문하고 깨달은 바 있었다고 서술하였다.

이 『임관정요』의 서문을 통하여 나타낸 것보다 더욱 신랄하게 현실비판을 가한 점을 찾아볼 수 있다. 이는 말할 것도 없이 19세기 초 백성들의 어려움이 18세기보다 더 참담하였다는 점을 나타낸다고도 볼 수 있을 것이다. 이미 암행어사와 목민관을 경험한 정약용에게 직접 대민업무를 맡는 목민관의 직분에 대한 개선의 필요성이 더욱 절실하였던 결과가 아니었을까 여겨진다. 이 점에 있어 안정복이 주로 피해자인 농민의 참담한 생활상을 소개하고 농민의 입장을 크게 부각시키면서 목민관의 민정에 대한 개선점을 제시하려 한 것과 대조를 이룬다 하겠다. 어떻든 두 사람 모두 농촌에 묻혀 농촌의 현실을 경험하면서 각각 『임관정요』와 『목민심서』를 저술한 것이다.

셋째로 안정복과 정약용은 모두 옛 성현의 가르침과 성군의 치적을 본보기로 쓴다는 점을 밝히고 있다. 더불어 이들이 본보기로 삼은 기존 문헌도 유사하다. 이들은 다음과 같은 문헌을 『임관정요』와 『목민심서』의 서문에서 인용하고 있다.

- 『임관정요』: 『정경政經(진덕수眞德秀)』・『심경心經』・『치현보治縣譜(부염傅琰)』
- 『목민심서』: 『이현보理縣譜(부염傅琰)』・『법범法範(유이劉彝)』・『독단獨斷(왕소王素)』・『계민집戒民集(장영張詠)』・『정경(진덕수)』・『서언緖言(호대초胡大初)』・『환택편宦澤篇(정한봉鄭漢奉)』・『주역周易』

위의 참고문헌에서 볼 수 있듯이, 두 사람은 공히 송나라 사람 진덕수의 『정경』과 남제南齊 사람 부염의 『치현보』를 들고 있다.[67] 정약용이 그 밖에 많은 문헌을 제시하고 있으나 자서에서 밝히고 있듯이, 『주역』을 제외하고는 모두 전해지지 않는 책이라고 한 사실로 보아 그 자신도 보지 못한 책들이라고 하겠

---

67 안정복은 『治縣譜』라 하고 정약용은 『理縣譜』라 했으나 모두 부염이 쓴 다른 이름의 같은 책으로 생각된다.

다. 따라서 두 사람으로 하여금 목민관을 위한 저술을 남기게 영향을 준 공통적인 문헌은 역시 진덕수의 『정경』과 부염의 『치현보』라 하여 좋을 것 같다.

넷째로 『임관정요』와 『목민심서』의 쓰임에 대한 두 사람의 생각이 유사하다는 점을 들 수 있다. 『임관정요』 자서에서 볼 수 있는 것처럼, 안정복은 부염이 『치현보』를 저술한 뒤 자손들에게만 대대로 전하여 뛰어난 관리가 되게 하였다는 점을 어리석고 고루하다고 비판하고, 비록 자신이 실행하지 못하더라도 다른 사람이 배워 정치에 활용한다면 자신이 한 것과 같다는 의견을 나타냈다. 그런가 하면, 정약용은 『목민심서』의 자서를 통하여 목민관이 수행해야 할 직분이 중요함을 말하면서도 자신이 관직을 떠나 유배 중에 있는 것을 의식해서인지는 모르겠으나, 『목민심서』의 쓰임에 대해 자서의 말미에 '이 책은 실로 나의 덕을 쌓기 위함이지 어찌 꼭 목민을 위함이겠는가'라 완곡하게 표현하였다. 한마디로 '수기치인'의 정신에서 썼다는 의미로 해석되는데, 이와 같은 정신은 『임관정요』 서문에서도 찾아볼 수 있다. 어떻든 비록 표현의 차이는 있지만, 안정복과 정약용은 이미 목민관이 된 자나 될 자가 『임관정요』와 『목민심서』를 읽어 시행해 볼 것을 권하고 있음을 암시하고 있다.

이상과 같이 『임관정요』와 『목민심서』의 서문에서 안정복과 정약용의 견해가 여러 부문에 걸쳐 유사한 점을 보이는 까닭은 무엇일까. 저술시기의 시차가 있고, 두 사람이 살았던 사회적 배경이 다르다 할지라도, 이들이 각각 당시 목민관의 지방통치에 대해 공통된 비판의식을 갖고 있었다는 점은 틀림없다 할 것이다.

사실 정약용은 일찍이 안정복을 잘 알고 있었고, 또한 『임관정요』에 대해 관심을 가졌을 것으로 보인다. 우선 정약용의 부친 정재원과 안정복이 상당한 친분관계가 있었고, 두 사람이 거주하던 지역이 모두 광주로 그리 멀지 않은 거리에서 서신의 왕래가 있었으며,[68] 정약용의 형제들은 안정복을 가까이 하였

---

68 『순암집』 권, 「答丁器伯(載遠)別紙 戊申(1788)」.

다.[69] 따라서 정약용은 부친 정재원이나 형제들을 통하여 안정복의 학문이나 사상에 대해 알고 있었다고 판단된다. 그리고 정약용의 나이 16세(1777)에 성호 이익의 유고를 접하였다는 사실에서도 정약용이 성호의 대표적 문인이었던 안 정복의 행적이나 학문을 잘 이해하고 있었을 것이다. 정약용이 20대의 청년 시 절이던 1780년대는 이익의 대표적인 제자였던 윤동규나 이병휴가 이미 타계한 상황에서 안정복이 성호학파를 실질적으로 이끌고 있던 때였다.[70] 그리고 정약 용이 강진 유배중에 쓴 『아방강역고我邦疆域考』를 보면, 안정복의 저서 『동사강 목』을 적지 않게 활용하였다는 점을 찾아볼 수 있다.[71] 이상과 같은 여러 정황 으로 보아 정약용의 『목민심서』 저술은 『임관정요』의 영향을 받았다고 보아 좋을 것이다.

그렇다면 유형원과 이익의 개혁사상 영향을 받아 완성된 『임관정요』가 다시 정약용에게 직·간접적으로 영향을 주면서 좀더 혁신적인 내용이 담긴 『목민 심서』를 낳게 하였다고 할 수 있을 것이다.

7. 맺음말

지금까지 『임관정요』의 저술배경과 동기, 『하학지남』·『동사강목』과의 연 계성, 체재와 주요 내용, 『임관정요』를 통해 나타난 안정복의 개혁사상 그리고 『임관정요』의 영향을 살펴보았다. 이제 『임관정요』 저술의 의의를 생각해 보 면서 맺음말로 갈음하고자 한다.

---

69 『안정복총서』 권41, 1776년 일기 참조. 이 일기에는 정약용의 형 丁若銓이 안정복을 방문한 기록이 나타난다. 또한 정약용의 맏형 丁若鉉은 안정복의 문하생이다.
70 그 후 34세(정조 19년, 1795)에 정약용은 성호의 유고를 정리한 바 있다.
71 구체적인 것은 졸고, 「순암 안정복의 동사강목 지리고에 관한 일고찰」, 『역사학보』 112, 69 면 주)44 참조.

안정복의『임관정요』저술은 어떤 역사적 의의를 지닐까. 우선『임관정요』는 안정복이 몸소 터득한 실천적 사상과 유형원→이익→안정복으로 이어지는 개혁사상의 산물이라고 할 수 있다. 즉,『임관정요』의 완성은 유형원의 현실개혁사상이 직접적으로는『반계수록』을 통하여, 간접적으로는 유형원의 학문과 사상을 사숙한 이익을 통하여 안정복에게 전수됨으로써 이루어지게 되었다는 점이다. 물론 안정복이『임관정요』를 초고할 때에는 유형원이나 이익을 잘 모른 상태였다. 그 후 1757년 서문을 붙여 완성할 때까지 안정복은 두 사람의 저서를 읽고 초고의 내용을 수정·보완하였던 것이다. 이렇게 이루어진『임관정요』는 다시『동사강목』사론에 활용됨으로써 결국 유형원→이익→안정복의 현실의식이『임관정요』를 통하여『동사강목』에 이르게 되었다고 말할 수 있다.

　『임관정요』는 다시 정약용이『목민심서』를 저술함으로써 목민정치에 대한 체계적인 정리가 이루어지는데 선구적 역할을 하였다는 점을 간과할 수 없을 것 같다. 목민정치의 개선에 대한 필요성이 당시에 그치는 현안이 아닐 정도로 종래 많은 사람이 우려를 나타낸 문제이지만, 이를 안정복이 전문적인 식견을 가지고 종래의 고질적인 병폐와 함께 개선안을 문안으로 제시하여 어느 정도 체계화시킴으로써 정약용이『목민심서』를 저술하는데 길잡이가 되었을 것이라는 점이다. 앞서 보았듯이 정약용은『임관정요』의 체재나 내용에 만족하지 않았기 때문에 많은 참고문헌을 수집·분석하고 재정리하여 새롭고 방대한 목민지침서로『목민심서』를 만들었다고 할 수 있다. 따라서 정약용은 청년 시절의 안정복이 미처 참고하지 못한 많은 문헌을 동원함으로써, 비록 개인적인 저술이라 하더라도 관찬인『경국대전』의 체재를 답습하여 다양한 내용을 담아 저술할 수 있게 되었던 것이다.

　어떻든 목민지침서로서 초기 저술에 속하는『임관정요』와 이를 바탕으로 거의 완전한 체재와 내용을 갖춘『목민심서』는 18~19세기에 걸쳐 농촌개혁과 부흥을 추구하는 실학자의 목민의식을 대변한 대표적인 저술이라 할 것이다.

　목민관이 민정을 잘하느냐 못하느냐에 따라 백성들의 편고가 달려 있다고 판단하여 쓰여진 『임관정요』와 『목민심서』는 당대의 어려움만을 치료하기 위해 나온 문헌이라기보다는 후대에도 적지 않게 영향을 줄 가치를 지니고 있다 하겠다. 안정복과 정약용은 조선 후기에 개혁이 요구되는 지속적인 상황을 배경으로 목민의 방향을 제시하였던 것이다. 만약 목민관이 후대 지방자치단체의 장과 유사한 위치라고 볼 수만 있다면, 시대적 배경이 전혀 다른 오늘에 있어서도 이들 문헌을 다시 한 번 음미해 볼 가치가 있을 것이다. 여기에서 『임관정요』 저술의 현대적 의의를 찾아볼 수 있지 않을까.

제2부

성호문인으로서의 학문과 사상의 정착

본 편에서는 청년 시절 독학을 통하여 스스로 터득한 안정복의 학문과 사상이 그 후 어떤 과정을 거쳐 어떻게 정착되었는가를 알아보는 데 주안점을 두었다. 대체로 30대 초반에서 50대 초반에 이르는 시기라 하겠다. 즉 33세(1744)에 유형원의 저서를 접한 때부터 49세(1759) 전후 『동사강목』 초고가 이루어지고, 1763년 이익이 타계한 시기까지를 말한다. 이 기간의 주요 행적과 저술을 다음과 같이 간략하게 소개한다.

- 33세(1744) : 서울에서 유형원의 증손 유발로부터 유형원 저술을 처음으로 접함
- 35세(1746) : 안산 성촌의 성호 이익을 처음으로 알현함
- 37세(1748) : 『홍범연의洪範衍義』 초고를 만듦
- 38(1749)~43세(1754) : 관직생활을 함(만령전 참봉→의영고 봉사→정릉 직장→귀후서 별제→사헌부 감찰)
- 39세(1750) : 「잡괘설雜卦說」을 지음
- 41세(1752) : 「이순수유사李醇叟遺事」를 지음
- 42세(1753) : 윤동규와 함께 『이자수어李子粹語』 편찬에 참여함
  『광주부지廣州府志』를 편찬함
- 45(1756)~49세(1760) : 『동사강목』을 편찬함

「동약」을 지음

- 46세(1757) : 『임관정요』에 서문을 붙여 완성함. 『희현록希賢錄』을 지음
- 50세(1761) : 덕곡에 이택재麗澤齋를 건축
- 51세(1762) : 『성호사설유선』을 편차함
- 52세(1763) : 『백선시百選詩』와 『사감史鑑』을 편찬
  스승 성호 이익이 타계

　안정복이 33세에 유형원의 저술을 접하고, 이어 2년 뒤 성호 이익을 처음 방문한 것을 계기로 성호문인이 되었다는 사실은 그가 실학자로 성장하여 학문적으로 대성할 수 있는 대전기가 되었다는 점에서 주목되는 부분이다. 즉 안정복의 학문이 정착할 수 있는 발판이 되었던 것이다. 잘 알려져 있는 것처럼,『동사강목』이 이익의 지원 아래 이루어질 수 있었고, 사론을 통하여 실학사상이 구현될 수 있었던 것도 유형원이나 이익과 같은 대실학자의 학문적·사상적 영향이 컸음을 부인할 수 없다. 더불어 성호문인이 된 뒤 성호학파에 속한 다른 학자들과의 교류 또한 그가 학문적으로 성장하는 데에 크게 기여하였다.

　이에 본 편에서는 먼저 안정복이 유형원의 저술을 어떻게 접하여 수용하였던가. 그리고 이익과의 첫 만남 이후 문하생이 되어 이루어지는 이익과의 학문적 교류과정과 그 내용 등을 살펴보기로 한다. 다음으로 안정복이 어떤 인물들과 교류하였고, 교류의 성격과 특징을 생각해 본다. 끝으로 안정복이 성호문인이 된 뒤 학문적으로 성숙된 단계에서 저술한『동사강목』의 편찬 개요와 사론의 구성, 사론 가운데 현실개혁에 관한 내용을 소개해 볼까 한다. 구체적인 내용은 필자의 저서『동사강목 연구』에 있기 때문에, 여기에서는 주요 부분만 간략하게 정리해 보고자 한다. 그리고『동사강목』편찬과 사론 고찰에 앞서 그의 역사학과 역사편찬 의식을 검토해 보고자 한다. 역사학과 현실개혁에 관한 내용들도 대부분 사론에 포함되어 있기 때문에『동사강목』안설이 주된 고찰대상이 될 것이다. 사실『동사강목』사론은 역사학으로 용해되어 나온 '안정복 실학의 요체'라 할 수 있다.

1

유형원·이익의 학문과 사상 전수

1. 머리말

　지금까지 여러 학자들에 의하여 연구된 안정복의 학문과 사상을 검토해 보면 성호 이익의 영향을 가장 많이 받았다는 것이 공통적인 견해이다. 아마도 그것은 안정복이 이익의 직제자로서 이익의 학문과 사상을 철저하게 전수받았다는 사실 때문이라고 생각된다. 사실 안정복이 35세(1746)에 이익을 만난 이후 1763년 이익이 타계할 때까지 17년 동안 이루어진 안정복의 저술을 보면, 이익의 간여와 지도가 적지 않다. 『이자수어』를 비롯하여 『동사강목』의 편찬 그리고 『성호사설유선』의 정리를 대표적으로 들 수 있다. 이익을 만나기 이전에 저술한 『임관정요』도 이익의 저술을 통해 보완되고, 이익의 타계 이후에 저술한 것 가운데에도 이익의 학문이나 사상이 적지 않게 작용되었다는 점으로 볼 때, 이익의 안정복에 대한 학문적 사상적 영향은 크다 할 것이다.

　그러나 안정복의 학문과 사상에 유형원의 영향이 컸다는 사실 또한 간과할 수 없다. 안정복이 이익을 만나기 이전에 그 동안 염원하던 유형원의 저서를 접하여 매우 흡족해 하고, 여러 부문의 저술에 유형원의 글을 인용한 점이 이를 잘 증명해 준다. 안정복에게 영향을 준 순서로 보면 유형원이 이익보다 먼저였다고 할 수 있다. 그렇게 볼 때, 안정복이 청년 시절에 닦은 독자적인 학문과 사상은 먼저 유형원의 영향을 입은 다음, 이어 이익의 문하에 들어가 새롭게 다져지는 절차를 밟았다고 보아야 할 것이다. 다시 말하면 안정복의 학문과 사상은 유형원의 저서를 접하고 다시 이익의 학문에 이어지면서 전환기를 맞게 되었다고 할 수 있다. 『동사강목』은 안정복이 이들의 학문과 사상을 접한 이후 이룬 결정체라고 보아 좋을 것이다.

필자는 하학 공부로 닦여진 안정복의 학문과 사상이 유형원과 이익의 사상과 접하여 어떻게 변모해 가면서 정착되고 있었던가, 사상 『동사강목』 편찬에 어떻게 작용되어 나타났는가에 관심을 두고자 한다. 이에 본 장에서는 먼저 유형원의 학문이 어떤 과정을 통하여 안정복에게 영향을 주었는가에 대해 고찰해 본 다음, 이익과의 처음 접촉과정 그리고 두 사람 사이에 이루어지는 학문적 전수를 밝혀 보겠다. 더불어 『동사강목』에 이들의 학문과 사상이 어떻게 용해되어 갔는가에 대해서도 유념할 것이다. 이로써 유형원과 이익의 학문이 안정복에게 구체적으로 어떻게 전수되었는가에 대한 궁금증을 어느 정도 풀어 줄 수 있지 않을까 기대해 본다.[1]

2. 유형원의 학문 접촉과 수용

1) 유발과의 만남과 유형원의 저술 열람

안정복이 유형원의 인물과 행적에 대해 어렴풋이 안 것은 15세 이후 10년 동안 전라도 무주에서 살던 때였다. 즉,

---

1 본 장은 졸고(1995), 「유형원·이익과 안정복의 학문적 전승관계」, 『실학사상연구』 5·6합집을 약간의 수정 보완을 거쳐 전재한 것이다.

정복이 어려서 호남에 살 때, 웃어른으로부터 반계 유형원 선생이 대덕
군자라는 것을 익히 들었다. 그런데 그 때에는 아는 게 없어 자세한 것을
얻을 수가 없었다. 이미 장성하여 늘 매우 부끄럽고 한스럽게 생각하였
다.[2]

라고 회고하였듯이, 어렸을 때 안정복은 어른들로부터 유형원이 덕이 많은 군
자라는 정도의 이야기를 들었으나 구체적인 내용은 알지 못하였던 것 같다. 당
시 그는 무주에서 조부 안서우와 부모를 모시고 살고 있었을 때이므로 아마도
조부나 부모 혹은 집안을 출입하는 어른들로부터 유형원의 학문과 사상에 대
한 이야기를 들었을 것으로 추측된다. 조부 안서우는 일찍이 유형원의 저서를
접한 사실이 있고,[3] 그의 학문 또한 매우 현실적이었다. 그는 목민관으로 있을
때 조정에 시폐소를 올리는 등 폐정 개혁에 적극적이었다.[4] 따라서 그의 집안
에서는 유형원의 실학문에 대해 잘 알고 있었던 것으로 짐작된다. 요컨대 안정
복은 어릴 적부터 어른들의 입에 오르내리는 유형원의 학문이 귀에 익었으나
잘 이해할 수 없었던 것으로 생각되고, 청년이 된 뒤에는 유형원의 학문을 접
하고 싶어도 문헌을 입수할 수가 없었다고 하겠다. 특히 무주에 살던 동안은
유형원의 후손이 사는 서울과 거리가 멀어 유형원의 유고를 접하기가 더욱 어
려웠던 것으로 생각된다.
　안정복이 유형원의 저서를 접한 것은 그가 무주에서 경기도 광주로 이사온
지 8년째 되던 33살(1744) 때였다. 이 해 정월 광주에서 서울로 나들이할 기회

---

2 『순암집』 권18, 「반계연보발」. "鼎福幼在湖南 從長者熟聞柳磻溪先生之爲大德君子 而時未
　有知 不能得其詳 旣長思之 每沈愧恨."
3 안서우가 유형원의 저서를 접했을 것으로 생각하는 근거는 『안정복총서』 권25, 復藁, 送趙
　台明晦而歸東海洞序에 "惟東海洞獨漏焉 亦不載於東國輿地志"라는 안서우의 글에서 알 수
　있다. 『東國輿地志』는 유형원이 저술한 지리지이다.
4 앞의 책, 時弊疏.

가 있었는데, 마침 당시 남대문 밖 도저동桃楮洞에 살던 유형원의 증손 유발 (1683~1775)이 둘째 아들 유광위柳光渭의 상을 당하게 되었다. 그 달 8일 안정복 은 조문차 유발의 집을 방문하였다. 그러나 이 날은 상중에 있었기 때문에 유 형원의 저서를 접할 수가 없었다.[5] 이 방문을 계기로 이후 안정복은 유발을 자 주 만나게 되었고 편지 교환을 하면서 가까이하였다. 안정복이 이미 노년기에 들어선 유발과 친교를 맺을 수 있었던 것은 안정복의 집안과 유발의 집안이 선 대 때부터 가까웠기 때문으로 보인다. 유발은 광주부내 갈산葛山마을 외가에서 태어났던 것이다.[6]

안정복이 유형원의 저서를 실제로 접할 기회를 갖게 된 것은 같은 해 어느 날이었다. 유발의 집을 방문한 안정복은 『반계수록』을 비롯하여 유형원의 유 고를 보게 되었다.[7] 유형원의 학문을 흠모하던 안정복은 이 책을 가지고 돌아 와 읽어 보기 시작하였다.[8] 이리하여 말로만 듣던 유형원의 『반계수록』을 처음 으로 접하면서 안정복은 유형원의 학문과 사상을 받아들일 수 있는 계기를 얻 게 되었고, 그 후에도 유발과 교류하면서 유형원의 다른 저서도 열람하였다.[9]

2) 유형원의 저술 독서와 초록

우선 『반계수록』을 읽은 안정복은 "실로 천리를 운용함에 있어 만세에 태평

---

5 안정복, 『日省錄』, 甲子 정월 初8일.
6 『순암집』 권25, 「崇祿大夫行知中樞府事秀村柳公行狀 丙申(1776)」.
7 안정복이 유발로부터 『반계수록』을 비롯하여 기타 유형원의 유고를 어느 달 어느 날에 빌려 왔는지는 확실히 알 수 없다. 아마도 유발을 조문하고 같은 해 얼마간의 기간이 지난 뒤가 아니었을까 생각된다.
8 『순암집』 권18, 「반계연보발」. "甲子歲 謁秀村公於京師之桃楮洞 公卽先生之曾孫也 爲鼎福 道先生事甚悉 至借以先生著隨錄 歸來讀之."
9 앞의 책, 같은 발. "後數從公遊 得覩遺集及諸書."

을 열어 준 책"[10]이라고 회고하고, 이어 그 밖의 저서를 읽은 소감을,

그 학문의 정밀함과 지량志量의 원대함이 후세 말하기를 좋아하는 선비로서는 미칠 수 없을 것이다. (…) 아, 지금 선생의 저서를 좋아하는 자가 한갓 눈앞에서 익히는 것으로만 삼지 않고 반드시 몸소 행하여 마음으로 깊이 깨달아 간직하고, 일을 조처함에 즈음하여 오직 실제의 효험을 도모한다면, 선생은 비록 돌아가셨어도 선생의 도는 행해질 것이나, 이 어찌 쉽게 말할 수 있으리오. 정복의 태어남이 늦어서 비록 채찍을 잡고 선생을 모시고자 하는 바람은 있으나 할 수가 없구나.[11]

라 하였다. 유형원의 학문이 정밀할 뿐 아니라 뜻과 헤아림이 원대하다는 사실을 이해하고, 또한 몸소 실천하여 마음에 굳게 다지고 실제적인 효험을 도모한 유형원의 저서 내용에 적지 않게 탄복하였음을 보여 준다. 비록 32년이 지난 뒤 과거를 회상하여 쓴 글이지만, 안정복이 유형원의 저서를 접하고 얼마만큼 감명받았는가 가히 짐작할 수 있다. 일찍부터 유형원의 실학문을 익히 들어온 터에 그 동안 열람을 염원하다가 실제 그의 저서를 접한 안정복의 심정을 헤아릴 수 있을 것 같다. 하학에 학문적 바탕을 둔 안정복이었기에 유형원의 궁행과 실효를 중요시한 실학정신에서 일종의 일치감마저 느끼게 되었으리라 짐작된다. 위 사료에도 나타나 있듯이, 안정복은 자신이 늦게 태어나 유형원으로부터 직접 가르침을 받지 못한 것을 한스럽게 생각할 정도로 유형원의 저서에 매료되었다.

안정복은 유형원의 저서를 분석하고 필요한 것은 초록해 두었다. 그가 유형

---

10 앞의 책, 같은 발. "誠運用天理 爲萬世開太平之書也."
11 앞의 책, 같은 발. "其學問之精密 志量之遠大 非後世能言之士所可及也 ⋯噫 使世之好先生之書者 不徒爲目前之玩 必也躬行心得 措之事爲之際 而惟實效是圖 則先生雖沒 先生之道行矣 此豈可易言哉 鼎福生晚 雖有執鞭之願 而不可得."

원의 저서를 처음 열람했을 때에는 전해온 저서들이 모두 간행되지 못한 상태에 있었기 때문에 필사 혹은 초록해 써야 했을 것이다.[12] 특히 그가 관심을 둔 것은 『반계수록』과 『동국여지지』였다. 그리고 유형원의 저술 가운데 「동국사강목조례東國史綱目條例」·「동사괴설변東史怪說辨」, 서간문인 「여박진사자진론동국지지與朴進士自振論東國地志」 등을 『동사례東史例』라는 이름으로 초록하였다.[13] 이들 저서는 모두 뒷날 『동사강목』 편찬에 귀중한 참고자료가 되었다.

3) 유형원의 저술 활용

유형원의 저서를 읽고 안정복이 먼저 활용한 곳은 아마도 『임관정요』의 보완이 아니었을까 생각된다. 『임관정요』 초고는 안정복이 『반계수록』을 접하기 6년 전에 쓰여졌다. 『임관정요』를 분석해 보면 유형원의 글과 이름을 밝혀 인용한 예도 찾아볼 수 있으나,[14] 그 밖의 내용에서도 유형원이 『반계수록』을 통해 주장한 견해가 적지 않게 나타난다. 이를테면, 경묘법頃畝法을 써서 경작지를 정하자고 한 것이나,[15] 백성의 수를 헤아려 일의 균일함을 이루고 정치의 도리를 일으켜야 한다는 견해,[16] 환곡제도를 폐지하고 상평창의 기능을 잘 활

---

12 『반계수록』은 그 동안 간행되지 못하다가 영조 46년(1770) 어명으로 경상도 감영에서 印本하여 五史庫와 弘文館에 보관토록 하였다(『반계연보』).
13 「반계연보」에는 「東國史綱目條例」라 기록되어 있고, 『東史例』에는 「東史綱目凡例」로 기록되어 있다. 「반계연보」는 유발이 초고해 놓은 것을 안정복이 潤修한 것이고, 『동사례』는 안정복이 유형원의 유고에서 필요한 부분을 뽑아 모아 필사하여 붙인 이름이다. 「동국사강목조례」와 「동사강목범례」는 어느 것이 원래 유형원이 붙인 이름인지 확증하기는 어려우나, 「동국사강목조례」가 당초 유형원이 붙인 이름으로 추측된다.
14 『임관정요』, 시조, 농상장 등.
15 『임관정요』, 전정장; 『반계수록』 권1, 田制 上, 古頃畝式 참조.
16 『임관정요』, 호구장; 『반계수록』 권3, 田制後錄, 大明律戶口籍條 참조.

용하는 동시에 사창을 실시하자는 견해,[17] 유실수와 뽕나무 심기를 장려하자는 견해[18] 등을 들 수 있다. 물론『임관정요』에 나타난 견해가 우연히 유형원의 견해와 일치하는 경우도 없지 않았을 것이다. 그러나 안정복이 유발로부터『반계수록』을 빌려 탐독하였던 것으로 미루어, 유형원의 견해는『임관정요』의 초고를 보완하는데 크게 활용되었다고 보아 좋을 것이다. 즉, 1757년 안정복이 서문을 붙여 세상에 내놓은『임관정요』는『반계수록』과 이익의『성호사설』을 참고하여 보완과정을 거친 것이라 하겠다.

다음으로『동사강목』사론에도『반계수록』이 크게 활용되었다. 약간의 예를 들어 보면, 환곡제도를 폐지하고 사창제도를 확대 시행하자는 견해,[19] 노비천적을 혁파하자는 견해,[20] 수군을 강화하고[21] 병거를 보급하자는 견해[22] 등을 들 수 있다. 이처럼 현실개혁에 관한 의견을 많이 담고 있는『동사강목』안설에는 유형원이『반계수록』에 제시한 견해가 직·간접적으로 작용되었다.

『반계수록』다음으로 안정복이 유의한 것은『동사례』이다.『동사례』는 우리나라 역사서술에 관한 유형원의 저술 가운데 안정복이 필요하다고 생각되는 부분을 모아 초록한 것이다. 그 가운데「동국사강목조례」는 안정복이『동사강목』편찬 계획을 세우는데 중요한 길잡이가 되었다.『동사강목』범례에 있는 내용과 유사한 것을 간추려 정리해 보면 다음과 같다.

① 범례는 주자『강목』에 의거한다.
② 단군 이후 삼국 이전을 별도로 한 편을 둘 수 있다.

---

17 『임관정요』, 조적장;『반계수록』권3, 전제후록 상; 권7, 田制後錄攷說 上 참조.
18 『임관정요』, 농상장;『반계수록』권3, 전제후록 상 참조.
19 『동사강목』제6상, 丙戌, 성종 5년 秋7월, 按.
20 『동사강목』제6상, 丙辰, 광종 7년, 按;『반계수록』권26, 續篇 下, 奴隷 참조.
21 『동사강목』제7하, 辛未, 선종 8년 춘정월, 按;『반계수록』권21, 兵制, 水軍 참조.
22 『동사강목』제7하, 辛未, 선종 8년 춘정월, 按;『반계수록』권22, 兵制後錄, 兵車 참조.

③ 우리나라 역사이기 때문에 『춘추』의 예에 따라 우리나라 기년을 사용한다.

④ 우리나라 역사서에 의례가 없기 때문에 『강목』을 본받아 책을 쓰려한다.

⑤ 기타 정통 여부에 따라 명호를 어떻게 쓸 것인가에 대한 문제 등.

유형원의 「동국사강목조례」는 내용면에 있어 매우 소략하기 때문에 안정복의 『동사강목』 범례와 직접 비교하기는 곤란하다. 그렇지만 몇 가지 점에 있어 안정복이 『동사강목』을 편찬하는 데 결정적인 방향을 제시해 주었다. 첫째로 '동사강목東史綱目'이라는 서명을 제공해 주었을 것이라는 점이다. 안정복은 우리나라 역사를 『자치통감강목』에 의거하여 쓴다는 사실을 들어 '동사강목'이라고 이름 붙인다고 하였다.[23] 그렇지만 안정복이 『동사강목』을 편찬하기 훨씬 전에 유형원의 「동국사강목조례」, 즉 「동사강목범례」를 보았고, 이를 자신의 『동사강목』 편찬에 활용하였다는 점을 감안하면, 두 사람이 책명을 우연히 '동국사강목' 또는 '동사강목'이라는 유사한 이름을 생각했다고 보기에는 좀 어색하게 느껴진다. '동국사강목'이라는 이름에서 빌린 것으로 보는 편이 합당하지 않을까 여겨진다.

둘째로 유형원이 철저하게 『자치통감강목』 의례에 의거하여 우리나라 역사서를 편찬하려 했다는 점이다.[24] 이는 『동사강목』 편찬의 기본 방침으로 자서나 범례에서 안정복이 가장 강조한 부분이기도 하다. 실제로 『동사강목』 범례는 종래 어느 사서보다도 가장 철저하게 『자치통감강목』 의례에 충실하였던 것이다.

셋째로 편년이 불가능한 단군 이후 삼국 이전의 역사를 따로 한 편을 두어

---

23 『순암집』 권10, 「동사문답」, 「上星湖先生書 甲戌(1754)」.
24 『반계연보』, 6년 乙巳, 註. "─每欲效朱子綱目 編成一書."

서술할 수 있다는 것이 유형원의 생각이었는데, 실제 안정복은 가능한 편년을 기록하여 조선·마한 편을 엮어 『동사강목』 첫 편(제1 상권)에 넣었던 것이다.[25] 그리고 유형원이 중국 기년을 쓰지 않고 우리나라 기년을 쓴다고 한 사실과 안정복이 본국사 중심으로 『동사강목』을 편찬하여 본국 기년을 쓴다고 한 사실도 두 사람의 의견이 일치하는 부분이다.

끝으로 두 사람 모두 정통 여부에 따른 역사서술을 중시하였다는 점이다. 다만 중국 왕조의 정통 여부에 따라 명호를 달리 쓰려 한 점에 있어서 두 사람의 의견은 일치하지만, 유형원이 본국 왕조의 정통문제를 어떻게 다루려 하였는지는 확실하게 제시하지 않았기 때문에 분명하게 말하기는 곤란하다. 아마도 안정복의 한국사 체계에 나타나는 정통론은 비교적 소략한 「동국사강목조례」의 내용으로 볼 때, 유형원으로부터 구체적으로 영향을 받은 것 같지는 않다. 그렇지만 부분적인 것을 제외하고는 대체로 유형원의 「동국사강목조례」와 안정복의 『동사강목』 범례는 기본 구도에 있어 매우 유사한 점을 보이고 있었다.

어떻든 유형원은 「동사강목」 저술의 필요성과 기본방향만 제시해 놓고 착수도 못했다. 다만 자신은 이미 나이가 많고 병고로 저술에 착수할 겨를이 없다면서 "뒤에 군자가 홀연히 나타나 혹 이루어준다면 또한 아주 다행한 일이겠다"[26]라 하여, 뒷날 누가 이루어준다면 그것으로 만족하겠다는 기대만 남기고 「동국사강목조례」를 끝맺었다. 안정복의 저서 어디에도 유형원의 뜻을 따라 『동사강목』을 편찬한다는 구절은 찾아볼 수 없다. 그러나 안정복 자신도 당시 『자치통감강목』의 독서에 심취된 상태에서 유형원의 이 글을 읽고 앞으로 『동사강목』을 편찬하겠다는 강한 의욕을 얻지 않았을까 한다. 더욱이 앞서 본 바

---

25 이 문제는 실제 『동사강목』 편찬과정에서 안정복과 이익의 논의 대상이 되었고, 결국 본편에 넣어 편찬키로 하였다(『성호선생전집』 권25, 「答安百順問目」 참조).

26 『동사례』, 동사강목범례. "後之君子 倘或有以成之 亦一行事也."

와 같이, 유형원의 「동국사강목조례」와 안정복의 『동사강목』 범례의 기본 방향이 유사하다는 점은 이를 더욱 뒷받침해 준다.

「동사괴설변」 또한 안정복의 설화 변증에 크게 활용되었다. 『동사강목』 부록에 있는 「괴설변증」은 각종 설화 변증에 관한 내용으로 엮어졌는데 「동사괴설변」의 내용이 크게 활용되었다.[27] 특히 안정복은 삼국 시조 설화를 비롯하여 『삼국사기』에 나타나는 각종 설화의 허황성을 비판하면서,

이제 이 글에서는 유씨(유형원 : 필자주)의 설을 따라 모두 삭제하고 별도로 「고이」를 써서 우리나라 사람의 괴이함을 좋아하는 습속을 밝힌다.[28]

라 하였다. 즉 유형원이 「동사괴설변」에서 제시한 견해에 따라 시조 설화의 허황함을 『동사강목』 「고이」에 밝혀 둔다고 하였다. 「고이」는 여러 역사 사실 가운데 역사서에 따라 주장하는 설이 다른 것을 선택하여 다시 고증하기 위하여 안정복이 『동사강목』 부록에 별도로 편제한 것이다. 「괴설변증」은 「고이」에 해당되는 것 가운데 설화에 관한 것을 다시 별도로 고증한 것으로 편을 달리하였지만 본시 「고이」에 포함된다고 볼 수 있다. 이처럼 설화고증도 유형원의 영향을 크게 받았다. 그 밖에 『동국여지지』는 안정복이 지리고증을 하는데 참고되었다.[29]

---

27 두 사람의 구체적인 고증내용은 『동사례』의 「동사괴설변」과 『동사강목』의 「괴설변증」에 잘 나타나 있다. 「괴설변증」에는 단군설화를 비롯하여 金蛙, 朴赫居世, 脫解, 閼英, 首路, 金閼智, 許皇后, 迎烏와 細烏, 昭知王 10년의 金匣과 焚修僧, 朱蒙, 類利, 樂浪과 自鳴鼓, 耽羅三神, 王建과 관련한 설화 등이 변증대상이 되었는데, 「동사괴설변」의 내용을 대부분 포함하고 있다.

28 『동사강목』 제1상, 甲子, 마한, 夏4월, 按. "今於是書 依柳氏說 皆刪去 別著考異 著東人好怪之習."

29 『동국여지지』에 대한 구체적인 논고는 朴仁鎬(1989), 「유형원의 『동국여지지』에 관한 일고찰」, 『淸溪史學』 6이 있다.

유형원의 저서 가운데 안정복에게 영향을 준 것은 이상에서 살펴본 바와 같이 주로『반계수록』과『동국여지지』그리고 안정복이 초록하여 만든『동사례』라 할 수 있다.『반계수록』은 안정복의 현실개혁사상에,『동사례』와『동국여지지』는『동사강목』의 편찬과 역사고증에 큰 영향을 주었다고 하겠다. 그런데 이 가운데『동국여지지』는『동사강목』초고 편찬시에는 크게 활용되지 못하고 주로 재고과정에서 지리 고증에 활용된 것 같다.[30]

한편 이황의 이발기수기발이승理發氣隨氣發理乘을 따른 안정복은 이이의 기발이승일도설氣發理乘一途說을 따른 유형원의 성리론에 대해서 언급하지 않은 것으로 보아, 유형원의 성리학에 대해서는 별로 개의치 않았던 것으로 보인다.

요컨대 유형원의 저서는 안정복의 실학사상과 역사학에 영향을 주면서 독자적인 학문으로 일관해 온 안정복의 학문이 정착할 수 있는 계기를 만들어 주었다고 하겠다. 그리고 유형원의 학문과 개혁사상을 극찬한 성호 이익을 통해서도 안정복에게 영향을 주었을 것으로 생각되기 때문에, 유형원의 학문과 사상이 안정복에게 끼친 영향은 스스로 유형원의 저술을 읽고 받은 영향 이상이 아니었을까 한다.[31]

---

30 1759년 안정복이 유형원의 증손 유발에게 보낸 편지에 따르면, 안정복은『동국여지지』와 자신이 쓴「지리고」를 비교해 보면서 유형원의 의견을 採入하고 싶지만 아직 간행되지 못해 아쉽다는 의견을 나타냈다(『覆瓿稿』卷7,「與柳令(發)書 己卯(1759)」).
31 성호 이익을 통해 유형원의 학문이 안정복에게 전해질 수 있었던 배경에 대해서는 필자가 이미 언급한 바 있다(졸저(1994),『동사강목 연구』, 민족문화사, 33~34면).

3. 이익의 학문과 사상의 영향

1) 안정복의 이익 방문과 학문 토론

안정복이 안산 첨성리에 살고 있던 이익을 처음 방문한 때는 유형원의 저서를 접하고 2년 뒤인 1746년 10월 17일이었다. 이때 그의 나이 35세, 성호의 나이 66세였다. 그 후로는 1747년 9월, 1748년 12월, 1751년 7월 세 차례 방문하여 만난 것이 전부이고 수시로 편지를 통해 의견을 교환하였다.

안정복이 이익을 처음 방문한 것은 무주에서 광주 덕곡 선영으로 이사온 지 10년 후의 일이었다. 우선 첫 방문을 하여 어떤 의견이 오고갔는지를 1763년 이익이 타계한 뒤 안정복이 쓴 「함장록函丈錄」을 중심으로 살펴보자. 첫 방문 시, 이익은 같은 해 5월 부인 목씨睦氏와 사별하고 아들 맹휴孟休는 전라도 만경현령에 부임해 있었기 때문에 손자 이구환李九煥과 함께 살고 있었다. 안정복이 자신의 성명과 집안 사정을 밝히자, 이익은 안정복의 조부 안서우를 이미 잘 알고 있다고 하였다. 이때 이익이 안정복에게 방문한 이유를 묻자, 안정복은,

> 나이가 거의 40이 되었으나 학문의 방법을 알지 못합니다. 선생께서 도를 가르치는 말을 듣고 곧 방문한다는 것이 모신다는 마음만 먹은 채 벌써 10년이 지나갔습니다. 이제야 비로소 선생님을 뵙습니다.[32]

라 하였다. 즉 무주에서 이사온 지 10년이 되었으나 곧 찾아 오지 못한 것을 사죄하고, 학문의 가르침을 청하기 위하여 왔음을 말하였다. 이때 이익은 문하생으로 받아들인다는 뜻을 선뜻 보이지 않았다. 안정복은 『대학』을 시작으로

---

32 『순암집』 권16, 「함장록」. "年幾四十 學未知方 伏聞先生講道之所不遠 向善誠薄 十年懷仰 今始來謁."

경사 등에 관하여 이익과 문답을 나누기 시작하였다. 『대학』·『중용』·『맹자』·『주역』·『시전』·『자치통감강목』·『계몽』·『심경』·『소학』·기책법著策法 그리고 서학에 관한 문제[33] 등에 대해 안정복이 궁금한 점을 묻고 이익이 답하는 방식으로 새벽 닭이 울 때까지 계속하였다.

경학에 관한 문답 가운데 약간을 소개하면 다음과 같다. 안정복이 근래 학자들이 경전의 훈고訓詁와 소주小註 사이에 얽혀 있다는 견해를 밝히고 더불어 학문을 하는 요령을 묻자, 이익은 안정복의 견해에 수긍하고 학문은 오직 교만하지 않고 자신을 낮추어 겸손하게 하는 데 둘 뿐이라고 하면서, 이를 오랫동안 배워 익히면 의리가 스스로 익혀지고 마음이 평온하며 기질이 화평해진다고 하였다. 또한 그 요령은 오직 자기 자신에 있지 타인에게서 나오는 것이 아니라고 하였다. 안정복이 이와 같은 질문을 하여 이익의 의견을 들으려 한 것은 그동안 자신의 경전 공부방법이 소주보다는 경經[本文]을 기본으로 삼았기 때문이라 하겠다. 즉 본문을 본원으로 공부하고 후대인들이 붙인 소주는 참고로 하는 것이 그의 학문 자세였던 것이다.[34]

특히 이익은 안정복에게 예를 강조하였다. 즉 일상생활에서 가장 긴절한 것은 예보다 더한 것이 없다면서, 『소학』에 앞서 익혀 몸으로 행하고 함양하면 원래 덕성은 스스로 다져지므로, 이것이 인재를 만드는 데 바탕이 된다고 하였다. 그는 또 『대학』을 읽을 수 있다면 『소학』은 꼭 읽을 필요가 없다고 하였다. 더불어 이익은 당시 예학이 점차 무너져 감을 아쉬워하며, 서인은 김장생金長生에게, 영남인은 이황에게 의지함을 비판하고 안정복에게는 먼저 삼예三禮를 읽어 그 근원을 밝힐 것을 권하였다.[35] 또한 선비는 마땅히 치지致知를 학문으

---

33 1746년 안정복이 이익을 첫 방문하여 서학에 관한 문답을 하였다는 기사는 「함장록」에는 없고 「천학문답」 말미의 부록에 나타나 있다.
34 안정복의 경전에 대한 견해와 釋疑는 심우준(1985), 『순암 안정복 연구』, 일지사, 64~92면 참조.
35 三禮는 儀禮·周禮·禮記를 말한다.

로 삼되 실행을 중요하게 여겨 좇아야 하고, 학문은 반드시 스스로 얻는 것을 귀하게 여겨야 한다고 하였다. 이는 자득自得을 의미하는 것이다. 학문에 관한 두 사람의 대화에서 이익은 특히 학문을 함에 실행이 이루어져야 한다는 말을 자주 언급하였다.

이튿날 아침 안정복이 떠나려 할 즈음, 이익은,

> 군은 나이가 젊고 혈기가 왕성하니 힘써 지식을 쌓으시오. 지식이 밝은 연후에는 행로가 트여 막힘이 없을 것이오.[36]

라 하면서, 안정복이 힘써 학문에 매진할 것을 당부하여 보냈다. 이 첫 방문에서 안정복은 이익으로부터 윤동규·이맹휴·이병휴 등이 학문이 깊다는 것을 소개받기도 하였다. 이 세 사람은 이후 이익 다음으로 안정복의 학문과 행적에 크게 도움을 주었다.

비록 이익을 처음 방문하여 하룻밤을 같이 한 짧은 시간이었지만, 안정복의 학문에는 또 하나의 새로운 전기가 되었다. 우선 이익을 스승으로 하여 그동안 독자적으로 쌓아 온 학문을 다질 수 있는 계기가 주어졌다는 점을 들 수 있다. 소년 시절 학문에 입문하여 조부 밑에서 공부하다가 20대에 무주에서 광주 덕곡으로 이사왔지만 역시 토론할 스승이 없이 10년 동안 독학으로 일관해 온 안정복으로서는 학문 정립에 적지 않게 한계를 느꼈던 것이다. 이익을 방문하여 밤새도록 주로 경전에 대한 대화를 나누었던 것도 그 동안 그가 혼자 학문을 하면서 정해진 스승이 없었음을 얼마나 안타깝게 생각했는가를 짐작케 한다. 실제 그는 청소년 시절에 스승이 없이 혼자 공부한 사실을 노년기에 들어 "어려서는 공부를 하지 못하고 장성해서는 스승이나 학문적인 벗의 도움을 받지 못하였다"[37]라고 착잡한 심정으로 회고한 바 있다.

---

36 「함장록」 말미. "君年富力强 富務知識 知識明然後 行路坦然無碍."

더욱이 안정복에게 고무적이었던 것은 이익이 권하는 학문적 성격이 안정복이 그동안 닦아 온 학문 내용이나 방법에서 크게 벗어나지 않았다는 점이다. 일찍부터 하학을 중심으로 학문하여 실천에 힘쓰는 공부를 게을리하지 않았던 안정복의 학문관이 성호 이익을 만난 첫날부터 예를 중시하며 자득과 실천을 강조하는 그의 학문관과 크게 상통함으로써 안정복에게 자신감을 주었다고 할 수 있다.

　안정복이 75세에 이상정李象靖의 문인 남한조南漢朝에게 쓴 편지에 "35세에 비로소 성호선생을 뵙고 자못 많은 새김을 입어 이로써 크게 자신하였다"[38]고 회고한 데서도 잘 나타난다. 이는 곧 그가 이익을 처음 방문하여 밤새도록 토론한 사실을 두고 말한 것이다. 이익과의 첫 토론이 그가 앞으로 학문을 하는 데에 얼마나 힘이 되었는가를 이해할 수 있다. 특히 첫 방문시 '사칠이기'와 같은 성리학을 거의 토론대상으로 삼지 않고 주로 경전에 관한 의견 교환이 이루어진 것을 보면, 경전의 본문을 무본務本으로 하는 안정복이 이익을 대하는 학문적 관심이 어디에 있었는가를 짐작케 한다. 하학을 앞세우며 이기논쟁을 공허한 것으로 평가하여 배격하는 입장의 안정복에게 본디 수사학洙泗學에 입각한 수기치인의 학을 기본 학문으로 삼았던 이익 또한 예론이나 실용성있는 공부를 강조하였다는 점이 앞으로 안정복이 학문을 하는 데에 더욱 자신감을 불어넣어 주었을 것이다.

2) 성호문인으로서 이익과 학문교류

　이익을 처음 방문한 이후, 안정복은 주로 편지를 통하여 이익에게 학문적 자

---

37 『하학지남』, 「제하학지남서면」. "余少而失學 長無師友之助."
38 『순암집』 권8, 「答南宗伯(漢朝)書 丙午(1786)」. "三十五歲 始謁星湖 頗蒙印可 因亦自信."

문을 구하였다. 더불어 이익으로부터 소개받은 윤동규·이병휴·이맹휴도 가까이하면서 역시 편지 교환으로 자주 학문적 토론을 벌였다. 이제부터 안정복은 성호문인으로서 활동하게 되었던 것이다.

그러면 이익과 안정복 사이에 어떤 학문토론이 있었던가. 먼저 1763년 이익이 타계할 때까지 두 사람 사이에 오간 편지 내용 가운데 주목되는 부분을 다음 〈표 2-1-1〉과 같이 연대 순서로 나타내 본다.[39]

〈표 2-1-1〉 이익과 안정복이 교환한 편지의 주요 내용

연대	편지	주요 내용
1747	上星湖李先生書	• 본인의 학문이 낮고 방황한다는 내용과 함께 다시 가르침을 청함.
1747	答安百順鼎福問目	• 안정복의 冠禮와 家禮에 대한 질문에 응답함.
1748	上星湖先生書	• 이익의 主靜居敬의 학문을 우러러 봄.
1748	答安百順	• 안정복의 학문을 칭찬하고 열심히 공부할 것을 권하고 주정거경의 학문을 강조함. • 별지에 卦變之義를 논함.
1748	答安百順	• 方術에 관한 이익의 의견을 나타내고 卦爻에 관한 것을 별지에 첨부함.
1749	答上星湖先生書	• 주정거경은 군자가 귀하게 여겨야 할 것임을 피력함.
1749	上星湖先生書	• 厚陵參奉 除授를 불응한 이유를 經學과 門蔭이 낮기 때문이라 함.
1750	答安百順小學問目	• 안정복의 『소학』에 대한 질문에 답함.
1751	答星湖先生書	• 자신의 성장과정을 설명하고 스승 이익의 나이가 많음을 걱정하고 6년 동안 이익을 가까이하면서 의지가 커졌다고 함.
1751	答安百順	• 아들 맹휴의 병환을 걱정함. • 관리가 되었으니 官務에 힘쓸 것. • 별지에 가례에 대한 내용을 첨부함.
1752	答安百順	• 안정복의 학문을 칭찬함.

---

39 〈표 2-1-1〉에서 이익이 안정복에게 보낸 편지는 1922년에 간행된 密陽 慕濂堂版 『星湖先生全集』에 있는 서간문을 주된 자료로 삼았다. 이 판본이 연대가 정확하게 나타나 있고 편지 내용도 생략된 부분 없이 비교적 원문을 충실하게 수록하였다고 판단되기 때문이다.

		• 퇴계 학문의 뛰어남과『李子粹語』편찬문제를 논의함.
1753	上星湖先生書	• 『이자수어』편찬문제 논의함.
1753	答安百順	• 義盈庫 去思碑를 들어 안정복의 관리로서의 능력과 학문이 뛰어남을 칭찬함. • 『이자수어』편찬문제를 논의함.
1753	答安百順	• 안정복의 벼슬길에 대해 조언함. • 『이자수어』편찬의 의의를 말함. • 愼後聃의 학문을 칭찬함.
1753	上星湖先生書	• 『강목』필법에 문제가 많음을 말함. • 퇴계를 李子라 불러 마땅하다고 함. • 箕子『洪範』에 대한 자신의 견해를 밝힘.
1754	答安百順	• 『이자수어』採集 문제 토의. 그 완성을 안정복에게 일임하기로 함. • 사칠론은 긴요한 것이 아니라고 함.
1754	上星湖先生書	• 주자『강목』에 강목과 범례가 다른 점이 많다고 함.
1754	答安百順	• 『이자수어』편찬문제를 논의함. • 사칠론과 氣發, 氣隨의 氣의 의미를 설명함.
1754	答安百順	• 『이자수어』완성에 대한 고마움을 나타냄. • 절의 여부에 따른 강목 기록방법을 설명함.
1754	答安百順	• 『내범』의 내용이 훌륭함과 보완할 부분을 제시함.
1754	上星湖先生別紙	• 이익이 쓴 疾書에 대한 타인의 비평에 대해 불안감을 나타냄.
1754	答安百順	• 안정복 부친 별세에 대한 애도를 나타내고 상례에 대한 물음에 답함 (별지에 씀).
1754	與安百順	• 이익 자신의 병이 심함을 전함.
1754	答安百順	• 『讀史漫錄』읽어 보기를 권함. • 자신의 병이 심함을 말함.
1754	上星湖先生書	• 우리나라 역사서에 오류가 많다는 것과『동사강목』을 저술하겠다는 뜻을 밝힘.
1755	上星湖先生書	• 근래 이익의 편지를 자주 받았고, 史論의 가르침이 많음에 고마움을 나타냄.
1755	答上星湖先生書	• 『예기』를 읽었다는 내용을 전함.
1755	上星湖先生書	• 趙位寵의 亂에 대한 평가문제와 약간의 地理 比定에 관한 견해를 제시함. • 「東國地理疑辨」을 쓰겠다는 뜻을 밝힘.
1755	答安百順	• 馬韓의 周勤과 고려의 조위총은 절의 인물로서 재평가되어야 함. • 별지에 가례에 관한 내용을 써 보냄.
1755	答安百順問目	• 정통문제, 편년문제, 설화변증 문제 등과 관련하여 안정복의 질문에

		답함. • 특히 遼東지역의 중요성을 크게 다룸.
1756	答安百順	• 자신의 병을 걱정함. • 『이자수어』 교정 문제를 의논함. • 우리나라 역사 중심의 역사인식을 역설함.
1756	上星湖先生別紙	• 자신의 號 順菴의 의미를 설명함.
1756	上星湖先生書	• 조위총 난의 평가문제, 東史의 범례와 지리지에 문제 등에 관한 견해를 밝힘. • 三水의 지리비정을 질문함.
1756	答安百順	• 조위총 거사 기록문제를 설명하고 作史의 어려움을 말함. • 우리나라 산천의 지명 밝히기가 어렵다고 함. • 상례 질문에 답함.
1756	上星湖先生書	• 『동사강목』 편찬 기록에 관한 많은 질문을 함. • 司馬光의 『資治通鑑考異』를 모방하여 활용한다는 뜻을 말함.
1756	答安百順	• 관혼상제에 관한 질문에 답함. • 『동사강목』 편찬을 칭찬함. • 本朝의 국호 문제를 설명함. • 기타 위치 비정에 관한 질문에 답함.
1756	答安百順	• 조선 초기 국호문제에 관한 질문에 답함. • 요동의 전략적 중요성을 강조함. • 단군의 유래를 설명함. ※ 별지에 많은 「동사문답」의 내용이 들어 있음.
1756	與安百順	• 『동사강목』 편찬 진척도 물어 보고, 卒記 방법을 설명함.
1756	答安百順	• 六品 이상의 가례를 설명함.
1756	答安百順	• 『三國史記』 오류 많음을 지적함. • 별지에 『동사강목』 「고이」를 칭찬하고, 九夷, 三水의 구별, 箕田說, 成己의 절의 문제에 관한 의견을 설명함.
1757	上星湖先生書	• 祭禮에 관한 자신의 의견을 말함.
1757	上星湖先生書	• 國母服禮에 관한 질문을 함.
1757	答安百順	• 자신의 나이가 많음을 걱정함. • 『동사강목』 편찬을 격려함. • 祭禮에 관한 질문에 답함.
1757	上星湖先生書	• 箕子冊封문제, 浿水 비정문제, 箕田說, 弓裔의 죽음, 乙巴素, 辛禑, 恭愍王의 子弟衛 설치문제 등을 질문함.
1757	上星湖先生書	• 『동사강목』 범례에 대한 자문을 구함. • 여러 지리고증, 王建의 出自와 찬역문제, 崔致遠 기록의 의문점, 金氏說話의 변증문제에 관한 의견을 제시함.

1757	上星湖先生書	• 『동사강목』 편찬의 고충을 말함. • 朱蒙의 행적과 溫祚의 出自, 優台문제에 대한 下敎를 바란다고 함.
1757	答安百順	• 자신의 건강과 연로함을 걱정함. • 별지에 『강목』 범례에 요령이 없음을 지적하고 卒記, 溫祚와 優台의 出自, 王建의 姓氏 문제 등을 언급함.
1757	上星湖先生別紙	• 天學을 비판하면서도 西學 서적의 覈實함을 말함.
1758	上星湖先生書	• 『希賢錄』 편찬의 뜻을 말하고, 일본 왕실의 역사를 언급하면서 소홀히 할 수 없음을 언급함. • 별지에 우리나라 여자의 족두리 · 가라미 등 복식의 역사를 언급함.
1758	答安百順	• 柶圖說을 설명하고 별지에 지리고증에 답함.
1758	上星湖先生書	• 우리나라 사람은 우리나라 일을 알아야 한다고 함. • 우리나라 역사서의 문제점을 지적함. • 하학의 중요성을 말함. • 『동사강목』 편찬을 잠시 중단하고 있다고 함. • 별지에서 天學을 비판함.
1758	與安百順	• 자신도 전에 우리나라 역사를 쓰려 하였다고 함. • 변방 방어 문제를 언급함. • 별지에 祭禮와 묘지에 관련한 의견을 제시함.
1758	答上星湖先生書	• 華夷之分은 不通之論이라고 함.
1758	上星湖先生書	• 대마도가 우리나라에서 일본으로 넘어간 연혁과 대마도의 지리적 조건을 설명함.
1759	答上星湖先生書	• 과거의 폐단을 지적함.
1759	答安百順	• 『동사강목』 편찬을 칭찬함. • 강목필법에 대한 조언을 함.
1759	上星湖先生書	• 音韻學, 曆法 등을 질문하고 時憲曆法의 묘함에 관심을 나타냄.
1759	答安百順	• 音韻과 曆法에 대한 질문에 답함.
1759	上星湖先生書	• 주로 지리문제를 대상으로 동사문답을 함. • 『동사강목』 가운데 상고에서 삼국까지 쓴 5권을 보낸다고 함. • 우리나라가 적의 침입을 받기 쉬운 지리적 위치에 있다면서 특히 일본에 관심을 나타냄.
1759	上星湖先生書	• 역사가의 직필을 강조하고 簒弑문제에 대한 견해를 언급하면서 기록 방법에 대한 질문을 함.
1759	答安百順	• 역사가가 역사서술할 때 유의할 점을 언급함.
1759	與安百順	• 『동사강목』 목록을 자세하게 살펴보지 못했다고 함. • 權哲身의 총명함을 칭찬함.
1759	上星湖先生書	• 『동사강목』 집필을 거의 마쳤다고 함. • 종래 역사서의 고려말 기록에 曲筆이 많다고 함.

1761	上星湖先生書	• 『星湖僿說』의 목록을 類編하여 올린다고 함. • 『論語』 正名章에 대한 소견을 말함.
1761	答安百順	• 『성호사설』 유선작업에 대한 심정과 고마움을 말하고, 유선작업을 간편하고 과감하게 할 것을 부탁함. • 『동사강목』이 아직 책으로 이루어지지 못한 것에 대한 아쉬움을 나타냄.
1762	上星湖先生書	• 남녀의 혼인과 冠禮에 대한 의견을 나타냄. • 『성호사설』 유선작업에서 이익의 의견을 刪削하기가 곤란하다고 함.
1762	上星湖先生書	• 武王의 生沒壽에 대한 『예기』의 잘못된 기록을 지적함. • 四七을 이익의 『四七新編』을 보고 이해했다고 함.
1762	答安百順	• 周 武王에 대한 질문에 답함.
1762	與安百順	• 『星湖僿說類選』 편차에 대한 고마움을 나타냄.

위 〈표 2-1-1〉에서 볼 수 있듯이, 이익과 안정복 사이의 편지 교환은 안정복이 이익을 첫 방문한 이듬해인 1747년부터 이익이 타계하기 1년 전인 1762년까지 16년 동안 매년 이루어졌다. 특히 1754년 이후 편지 왕래가 잦았는데 이즈음 『동사강목』 편찬이 계획되고, 이어 1756년부터 본격적으로 집필이 시작되었기 때문이다. 두 사람 사이에 보내는 편지와 답장이 맞지 않은 때가 있는 것으로 보아, 실제로는 위에 제시한 것 외에도 더 많은 편지가 오갔을 것으로 생각된다.[40]

대체로 안정복이 먼저 스승 이익에게 편지를 보내고, 이익이 안정복에게 답하는 방식이었다. 편지 내용을 보면, 안정복이 자문을 구하고 이익이 답하는 경우가 주종을 이루는데, 예론과 경학 그리고 역사학에 관한 내용이 많았다. 성리론과 서학에 관한 안정복의 의견도 눈에 띈다. 특히 16년 동안 『이자수어』와 『동사강목』 그리고 『성호사설유선』 편차관계로 두 사람은 의견을 자주 교

---

40 아마도 후인들이 두 사람의 서간문을 모아 문집으로 만들기 이전에 분실된 것이 아닐까 여겨진다.

환하였다. 그만큼 이익도 이들 저서에 관심이 많았던 것을 말해 준다 할 것이다. 대체로 안정복의 의욕과 계획에 이익은 스승으로서 격려와 적극적인 지원을 아끼지 않았음을 찾아볼 수 있다.

안정복과 이익의 학문적 관계가 이처럼 발전하기까지에는 안정복이 이익에게 학문적 가르침을 요구하는 끈질긴 집념과 이익이 시간을 두고 서두르지 않았던 안정복에 대한 관망이 있었다고 할 수 있다. 사실 안정복이 1746년 10월 이익의 서재를 첫 방문하여 밤새도록 많은 학문적 토론을 벌였지만, 이튿날 막상 떠나오려 할 때까지도 이익은 안정복에게 학문에 매진하여 지식을 쌓으라는 권고만 하였을 뿐, 문하생으로 받아들인다는 시원한 답을 얻지 못하였다. 이리하여 안정복은 그 이듬해 초 다시 편지를 통하여 자신은 가정이 빈곤하고 병약하다는 점, 자신의 학문에 대해 자신이 없고 방황한다는 내용과 함께 가르침을 청하는 글을 올렸다.[41] 이에 성호는 '주정거경主靜居敬'의 학문을 강조하여 귀하게 여길 뿐이라 하면서 경전 공부에 충실할 것을 거듭 권고하였다.[42] 즉, 두 사람의 접촉 초기에는 대체로 안정복이 예론이나 경학 등에 관한 질의를 하고 이익이 답해 주는 관계를 유지하면서, 안정복은 이익의 가르침을 받기 위해 적극적으로 접근하고 이익은 안정복의 학문성을 관망하면서 질의에 답을 하면서도 자신의 비천함과 노약을 이유로 은근하게 사양하는 태도를 보였던 것이다. 그런 가운데 이익은 안정복의 학문이 뛰어남을 흡족해 하면서 더욱 면학할 것을 독려하는 모습을 보였다.[43] 아마도 1747~1748년에 이르는 1~2년은 이와 같은 학문적 교류가 계속되었던 것으로 생각된다. 그동안 이익은 안정복의 학문이 높다는 사실을 확인하게 되었고, 일단 안정복의 학문적 능력과 집념을 확

---

41 『순암집』 권2, 「上星湖先生書 丁卯(1747)」.
42 『순암집』 권2, 「上星湖先生書 丁卯(1747) 및 戊辰(1748)」; 『성호선생전집』 권24, 「答安百順 戊辰」 등의 편지에서 찾아볼 수 있다.
43 『성호선생전집』 권24, 「答安百順 戊辰」.

인한 이익은 이후 그를 철저하게 믿고 중대사를 의논하거나 앞날을 걱정해 주게 되었다. 이러한 과정을 거치면서 두 사람은 사제관계가 자연스럽게 형성되어 갔던 것으로 보인다. 1749년(38세) 안정복을 동몽교관으로 추천한 것이나 만령전 참봉에 나아가도록 권유한 사실 그리고 1752년 『이자수어』 편찬의 주무를 맡겼던 것도 그만큼 이익이 안정복의 능력을 인정했기 때문으로 풀이된다.[44]

한편 안정복의 입장을 보면, 이익의 학문을 전수받기에 좋은 여건이 되지도 못하였다. 우선 안정복이 이미 중년에 접어든 데다가 이익은 나이 이미 70에 가까운 노령이었고, 안정복은 향리에서 농사일을 돌보면서 학문을 해야 할 처지였다. 또한 첨성리와 덕곡의 거리 관계로 찾아가 이익과 학문 토론을 자주 가질 형편도 못 되었다. 이를 안정복은 아쉬워하면서 매우 초조해 했던 것으로 보인다.[45] 이러한 여건이 그로 하여금 이익에게 더욱 적극적으로 접근하도록 한 것이 아니었나 생각된다. 이와 같이 출발한 안정복과 이익의 학문적 전수는 이후 편지를 통하여 더욱 활발하게 이루어졌다.

두 사람이 17년 동안 주고받은 학문 토론은 초기 4~5년 동안은 주로 예론이나 경학이 주된 논의 대상이었다. 예론은 첫 방문시 이익이 안정복에게 철저하게 익히기를 강조한 내용이다. 그 동안 예론에 대해 잘 모르는 내용을 주로 안정복이 질문하고 이익이 답하는 경우가 많았으나, 경학에 대해서는 안정복이 소견을 말하고 자문을 구하면 이익이 자신의 견해를 언급하면서 이에 면학을 권고하는 예를 찾아볼 수 있다.[46] 경학에 대한 문답이 이루어지는 동안, 두 사람의 학문적 성격이 서로 잘 통하였던 것으로 생각된다.

여기에서 잠시 이익과 안정복의 학문적 성격을 살펴보자. 이익은 철저히 유

---

44 앞의 책, 같은 편지, 壬申. "惟百順能仕學 兼敦進修不已 大爲朋友之望."
45 『순암집』 권2, 「答上星湖先生書 辛未(1751)」.
46 『성호선생전집』 권24, 「答安百順 戊辰」 등 서간문 참조.

교적 기반 위에서 경서에 대한 연구를 학문적 기반으로 삼았고, 따라서 일찍부터 '궁경실학窮經實學'을 표방하였다. 그는 공맹의 학을 본원의 학으로 여겨 수사학적인 수기치인의 학문을 존중하였고, 이 궁경실학이 치용致用에 도움이 되고 실용에 유익한 학문이라고 생각하였다고 한다. 따라서 이익은 주자와 주자학은 존중하면서도 수사학을 배우고 익히는 것을 실학으로 여겨 주자학을 넘어 본원의 학문으로 복귀하는 경향을 보였다고 한다.[47]

그러면 안정복의 학문적 성격은 어떠하였던가. 안정복 또한 청년 시절부터 하학 공부를 학문의 기본으로 삼아 일생을 이에 전념한 사람이다. 이기사칠 논쟁을 배격하고 실천궁행의 학문으로 본래의 경전 공부를 중시하였던 것이다. 29세에 쓴『하학지남』저술이 이를 잘 대변한다. 안정복이 이익을 첫 방문하여 대담한 주된 내용이 본원의 경전이었고, 공맹 이후 붙인 소주에 의심을 두면서 수사학을 익혀 자득하고 몸소 실천하는 공부의 중요성을 서로 공감한 것도 두 사람의 학문적 성격이 유사하였다는 점에 기인할 것이다. 하학에 매진하여 자득하고 실천하는 학문이야 말로 이익이나 안정복에 그치지 않고 성호학파 실학의 현저한 특징이다.[48] 이익은 안정복으로부터 학문적 가르침을 요구받은 이후에도 한결같이 주정거경하고 실천을 중시하는 공부를 강조하였다.

특히 안정복이 본시 사칠이기 논쟁에 배격적 태도를 보였듯이, 이익도 안정복에게,

> 사칠론은 원래 긴요한 것이 아니다. 단지 이는 우리나라에서만 대단하여 그 설이 헤아릴 수 없으니, 필경 그 이치를 통달하였다 하여 어찌할 것인가.[49]

---

47 한우근(1987),『성호 이익 연구』, 서울대학교 출판부, 28~46면 참조.
48 성호 이익의 학문과 학풍에 대한 구체적인 논고로 원재린(2003),『조선후기 성호학파의 학풍 연구』, 혜안이 있다.
49『성호선생전집』권24,「答安百順 癸酉(1753)」. "四七之論 元非緊要 只是張大於東邦 其說

라 하여, 조선 후기 학자들이 이기·사단칠정론에 열중하는 것을 바람직하지 못한 것으로 말하였다. 그 밖에 두 사람은 문예에 대해서도 부정적인 입장을 보이면서 경서에 매진할 것을 주장하였다.[50] 이처럼 이익과 안정복의 학문관은 기본적으로 유사하였다. 어떻든 어린 시절부터 닦아 온 안정복의 하학을 통한 실천적 학문은 이익의 문인이 되어 가르침을 받으면서 자신감을 얻어 더욱 굳어지게 되었다고 볼 수 있다.

다음으로 이익과 안정복 사이에는 퇴계학에 대한 논의도 활발하게 이루어졌던 것으로 보인다. 두 사람 모두 이황을 학문적 종사로 삼았음은 말할 것도 없다. 이익은 이황을 중국의 공자와 같은 위치로 비견할 정도였고,[51] 안정복 역시 우리나라 선현 가운데 이황의 학문을 가장 존숭하였다.[52] 그가 이기론의 공부를 불요불급한 것으로 주장하였을지라도, 사실은 이익과 마찬가지로 이황의 이기사칠론을 받아들임으로써 이이나 장현광張顯光의 이기론에 동조하지 않았다.[53] 그러나 안정복이 이기론을 이해한 과정에 대하여, 스스로 "급기야 선생의 『사칠신편四七新編』을 본 후 비로소 석연하게 되었다"[54]라 하였듯이, 이익의 대표적인 성리서 『사칠신편』을 읽고 확연하게 알게 되었다고 회고한 것으로 미

不億 畢竟達理者以爲如何也."
50 시부 등 문예에 관한 이익의 의견은 『성호선생전집』 권37, 「答秉休 甲戌(1754)」; 권44, 「貢擧私議」 등에, 안정복의 의견은 『동사강목』 제9상, 丁卯, 의종 원년 8월, 更按; 『순암집』 권7, 「與李廷藻家煥書 乙酉」 등에 잘 나타나 있다.
51 한우근, 앞의 책, 37면 참조.
52 안정복은 그가 쓴 『이자수어』 서문에 "不佞嘗聞之 曰孔孟之言 如王朝之法令 程朱之言 如嚴師之勅勵 退溪之言 如慈父之訓戒"라 하였듯이, 퇴계의 말씀은 자비로운 아버지의 훈계와 같다고 하였다.
53 『순암집』 권2, 「上星湖先生書 壬午(1762)」. "四七之義 小子蒙不知之 但見李子說而好之 後見栗谷說而疑之(旅軒說 亦從栗谷 誠可疑也)" 안정복의 이기사칠론에 관한 견해는 『의문』에 구체적으로 서술되어 있다.
54 『순암집』 권2, 「上星湖先生書 壬午」. "四七之義 小子蒙不知之 --及見先生新編而後 始釋然."

루어 볼 때, 안정복은 퇴계학에 뿌리한 이익의 사칠론을 통해 전수되었다고 보아 좋을 것이다.

그리고 이익이 이황을 이자李子로 칭하는 데[55] 안정복은 당연한 것으로 받아들였다. 대체로 1757년대 초반 『이자수어』 편찬을 계기로 활발한 논의가 이루어졌다. 이익은 『이자수어』 편찬의 실무를 안정복과 윤동규에게 맡기고 자신은 이들의 자문에 응하면서 자료를 제공하였다. 따라서 이 편찬사업에 이익은 세심하게 관여하고 안정복도 관직에 봉직하는 몸이면서도 하나하나 이익의 의견을 들어 편찬에 심혈을 기울여 1753년에 완성하였던 것이다. 요컨대 안정복의 『이자수어』 편찬 참여는 안정복이 퇴계학을 숙지하는 데에 직접적인 계기를 만들어 주고, 이익의 『사칠신편』은 특히 그의 이기론에 대한 이해의 길잡이가 되었다고 할 수 있다.

이익이 안정복에게 전수한 학문적 영향 가운데 빼놓을 수 없는 것은 역시 역사학이라 할 수 있다. 1753년 『이자수어』 정리가 대체로 끝나고,[56] 1754년대 이후에는 역사와 관련된 편지 왕래가 점차 많아지기 시작한다. 안정복도 1754년 사헌부감찰을 끝으로 관직을 물러나 덕곡에서 역사학에 관한 서적을 읽기에 여념이 없었다. 같은 해, 안정복은 『동사강목』이라는 이름으로 우리나라 역사서를 쓰겠다는 뜻을 이익에게 밝힌 바 있다.[57] 그래서인지 1756년 『동사강목』의 초고가 집필되기 이전에는 강목필법이나 우리나라 역사서의 전반적인 문제점 그리고 기록의 오류나 역사상의 인물 평가와 관련된 내용 등이 주된 논의대상이었지만, 그 이후 1760년 초고가 완성될 때까지 실제 집필과정에서 나타나는 문제점이나 의문시되는 내용에 대한 질의응답이 주종을 이루었다.[58]

---

55 『성호선생전집』 권24, 「答安百順 壬午(1752)」.
56 『이자수어』 초고의 편찬은 실제 1753년에 끝났으나 교정작업은 이듬해까지 계속되었다. 『순암집』, 순암선생연보, 영조 29년 10월; 『성호선생전집』 권24, 「答安百順 甲戌(1754)」 참조.
57 『순암집』 권10, 「동사문답」, 「上星湖先生書 甲戌」.
58 필자는 『동사강목』 초고의 완성을 1759년으로 본 「순암선생연보」의 기록과는 달리 1760년

두 사람 사이에 오간 역사에 관한 의견은 크게 두 가지로 나누어 볼 수 있다. 하나는 역사인식과 서술방법에 관한 것이고, 다른 하나는 서술내용에 관한 것이다. 먼저 역사서술에 관하여 두 사람 사이에 교환된 의견을 살펴보자. 우선 강목필법에 관한 것을 들 수 있다. 평소 강목필법에 관심이 많았던 안정복은 주자의 『자치통감강목』은 물론이고 우리나라 강목체 역사서를 검토해 본 결과, 자신이 생각한 것과 다르다 하여 불만을 가졌다. 이를테면 1753년 이익에게 보낸 편지에,

> 시생이 평일 『강목』을 다른 책보다 좀더 많이 읽어 익혔는데 필법에 의심스런 곳이 매우 많습니다.[59]

라 하고, 또한

> 『강목』과 범례가 서로 틀리는 것이 많은데 당나라 이후가 특히 심합니다. (…) 그리하여 시생은 항상 『강목』을 독서함에 마땅히 범례에 따라야 하는데, 범례와 다른 것은 강을 따라 주로 처리해야 그 본뜻을 잃지 않을 것이라고 하였습니다. 윤장(윤동규: 필자주) 역시 같은 말을 하는데 어떻게 할 지 모르겠습니다.[60]

라고 한 데에서 잘 알 수 있다. 우리나라 역사를 강목체 역사서로 쓰려는 생각

으로 본 바 있다(졸저, 『동사강목 연구』, 75면).

59 『순암집』권2, 「上星湖先生書 癸酉(1753)」. "侍生平日於綱目之書 講之稍熟於他書 而筆法之可疑處甚多."

60 『순암집』권2, 「上星湖先生書 甲戌」. "綱目與凡例相違者多 而自唐以下尤甚 --故侍生常以爲欲讀綱目 當依凡例 與凡例相違者 逐綱而註之 似不失其本旨也 尹丈亦言如此 伏未知如何."

을 지닌 안정복은 종래 중국 역사서 뿐 아니라, 우리나라 강목체 역사서의 필법에도 잘못된 부분이 적지 않다는 뜻을 나타낸 것이다. 이즈음 안정복은 청년시절부터 해 오던 『자치통감강목』에 대한 끊임없는 공부와 이익과 윤동규의 자문을 통해 터득함으로써 강목필법에 상당한 소양과 지식을 쌓게 된 것으로 보인다.

이와 같은 종래 강목서에 대한 안정복의 불만에 이익도 "강목의 범례가 요령을 잃었다"[61]하여 주자의 『자치통감강목』 범례에 문제가 있음을 지적하였다. 실제 이익과 안정복은 『동사강목』 편찬 초기 범례의 작성 문제로 많은 논의를 하게 되었고, 이익은 『동사강목』 편찬의 기본 방향을 설정하는데 가장 많은 관여를 하게 되었다.

또 하나는 우리나라 중심의 역사를 서술해야 한다는 것을 강조하였다. 물론 이에 대한 안정복과 이익의 기본적인 생각은 같았다고 하겠다. 이를테면 안정복이 이익에게,

> 우리나라 역사는 스스로 우리나라의 일인즉, 마땅히 본국의 기년으로 하여 『춘추』의 예와 같아야 할 것입니다.[62]

라 하여, 우리나라 역사는 우리나라의 일이니 우리나라의 기년으로 써야 한다는 의견을 제시하였다. 또한,

> 중국인은 입론을 주로 하였던 고로, 역대 사론에 그 화려함을 헤아릴 수 없으나, 우리나라 사람은 이에 뜻을 두지 않았습니다. 비록 혹 있다 하여도 뜻에 크게 차지 않아 올바른 의론을 찾아낼 수도 없으니 한심스럽습니

---

61 『성호선생전집』 권26, 「答安百順別紙 丁丑(1757)」. "綱目凡例 不見要領."
62 『성호선생전집』 권25, 「答安百順問目」. "東史自是東國之事 則當以本國紀年若春秋之例也."

다. 우리나라 사람은 매양 우리나라의 일을 소홀히 하여 모르고 있으니, 그 해내는 일이 비록 크다 하더라도 결국 우리나라 사람은 몸이 이 땅에서 살고 있는데 우리나라의 일을 모르니 실로 민망스럽고 한탄스럽습니다.[63]

라 하였듯이, 우리나라에서 살고 있는 사람이 우리나라 일을 모른다는 사실을 들어 민망스럽다는 견해를 나타낸 점에서 안정복의 자국사 중심의 역사서술 인식을 찾아볼 수 있다. 3년 전(1755), 이익 역시 안정복에게,

　　요즈음 사람들은 우리나라에서 태어났으면서 오히려 우리나라의 일을 전혀 각성하지 못하고 있네. 심지어 이르기를 "『동국통감』이 있으나 누가 읽을 것인가"라고 하니, 그 어긋남이 이와 같네. 우리나라는 스스로 우리 나라[東國自東國]이니 그 규제와 형세가 스스로 중국 역사와는 다름이 있어 야 하는 것이네.[64]

라 하였다. 안정복이 우리나라 역사를 자국사 중심으로 써야 한다는 인식과 같은 견해를 이미 이익도 안정복에게 나타냈던 것이다. 즉 이익 역시 안정복에게 우리나라 역사 중심의 역사서를 쓰도록 강조하였다고 하겠다. 『동사강목』편찬은 두 사람의 이와 같은 역사인식 안에서 이루어졌던 것이다.

한편 이익은 경전에 바탕을 둔 역사서술을 권하였다. 즉, "역사와 경론을 비교해 본다면 경론이 중요하다."[65]라 하였다. 물론 이와 같은 이익의 의견도 안

---

63 『순암집』 권2, 「星湖先生書 戊寅」. "中國人以立論爲主 故歷代史論 其麗不億 而東人則不 以爲意 雖或有之 多不滿意 無以討出正議 伏歎 東人每忽東事不知 渠所樹立雖大 畢竟終是 東人 身居此土 不知其事 誠可憫歎."

64 『성호선생전집』 권25, 「答安百順 乙亥(1755)」. "今人生乎東邦 惟東事全不省覺 至曰東國通 鑑有誰讀之 其乖戾如此 東國自東國 其規制體勢 自與中史有別."

65 『성호선생전집』 권27, 「答安百順 己卯(1759)」. "以史較經 則經爲重."

정복의 생각과 다름없는 것이다.[66]

그 밖에도 이익은 종래의 역사적 사실을 기록함에 있어 모두 채록할 수는 없기 때문에 깎거나 줄이고 윤색을 할 때에는 어세를 살리고 본뜻이 무엇인가를 파악해야 한다는 주의를 주기도 하였다.[67]

1756년 『동사강목』의 편찬작업이 본격적으로 시작된 이후에는 이익의 간여가 더욱 많아졌다. 이익 자신이 안정복에게 『동사강목』 편찬을 권고하고 『동사강목』이 성호문인들의 역사인식을 대변하는 역사인식 때문에 『동사강목』 편찬의 기본방향은 물론 서술 내용에 관하여 집필자인 안정복에게 직접 권유하기도 하고 안정복의 자문에 적극적으로 응하였다. 특히 범례의 작성에는 이익의 자문이 크게 작용하였다.[68]

이익이 안정복에게 제공한 여러 부문에 걸친 자문 가운데 가장 주목되는 것은 국사체계의 수립과 역사고증이었다. 그것은 『동사강목』이 통사서이므로 삼국을 포함한 그 이전의 고대사도 서술을 해야 하기 때문이었다. 두 사람 사이에 오간 역사에 관한 편지 내용이 주로 삼국시대 이전의 것이었다는 사실이 이를 말해 준다. 어느 시대에서부터 쓸 것인가의 문제도 중요한 논의가 되지 않을 수 없었다. 일찍이 『동사강목』 저술의 꿈을 가졌지만, 결국 이루지 못한 뜻을 안정복에게 이어준 유형원도 본시 삼국 이전의 자료가 없고 편년이 곤란하다 하여 삼국 이후부터 쓰려고 했던 것이다.[69] 그러나 이익과 안정복은 고조선을 포함한 국사체계로 『동사강목』을 편찬하려 했기 때문에 막상 편찬작업에

---

66 『순암집』 권4, 「與鄭永年(壽延)書 丙寅(1746)」; 권6, 「書贈鄭君顯」 등의 편지에 잘 나타나 있다.

67 『성호선생전집』 권27, 「答安百順 己卯」.

68 『동사강목』 범례에 이익의 어떤 의견이 구현되었는가는 이미 졸고(1989), 「동사강목의 저술 배경」(『칠리 이광린교수퇴직기념 한국사논문집』, 서강대학교 동아연구소, 401~407면에서 밝힌 바 있다.

69 『동사례』, 「동사강목범례」. "一 三國以前 文獻無徵 不可成編年 託始於三國 而其前事實 略爲分載於三國初年下."

착수한 이후 단군조선에서부터 삼국 초기에 이르는 시기의 서술에서 많은 어려움을 겪지 않을 수 없었다.

그 가운데 정통문제와 역사고증이 논의의 핵심이었다. 삼국 이전의 정통성 논의가 많았던 것은 이익과 안정복이 고대사의 체계를 세우는 작업이 중요한 문제였음을 인식하였을 뿐 아니라, 사실상 어려운 문제였다는 점을 말하는 것이다.[70] 그에 따라 이 시대의 역사적 사실에 대한 고증은 물론, 종래 이루어지지 못한 편년을 붙이는 문제가 크게 논의되게 되었다. 그러나 안정복이 삼국 이전 역사자료의 부족으로 인하여 편찬의 어려움을 호소하는데도 불구하고, 이익은 안정복에게 격려와 함께 조사해 보면 나타날 것이라고 독려 하였다. 홍만종이 『동국역대총목』에서 신라를 정통으로 삼은 것이 부당함을 말하기도 하였다.[71] 한편 고증 문제로 논의 대상이 되었던 것 가운데에는 설화와 지리고증이 특히 많은 부분을 차지하였다.[72] 『동사강목』 부록에 있는 「고이」와 「괴설변증」 그리고 「지리고」의 고증내용 가운데에는 안정복과 이익 사이에 편지를 통해 논의를 거친 것이 적지 않다.

이상에서 살펴본 바와 같이, 안정복과 이익의 만남은 결국 『동사강목』을 낳게 하였고, 이와 같은 결과를 가져오기까지에는 안정복의 집념과 더불어 두 사람의 학문적 성격이 상통하였다는 점을 무시할 수 없다. 즉 두 사람은 스승과 제자 사이로 경학에 있어서는 함께 하학 공부를 바탕으로 실천궁행을 중히 여기고, 역사에 있어서는 본국사 중심의 역사인식을 지녔던 것이다.

---

70 안정복의 한국사 체계와 마한정통론에 관하여 필자가 분석해 본 바 있다(졸저, 『동사강목 연구』 제2장).
71 『성호선생전집』 권25, 서, 答安百順問目 참조.
72 안정복이 이익에게 질문한 설화나 지리고증 내용은 『순암집』, 동사문답에, 이익의 답변은 『성호선생전집』 권25, 「答安百順問目」; 권26, 「答安百順 丙子 別紙」 등에 특히 자세하게 기록되어 있다.

5. 맺음말

지금까지 유형원과 이익의 학문이 안정복에게 어떻게 전수되어 갔는가에 주된 관점을 두고 고찰해 보았다. 다루어진 내용을 요약해 보고 유형원·이익에서 안정복으로 이어지는 학문과 사상이 어떤 의의를 지니는가를 생각해 보는 것으로 맺음말을 대신하고자 한다.

안정복이 유형원의 저서를 접한 것은 33살 때의 일로써, 유형원의 증손 유발의 집을 방문하면서 이루어졌다. 안정복은 말로만 듣던 유형원의 문집과 『반계수록』을 비롯하여 『동국여지지』 등 유형원의 유고를 읽고, 「동국사강목조례」와 「동사괴설변」 등을 『동사례』라는 이름으로 초록하는 등 필요한 부분은 필사해 두기도 하였다. 특히 『반계수록』은 안정복의 현실개혁사상에, 초록한 『동사례』는 『동사강목』을 편찬하는데 적지 않은 영향을 주었다. 이리하여 하학으로 닦여진 안정복의 학문은 유형원의 실학문과 접목되게 되었다.

유형원의 저서를 접하고 바로 2년 뒤, 안정복은 성호 이익의 문인이 되었다. 이익과의 만남은 그 동안 독학으로 일관해 온 안정복의 학문과 사상이 정착될 수 있는 계기가 되었고, 유형원의 실학이 다시 이익을 통해 전해짐으로써 안정복의 실학은 더욱 건실하게 다져지게 되었다고 볼 수 있다. 이익은 안정복에게 경전에 바탕한 실천궁행의 학문을 주지하였고, 자국 중심의 역사인식을 심어주었다. 이와 같은 이익의 학문과 사상은 『동사강목』 편찬에 적지 않게 작용하였고, 이익 역시 직접 간여하였던 것이다.

이처럼 하학을 통하여 스스로 닦은 안정복의 학문은 유형원의 저서를 접하고 이익을 만나면서 17~18세기에 확산되어 가던 실학의 흐름에 접목될 수 있었고, 자국의식과 현실개혁 의식이 강하게 나타난 『동사강목』은 그 결정체로써, 유형원→이익→안정복으로 이어지는 실학문과 역사인식의 바탕에서 이루어졌던 것이다.

결론적으로 안정복으로 이어진 유형원·이익의 학문과 사상의 전승은 실학적 성격이 강한 『동사강목』을 낳게 함으로써, 조선 후기 대표적인 실학자의 학문을 역사학에서 결산하는 학문적 성과를 가져 오게 되었다. 이 점에서 이들의 학문적 전승은 조선 후기 실학의 한 계보를 이루었고, 거기에서 사학사적인 의의를 찾을 수 있다.

2

안정복의 학문 교류와 성격

1. 머리말

안정복은 성호문인이 됨으로써 이익의 가르침을 받았을 뿐 아니라, 이익의 측근 인물들, 즉 성호문인들과 학문적 교류를 갖게 되어 그의 학문적 폭을 넓힐 수 있는 계기가 되었다. 성호문인이 된 초기에는 대체로 근기지방에 거주하는 인물 혹은 이익과 가까이 교류하던 인물들이 대부분이었지만, 성호문인으로서의 활동이 활발해지면서 점차 영남지방 학자들과의 교류도 이루어졌다.

사실『동사강목』편찬도 스승 성호 이익의 참여와 성호문인들의 협조가 없었더라면 이루어지기 어려웠던 것이다. 그만큼 이익을 비롯하여 성호문인들은 『동사강목』편찬에 관심이 깊었고 이들 또한 자문에 기꺼이 응하였다. 안정복은 이들의 전문지식을 동원하면서 적극적으로 자문을 구하고 집필하는 데 충분히 활용하였다. 그의 성리학과 서학에 대한 지식도 예외는 아니다. 앞서도 언급하였지만, 청년 시절 하학을 중심으로 스스로 닦았던 학문이 자득과 실천을 중시하는 성호학풍과 그 학풍을 계승하는 다양한 성격의 성호문인들과 접촉하면서 다듬어지고 깊어질 수 있게 되었던 것이다. 성호문인으로서 그의 학문 교류에 대한 상세한 내용이『순암집』과『성호집』을 비롯하여 이병휴의 문집『정산잡저貞山雜著』, 윤동규의 문집『소남선생문집邵南先生文集』 등의 서간문에 상세하게 나타나 있다. 본 장에서는 안정복이 어떤 인물들과 어떤 내용으로 교류하였는가와 교류의 성격을 검토해 보기로 한다.

2. 안정복과 학문 교류한 인물들

본고에서는『순암집』 등 그의 저서에 수록된 인물 가운데 가능한 한 직접 교류한 인물을 중심으로 살펴보기로 한다. 안정복의 문인들은 원칙적으로 제외하되 특별히 필요한 인물은 소개하기로 한다.

1) 윤동규[1]

소남邵南 윤동규尹東奎(1695~1773)는 서울 용산에서 태어나 주로 인천에 거주하였던 성호문인으로 17세 때 성호 문하생이 된 이익의 수제자이다. 성호학파의 제2인자 위치에 있었는데, 이익도 그의 학문성을 높이 평가하고 성호학파와 관련된 중대사는 반드시 그와 협의하였다. 안정복 또한 성호문인이 된 이후, 스승 이익 다음으로 가까이하여 존경하고 학문적 가르침을 받았으며, 윤동규를 성호 도학을 이어받은 적통으로 생각하였다.[2] 따라서 안정복이 학문적으로 성장하는데 이익 다음으로 영향을 준 사람이라 하겠다. 윤동규는 스승 이익의 가르침을 철저하게 전수하였고 성리학과 역사에 해박하였으며, 지리와 역법에도

---

1 윤동규에 관한 구체적인 논고로 졸고(2005), 「성호학파의 성호문인 윤동규」,『실학사상연구』 28집, 무악실학회가 있음.
2 『순암집』 권20, 「祭邵南尹丈(東奎)文 癸巳(1773)」. "嗚呼 先生之道 公得其宗."

밝아 이익도 그에게 자문을 받을 정도였다. 「사수변四水辨」을 썼고 스승 이익의 권유에 따라 안정복과 함께 『이자수어』를 편찬하는데 참여하였다.[3]

안정복이 윤동규와 교유를 시작한 것은 그가 이익을 첫 방문한 이듬해(1747) 였다. 그 후 두 사람은 편지를 통하여 빈번한 접촉을 갖게 되었는데, 윤동규의 나이가 안정복보다 17세나 위이기 때문에 항상 스승처럼 받들고 그의 학문을 존중하였다. 윤동규 또한 안정복의 학문적 자문에 기꺼이 응하면서 때로는 안정복에게 자신이 모르는 것을 묻는 등 가까이하였다. 두 사람은 해를 거듭할수록 학문적으로 가까워지게 되었고, 이익도 안정복이 뒤늦게 자신의 문인이 된 이후 학문성을 인정하면서 윤동규에게 도와 주도록 권고하기도 하였다.

두 사람이 벌인 학문토론은 역사학을 비롯하여 경전에 대한 해석, 성리론, 예론, 역학, 지리고증 등 여러 분야에 걸치는데, 그 가운데에서도 역사학과 지리 그리고 성리론이 주종을 이룬다. 특히 윤동규의 역사학은 안정복에게 지대한 영향을 주었다. 1747년 윤동규를 처음 알게 되면서 홍범洪範에 관한 안정복의 질의로부터 시작하여[4] 강목필법 등 역사문답이 계속되었다. 1754년 안정복이 사헌부 감찰을 사직하고 덕곡으로 내려와 독서에 열중할 때만 하여도 강목필법에 관한 것은 오히려 이익보다 윤동규와 더 많은 논의를 했다. 아마도 이익이 윤동규의 역사적 식견을 믿고 안정복에 대한 가르침을 윤동규에게 부탁한 것이 아니었을까 생각된다.[5] 즉, 이익은 안정복이 아직 강목필법에 익숙하지 못했던 1750년을 전후하여 윤동규에게 맡겨 익히도록 한 것으로 판단된다. 이즈음 안정복은 강목필법에 관심은 많았으나 이에 대한 지식이 부족함을 스스로 판단하고 이익이나 윤동규에게 질의하면서 배우는 정도에 불과하였다. 안정복이 강목체 역사서술 방법에 어느 정도 익숙해지면서, 1754년 이익에게

---

3 『순암집』 권26, 「邵南先生尹公行狀 乙巳」.
4 『순암집』 권3, 「與邵南尹丈東奎書 丁卯(1747)」.
5 필자가 그렇게 생각하는 이유는 졸고, 「동사강목의 저술 배경」, 『동아연구』 17, 주50) 참조.

우리나라 역사를 『동사강목』이라는 이름으로 강목체로 편찬하겠다는 의도를 밝히기[6]까지에는 이처럼 윤동규의 가르침이 컸던 것이다.

윤동규는 안정복의 『동사강목』 편찬과정에서도 큰 힘이 되었고, 안정복 또한 그에게 의지하는 바가 컸으며, 이익도 윤동규에게 편찬작업을 도울 것을 진심으로 부탁하였다. 특히 이익은 안정복이 『동사강목』을 편찬하면서 서술내용으로 곤란을 겪거나, 지병으로 어려움에 직면할 경우에는 윤동규와 상의하여 측면에서 지원을 아끼지 않을 정도로 윤동규에게 의지하는 바가 컸다.[7] 당시 윤동규는 인천에 거주하였고 안정복은 광주에 살았기 때문에 거리상 중간 지점인 안산 이익의 서재를 중심으로 이익을 통하여 의견 교환을 하거나 서신 왕래를 가졌다. 따라서 이익이 중재 역할을 많이 하지 않았을까 여겨진다. 이익이 안정복에게 보내는 편지에 윤동규의 거동에 대한 소식을 자주 전하고 있는 점으로 보아 알 수 있다.

안정복 또한 『동사강목』의 편찬이 자신의 능력만으로는 역부족이라는 것을 밝히고 윤동규에게 협조를 부탁하였다. 더욱이 안정복은 자신의 건강이 좋지 않을 뿐 아니라, 이익 또한 고령인 데다가 병약하여 문인들의 협조가 없이는 편찬작업이 어렵다는 뜻을 나타내기도 한 사실로 미루어 윤동규에 대한 의존도가 매우 컸던 사실을 알 수 있다.[8] 그리하여 안정복은 『동사강목』 초고를 집필하는 동안 의문스런 것이 있으면 윤동규에게 질문하여 조언을 들었다.

특히 안정복의 지리고증은 윤동규의 의견이 크게 작용하였다.[9] 『동사강목』이 편찬될 무렵에는 이익이 나이가 많아 사실상 서술내용에는 크게 간여할 형편이 못 되었고, 실질적으로 성호학파를 이끌어야 할 형편에 있던 윤동규와 이

---

6 『순암집』권10, 「동사문답」, 「上星湖先生書 甲戌(1754)」.
7 『성호속집』권8, 「答尹幼章 己卯(1759)」.
8 『순암집』권3, 「答邵南尹丈書 丙子(1756)」.
9 윤동규와의 지리고증에 관한 논의는 『순암집』권10, 「동사문답」에 잘 나타나 있다.

병휴는 편찬작업에 협조해 달라는 이익의 부탁도 있었으므로, 윤동규는 이를 방관하거나 협조하지 않을 수 없었다. 1759년 『동사강목』 초고의 일부가 이익에게 보내졌을 때에도 이익은 먼저 윤동규와 이에 대한 의견 교환을 하면서 문제점을 지적하기도 하였다.[10] 1763년 이익이 타계한 뒤에도 윤동규는 이익을 대신하여 『동사강목』 재고과정에 참여하였다. 초고의 내용에 문제가 있거나 보충할 것이 있으면 서로 의견 교환을 나누다가 1773년 타계하였다.

그 밖에 이기론에 관해서도 안정복은 신후담·이병휴의 공희노公喜怒 이발理 發을 따르지 않고 윤동규의 기발 입장에 섰으나 양측의 논쟁에는 가담하지 않고 중재에 노력하였다.[11] 이상에서 보았듯이, 윤동규는 안정복이 성호문인이 되어 저술활동을 하거나 학문을 넓히고 정착하는 데 이익 다음으로 영향을 준 인물이다.

2) 이병휴

정산貞山 이병휴李秉休(1710~1776)는 이익의 조카이자 문인으로서 일찍이 이익의 곁에서 학문에만 전념하였기 때문에 사실상 이익의 학문을 가장 깊게 전수받은 인물이라고 할 수 있다. 이병휴는 1710년 11월 충청도 덕산현德山縣 장천리長川里에서 이하진李夏鎭의 넷째 아들이자 성호의 넷째 형인 이침李沈과 한양 조씨漢陽趙氏 사이에서 셋째 아들로 태어났다. 뒤에 1706년 옥중 장살당한 이잠 李潛에 입후되었다. 앞서 생부 이침은 이하진의 동생 이명진李明鎭이 후사가 없자 양자로 입후되었다. 이병휴는 4살 때 아버지 이침과 사별하고 서울에서 살

---

10 『성호속집』 권8, 「答劭章 己卯(1759)」. "百順東史 略見之 用力可責 但不能喫于聖經―."
11 성호학파 내의 이기논쟁에 관한 논고로 졸고(2000), 「성호학파의 이기논쟁과 그 영향 -公喜怒論爭을 중심으로-」, 『실학사상연구』 제17·18합집, 무악실학회, 2000이 있음.

다가 13살(1722) 때 어머니의 권유로 안산 성호장에 내려와 성호로부터 학문 수업을 받기 시작하였다.[12]

『정산잡저』에 수록된 「자서」[13]를 보면, 이병휴는 성호의 곁에서 자득과 '무실행務實行'의 교육을 받았고, 비록 선배 유학자의 설이라 하더라도 만약 자기의 뜻과 상치되면 손을 떼지 않았다고 한다.[14] 이렇게 성호로부터 교육을 받으면서 중년 이후에는 아예 한양으로 돌아갈 것을 포기하고 성호와 함께 안산에 거주하면서 공부하다가 마침내 충청도 예산군 덕산 장천의 옛 농장으로 돌아가 여생을 보내기로 하였다. 그가 언제 덕산 장천으로 내려가 정착하였는지는 확실하게 알 수 없으나 "선생에 의지하여 수년을 거주하다가 마침내 장천 농장으로 돌아와 여생을 마치기로 하였다"[15]는 「자서」의 기록으로 보아 안산 성호와 함께 수년을 거주하면서 수업을 받은 뒤 성호가 생존하고 있을 때 언젠가 내려가지 않았나 생각된다.

그는 성리학, 예론, 음양학에 밝고 양명학에도 조예가 깊었고, 서학과 같은 이른바 이단학이라 하더라도 학문 대상에서 제외될 수 없다는 학문관을 갖고 있었기 때문에, 당시 성호학파의 재기있는 인물로 기대를 모았던 권철신이나 이기양 등 젊은 학자들이 그의 문하를 자주 드나들면서 학문적 영향을 많이 받았다.[16] 1746년 안정복이 이익을 처음 방문하였을 때, 이익은 윤동규와 더불어 이병휴의 학문성이 높다는 것을 소개할 정도로 성호문인 가운데에서도 학문적으로 인정을 받았던 사람이다. 안정복 또한 성호문인이 되어 그의 학문이 높다

---

12 『정산잡저』 권3, 「敬跋三豆會詩序後」. "記昔秉休齒纔十四三 以母命往受業於先生所."

13 『정산잡저』 권11에 수록된 「自序」는 이병휴의 저서 『心解』의 서문으로 생각된다.

14 『정산잡저』 권5, 「再答安百順書」. "僕自幼讀書 性喜究索 或未了解 終日不快 必究竟到底 然後必下方打疊 故雖於先儒之說 苟不相契 未能放下."

15 『정산잡저』 권11, 「자서」. "中年以後 棄京師 往依先生所居數年 遂大歸于長川舊莊."

16 이병휴의 양명학이 권철신·이기양에게 미친 영향에 관한 논고로 徐鐘泰, 「성호학파의 양명학 수용」, 『한국사연구』 권66 참조.

는 것을 알고 여러 분야에 걸친 자문을 구하면서 교류를 하였다. 1776년 이병
휴가 죽은 뒤 안정복은 그를 평하여,

　　그 의지가 강직한 자태, 풍성한 문장, 정밀하고 박식한 학문, 부지런하
　　고 독실한 공부가 세상에 몇이나 있을까. 비록 나이는 나와 비슷하나 사실
　　은 나의 스승이다[17]

라 하였듯이, 강직한 성품, 섬세한 글, 박식한 학문 그리고 부지런한 공부를 칭
찬하며 비록 나이는 비슷하지만 스승과 같다고 회고한 데에서 그에 대한 학문
적 기대가 얼마나 컸던가를 알 수 있다. 이처럼 안정복은 이익 다음으로 윤동
규와 함께 이병휴를 스승으로 삼아 교류하였던 것이다.

　이병휴는 성리학을 비롯하여 여러 경전을 대상으로 안정복과 잦은 토론을
벌였다. 공희노 이발론을 고수한 이병휴는 처음에는 안정복의 이기론 이해에
많은 도움을 주었다. 그리고 역사학에도 밝아 안정복이 『동사강목』을 편찬하
는 동안 정통론이나 절의와 관련한 역사서술 문제 등은 이병휴의 자문을 크게
받았다. 안정복이 이병휴에게,

　　우리나라 역사 편찬을 감당할 수 없는 데도 성호 선생의 가르침이 있었
　　던 고로 자신의 능력을 헤아리지 못하고 경솔하게 착수하였습니다.[18]

라고 하였듯이, 『동사강목』 편찬이 이병휴의 가르침으로 진행되고 있음을 말
하면서, 자신의 능력으로는 역부족이라는 사실을 솔직하게 말한 것으로 보아도

---

17 『순암집』 권19, 「題貞山藁後 丙申(1776)」. "其剛毅之姿 蔚粟之文 精博之學 勤篤之工 世有
　　幾人乎 雖以年紀之相等友之 而實則我師也."
18 『순암집』 권10, 「동사문답」, 「與貞山書 戊寅(1758)」. "東史非敢擔當 丈席有敎 故不量己力
　　率爾爲之."

안정복이 그에게 의지한 정도를 짐작할 수 있다. 특히 절의와 관련된 필법은 이병휴의 의견을 크게 받아들였다.

사실『동사강목』편찬 직전까지만 해도 안정복은『삼국사기』를 보지 못하고 다른 사람이 언급한 기록을 통하여 간접적으로 이해하고 있는 형편이었다.[19] 더욱이 이익의 노년기 이후는 이익이 소장한 문헌을 이병휴와 이익의 손자 이구환이 맡아 관리하였기 때문에 이들의 도움을 받아야 했던 것으로 판단된다.[20] 1774년 이병휴는 안정복으로부터『동사강목』제문題文을 부탁받고[21] 써주기도 하였다.『동사강목』전면에 넣은 '제동사편면'이 바로 그것이다.

이처럼 이병휴는 이익의 조카이기도 하였지만 윤동규와 함께 이익을 도와 성호문인을 이끌면서, 특히 성호학파의 젊은 학자들로부터 많은 추앙을 받았다. 앞서 본 바와 같이, 이단학異端學도 학문 대상으로 삼아야 한다는 비교적 개방적인 학문 성격과 이기론 등의 문제로 안정복과 이견을 보이기도 하였지만, 두 사람은 상대방의 학문을 존중하였다. 또한 안정복은 중요한 문제가 있을 때마다 이병휴와 상의하여 일을 추진할 정도로 그에 대한 신뢰가 높았다. 성호가 타계한 뒤 두 사람은 성호학파의 후계자 양성을 주도적으로 논의하면서 권철신과 이기양을 성호학파를 이끌어 갈 인물로 기르기로 다짐하였는데, 이병휴는 그 책임을 안정복에게 부탁하였고, 안정복은 그 뜻을 물리치지 않고 이들의 교육에 소홀히 하지 않았다.[22]

---

19 『순암집』권10,「동사문답」,「與李貞山書 丙子」.
20 『순암집』권4,「答李景協書 癸巳」.
21 『순암집』권4,「答李景協書 癸巳」. "---欲編於東史首張 而文非序體 敢請老兄 爲數行 小跋 于下 發揮先生本意至望."
22 이에 관한 구체적인 내용은 졸고(2010),「성호사후 성호학파 후계 논의와 육성에 관한 일고 찰」,『성호학보』제8호, 성호학회 참조.

3) 신후담

신후담愼後聃(1702~1761)은 한양 낙선방樂善坊에서 태어나 22세에 진사시에 합격하였으나 문과를 포기하고, 23세(1724)에 이익을 찾아와 성호문인이 되었다. 어릴 때부터 경사를 비롯하여 노장사상에 관한 책까지 두루 독서하였고, 16~17세에 『성리대전』을 읽은 이후 성리학에 관심을 두기 시작하였으며, 특히 『대학』 공부에 힘썼다고 한다. 일찍이 연척인 윤동규와 가까웠으며 성호문인이 된 이후에도 이식李栻·이만부李萬敷 등과 가까이하여 학문적 영향을 받을 수 있었다. 신후담이 이익을 방문하였을 때에 이익은 수사학洙泗學에 매진토록 권하였던 것으로 보인다.[23]

신후담과 안정복이 어느 정도로 친분 관계를 유지하고 얼마만큼 학문적 교류를 하였는가는 확실하게 말할 수 없다. 젊어서 한번 신후담과 만나 독서에 관한 토론을 벌였다는 사실로 볼 때, 두 사람 사이에 학문적 교류가 있었던 것을 알 수 있다.[24] 다만 안정복이 신후담보다 훨씬 늦은 1746년에 성호문인이 되었다는 점과 신후담이 병약한 데다가 집이 서울이었고, 1761년에 타계하였다는 점으로 미루어 잦은 교류는 하지 못했을 것으로 보인다. 이익이나 성호문인들을 통하여 그의 학문을 이해하고 있었을 것으로 보이나, 안정복이 신후담의 성리학에 대해서는 그리 호감을 보이지 않았던 것 같다.[25] 다만 신후담이 1724년 쓴 『서학변西學辨』은 안정복에게 영향을 주었던 것으로 생각된다. 안정복이 「천학문답天學問答」을 통하여 천주교를 비판한 주된 대상이 『천주실의天主實義』이고, 신후담 역시 『서학변』에서 『영언여작靈言蠡勺』·『직방외기職方外記』와 함께 『천주실의』를 비판하였다. 신후담은 『천주실의』 8편의 체재를 그대로

---

23 최동희(1974), 「신후담의 서학변에 관한 연구」, 『실학사상의 탐구』, 현암사, 125~135면.
24 『순암집』 권13, 「상헌수필 하」, 讀書. "愼上舍後聃 字耳老 號遯窩者也 星湖李先生之門人也 與余爲同門 少時嘗一見 與我論讀書之法 其言曰 聖賢之書 不讀萬遍 不知其義---."
25 『순암집』 권3, 「與邵南尹丈書 丁亥」; 同 권4, 「答李景協書 戊子」 등 참조.

모방하여 비판하였던 반면, 안정복은 신후담과는 달리 문제점을 이끌어 내어 자문자답 형식으로 비판하였다. 그러나 두 사람의 비판 대상이나 내용은 크게 다르지 않았다. 안정복이 『서학변』을 참고하였다는 사실을 표기하지는 않았으나 참고한 것은 틀림없을 것 같다.[26]

4) 권암

권암權巖은 경기도 양근楊根 사람으로 권철신·권일신 형제의 부친이다. 안정복과 서로 알게 된 시기는 1756년 경으로 안정복이 2년 전 사헌부 감찰을 그만두고 광주 덕곡으로 내려와 칩거하여 독서에 열중하며 『동사강목』 편찬에 착수할 무렵이었다.[27] 1758년에는 안정복이 권일신을 사위로 맞아들임으로써 두 사람은 사돈 관계가 되어 더욱 가까운 사이가 되었다. 당시 권암은 광주에서 멀지 않은 양근에, 안정복은 광주 덕곡에 살았기 때문에 두 사람은 잦은 왕래가 있었던 것으로 생각된다.[28] 권암은 안정복이 『동사강목』 편찬을 앞두고 『삼국사기』를 얻지 못하여 어려움을 겪을 때 이를 빌려 주기도 하고,[29] 자주 경사를 토론하는 등 안정복과 학문 토론을 하였다. 그는 또 안정복이 『동사강목』 편찬을 마무리해 놓고 간행하지 못하고 있을 때 함께 고민할 정도로 가까

---

26 신후담에 관한 구체적인 것은 姜秉樹(2001), 「河濱 愼後聃의 學問과 思想 硏究」, 동국대학교대학원 박사학위논문 참조.

27 『순암집』 권20, 「祭權尸菴巖文 庚子(1780)」. "與兄結交粵在丙子 至于今二十五年之間."

28 1780년 무렵에는 권철신의 집안과 안정복의 집안은 일가처럼 지낼 정도로 매우 가까웠던 것 같다. 1785년 안정복이 李基讓에게 보낸 편지에 "我家與君及旣明家 便同一家"(李晩采, 『闢衛編』 卷1, 安順菴乙巳日記, 「答李士興書 乙巳春」)라고 한 데에서 알 수 있다. 旣明은 權哲身의 字이다.

29 『순암집』 권10, 「동사문답」, 「上星湖先生書 丙子(1756)」. "三國史 無從求見 向適權友巖來訪 聞知其由 爲之借示."

운 사이였다.[30] 이와 같은 두 사람의 관계로 권암의 아들 권철신과 권일신은
일찍이 안정복의 문하에서 공부하였고, 안정복은 권철신이 학문적인 재주가 탁
월함을 일찍이 알고 있었다. 1759년 안정복이 지병으로『동사강목』편찬이 중
단될 위기에 처했을 무렵, 유언을 통하여 윤동규를 비롯하여 권철신·이구환
에게 나머지 편찬을 맡기려 한 것도,[31] 이러한 두 집안의 잦은 왕래로 서로 잘
알아 믿을 수 있었기 때문이라 할 것이다.

5) 정재원

정재원丁載遠(1730~1792)은 광주 마현 사람으로 정약용의 부친이다. 정재원과
안정복의 교류가 얼마나 이루어졌는지 확실하게 알 수는 없으나 서로 서신 왕
래가 있었고,[32] 두 사람이 살았던 지역이 매우 가까웠던 것으로 미루어 친분관
계든 학문적 관계든 잦은 교류가 있었을 것으로 생각된다. 그리고 정재원의 아
들들이 안정복의 집안에 출입하였던 것으로 보아도,[33] 소원한 사이가 아니었음
은 틀림없을 것 같다. 앞서 본 권암의 거주지와 정재원의 거주지가 가까운 거
리에 있었고, 안정복 또한 이들과 멀지 않은 덕곡에서 살았기 때문에 가문끼리
서로 잘 아는 사이였을 것으로 보인다. 더욱이 권철신·권일신 형제와 정약
전·정약종·정약용 형제들이 18세기 후반 서학에 관심을 두고 서로 밀접한
관계를 맺었던 인물이었음은 잘 알려진 사실이다. 안정복이 1880년대『천학문
답』을 통하여 서학 비판을 하면서, 특히 이들의 신상문제를 염려하여 천주교에
서 손을 떼게 하려 한 것도 이들과의 각별한 관계를 무시할 수 없다. 그리고

---

30 『순암집』권5, 「與尸菴權孟容巖書 丙申(1776)」.
31 『순암집』권14, 「示弟鼎祿子景曾遺書 己卯(1759)」.
32 『순암집』권7, 「答丁器伯載遠 別紙 戊申(1788)」.
33 『안정복총서』권41, 1776년 일기.

정약용이 안정복의 저서를 접하고 그의 저술활동에 참고할 수 있었던 것도 안정복과 부친 정재원의 친분관계 그리고 맏형 정약현丁若鉉이 안정복의 문인이고 둘째형 정약전도 안정복의 문을 드나들었다는 배경과 무관치 않다 할 것이다.[34]

6) 유발

유발柳發(1683~1775)은 유형원의 증손으로 안정복이 유형원의 실학사상을 이어 받는데 결정적인 역할을 한 사람이다. 안정복이 15세 이후 무주에서 살 때, 어른들로부터 유형원의 학문을 익히 들었으나 그의 저술을 접할 기회가 없었는데, 33살(1744)이 되던 해 정월 서울에서 유발을 마침 만날 수 있었던 것이다. 이를 계기로 이후 안정복은 유발로부터 유형원의 저서를 빌려 볼 수 있게 되었고, 유발은 안정복의 학문적 관심을 높이 평가하여 소장한 문헌을 기꺼이 열람토록 하였다. 『반계수록』을 비롯하여 『동국여지지』, 유형원의 저술에서 안정복이 초록한 『동사례』는 『동사강목』을 편찬하는 데 중요한 자료가 되었다. 안정복은 유발이 죽자 그의 행장을 썼다.[35]

7) 정수연

정수연鄭壽延은 충청도 아산 사람으로 안정복과 청년 시절부터 절친한 관계

---

34 정약용은 15세(1776) 때 부친 정재원을 따라 서울로 이사하였기 때문에 그 곳에서 공부하여 벼슬길에 올랐고, 안정복은 대부분 광주에서 칩거하였기 때문에 사실상 두 사람이 직접 만나기는 어려웠을 것으로 생각된다.
35 『순암집』 권25, 「崇祿大夫行知中樞府事秀村柳公行狀 丙申(1776)」.

를 유지하면서 신뢰하는 사이였다. 안정복보다 나이가 위였기 때문에 안정복이 의형처럼 존중하였다. 1754년에는 계방桂坊에 추천되어 서연에 참여하기도 하였다.[36] 안정복이 성호문인이 되기 전, 두 사람은 『자차통감강목』을 강독하면서 서로 부지런히 익히도록 권하면서 토론을 벌일 정도로 학문적으로 매우 가깝게 지냈다.[37] 안정복도 『동사강목』 편찬에 즈음하여 그와 의논하며 자문을 받고,[38] 정수연은 편찬과정에서 종이가 없어 어려움을 겪을 때 종이를 대주기도 하였다.[39]

8) 신경준

신경준申景濬(1712~1781)과 안정복이 어느 정도 친밀하게 학문적으로 가까이 하였는가에 대한 기록은 찾아보기 어렵다. 스승 이익과 신경준이 가까운 사이였던 연유로 두 사람이 친분관계가 맺어져, 특히 지리에 관한 학문적 교류가 있었을 것으로 추측된다. 비록 두 사람이 서로 주고받은 자료는 찾아보기 어렵지만, 안정복이 1789년 이가환李家煥에게 보낸 편지에,

『동국문헌비고』 가운데 '지리고'는 죽은 친구 신승선순민申承宣舜民이 편
찬한 것인데 역량이 크게 나타나 있는 바 상세하게 고찰하여 받아들이는
것이 또한 어떠한가.[40]

---

36 『순암집』 권4, 「與鄭永年書 乙亥(1755)」; 안정복, 『日省錄』, 癸亥, 11月 8日 일기 참조.
37 『순암집』 권4, 「與鄭永年(壽延)書 丙寅(1746)」.
38 『覆瓿稿』 권16 「答鄭永年 丙子(1756)」.
39 『부부고』 권4, 「與鄭永年」.
40 『순암집』 卷7, 「與李廷藻家煥書 己酉」. "備考中地理考 亡友申承宣舜民所編 大有力量 詳細考入 亦何如."

라고 회고하였듯이, 안정복이 신경준을 죽은 친구(亡友)라 한 것으로 보아, 신경준이 생존해 있을 때 서로 친밀한 교류가 있었던 것으로 생각된다.[41] 두 사람은 공히 지리에 관한 저술을 남겼다. 신경준이 1756년『강계고疆界考』를 썼고, 안정복이 비슷한 시기에「지리고」를 썼다. 그러나 두 사람 모두 상대방의 저술을 인용하지는 못했다. 다만 1770년『동국문헌비고』가 찬술되어 나온 뒤 안정복이 곧바로 비판적인 견해[42]를 보인 것으로 보아, 신경준이 맡아 쓴『동국문헌비고』「여지고輿地考」만 재고과정에서 참고한 것으로 생각된다.

9) 채제공

채제공蔡濟恭(1720~1799)과 안정복이 서로 알게 된 시기는 안정복이 성호문인이 되기 전 덕곡에서 홀로 학문을 연마하고 있던 30세(1741) 무렵이다.[43] 같은 남인계 사람으로 채제공은 안정복의 학문을 높이 평가하고, 안정복은 채제공의 정치활동에 조언을 하기도 한 각별한 사이였다.[44] 안정복은 특히 1780년대 문인들이 천주교에 심취함으로써 정부의 박해가 있을 것이라고 예견한 뒤로 이들이 천주교에서 손을 떼는 데 채제공의 협조를 구하기도 하였다. 이 무렵 채제공은 안정복에게 '불쇠不衰'라는 호를 지어 주기도 하고 '불쇠헌기不衰軒記'를 지어 보내려 하였으나, 헌기의 내용 가운데 천주교를 배척하는 글이 있어 당시 천주교에 심취한 문인들이 지목하지나 않을까 두려워 보내지 못했다고 한다.[45]

---

41 여기의 '지리고'는『동국문헌비고』'여지고'를 말하고, 舜民은 신경준의 字이다.
42 『순암집』권5,「與洪參判書 庚寅(1770)」; 권9,「與李仲命書 乙亥(1775)」.
43 『순암집』권5,「與樊巖蔡伯規(濟恭)書 辛丑(1781)」."鄙生之於閤下相聞之 熟逾四十年."
44 『순암집』권5,「與蔡樊巖書 壬寅(1782)」.
45 『순암집』권5,「與樊巖書 丙午」;『闢衛編』권1, 安順菴乙巳日記,「與蔡台 丙午」. "蔡相國始爲順菴作不衰軒記 邃爲邪徒所慫慂秘而不出 順菴亦不惟寬 至辛酉後 其門下人 始以此

이러한 사실을 안 안정복은 채제공의 비겁한 행동을 꼬집으면서 천주교 배척에 과감히 나설 것을 권하기도 하였다.[46] 1770년대 윤동규와 이병휴가 타계한 뒤, 성호학파 내의 천주교문제로 갈등을 겪고 있을 무렵, 안정복이 원로 성호 문인으로서 성호학파를 이끌어야 할 상황에 놓여 있는 처지에서 안정복은 채제공의 힘을 빌어 젊은이들이 천주교에서 손을 떼게 하려고 노력하였다. 그만큼 안정복은 당시 높은 관직에 있으면서 정치적으로 영향력이 있는 채제공과 각별한 관계를 유지하며, 성호학파의 보존을 위해 그의 협력을 촉구하였다.

10) 홍명한

홍명한洪明漢(1724~1774)은 『동국문헌비고』 편찬에 참여한 이후 안정복으로부터 이에 대한 여러 가지 자문을 받았던 것으로 보인다. 이에 안정복은 홍명한에게 조세 및 환곡의 역사적 유래와 문제점, 지리기록의 정확성과 보안문제 등을 조언해 주고, 특히 실록을 크게 참고할 것을 권고하였다.[47] 그러나 안정복은 편찬되어 나온 『동국문헌비고』를 보고 매우 비판적인 견해를 나타냈다.[48] 아마도 두 사람은 그 이전부터 친분과 교류가 있었던 것으로 짐작된다.

記指 爲相國斥邪之證左云."
46 『순암집』 권5, 「與樊巖書 丙午」. "向聞吳聖道言 台監以記中有斥天學之語 恐爲少輩之所指目 而不輕出云 果然否 噫 是何言耶 非吾二人斥之 而有誰爲之耶 爲長者 當痛斥而禁呵之 何必爲顧瞻畏屈之態耶 豈非風霜震剝之餘恐 又生一敵而然歟 大無是也 大無是也."
47 『순암집』 권5, 「與洪參判(明漢)書 庚寅(1770)」; 앞의 책, 「與洪參判書, 庚寅」.
48 안정복이 『동국문헌비고』를 보고 비판한 내용으로 범례가 없다는 점, 分撰인 관계로 各 考의 편찬자 이름을 썼어야 했다는 점, 採據書目을 범례에 넣어 각 책마다 인용서의 찬자 이름, 직위, 출신을 기록했어야 했다는 점 등을 들 수 있다(『순암집』 권5, 「與洪判書書 庚寅」).

11) 이맹휴

이맹휴李孟休(1713~1751)는 이익의 독자이다. 문과에 장원하여 벼슬길에 올랐으나 불행하게도 병을 얻어 39세로 요절했기 때문에 안정복과 교류한 기간은 4~5년에 불과하였다. 그러나 두 사람은 학문적으로 매우 돈독하였다. 역사에 관한 의견도 나누고, 일찍이 안정복이 『해동문헌통고海東文獻通考』와 『해동사문유취海東事文類聚』를 편찬해 보자는 제안을 하자, 이맹휴는 기꺼이 생각해 보겠다는 약속도 하였다.[49] 혹 『하학지남』 뒷부분의 '순암저술목록'에 있는 『동국문헌통고東國文獻通考』와 『동국사문유취東國事文類聚』가 이때 거론되어 뒤에 안정복이 완성한 것인지 모르겠다. 이맹휴가 일찍 타계함으로써 안정복은 그와 함께 계획했던 학문적 기대가 무너져 실망에 젖기도 하였다.[50]

12) 박사정

농와聾窩 박사정朴思正(1713~1787)은 성호문인이다. 광주 경안면에 살았기 때문에 안정복과는 매우 가까운 사이였다. 보학譜學과 산수算數에 밝아 안정복도 그로부터 많은 자문을 받았다.[51] 박사정의 아들 박처순朴處順은 안정복 문인이다. 저서로 『가례작통家禮酌通』·『산학지남算學指南』·『백씨보략百氏譜略』이 있다.

---

49 『순암집』 권27, 「李萬頃醇叟遺事 壬申(1752)」.
50 앞의 책, 같은 조. "君與余 俱在盛年 每謂必有後日 此意未遂 而君遽大歸 嗚呼痛哉."
51 『순암집』 권23, 「通德郞聾窩朴公墓誌銘」 참조.

13) 이민곤

이민곤李敏坤(1695~1756)은 1740년 문과 급제 후 광주부 유수로 부임하여 안정복에게 『광주부지』 편찬을 부탁하였다. 안정복이 부지 편찬을 마쳤으나, 이민곤이 곧 체직됨에 따라 간행되지는 못하였다. 언제부터 안정복과 교류가 있었는지는 확실하게 알 수 없으나, 안정복보다 17살 위로 부지를 편찬하는 데 자료를 제공하고 상의하는 등 협조하면서 가까이 지낸 것으로 보인다.[52]

14) 정지영

정지영丁志永(1731~1794)은 정재원의 당숙으로 경기도 용인 사람이다. 선대로부터 양가 사이에 교분이 있었고 서로 멀지 않은 거리에 살았기 때문에, 정지영은 안정복의 문을 수시로 드나들며 성리학 등을 토의하는 등 학문을 배우는 입장에서 문인으로 가까이하였다. 안정복 또한 "나는 사중思仲(정지영의 字)을 아우로 보고, 사중은 나를 형으로 섬긴다"[53]라 할 정도로 친분이 두터웠는데, 정지영은 안정복의 서재에서 수일씩 묵으며 학문을 토론하기도 하였다.[54] 안정복은 정지영의 집에 소장하고 있던 책을 열람하기도 하고 스스로 친구라고 할 정도로 가깝게 지냈다.[55]

---

52 『부부고』 권5, 「與李經歷(敏坤)書 甲戌(1754)」; 권15, 「上城主書(廣州經歷李敏坤, 癸酉 (1753) 2月)」; 『순암집』 권18, 「廣州府志序」 참조.
53 『순암집』 권18, 「丁思仲先代筆蹟帖跋 丙午(1786)」. "余弟視思仲 而思仲兄事余."
54 『순암집』 권12, 「상헌수필 상」, 東銘圖.
55 『순암집』 권18, 「정사중선대필적첩발」 및 『순암집』 권7, 「與丁思仲(志永) 別紙 庚戌(1790)」 참조.

15) 정술조

1750년 문과 급제 후 보덕輔德으로 있었던 정술조鄭述祚(1711~?)와는 안정복이 수차 계방에 출입할 때부터 아는 사이였다. 안정복이 한 살 아래였기 때문에 형으로 부를 정도로 가까운 사이였다. 1785년 정술조가 당시 동궁을 위해 책자『예학집요睿學輯要』를 편찬하여 올렸는데, 안정복이 편찬을 위한 자문을 하고 자료를 제공하였다.[56]

16) 서명응

서명응徐命膺(1716~1787) 또한 안정복과 잦은 학문적 교류를 한 관료이다. 안정복의『동사강목』편찬과 목천현감 재직시 착수한『대록지大麓誌』편찬에 많은 관심을 보이면서 협조하였다.[57]

17) 이상정

대산大山 이상정李象靖(1711~1781)은 영남의 사림 가운데에서도 근기 성호학파와 이익의 학문에 관심이 많았던 학자이다. 안정복은 그의 학통과 학문을 존중하였고, 윤동규와 이병휴가 공희노가 이발인가 기발인가를 놓고 논쟁을 벌이고 있을 때에는 그에게 질문하는 등 이상정의 성리학을 높이 샀다.[58] 이상정은 특

---

56 『순암집』권5, 「餘鄭輔德孝先(述祚)書 乙巳(1785)」.
57 『부부고』권6, 「答徐台(君受)書 乙未(1775)」; 卷17, 「與徐台(命膺)書 己亥(1779)」;「答守禦使徐台 己亥」 참조.
58 『순암집』권5, 「與李景文書 庚寅(1770)」.

히 안정복의 역사학에 관심이 많아『동사강목』을 보고 싶다는 뜻을 밝히기도 하였다.[59] 두 사람 사이에 한정운韓鼎運이 영남과 근기를 오가며 학문적 가교 역할을 하였다. 한정운은 이상정으로부터 수업하고 근기에서는 안정복으로부터 가르침을 받기도 하였다. 안정복은 이상정의 문인인 남한조南漢朝와 정종로鄭宗魯와도 천주교문제로 의견교환을 하는 등 친분관계를 유지하며 벽위노선을 걸었다.

18) 안경점

냉와冷窩 안경점安景漸(1722~1789)은 안정복의 족질이다. 성호 이익의 문인으로 문과 급제 후 성균관 전적과 예조좌랑을 역임하였다. 이상정과 교류하는 한편 안정복과 성리론을 비롯하여 많은 예론으로 질의응답을 하였다.[60] 영남과 근기를 오르내리며 안정복에게 영남 사림의 근황을 전해 주었다. 초기 성호학문을 영남에 전파하는데 큰 역할을 한 학자이다.

19) 한덕일

한덕일韓德一(1708~?)은 매우 강직하고 청렴하여 벼슬에 연연하지 않아 안정복이 매우 좋아하였다.[61] 비록 나이는 안정복보다 위였지만 친구처럼 지냈으며

---

59 『大山先生文集』권14,「答安百順(鼎福) 己丑(1769)」;「答安百順 庚寅(1770)」참조.
60 『순암집』권7,「答安正進(景漸)問目 辛卯」;「答安正進問目 癸巳」;「答安佐郎正進問目 壬寅(1782) 및 癸卯(1783)」;「答安佐郎正進家附贅問目 乙巳(1785)」;「答安正進問目」;『冷窩集』권2,「與安順菴(鼎福)問答 癸巳」등.
61 『순암집』권18,「贈韓咸之德一序 庚辰」.

자신이 목민관이 되어 백성을 다스리는 정사에 대하여 안정복에게 자주 자문하였고, 안정복은 애민을 골자로 기꺼이 답해 주는 등 매우 친밀하였다.[62]

20) 이인섭

이인섭李寅燮(1734~?)은 1759년 식년 생원시에 장원을 한 안정복 문인이다. 이인섭의 조부가 안정복의 조부 안서우의 문인이었기 때문에 일찍부터 알고 지냈다.[63] 그는 특히 역사에 조예가 깊어 안정복이 『동사강목』을 편찬하면서 그의 의견을 자주 들었고,[64] 초고를 마친 뒤에는 그에게 전반적인 검토를 부탁할 정도로 역사학에 관한 그의 학문성을 높이 평가하였다.

21) 이구환과 이삼환

가산可山 이구환李九煥(1731~1784)은 이맹휴의 독자이자 성호 이익의 손자이다. 조부 이익으로부터 학문을 배우고 『성호사설』을 편차 정리하였으며, 성호 사후에는 이병휴와 함께 성호 유고 편찬에 힘썼다. 안정복이 『동사강목』을 저술하는 데 자료 제공뿐 아니라 교정에 큰 도움을 주었다. 1759년 안정복이 지병의 악화로 편찬작업이 중단될 위기에 놓이자 윤동규의 주관 아래 권철신과 이구환에게 나머지 편찬을 맡기려 할 정도로 그의 재주와 학문성을 높이 평가하였다.[65]

---

62 『순암집』 권5, 「答韓咸之書 庚辰(1760)」; 「癸未(1763)」; 「甲申(1764)」 참조.
63 『순암집』 권5, 「與李士賓書 戊子(1768)」.
64 두 사람 사이에 오간 편지로 『부부고』 권3, 「與李士賓 辛巳(1761)」; 「答李士賓 辛巳」; 「與李士賓 壬午(1762)」 등 참조.

목재木齋 이삼환李森煥(1729~1813)은 이병휴의 양자이다. 어려서 충청도 예산에서 안산 성호장에 올라와 이구환과 함께 기거하면서 성호로부터 교육을 받았다. 그후 예산에 내려가 양부 이병휴의 뒷바라지를 하였다. 1780년대 정부의 천주교 박해가 가시화되자 안정복의 벽위편에 섰고, 안정복의 「천학문답」의 영향을 받아 「양학변洋學辨」을 지어 고향 예산에서 천주교 배척에 앞장섰다.[66]

22) 그 밖의 학문 교류를 한 인물

위에 제시한 인물 외에도 여러 학자나 관료가 안정복과 교류하였다. 천주교 전파가 만연되기 시작하자 철저하게 벽위론을 편 이헌경李獻慶(1719~1791), 안정복의 수제자 황덕길의 아버지이며 성호문인이었던 황이곤黃以坤, 동소桐巢 남하정南夏正의 조카로 절친한 친구 남혁南赫, 「동자의童子儀」를 찬술한 이휘원李輝遠, 북학자 홍대용洪大容, 부친 행장을 쓴 정범조丁範祖, 남개南塏, 남유노南惟老, 윤광의尹光毅, 남이공南以恭, 강화유수를 지낸 이기진李箕鎭, 『동국통감제강』 서문을 부탁한 홍여하洪汝河의 현손 홍석윤洪錫胤 등을 들 수 있다. 그가 노년기에 들었을 때 출입한 많은 성호학파의 학자들과 성호의 족인들, 권암과 정재원의 후예들, 이 외에도 황덕일·황덕길 형제와 같은 안정복 문인들이 있으나 여기에서는 생략한다.

---

65 『순암집』 권14, 「示弟鼎祿子景曾遺書 己卯(1759)」.

66 이삼환에 관한 구체적인 내용은 졸고(2001), 「이삼환의 양학변 저술과 호서지방 성호학통」, 『실학사상연구』 19·20합집 참조.

3. 학문 교류의 성격과 특징

안정복이 교류한 사람들은 대체로 서울을 중심으로 한 근기남인이었으나, 일부 영남남인과 호서남인도 있었다. 근기인으로는 광주, 안산, 양평, 용인 등 한수이남 경기 남도 사람들이 많았고, 그 가운데에서도 안산의 성호 이익을 비롯한 여흥이씨驪興李氏, 광주와 용인에 많이 살고 있던 나주정씨羅州丁氏와 무안 박씨務安朴氏, 양근의 권암 집안, 용인의 의령남씨宜寧南氏 집안 선비들과 출입이 잦았던 모습을 볼 수 있다. 이들은 지역적으로 서울 동남쪽의 근기지역에 자리한 남인 가문의 후예들로 안산의 성호 문하를 출입하는 자들이 비교적 많았다. 특히 이들 집안은 18세기 후반 양명학이나 서학 같은 새로운 사상에 관심이 많은 학자들을 다수 배출할 정도로 진보적 성향이 강하였다. 안정복이 어려서부터 하학에 충실한 실천적 학문 성격을 지녔지만, 이와 같은 지역적 환경은 그로 하여금 서학 등 새로운 문물에 관심을 나타내면서 나름대로 분석 연구할 수 있는 분위기를 조성해 주지 않았을까 생각된다.

더욱이 이들 가문은 같은 남인계이고 학문적 성격이 같은 데다 서로 인접한 지역에 살았기 때문에 자연히 연척 관계를 맺는 일이 많을 정도로 가까이 지냈다. 이를테면, 정재원은 동소 남하정의 사촌 남하덕南夏德의 딸과 혼인하였고, 안정복은 권암의 둘째 아들 권일신을 사위로 맞았으며, 문인 남필복南必復의 아들 남영南泳을 손녀 사위로 삼았다. 동생 안정록은 박사정의 딸과 혼인하였고, 권암의 장남 권철신은 남돈南墩의 사위이다. 이들 집안은 대대로 남인계로 퇴계학통을 이어받았고, 성호 이익과 가까이하면서 성호학파의 주요 구성원이 되기도 하였다.

안정복이 성호문인이 된 지 3년여 만에 1749년 12월 만령전 참봉에 천거되어 1754년 사헌부 감찰을 끝으로 사직할 때까지 관직의 길을 걷게 된 것도 결국 이익을 비롯하여 성호문인들과의 학문교류로 그의 학문이 알려지면서 인정받았기 때문이라고 생각된다. 그리고 성호문인이 되어 스승 이익이 타계할 때까지 『이자수어』·『광주부지』·『동사강목』·『성호사설유선』 등을 순차로 편

찬하고, 『임관정요』에 서문을 붙여 세상에 내놓은 것도 성호문인으로서 학문
적인 활동이 없었다면 불가능하였을 것으로 여겨진다. 주로 이때의 활동을 보
면, 관직에 나아간 기간을 제외하고 성호학파의 일원으로 이익의 가르침과 윤
동규·이병휴 등의 자문을 받으면서 『이자수어』 정리와 역사학에 전념하였다.
특히 1754년 사헌부 감찰을 그만둔 뒤로는 덕곡에서 대부분 역사연구에 심혈
을 기울이면서 1756년 무렵 시작되는 『동사강목』 편찬을 준비한 기간이라 할
수 있다.[67]

그 즈음에는 영남 학자들과 많은 교류가 없었던 것으로 보인다. 안정복의
명성이 크게 알려지지 않았기 때문이라 추측된다. 1760년대 이후 『동사강목』
이 편찬되어 널리 알려지면서 안정복의 이름도 알려지게 되었던 것으로 생각
된다. 이상정·안경점 등이 성호 문하를 드나들 때 교류가 있었고 말년에는 이
상정의 학맥을 이은 남한조나 정종로 등과도 교류를 넓혔다. 이들에 의하여 『동
사강목』의 편찬자, 강력한 벽위론자 안정복의 이름도 함께 알려지게 되었다.
따라서 안정복의 학문 교류는 성호 문하에 있을 때에는 대체로 근기 남인 중심
으로 이루어지다가, 『동사강목』이 유포된 이후 영남남인들과의 교류가 폭넓게
이루어졌다 하겠다.

안정복의 학문교류 내용은 다방면에 걸치나 대체로 성리학과 역사학 그리고
지리가 주종을 이루는 역사고증이라고 할 수 있다. 『동사강목』 편찬이 이루어
질 즈음에는 이익·윤동규·이병휴 등 성호학파의 핵심 인물들과 이인섭 같은
소장 학자의 중진이 강목필법의 역사학과 지리가 많은 부분을 차지하는 역사
고증에 동원되어 『동사강목』의 편찬이 강목체 역사서에 역사지리학풍이 잘 조
화된 결실로 나타나게 되었던 것이다.

한편 그의 성리학은 퇴계 이황의 사칠이기에 근거하고, 성호 이익의 『사칠
신편』의 내용을 수용하면서 정리되어 갔다. 그런 가운데 윤동규와 이병휴의

---

67 『순암집』 권19, 「靈長山客傳 甲戌(1754)」에 잘 나타나 있다.

이기논쟁을 관망 혹은 관여하면서 이들과 토론을 벌이고 한편으로 조정자적 역할을 하기도 하였다. 그러나 이익이 생존했던 동안에는 그가 말년에 양명학이나 천주교와 같은 새로운 사상에 젖은 젊은 학자들로부터 받는 도전에 외롭게 대응하던 때에 비하면 힘들지 않았다. 그만큼 이익이 생존했을 때의 안정복은 스승 이익을 비롯하여 그를 돕는 원로 성호문인들의 후광을 받으면서 학문적으로 성장할 수 있었던 것이다.

4. 맺음말

이상과 같이 안정복은 덕곡에서 닦은 학문을 바탕으로 성호문인이 되어 이익으로부터 많은 가르침을 받고, 더불어 성호문인들과의 교류를 통하여 자신의 학문적 토대를 충실하게 다져 갔다. 이익으로부터 학문적 인정을 받으면서 그 동안 이익과 가까운 인물들과의 학문적 교류는 그의 학문을 더욱 폭넓게 만들어 주었고 학자들 사이에도 그의 위상이 알려지게 되었다. 그가 관직에 발을 들여 놓을 수 있게 된 것도, 관직에 있던 인물들과 많은 교류를 하게 된 계기도 대체로 이익이 생존할 때 성호문인으로서 벌인 학문적 활동의 결과라고 보아 좋을 것이다.

이렇게 이익의 학문을 철저하게 전수하고 성호문인들과 교류하면서 정착된 안정복의 학문은 윤동규 · 이병휴 등과 함께 성호학파의 큰 줄기를 이룩하게 되었다. 이로써 안정복은 명실공히 성호학문의 맥을 잇는 위치를 확보하게 되었고, 18세기 후반 새로운 사상에 대처하는 과정에서 성호학파 내지 성호학문의 대변자 역할을 하게 되었던 것이다. 그는 성호가 타계한 이후에도 문인들 사이에 학문적으로 사상적으로 틈이 보일 때면 성호의 뜻과 가르침을 들어 조정자 역할을 하려고 노력하였다. 그만큼 그는 동료 학자나 문인들과 학문적인 교류를 하는 사이에 성호학문을 철저히 전수하면서 그의 가르침을 존중하였다.

안정복이 성호문인이 되기 전에 이미 성호문인으로 활동한 사람들이 많이 있지만, 후대인들이 이익→안정복→황덕길→허전으로 이어지는 학통[68]을 대표적 성호학통으로 보는 근거가 여기에 있다 하겠다. 이러한 계보는 근기남인 성호학파의 학문적 계보라고 말할 수도 있겠지만, 특히 이익과 안정복이 공히 철저하게 공맹의 수사학에 근거하여 하학하여 상달한다는 것을 학문의 기본으로 삼고, 안정복이 자신의 이러한 학문관을 문인들에게 철저하게 주입하려한 사실 그리고 후학들 또한 이를 사승을 통하여 계승한 것으로 미루어 볼 때, 이와 같은 계보를 세워 보기에 충분한 근거와 명분이 있다고 보여진다.[69]

---

68 • 『典故大方』에서는 이익의 계보를 다음과 같이 세웠다.

李瀷 ― 安鼎福 ┬ 黃德壹
　　　　　　　└ 黃德吉 ┬ 許傳
　　　　　　　　　　　　└ 李祥奎

• 『朝鮮儒賢淵源圖』에서는 이익의 계보를 다음과 같이 세웠다.

李瀷 ― 安鼎福 ┬ 黃德壹
　　　　　　　├ 黃德吉 ┬ 許傳
　　　　　　　└ 安東先 ├ 李元協
　　　　　　　　　　　　└ 李喜燮

이우성은 이익의 계보를 右派와 左派로 나누어, 우파는 안정복으로, 좌파는 權哲身으로 계승시켰다. 그러나 권철신은 안정복 문인이기도 하고 이병휴 문인이기도 하다(『順菴全集』, 「解題」, 여강출판사, (1984)).

69 안정복계열 성호학통에 대한 구체적인 논고는 졸저(1999), 『성호학통 연구』, 혜안이 있음.

3

안정복의 역사학과 역사편찬 인식

1. 머리말

안정복은 35세(1746)에 성호문인이 되어 성호학문을 익히고 성호 이익과 성호문인들의 협조를 받아 통사서 『동사강목』을 편찬하였다. 이렇게 『동사강목』이 성호의 주관아래 성호문인들의 협조로 이루어졌다는 사실로 미루어, 『동사강목』은 성호학파의 역사인식이 집대성되어 나온 역사서라고 보아도 좋을 것이다. 따라서 『동사강목』에 담겨 있는 안정복의 역사학은 곧 성호의 역사학을, 나아가 성호학파의 역사학을 어느 정도 대변한다고 말할 수 있다. 그렇다면 조선 후기 대표적인 실학파였던 성호학파의 역사인식을 이해한다는 점에서도 먼저 안정복의 역사학을 분석해 보아야 할 것이다.

앞서 학자들은 이러한 중요성을 인식하고 일찍부터 안정복의 역사학에 주목해 왔고, 그 결과 많은 결실을 얻었다.[1] 지금까지의 연구에서는 안정복의 문집

---

1 지금까지 안정복의 역사학 혹은 역사인식을 대상으로 연구된 논저는 본서 서론의 각주를 참고하기 바람.

을 비롯하여『동사강목』을 주된 사료로 삼아 그의 역사인식이나 사상의 실체를 알아보는데 주력해 온 것이 사실이다. 그 결과 18세기 실학자로서, 또한 역사학자로서 안정복의 역사인식에 대한 모습은 거의 드러났다.

여기에서는 안정복이 성호의 제자로서 성호의 역사학을 전수하였다는 점에 유의하면서 안정복의 역사이론을 분석·정리해 보고, 특히 18세기 실학풍의 흐름과 그의 역사학이 어떻게 조화를 이루면서『동사강목』에 반영되는가에 주목하고자 한다. 그것은 실학풍의 흐름을 통한 안정복 역사학의 이해라 할 수 있다. 나아가 성호학파의 역사학 이해에도 큰 도움이 될 것으로 믿는다.

이에 본고에서는 안정복의 역사개념을 비롯하여 작사론作史論, 역사가에 대한 인식과 역사편찬론 그리고 성호가 중요시했던 역사평론인 시세론·화이론·성패론 및 절의론을 중심으로 고찰해 본 다음,『동사강목』편찬에 반영된 안정복 역사편찬 인식의 주목되는 부분을 소개해 보기로 한다. 역사고증의 특징, 강목체 역사서술과 조선 후기에 유행되었던 역사지리학풍과의 관계,『동사강목』의 체계문제, 사론의 성격과 특징,『동사강목』과 실학사상과의 관계 등을 중심으로 전개하고자 한다.

2. 역사개념과 작사론

1) 역사개념

안정복의 역사이론은 그의 저서『동사강목』에 잘 나타나 있다. 우선 그는 어떠한 역사개념을 지니고『동사강목』을 저술하였을까. 그의 역사이론을 보기에 앞서, 역사개념에 대한 이해부터 검토해 보기로 한다. 그가 쓴 다음 안설을 참고해 보자.

천하는 하루라도 사史가 없어서는 안된다. 때문에 비록 전쟁으로 나라가 어지럽고 흔들릴 때에도 사를 일찍이 폐한 적이 없었다. 춘추시대 열국列國이나 양진兩晉 사이의 여러 나라 일을 보아도 알 수 있다. 이때에도 오히려 그러하였는데, 하물며 평상시에 있어서랴. 처음에 나라가 세워지고 세대가 점차 오래 전해지면 기록할 만한 것은 더욱 많아진다. 그리하여 세대가 점점 멀어져 전문에 사실을 잃게 될까 역시 두렵다. 혹시 전쟁이라도 일어나서 전적이 훼손되고 없어지는 것을 염려하여 반드시 한가한 때에 이르러 별도로 하나의 책을 만들어 한 시대의 역사를 갖추어 놓는다.

사마천司馬遷의 『사기史記』, 반고班固의 『한서漢書』, 손성孫盛의 『진춘추晉春秋』, 이도李燾의 『속통감장편續通鑑長編』, 진건陳建의 『통기通記』는 모두 당세의 사람이 당세의 일을 기록하여 당시 꺼리는 일을 사실대로 기록하였는데도 그르다고 하지 않았고, 사사로이 저술하였는데도 참람하다 하지 않았으니, 혹 관官에서 붓과 종이를 주어 그 완성을 기쁘게 보았다. 이로써 사재史才가 있는 사람은 그 뜻을 펼 수가 있었고 문헌을 징험할 수 있었다. 후세에 야사를 금한 뒤부터 수십년을 지나 선악이 자취없이 사라져 악을 행하는 자가 꺼리는 바가 없고, 난신적자가 두려워하는 것이 없으니 이것이 이른바 군자의 불행이요, 소인의 다행이라 하는 것이다.[2]

위 안설에 나타나 있듯이, 안정복은 천하에 하루라도 사史가 없으면 안된다고 하였다. 여기에서 그가 말하는 사史란 '기록'을 말하는 것이라 하겠다. 당세

---

2 『동사강목』 제13下, 丁巳, 충숙왕 4년 夏4월, 按. "天下 不可一日而無史也 故雖在干戈板蕩之際 而史未嘗廢焉 觀春秋時列國兩晉間諸國事 可知矣 此猶如是 況在平常之時乎 創業開國 傳世稍久 則可記者益多矣 慮夫世代漸遠 而傳聞失實 亦恐兵亂或起 而典籍殘缺 必須及乎閒暇之時 而別爲一書以備一代之史 馬遷之史紀 · 班固之漢書 · 孫盛之晉春秋 · 李燾之續通鑑之長篇 · 陳建之通紀 皆以當世之人記當世之事直書 時諱而不以爲非 私自著述 以不以爲僭 或官給筆札 樂觀其成 是以有史才者 得以展其志 而文獻有足徵矣 自後世野史有禁 過數十年 則善惡泯然無迹 使爲惡者無所憚 而亂臣賊子無所懼 是所謂君子之不幸 而小人之幸也."

사람이 당세의 일을 그때 그때 사실 그대로 기록하는 것은 물론이고 전조사前
朝史와 같은 왕조 역사 서술을 포함하여 말한 것으로 풀이된다. 그는 이 기록이
평화시나 전시를 막론하고 이루어져야 하며, 국가에서는 사실대로 기록[直書]하
는 것을 막아서는 안되고, 특히 선악의 비판을 중시하는 야사野史를 금해서는
안된다고 하였다.

그는 또 다른 안설에서,

> 역사라는 것은 군신의 일을 기록하는 것이다. 신하가 임금을 충성으로
> 섬기되 충성은 절의보다 나은 것이 없으니 절의는 역사가가 제일 중요시
> 하는 의리이다.[3]

라 하였다. 역사란 임금과 신하의 일을 기록하는 것이라고 간명하게 정의하고,
그 가운데에서도 절의는 역사가가 제일 중하게 여기는 의리라는 것이다. 위의
두 사료를 종합해 볼 때, 안정복이 나타낸 역사란 '군신간에 이루어지는 정치
의 선악을 기록하는 것'이라 말하여 크게 벗어나지 않는다. 이러한 안정복의
역사개념은 성호가 "역사라는 것은 선善을 권장하고 악惡을 징계하는 것으로써,
그 선을 드러내고 그 악을 숨기지 않는 것이 옛 역사의 공정함이다"[4]라고 한
권선징악적인 역사관과 통한다.

그런데 안정복이 이해한 역사개념은 경학과 불가분의 관계에 놓여 있다. 예
컨대, 그는 친구 정수연에게 보낸 편지에서,

> 내가 평소 이 책(필자주:『자치통감강목』)을 가장 좋아하였기 때문에 읽어

---

3 『동사강목』 제1하, 丙子, 冬10월, 按. "史者 記君臣之事 臣事君以忠 而忠莫尙於節義 節義
  者 其史家之第一義."
4 『星湖僿說』 권19, 「古史善惡」; 『星湖僿說類選』 권7, 經史篇 4, 論史門 1, 古史善惡. "史者
  所以勸善懲惡 著其善而不諱其惡 前史之公也."

보기를 권하였던 것인데, 생각해 보건대 선배 유학자들은 반드시 경전을 먼저 하고 역사를 그 다음으로[內經而外史] 하라고 말하였다. 대개 역사서는 번잡스러워 먼저 성인의 말씀에 힘을 쏟아 체험해 본다면, 내가 지니고 있는 저울과 자가 정밀해져서 번잡한 일 같은 것도 절충할 수 있게 되고 혼란스러움을 일으키거나 현혹될 걱정도 자연스럽게 없게 된다.[5]

라 하였듯이, 경전을 먼저 익히고 역사를 그 다음으로 하는 '내경이외사內經而外史'의 인식을 지니고 있었다. 이는 곧 역사가가 지녀야 할 저울과 자, 즉 역사를 보는 안목과 평가 기준이 경전에 근거해야 한다는 말과 같다. 이러한 그의 견해는 『동사강목』 편찬과정에서 보인 그의 역사연구 태도나[6] 그가 제시한 독서 순서에도 그대로 나타나 있다.[7] 이렇게 볼 때, 안정복의 역사학은 스승 성호와 마찬가지로[8] 아직은 경학을 떠나서 생각할 수 없는 위치에 머물러 있었다고 볼 수 있다.

그의 역사 범주에는 지방지와 각종 지리서나 지리지의 기록도 포함된다. 그는 『광주부지廣州府志』 서문을 통하여 "군읍에 지志가 있는 것은 국사國史에 근원한다"[9]라 하였고, 역시 그가 목천현감으로 나아가 쓴 『대록지』 서문에서도

---

5 『순암집』 권4, 「與鄭永年壽延書 丙寅(1746)」. "平生最喜此書 故用以相勸 而竊念先儒之言 必內經而外史者 盖史書鬧熱 須致力於聖人之語而體驗 則在我之權度精切 而事務之紛如者 有所折衷 自無糾紛眩惑之患矣."
6 『순암집』 권3, 「答邵南尹丈書 戊寅(1758)」. "史中是非 有可論者 亦格致一端."
7 그는 문인 정혁동에게 보낸 편지를 통하여 독서하는 순서를 『大學』·『論語』·『孟子』·『中庸』·『心經』·『近思錄』과 그 밖에 성리에 관한 여러 서적을 먼저 읽고 『詩』·『書』·『春秋』와 『綱目』을 포함한 여러 역사서를 같이 읽도록 하였다(『순암집』 권6, 「書贈鄭君顯 讀書次第」).
8 『성호선생문집』 권15, 「答安百順」. "以史較經 則經爲重."
　본서에서 인용되는 성호문집 가운데 『성호선생문집』은 退老里本(1917)이고, 『星湖先生全集』은 慕濂堂本(1922)이다.
9 『순암집』 권18, 「廣州府志序」. "郡邑之有志 源于國史."

"군읍의 지는 사史의 여례餘例이다"[10]라 하였다. 실제 『광주부지』를 소략하지 않도록 자세하게 썼으며 과장하지 않고 사실대로 쓰되 모두 믿을만한 역사책의 예에 따랐다고 하였다.[11] 지방지라 하더라도 역사서의 필법과 체제에 따랐다는 이야기이다.

앞서 보았듯이, 그는 야사의 저술을 매우 중요시하였다. 구태여 중요도로 따진다면, 그도 야사보다는 정사를 우선시하는 태도를 보이고 있었지만, 국가가 야사의 저술을 금해서는 안 된다는 생각을 견지했다. 그것은 비평의 강도가 높은 야사를 금하면 진실된 기록이 이루어지기 어렵고, 선악에 대한 기록이 없어 악행을 하는 자가 꺼릴 것이 없게 되어 적신들이 두려워하지 않는다는 우려 때문이기도 하다.[12]

요컨대, 안정복의 역사개념은 군신간에 이루어지는 정치기록으로 권선징악이라는 권계勸戒에 큰 목적을 두었다고 볼 수 있다.

2) 사가론

안정복은 기록하는 자 또는 역사서를 편찬하는 자로서의 역사가(사관史官을 포함함)에 대해 큰 관심을 나타냈다. 먼저 사관의 자질에 대해 언급한 다음 안설을 참고해 보자.

군현에는 옛 제후국의 예에 따라 학문이 있고 공정한 사람을 가려 교수의 책임을 맡겨 역사의 일까지 겸해 관리하도록 하고, 그 경내의 정치와

---

10 『순암집』 권18, 「大麓志序」. "郡邑之志 史之餘例也."
11 『순암집』 권18, 「廣州府志序」. "--歷傳記 搜金石 酌輿論 徵異聞 寧詳無略 寧實無夸 一依信史之例."
12 『동사강목』 제13하, 乙亥, 충숙왕 4년 夏4월, 按.

풍속, 이문異聞을 관장하여 사국史局의 채택에 대비하게 함이 옳을 것이다.[13]

위 안설의 내용은 군현의 사관에 대한 것이지만, 이는 조정의 사관에게도 적용된다고 볼 수 있다. 요약해 보면, 사관은 학문이 있고 공정한 사람이 맡아야 한다는 것이다. 특히 사관의 공정함을 더 바람직하게 여겼을 것으로 생각된다. 그렇다면 그는 어떤 사람을 공정한 사관으로 보았던가. "재능이 삼장三長[재주, 학문, 식견을 겸하고 저울과 같은 마음가짐을 지니면서[14] 불의에 흔들리지 않고 사실대로 기록[直書]할 수 있는 사람"을 말한다. 이는 곧 역사서술에 있어서의 직서주의直書主義를 말하는 것이다. 실제 그는 『동사강목』 사론을 통하여 사관의 곡필曲筆을 자주 비판하였다. 이러한 사관의 소양에 대한 그의 견해는 야사를 쓰는 사가에게도 예외가 아니다.

3) 작사론作史論

역사가의 진실된 기록을 강조한 안정복은 『동사강목』을 통하여 역사를 쓰는 역사가[15]가 역사서를 편찬할 때 여러 가지 지켜야 할 사항을 주문하였다. 그가 남긴 기록에 근거하여 소개해 보기로 한다. 첫째로 사관이나 사가는 자료를 널리 수집해야 한다는 것이다. 이를테면 "사관의 직책은 오로지 자료를 널리 찾아 내어 빠뜨리지 않도록 주의해야 한다."[16]라 하였고, 역대 역사서에 호구고戶

---

13 앞의 책, 제10하, 丙午, 고종 33년 秋7월, 按. "郡縣依古候國例 別擇有文學公正者 爲敎授之任 而兼管史事 掌其境內之政治風俗異聞 以備史局之採用可矣."
14 『순암집』 권18, 「琴英烈公文集序」. "―自非才兼三長 持心如枰者 烏得無差失."
15 안정복은 '作史者'라는 표현을 많이 썼다.
16 『순암집』 권12, 「橡軒隨筆 上」, 喬一琦張椿. "史官之職 惟在博搜 而不使湮沒 可也."

□考가 없다면서 "역사를 쓰는 자는 이전에 전하는 것이 없다 하더라도 지금 전기에 남아 있는 것을 모아 호구고를 만들어야 한다."[17]고 하였다. 그는 『동사강목』을 편찬하면서 종래 우리나라 역사서에 기록의 탈락이 너무 많다고 누차 지적한 바 있다. 『삼국사기』의 편찬 책임자였던 김부식이 많은 자료를 수집하지 않고 썼기 때문에 소략해졌다고 비판[18]하였는가 하면, 『고려사』에 대해서도 유사한 비판을 가하였다.[19] 사가가 모아야 할 자료라는 것은 정사를 비롯하여 숨겨진 문헌, 여러 학자들의 비장碑狀, 초야에 묻혀 쓰여진 개인의 역사서 등을 포함한다.[20] 실제 1770년 간행된 『동국문헌비고東國文獻備考』 편찬과정에 참여한 참판 홍명한洪名漢의 자문 요구를 받고 많은 자료를 동원할 것을 말하였고,[21] 편찬이 끝난 뒤 그 내용을 보고 "빠진 곳도 많고 틀린 곳도 많다"[22]고 지적한 바 있다.

둘째로 "사가가 역사를 편찬할 때에는 통계統系를 밝히고, 찬역簒逆을 엄하게 하며 시비를 바로잡고 충절을 포양하며 전장典章을 자세히 해야 한다"[23]고 하였다. 통계를 밝힌다는 것은 정통체계를 세운다는 것이고, 시비를 바로잡는다는 것은 사실의 옳고 그름을 가리는 한편, 고증을 철저히 하여 오류를 없앤다는 것을 말하며, 전장을 자세히 한다는 것은 역대 법이나 제도를 분명하게 나타낸다는 것이다. 이 가운데 통계를 세우는 일과 절의에 대한 포장은 역사가가 가장 중요시하는 의리라고 강조하였다.[24]

---

17 『부부고』 권17, 「戶口考」. "作史者 夙無所傳 今掇拾于傳記之遺存者 作戶口考."
18 『동사강목』 採據書目, 三國史記, 按; 같은 책, 附錄, 雜說, 三國始起 등.
19 앞의 책, 채거서목, 高麗史, 按.
20 『순암집』 권18, 「琴英烈公文集序」. "大抵作史者 襍聚國史祕籍諸家碑狀稗官野乘 折衷而爲之書—."
21 앞의 책, 권5, 「與洪參判書 庚寅(1770)」.
22 『순암집』 권5, 「與洪參判書 庚寅」. "備考 果蒙俯借 使得一玩 受賜大矣 然而忙裏做成 闕漏多而錯誤繁."
23 『동사강목』 「自序」. "大抵 史家大法 明統系也 嚴簒逆也 正是非也 褒忠節也 詳典章也."

셋째로 그는 또 사가가 역사편찬을 하기에 앞서 강역을 먼저 설정해야 한다고 누차 강조하였다. 이를테면 성호에게 쓴 편지에 "역사를 쓰는 사람은 반드시 먼저 강역을 정해야 하는데, 우리나라 역사 지리지에는 전혀 근거할만한 것이 없다"[25]고 했으며, 유발(유형원의 증손)에게 보낸 편지에도 "역사를 씀에 반드시 강역을 먼저 정해야 하는데 우리나라 지리지에는 전혀 근거할만한 것이 없다"[26]고 하였다. 이 밖에 윤동규에게도 "역사를 쓰는 사람은 반드시 지리를 정돈해야 한다"[27]고 하였다. 특히 "국경지방을 정리하는 것은 나라의 큰 일인데 역사서에서 이 부분을 빠뜨리고 있다"고 개탄하였다.[28] 그가 『동사강목』 앞면에 8폭의 역대 강역지도를 붙이고, 부록에 「지리고」를 두었으며, 사론 가운데 많은 내용이 지리에 관한 것이었다는 것을 보더라도 그가 역사 편찬자로서 지리를 얼마나 중요시하였는가를 알 수 있다. 이러한 강역의식과 관련하여 사가도 변방국가의 움직임을 잘 알아 내어 그 나라의 인물과 풍속, 산천의 원근과 흥망성쇠까지도 모두 역사서에 기록해야 하고,[29] 그 기록을 후세 사람들이 상고하여 알 수 있도록 해야 한다는 주장을 폈다.[30]

끝으로 사가의 철저한 고증을 강조하였다. 사실 고증은 안정복이 『동사강목』을 편찬하면서 가장 심혈을 기울이고 많은 시간을 들인 부분이다. 고증문제로 동료 성호문인들의 자문과 협조를 크게 받았다. 그가 고증에 철저를 기한 것은

---

24 앞의 책, 범례, 統系. "凡統系 爲史家開卷第一義"; 같은 책, 범례, 人事. "襃獎節義 是史家之第一義."
25 『순암집』 권10, 「東史問答」, 「上星湖先生書 乙亥」. "作史者 必先定疆域 而東史地誌 專無可據."
26 『부부고』 권16, 「答柳奉事發書 丙子(1756)」. "作史 必先疆里區域 而東史地誌 專無可據."
27 『순암집』 권10, 「동사문답」, 「與邵南尹丈書 丙子」. "有國者 必疆理經界 作史者 必整頓地理."
28 앞의 책, 권10, 「동사문답」, 「上星湖先生書 己卯」. "疆理地方 有國之大事 而史之闕文至此可勝歎哉."
29 『동사강목』 제7상, 己未, 현종 10년 5월, 按.
30 『순암집』 권10, 「동사문답」, 「上星湖先生書 丙子」.

종래 역사서의 기록에 오류가 많다고 판단했기 때문이다.[31] 그리하여, 기존 사서의 기록 가운데 "오류가 심한 것에 대해서는 별도로 부록 두 권을 만들어 붙여 놓았다."[32]고 하였다. 부록 두 권이란『동사강목』부록에 있는「괴설변증」·「잡설」·「고이」·「지리고」이다. 그가『동사강목』을 편찬하면서 고증에 얼마만큼 비중을 두었는가를 알 수 있다.

그 밖에도 필법을 매우 중시하였다. 역사서 저술의 필법은 여러 가지가 있겠지만, 여기에서 안정복이 주장하는 필법은 강목필법이다. 그는『동사강목』범례에서 역사가는 의례를 세워 권계勸戒의 의도를 나타내야 한다는 견해를 보였다. 주자의『자치통감강목』이 사실에 근거하여 직서하였을 뿐 아니라, 권면과 징계가 분명하다고 하였다.[33] 그도 강목필법을 따라 직서와 권계에 주목한다는 뜻이라 하겠다. 실제 그는『동사강목』의 편찬을 철저하게 강목필법에 따랐다. 필법은 통상 범례에 제시하게 된다. 그가『동사강목』범례 작성에 임상덕林象德의『동사회강東史會綱』범례를 크게 참고하였다고 했지만, 두 사서의 범례를 비교해 보면『동사강목』범례가『자치통감강목』범례에 훨씬 가깝다는 사실을 발견하게 된다. 이 또한 우리나라 사찬私撰 역사서 가운데『동사강목』범례가 강목필법에 가장 가깝다는 사실을 말해 준다. 그렇다고 그는『자치통감강목』의 필법을 그대로 모방하려 하지는 않았다. 그 스스로 "이것(필자주:『동사강목』)은 우리나라 역사서이기 때문에 그 필례가 같지 않은 것이 있을 수 밖에 없으므로"[34] 강목의 본례本例와 다른 잡례雜例를 둔다고 하였다.『동사강목』

---

31 『부부고』권6,「徐台命膺君受書 乙未(1775)」. "--適觀東史數種 不無優劣 詳略之不同 而其訛謬之因襲 大抵 一套爲此 慨然選 爲考異地理考各一篇."

32 『동사강목』「자서」. "諸史於此 實多可議 故略加洗刷 而至若訛謬之甚者 別爲附錄二卷 繋之于下."

33 앞의 책, 범례. "按撰述之書 皆有義例 猶法律之有斷例 禮樂之有儀節也 況史家繁縟 苟非發凡立例 一以貫之 則無以明述作之旨 寓勸戒之意 綱目皆據事直書 昭示勸懲 此古今質文之殊也."

34 『동사강목』범례. "右十八節 綱目本例 而此爲東國之書 其例 不得不有不同者 故條例如右

범례의 18개 조항 뒤에 붙인 잡례 11개 조항이 바로 그것이다.

이와 같이 사가가 역사서술에 임하여 지켜야 할 여러 가지 요구조건 가운데 실제로 그가 가장 중요하게 여긴 부분은 역시 통계와 절의 그리고 필법이다. 이병휴에게 보낸 편지에,

> 우리나라 역사의 저술을 감히 맡을 것이 아닌데, 장석丈席(성호:필자 주) 께서 가르침이 있어 자신의 역량을 헤아리지 못하고 경솔하게 손을 대게 되었습니다. 속담에 이르기를 '바탕이 아름다워야 화장의 효과가 있다.'고 하였습니다. 본문이 이미 뜻에 차지 않더라도 그 형세는 이를 따라 이루지 않을 수 없습니다. 가령 반고班固나 범엽范曄이 착수한다 하더라도 오히려 볼만한 것이 없을텐데, 하물며 저같이 못나고 과문한 자가 장차 어떻게 발휘하겠습니까. 그 큰 뜻은 정통을 존중하고 절의를 숭상하며 필례를 삼가 조심하는 것입니다.[35]

라 한 데에서 찾아볼 수 있다. '정통을 존중하고[尊正統] 절의를 숭상하며[崇節義] 필례를 신중하게[謹筆例] 하는 것'은 사가로서의 안정복이 『동사강목』을 편찬하면서 내건 기본방향 가운데에서도 가장 핵심되는 부분이라 할 수 있다.

요컨대, 안정복의 역사서술은 '정통의 존중, 절의의 숭상, 필례를 신중하게' 하는 것을 근간으로 하여 '선정강역先定疆域'과 철저한 고증을 기본방침으로 삼았다고 볼 수 있다. 『동사강목』은 이러한 기본방침으로 쓰여졌던 것이다.

그러면 안정복은 실제 어떤 서술원칙으로 이를 실천하려 하였던가. 원칙적으로 술이불작述而不作과 직서주의를 기본으로 하고 대의명분에 입각한 엄격한

而雜例之不得附于上者 別開于左方."
35 『순암집』 권10, 「동사문답」, 「與李貞山書 戊寅」. "東史非敢擔當 丈席有教 故不量己力 率 爾爲之 諺云本質美然後 鉛粉有功 本文旣不滿意 而其勢不得不因此而成之 假使班范下手 猶無可觀 況如僕淌劣寡聞 將何以發揮耶."

사필을 가하는 춘추필법을 택하였다. 그는 기본적으로 "서술하되 창작하지 않으며 옛 것을 믿고 좋아할 뿐[述而不作 信而好古]"이라는 정신아래 "비록 창작하는 바가 있다 하더라도 옛 사람의 범위를 벗어나지 않으니 나에게 있어서는 오직 믿고 좋아할 뿐"이라 하였다.[36] 이러한 서술정신은 『동사강목』 편찬에 그대로 적용되었다. 즉, 『동사강목』 범례에서 "모두 여러 사서에서 따오되 감히 마음대로 개혁하지 않는다"[37]고 하였다. 이는 그가 『동사강목』이나 『열조통기』와 같은 역사서를 편찬함에 있어 기존의 서술을 존중한다는 뜻으로 풀이된다. 그는 또 역사서술에서 나타날 수 있는 윤색에 대해서도 "어세의 억양 사이에 혹 사실을 잃을 우려가 없지 않고 또한 후학의 신중한 뜻이 아니다."[38] 하여 삼가야 한다는 입장을 나타냈다.

그렇다면 그가 기존의 역사서술을 그대로 받아들인다는 것일까. 한마디로 결코 그렇지 않다. 기존의 역사기록에 대한 그의 불신 때문이다. 즉, 기존의 기록에는 사실을 은폐하는 기록이 많다고 보았던 것이다. 이를테면, 고려 말기 사관의 기록에 대해 성호에게 보내는 편지에서,

　　대저 당세의 사관들이 모두 그 직에 맞는 적격자가 아니기 때문에 사실에 따라 그대로 기록하여 그 실체를 드러내지 못하고 변란을 감추어 마음대로 좋아하고 싫어하여 더욱이 후인들의 의혹을 일으키게 하였습니다. 이는 임금의 뜻이 아닙니다. 고려 말기의 실록은 대부분 윤소종의 손에서 나오고, 『고려사』 또한 정도전과 정총에게서 나왔는데, 국가(필자주 : 고려)의

36　앞의 책, 권11. 「經書疑義」. "術而不作 信而好古 ─縱有所作 不出古人範圍 在我惟信而好之而已."
37　『동사강목』 범례, 雜例. "今此書 一遵成憲 立綱附目 皆取諸史 不敢擅有改革 而其不得已處 或發特例."
38　『순암집』 권10, 「동사문답」, 「上星湖先生書 己卯」. "愚謂文雖不好 而潤色之 則其於辭氣抑揚之間 或不無失實之患 又非後學愼重之意."

악을 드러내어 사실을 감추고 숨긴 것은 모두 자신들의 악을 은폐하려 한 것입니다. 후인들이 그것을 따라 믿음으로써 도리어 윤소종과 정도전 무리에게 희롱당한 바가 되었으니 어찌 통탄스럽지 않습니까.[39]

라 하였다. 사관들이 당시의 사건을 사실대로 쓰지 않아 후인들의 의구심을 산다는 것이다. 더욱이 고려 말기의 실록이나 『고려사』는 조선 개창의 주동 인물인 윤소종尹紹宗이나 정도전鄭道傳・정총鄭摠 등의 손에서 나왔기 때문에 고려왕조의 나쁜 것만 드러내고 자신들의 악한 행동은 모두 숨겨 은폐함으로써 이러한 기록을 후인들이 믿는다는 것은 그들에게 희롱당하는 꼴이라고 개탄하였다. 그는 또 『고려사』 편찬시 야사의 직필을 활용하지 않아서 당시 군주와 관련된 일에 대해서는 숨겨진 일이 많다고 하였다. 관찬사서를 편찬하는 과정에서 신하의 의리상 조선 개창에 참여한 인물들의 의롭지 못한 행동을 숨기고 직필하지 못한 것에 대해 시세로 보아 그도 당연하다고 생각하였지만, 세월이 지난 뒤의 후인들은 당시의 사실을 밝혀 악행을 저지른 원흉들이 지하에서 웃게 해서는 안된다는 의견도 나타냈다.[40] 여기에서 사관이 당대의 사실을 직필해야 함은 물론이고, 혹 잘못 기록되거나 은폐된 사실이 있을 경우 후대의 사가는 그 사실을 밝혀 직서해야 한다는 안정복의 역사서술 의지를 읽어 볼 수 있다. 성호가 "악이 있는 데도 형적이 나타나지 않아 날카로운 사필을 면하게 된다면 크게 옳지 못하다."[41]라 하여 춘추필법의 역사서술을 강조한 견해와 통한다고

---

39 앞의 책, 권10, 「동사문답」, 「上星湖先生書 庚辰」. "當世史官 皆非其人 不能據事直書以著 其實 而掩覆變亂 恣爲愛憎 愈起後人之疑 此非聖意然也 麗末實錄 多出于尹紹宗之手 高麗 史于出於鄭道傳鄭摠 其所以彰國之惡 而掩諱實事者 皆欲自掩其惡也 後人從而信之 反爲 紹宗道傳輩所弄 豈不痛哉."

40 앞의 책, 권10, 「동사문답」, 「上星湖先生書 己卯」. "大抵 麗史只憑實錄及碑狀等文字 而無 野史直筆 故當時君主之事 每每掩諱若是 當時諱筆 臣子之義當然也 若在後世 則不可因循 使元兇大燉潛笑於九地之下矣."

41 『성호사설』 권25, 「作史之難」. "若眞有其惡 而迹偶不顯 得逭於鈇鉞 亦大不可也."

하겠다.

그는 고려 공민왕恭愍王대 이후 창왕昌王에 이르는 시기에 은폐한 사실이 가장 많고 직서가 이루어지지 못하였다고 보았다.[42] 따라서 이 시기의 사실을 규명하는 데에 많은 관심을 나타내고, 수백 년이 지난 지금, 고려말의 사실들을 은폐할 이유가 없으니 바로잡아야 한다는 뜻을 밝혔다.[43] 나아가 "우왕과 창왕이 왕王씨였는가 신辛씨였는가가 무슨 상관이 있는가."[44]고 반문하고, 오히려 "신씨라는 설을 분명하게 밝혀 주장할 수 없다면 여전히 왕씨이다."[45]라는 견해를 펴기도 하였다. 실제 그는 『동사강목』에 종래 다른 사서에서 우왕과 창왕대를 분주分註하여 기록한 것을 불만스럽게 여기고, 본문에 '전폐왕우前廢王禑'·'후폐왕창後廢王昌'이라는 체재를 넣어 우왕과 창왕의 편년에 따라 사실을 기록하였다. 그는 이 시기의 기록을 "사실에 근거하여 직서한다."[46]고 서술방침을 분명하게 나타냈다. 요컨대, 그의 역사서술의 주된 방법은 『춘추』 필법을 본받아 "허실과 진위를 살펴 쓸 것은 쓰고 버릴 것은 버리"면서[47] 술이불작과 직서주의를 원칙으로 하는 것이었다고 하겠다.

3. 역사평론

안정복은 역사를 쓰기도 어렵거니와 평가하는 데에도 신중을 기해야 한다는

---

42 『순암집』 권9, 「與鄭子尙別紙 癸卯」. "鄭史 麗末誣筆 可謂一口難說."
43 앞의 책, 권9, 「答鄭子尙書 辛丑」. "麗末事 到今實無可諱之端 若稟裁改正 一洗麗氏一代誣枉之筆 則豈不有光於聖朝乎."
44 앞의 책, 권9, 「與鄭子尙別紙 癸卯」. "何關於禑昌王辛之辨."
45 『동사강목』 제17상, 戊辰, 前廢王禑 14年 8月, 按. "辛氏之說 未能明正說出 則依舊是王氏"
46 『순암집』 권3, 「答邵南尹丈別紙 辛卯」. "但 據事直書 不失本意而已."
47 앞의 책, 권12, 「상헌수필 상」, 述史難. "孔子作春秋 卽因魯史之文而述之 非自作也 故曰述而不作 述史之際 必審其虛實眞假 而筆削也."

견해를 보였다.[48] 그의 역사이론은 그의 수필 「상헌수필橡軒隨筆」이나 『동사강
목』 사론의 도처에 나타난다. 특히 『동사강목』 사론을 검토해 보면, 왕조교체
시기의 정치적 동향과 형세나 주요 사건과 관련된 인물평가에 주목하고 있다
는 사실을 발견할 수 있고, 화이론 문제와 관련하여 주변국의 표기 문제로 매
우 고심하고 있는 흔적을 발견할 수 있다. 여기에서는 안정복이 왕조교체를 어
떤 역사인식으로 보고 있었던가, 어떤 기준으로 역대 주요 인물을 평가하고 있
었던가, 더불어 중국과 그 주변국을 어떻게 표기하려 하였던가를 중심으로 고
찰해 보고자 한다. 이는 성호의 시세론時勢論, 화이론華夷論, 성패론成敗論, 절의론
節義論과 관련된 문제이기도 하지만,[49] 안정복의 역사평론을 알아 볼 수 있는
중요한 부분이라 하겠다.

1) 시세론

우선 다음에 제시한 안정복의 견해를 참고하여 보자. 역대 북방민족이 중국
을 지배한 사실을 두고,

> 어찌 양의 기운이 점차 쇠하고 음의 기운이 타고 일어난 것이 아니겠는
> 가. 하늘 또한 어떻게 할 수 없어 그러한 것인가. '흉노가 백년을 가지 못
> 한다'라는 말은 『한서』에 기록된 것인데 지금은 논할 것이 못된다.[50]

---

48 앞의 책, 권18, 「琴英烈公文集序」.
49 성호의 성패론 · 시세론 · 화이론을 다룬 논문으로 宋贊植(1976), 「성호의 새로운 사론」, 『한
   국의 역사인식』 하, 창작과비평사가 있다.
50 『순암집』 권12, 「상헌수필 상」, 夷狄亂華. "---皆非陽運漸衰而陰運乘之 天亦莫可奈何而然
   耶 匈奴無百年之語 是漢書所記而今不可論."

라 하였고, 또 다른 글에서는,

　　무릇 하늘이 만물을 생성할 때 중국 사람을 먼저 만들었고, 이적이 그
다음이고, 금수가 그 다음이었다. 이적은 반인반수半人半獸의 중간에 있는
것으로 이것이 천리天理이다. 이理는 곧 지선至善이 있는 곳이다. 하늘이
마음먹기로는 일찍이 지선을 하려고 하지 않은 것은 아니나 기화운행氣化
運行의 순탁醇濁이 고르지 못하면 치란治亂이 서로 따르고 화이가 서로 자
리를 바꾸는 것이 형세이다. 세勢가 있는 곳에 하늘 또한 어떻게 할 수 없
는 것이다.[51]

라 하였다. 하늘이 중화와 이적을 구별한 것은 하늘의 이치로써 이적이 중화를
능멸할 수 없다고 본 것이 안정복의 화이론이다. 그런데 음양의 성쇠가 바뀌
고, 기화운행의 맑고 혼탁함이 고르지 못하면 화이가 서로 자리바꿈을 할 수
있다고 보았다. 그는 이것을 '세勢'라 하였다. 이것이 천리에 역행되는 것이지
만 "세가 있는 곳에 하늘 또한 어떻게 할 수 없다"는 입장을 나타냈다. 그렇다
면 흉노가 중화를 지배한 것도 그 세가 그러하니 비록 천리상으로는 어긋난다
하더라도 이상할 것이 없다는 논리이다. 여기에서 그의 엄격한 화이론도 시세
에 따라 바뀔 수 있다는 인식을 들여다볼 수 있다.
　이러한 논리는 그가 정통을 수립하는 데에도 적용된다. 엄격한 화이론에 입
각하여 따져 본다면, 이적이 중화의 나라를 침략하여 세운 나라에는 정통을 부
여할 수 없다. 그러나 그는 원元 나라에 정통성을 부여하였다. 다만 중화민족
이 세운 나라의 정통과 차별을 두었을 뿐이다.[52] 이처럼 화이론에 융통성을 부

---

51 앞의 책, 권12, 「상헌수필 상」, 華夷正統. "夫天之生物 中夏人物爲首 夷狄次之 禽獸次之 夷
　狄在半人半獸之間天理也 理卽至善之所在也 天之爲心 未嘗不欲其至善 而氣化運行醇漓不
　齊 則治亂相因 而華夷迭嬗勢也 勢之所在 天亦莫奈何矣."
52 『동사강목』 범례, 朝會. "元承正統 高麗之臣雖別 然以遼金之例處之者 以別乎中華之正統

여하여 시세를 인정한 정통의 경우와는 다르지만, 시세에 의한 왕조교체를 정당하게 보려는 그의 태도는 우리나라 역사서술에서도 나타난다. 철저하게 대의명분의 도덕사관에 의존하는 그였지만, 신라와 고려의 왕조 변천, 고려와 조선의 왕조 변천에 대한 평가에서는 왕조 교체가 시세에 의해 어쩔 수 없음을 인정하였다. 이를테면 정통국가인 신라가 존재하는 상황에서 918년 왕건의 등극은 반적叛賊으로 보았지만, 신라가 935년 항복한 이후의 고려에 대해서는 정통으로 인정하고 태조에 대해 황제를 일컫는 예에 따랐다.[53] 그리고 태조 왕건의 행적에 대해서는 다음과 같은 평가를 하였다.

① 태조가 삼한을 평정한 뒤에 신하된 자로 하여금 예절을 밝게 하고자 하여 스스로 중외에 정교를 반포하였으니 매우 훌륭한 일이다.[54]

② 고려 태조가 천운을 좇아 일어나 삼한을 정돈하고 한결같이 태봉泰封의 무도한 정치를 뒤집은 것은 잘하였다고 할 수 있다.[55]

그는 왕건이 천운을 따라 삼한을 평정하여 정교를 편 정치를 칭찬하였다. 왕건이 거사하여 왕위에 오른 것을 들어 반적의 죄로 몰아붙였던[56] 그가 신라가 고려에 귀부한 이후, 고려와 태조를 정통으로 삼고 정치적 치적을 높게 평가하였던 것이다. 그의 평가대로 신라 왕실의 기강이 해이해진 사실과 견훤과 궁예세력의 포악한 정치를 비판하였던 것을 감안해 보면,[57] 왕건의 후삼국 통

也."
53 앞의 책, 범례, 即位.
54 앞의 책, 제6상, 丙申, 태조 19년 秋9월, 按. "太祖旣定三韓 使爲人臣者 明於禮節 自製政教 頒布中外 甚盛擧也."
55 앞의 책, 제6상, 乙巳, 혜종 2년, 按. "高麗太祖 撫運興起 整頓三韓 一反泰封無道之政 可謂 得矣."
56 앞의 책, 제5하, 戊寅, 景明王 2년 夏6월, 按; 同 제5下, 丁亥, 景哀王 4년, 12월, 按 등.

일을 당시의 시세로 보았던 것이 아닌가 한다.

여말 이성계李成桂의 동향과 조선 개창에서도 유사한 예를 찾아볼 수 있다. 이를테면, 이색李穡과 최영崔瑩 등 대신들이 획책하는 이성계 축출계획을 들어 그는 당시 국력으로도 이성계의 위세를 꺾을 수 없었는데, 오히려 이성계가 등장하여 세력을 떨치는 것을 천명이 돌아온 것이라고 하였다.[58] 조선 개창에 협력한 조준・정도전・윤소종 등을 절개 없는 인물로 폄하하고 이색과 정몽주 등을 절의인물로 평가한 그였다. 그런데 이처럼 이성계의 세력이 벋어 나아가는 것을 천명이라고 말한 것은 당시의 민심과 정치적 주도권이 사실상 이성계의 수중에 들어가 있어 고려 왕조가 이미 기울어 간 상황이기 때문에,[59] 이성계의 실세를 그대로 인정하여 왕조 교체를 현실적으로 받아들이는 것이었다고 볼 수 있다. 말하자면 신하의 충절은 충절이고 실세에 의한 왕조 교체는 그대로 수용하여 정통으로 삼으려 한 것이 안정복의 생각이었다고 볼 수 있을 것 같다.

안정복의 한국사 체계에서 고구려・백제・신라가 서로 세력의 균형을 이루었다 하여 어느 나라에도 정통을 부여하지 않고 무통無統으로 처리한 것을 포함하여 신라에서 고려로, 고려에서 조선으로의 왕조교체에 대해서는 의리보다는 시세론으로 정당화하였다고 할 수 있다.

이러한 그의 시세론은 스승 성호의 가르침이 작용하였을 것으로 생각된다.[60] 포선褒善에 따른 정통 부여를 중히 여긴 안정복이었지만, 『동사강목』 편찬시

---

57 앞의 책, 제5하, 丁亥, 景哀王 4년 12월, 按.
58 앞의 책, 제16하, 戊辰, 전폐왕우 14년 3월, 按. "當時 太祖威名日盛 國中之力無抑遏 故其綢繆謀議 無所不至 噫 其於天命之有歸 何哉."
59 앞의 책, 제17상, 戊辰, 전폐왕우 14년 8월과 冬10월, 按 및 같은 책, 제17하, 辛未, 공양왕 3년, 秋7월, 按에 이성계의 세력이 날로 성하여 민심과 주도권이 그에게 돌아간 사실이 기록되어 있다.
60 성호의 시세론에 대하여 宋贊植, 앞의 논문, '1. 成敗論'이 참고됨.

정통체계 수립을 위한 두 사람의 의논과정에서, 성호는 안정복의 포선에 따른 정통인식에 대해 불만을 표시하였다. 이를테면, 안정복이 성호에게 보낸 편지에서 중국 한漢·당唐·송宋의 정통성을 말하자, 성호는 "결국 (한과 당은) 무력으로 탈취하였으니 반역한 신하를 면하지 못하고, 송은 공공연히 찬탈을 자행하였으니 심적心迹이 악하다"[61]고 하였다. 그런데 같은 편지에서 포선폄악襃善貶惡의 춘추필법에 의한 정통문제를 제기하자, 성호는 "포선은 스스로 포선이지 정통과 무슨 관계가 있는가. 모두 당연히 황제의 호칭으로 쓸 것을 결단해야 한다."[62]라 하였다. 즉, 포선과 관계없이 황제의 칭호를 써서 정통으로 인정해야 한다는 것이다. 이는 곧 전왕조의 승계자를 포선에 의지하여 정통성 여부를 결정해서는 안 된다는 의미이다. 이에 대해 안정복도 처음에는 불만이 없지 않았지만, 성호의 뜻을 따라 시세에 의한 왕조교체의 인식으로 바꾸었던 것으로 보인다.

2) 화이론

앞서 보았듯이, 안정복은 중화와 이적을 구별하는 것은 하늘의 이치라 하였다. 그러나 치란이 계속되어 중화와 이적이 서로 자리바꿈하는 것을 형세로 인정하여 하늘도 어쩔 수 없다고 하였다. 이는 그의 화이관도 시세에 따라 변통될 수 있음을 말하는 것이다. 그러나 그는 중국과 우리나라의 관계에 대해 『동사강목』 범례에서 "중국과 본국은 대소의 구분이 있고 화이의 구별이 있다"고 전제하고 "대국이 와서 침략한다면 그에 대응해야 하고 본국이 먼저 중국을 침

---

61 『성호선생전집』 권25, 「答安百順問目」. "畢竟 資其力而奪之 不免爲叛臣 至趙宋 公肆簒賊 心迹可惡---."
62 앞의 책. "襃善自襃善 與正統何干 皆當以帝號爲斷 宋祖之始 與善背馳."

략하였다면 모두 '범犯'으로 쓴다"고 하였다.[63] 이로써 본다면, 대중국관계를 철저한 화이관으로 보고 있었던 것처럼 보인다.

그러나 안정복의 화이관은 출생지에 따라 화이를 구별하는 종래의 주장을 부정하고 있었다. 1758년 성호에게 보낸 다음 편지글을 참고해 보자.

옛날부터 유학자들은 매양 화이의 구별을 엄격히 하여 만약 중국에서 태어나지 않았으면 모두 오랑캐라 하였는데, 이는 통하지 않는 논리입니다. 하늘의 뜻이 일찍이 무슨 한계를 두었겠습니까.[64]

비록 화이의 구별이 엄격하기는 하지만, 중국에서 태어나지 않았다 하여 이적으로 취급하는 것은 통하지 않는 말이라는 것이다. 즉 출생지에 따라 화이가 결정되지 않는다는 이야기이다. 이는 이른바 이만융적夷蠻戎狄으로 불리는 중국 주변국가의 민족을 모두 이적으로 볼 수 없다는 말과 같다. 바꾸어 말하면 중화인이 아니라 하더라도 '화華'에 속할 수 있다는 의미로도 해석할 수 있다. 아마도 그는 화이의 구별을 문화의 우열로 본 것이 아닌가 생각된다. 적어도 우리나라가 다른 이적과는 구별되어야 한다는 의식이 깔려 있다고 보여진다. 더불어 중국에 대한 부정적인 시각도 만만찮다. 이를테면 중국에서 침략하면 맞대응해야 한다 하고, 중국의 제도를 무조건 본받아서는 안된다고 하였으며,[65] 중국의 풍속과 문화에 지나치게 빠지는 것을 경계하였던 것[66] 등이 그것이다. 그는 또 "우리나라가 중국을 대국으로 섬겨 중국의 역서曆書를 사용하지만 땅

---

63 『동사강목』 범례, 征伐. "中國之與本國 有大小之分華夷之別 若大國來侵 則固當應之 若本國先侵 則皆曰犯."

64 『순암집』 권2, 「答上星湖先生書 戊寅(1758)」. "自古儒者 每嚴華夷之分 若不生于中土 則盡謂之夷 此不通之論也."

65 『동사강목』 제6하, 辛卯, 성종 10년 夏4월, 按. "凡法制之出於後世者 多失其宜 不可以爲中國之所行 而一切效之也"

66 앞의 책, 제11상, 壬戌, 원종 3년 秋9월, 按.

이 한 쪽에 치우쳐 있어 스스로 다스리고 있으니 중국의 제후국과는 차이가 있다"[67]고 하였다. 이렇게 볼 때, 그도 중국중심 세계관에 대한 부정적 인식을 지니고 있었다.

그의 대중국인식에 대한 변모는 다음 사료에서도 뚜렷하게 찾아볼 수 있다. 예컨대, 1758년 성호에게 보낸 편지에,

> 우리나라 사람들은 매양 우리나라 일에 소홀하여 제대로 알지 못하니 아무리 큰 일을 하였다 하더라도 결국 우리나라 사람이 아닙니까. 몸이 이 땅에서 살고 있으면서 이 나라 일을 모른다는 것은 실로 민망스럽고 한탄할 일입니다.[68]

라 하여, 우리나라 사람들은 우리나라에서 태어나 살면서도 우리나라의 일을 모른다며 개탄스럽다고 하였다. 이는 중국민족을 의식하고 말한 것이다. 그리고 문인 정지검에게 보낸 편지에서도 "우리나라 사람이 천하를 경영할만한 재주를 지녔다 할지라도 결국 우리나라 사람으로 머무를 것인데 우리나라 사람으로서 우리나라의 일을 익히지 않아서야 되겠는가"[69]라며 비슷한 내용을 말하였다.

우리나라 역사에 대해서도 "스스로 우리나라의 일이니 마땅히 본국의 기년紀年으로 써서 『춘추』의 예와 같이 해야 할 것"[70]이라고 하였다. 그리하여 김부식

---

67 『순암집』 권9, 「與洪生(錫胤)書 甲辰(1784)」. "我東 雖尊事大國奉其正朔 地偏一隅 自爲聲敎 則與中國之諸侯有間矣."

68 앞의 책, 권2, 「上星湖先生書 戊寅」. "東人 每忽東事不知 渠所樹立雖大 畢竟終是東人 身居此土 不知其事 誠可憫歎."

69 앞의 책, 권9, 「答鄭子尙書 辛丑(1781)」. "然而東人 雖有經緯天地之才 畢竟是東人而止 則東人而不習東事 可乎."

70 『성호선생전집』 권25, 「答安百順問目」. "東史自是東國之事 則當以本國紀年 若春秋之例也."

이 『삼국사기』에 본기本紀로 표기한 것을 잘한 일이라고 칭찬하면서 "중국 황제의 기년이 우리나라와 무슨 관계가 있는가"라고 반문하였다.[71] 이 모두 안정복의 대중국 역사인식이 변모하고 있음을 보여 주는 것이라고 하겠다. 그러나그의 대중국인식이 강경하다 하더라도 화이인식의 변화는 아직 스승 성호의반화이론反華夷論에는 미치지 못하였다.[72] 이를테면, 『동사강목』을 편찬할 때 조회朝會의 필법을 들어 안정복이 원·명과 요·금을 화이로 구별하여 차별대우해야 한다는 의견에, 성호는 구별할 필요가 없다는 견해로 반대 입장을 나타냈다. 화이를 기준으로 구별할 필요가 없다는 것이다.[73] 그러나 안정복은 성호의견해를 받아들이지 않고 원과 명은 정통으로 쓰고, 요와 금은 이적의 예로 썼다. 원에 대해서는 정통은 인정하되 처우는 이적으로 한 것이다.[74] 아마도 여기에는 병자호란 이후 대부분의 유학자들이 품어온 대청 저항의식으로 나타난의리정신도 작용하지 않았을까 생각된다.

3) 성패론

앞서 보았듯이, 안정복은 고려나 조선의 왕조 승계를 당시의 시세에 따라 승계자에게 정통성을 부여하려 하였다. 왕건이나 이성계는 승계한 왕조의 태조에 등극하여 정통 왕조로 출발하였지만, 이들도 전왕조가 망할 때까지는 신하의 신분이었다. 따라서 신하의 신분인 이들이 역성혁명에 성공하지 못했더라면 당연히 반역의 반열에 놓이게 되었을 것이다. 여기에 성공한 혁명이 시세론

---

71 『순암집』 권9, 「與洪生(錫胤)書 甲辰」. "金富軾三國史皆曰本紀 其例恐是矣 ─中國帝紀 何關於東國乎."

72 성호의 화이사상 반대 입장에 대한 분석은 송찬식, 앞의 논문, 373~381면 참조.

73 『성호선생전집』 권25, 「答安百順問目」.

74 『동사강목』 범례, 朝會.

이나 성패론으로 평가하면 우세한 쪽이 되어 정통론을 부여받게 되는 것이 보통이다. 특히 승계한 왕조에 살고 있는 본조인本朝人으로서는 더욱 그럴 가능성이 높다.

이처럼 안정복은 신왕조 태조의 경우 정통성을 부여하기 위해 어쩔 수 없이 시세론이나 성패론으로 평가하였지만, 군왕을 제외한 그 밖의 신하에 대한 평가는 그렇지 않다. 절의에 대한 포장을 역사가의 첫째 의리라고 천명한 안정복은 역대 왕조의 주요 인물평가에 있어 매우 엄격함을 보였다. 인물평가에 대한 그의 기본관점은,

> 천하의 일은 의義와 이利 양단에 불과한데 의로써 행동한다면 비록 패하
> 더라도 역시 영광되고, 이로써 행동한다면 비록 성공하더라도 역시 욕된
> 것이다.[75]

라 하였듯이, 의로써 움직였는가 혹은 사적인 이익을 도모할 목적으로 움직였는가에 달려 있었다고 하겠다. 예를 들면, 고려 명종 4년 서경유수 조위총趙位寵사건에 대하여 안정복은 군주가 시해를 당했을 때 신하가 그 적을 죽여 복수하는 것을 당연하다 하고, 조위총의 거사에 대해 사가들이 잘못 평가하고 있다는 것이다.[76] 실제 최보崔溥는 『동국통감東國通鑑』의 사론에서 명종이 즉위하고

---

75 앞의 책, 제2상, 丁丑, 夏5월, 按. "天下之事 不過義利兩端 動以義 則雖敗亦榮 動以利 則雖成亦辱."
76 앞의 책, 제9하, 丙申, 명종 6년 夏6월, 按. "春秋之義 弑君之賊 人得以誅之 君弑而賊不討其可謂之有臣乎 位寵之事 所謂先發後開者 是已至於力不勝而死 則天也 先儒之論位寵 忠逆未分 是非不定 或曰擧義非時 或曰不成義理 夫事勝有時 兵機多端 其不及於甫當起兵之時 請降於應主宣諭之際者 其事機 或有不得不然者矣 然而位寵起兵 在於毅宗被弑之後 則復讐之擧 烏可已乎 ---吳氏詆訾尤甚 其所以爲罪者 不過曰檄召兩界無復讐之語 不過爲私讐激動 此亦兵起適然也 ---位寵雖無謀 豈不知聲罪但義之爲易動 而區區只言其私哉 噫 通鑑之筆法不明 而致有吳氏之論 又至近世林氏會綱 直以叛書 轉輾差謬 義理如此 信乎史家

안정된 시기에 조위총이 거병함으로써 시기가 그릇되었다 하였고,[77] 오운吳澐은 『동사찬요東史纂要』에서 사사로운 복수를 위해 군사를 일으켰다 하였으며,[78] 임상덕은 『동사회강』에서 반역으로 썼다.[79] 안정복의 판단으로는 이러한 평가는 사가로서의 의리가 아니라는 것이다. 만약 조위총의 거병이 성공하였다면 사가가 어떤 평가를 내렸을까 반문하였다. 안정복의 이 반문은 사건이 실패했다 하여 깎아 내리는 평가를 해서는 안 된다는 것이라 하겠다. 다시 말하면, 사건의 성공여부, 즉 성패에 따라 성공하는 측의 편을 들어 평가해서는 안되고, 비록 실패했더라도 의리에 따라 포장해야 한다는 주장이다.

이와 같은 인물평가 방법은 성호 이익의 견해와 통한다. 이익은 조위총의 의거에 대해 의리로 보아 정당한데 『동국통감』에서 반적으로 쓴 것은 부당하다고 평하면서 역사를 쓰는 자는 사건을 성패로 득실을 논해서는 안 된다고 하였다. 이익은 만약 사건이 성공하였다면 당시 국론이 어떠하였겠는가 반문하였다.[80] 이로써 볼 때, 안정복이 『성호사설』의 내용을 답습하였음을 알 수 있다. 요컨대 주요 사건과 관련된 인물평가에 있어 성호나 안정복 모두 반성패론적 입장을 보였던 것이다.

반대로 성공한 사건이라 하더라도 의리에 어긋나면 폄하의 대상이 되었음은 말할 것도 없다. 여말 이성계를 추종한 조준과 정도전이 대표적 인물이다. 안정복은 정도전을 당세에 명망이 높았던 유학자였지만 나라를 팔아 개인적인

立法之難也 若使位寵事成 廢闇主誅元兇 立舊君之子而正其位 史氏將如何論耶 高麗史 位寵不入叛逆 而編於列傳 輿地勝覽 亦載錄平壤名宦 差强人意."

77 『동국통감』 권26, 명종 6년 夏6월, 臣等按. "蓋以其所舉之時非也."

78 『동사찬요』 권6, 고려기, 명종 6년 夏6월, 按. "---不過爲私讎激動之而已."

79 『동사회강』 권7, 명종 6년 夏6월.

80 『성호사설』 권20, 「趙位寵」. "今東國通鑑 書以叛賊之例 於義恐大謬矣 春秋之義 弑君之賊 人得以誅之 君弑而賊不討 其可緩也 ---若使其事遂成 當時國論將以爲如何 ---位寵之敗 運鏟也 非師曲也 君臣大義 無所逃於天地之間 不計强弱 彰其義聲 卽臣節之致意也 作史者 但以成敗論其得失 用此垂後 不幾於天地晦塞耶 可異也."

이익을 도모한 소인이라 하였고,[81] 조준을 이성계에 충성하면서 왕의 이목을 가리고 수족을 묶어 둔 무리라 하였다.[82] 요컨대 안정복은 철저하게 의리에 근거하여 성패와는 관계없이 인물을 평가하였고, 특히 왕조 교체기에 신하의 절의 유무를 크게 문제삼았다.

4) 절의론[83]

앞에서 본 성패론과 관련된 논의이기도 하고, 안정복의 도덕사관과도 관련이 깊은 문제이기도 하다. 안정복은 "절의를 포장하는 것이 역사가의 첫째 의리이다."[84]라 하였고, 또한 앞에서 보았듯이 "역사란 군신의 일을 기록하는 것이다. 신하가 임금 섬기기를 충성으로 하는데 충성은 절의보다 더한 것이 없다"[85]고 하였다. 나아가 "신하가 되어 두 임금을 섬기지 않고 나라가 망함에 회복되기를 도모하는 것은 신하의 직분"[86]이라 하면서, 절의에는 세 등급이 있다 하였다. 첫째는 비분강개하여 자신을 희생하는 사람의 경우, 둘째는 이해에 유혹되지 않고 위협에 굴하지 않으면서 말없이 죽음에 나아가는 사람의 경우, 끝으로 조국의 광복을 꾀하여 최선을 다하는 사람의 경우를 들었다.[87]

---

81 『동사강목』 제16상, 乙卯, 전폐왕우 원년 5월, 按; 同 제17상, 戊辰, 전폐왕우 14년 8월, 按 등.

82 앞의 책, 제17하, 辛未, 공양왕 3년 秋7월, 按.

83 안정복의 절의에 관한 구체적인 내용은 졸고(2000), 「순암 안정복의 충절론에 관한 일고찰 ─동사강목의 사론을 중심으로」, 『국사관논총』 93집, 국사편찬위원회 참고.

84 『동사강목』 범례. "襃奬節義 是史家之弟一義."

85 앞의 책, 제1하, 南解王 13년, 丙子, 冬10월, 按.

86 앞의 책, 제4상, 辛酉, 문무왕 원년 9월, 按. "爲臣子 而不事二君 國亡 欲國恢復 皆臣子之職分也."

87 앞의 책, 제1하, 남해왕 13년, 丙子, 冬10월, 按. "節義者 其史家之弟一義 乎其等有三 有不勝一朝之憤而慷慨 殺身者 有不爲利誘威脅而從用 就死者 有志存匡 復圖恢舊物 盡人事 而

이러한 절의관을 지닌 안정복은 『동사강목』 사론을 통하여 우리나라 역사에 출현하는 많은 인물에 대한 평가를 가하였다. 우선 포장된 인물을 보면, 위만조선이 한漢의 침입을 받아 왕검성王儉城이 함락되기 직전 항복을 거부하고 성을 고수하다가 도리어 아군에 의해 죽임을 당한 위만조선의 마지막 대신 성기成己, 백제에게 망한 마한 왕조를 부흥시키기 위하여 우곡성牛谷城에서 군사를 일으켰다가 온조의 군사에게 패하자 자결한 마한의 옛 장군 주근周勤, 신라 눌지왕訥祗王 때 왜국倭國에 질자質子로 갔던 눌지왕의 아우 미사흔未斯欣을 환국시키고 자신은 억류되어 왜왕의 충성을 거부하다가 현지에서 화형당했다는 삽량주간挿良州干 박제상朴堤上, 출정하기 전에 처자를 죽였다는 백제의 장군 계백階伯, 이미 망한 고국의 부흥운동을 일으킨 백제의 옹산성장甕山城將, 지수신遲受信과 고구려의 유장遺將 검모잠劒牟岑, 고려 무인정권을 타도하기 위하여 서경西京에서 군사를 일으킨 조위총, 몽고 지배기에 충렬왕·충선왕·충숙왕·충혜왕 등 네 왕을 보필하며 대절을 지켰다는 한종유韓宗愈, 여말 이성계 일파에게 동조하지 않고 끝까지 고려 왕실을 지켰다는 이색과 정몽주 등을 대표적으로 들수 있다. 이들은 모두 절의가 강한 인물로 평가되었다. 그 밖에 고려조의 인물로 박섬朴暹·김보당金甫當·이조년李兆年·최원도崔元道·원천석元天錫·서견徐甄·우현보禹玄寶 등도 충절이 강했던 인물로 평가되었다. 한편 폄하된 인물로는 고구려 태조왕太祖王의 아우 수성遂成(뒤의 차대왕次大王)이 다른 신료들과 찬탈계획을 하고 있음을 알고서도 방관하였다는 좌보左輔 목도루穆度婁, 왕조 말기 고국을 등졌다는 신라말 삼최三崔로 유명한 최치원崔致遠·최승우崔承祐·최언위崔彦撝, 왕의 뜻을 따르지 못하고 신하로서 절개를 지키지 못했다는 고려 현종대의 대신 최항崔沆과 채충순蔡忠順, 부당하게 즉위한 희熙(뒤의 숙종肅宗)의 찬역을 도왔다는 평장사平章事 소태보邵台輔, 여말의 신진사대부로 조선 개창의 주동 인물인 조준과 정도전을 들 수 있다. 이들은 모두 왕조나 왕에게 절의를 지키지

不謀于天者."

못한 인물로 폄하되었다. 그 밖에 고려조 인물로 최문본崔文本 · 윤소종 등이 절의를 문제삼아 폄하대상이 되었다. 그 가운데에서도 신하가 불사이군의 군신 관계를 철저히 지키고 퇴위된 왕위를 복위하거나 망한 왕조를 회복시키는 것을 절의의 으뜸으로 삼았다. 지수신 · 검모잠의 부흥운동을 칭찬하면서 최고의 절의로 평한 견해에서 알 수 있다.[88] 앞에서 포장된 인물들의 거사가 비록 성공을 거두지는 못하였더라도 충절에서 비롯되었다는 점을 들어 포장한 것이다. 이렇게 사가가 역대 인물을 평가함으로써 후대 신하에 대한 감계적 효과를 얻는데 안정복이 절의평가를 중요시한 의도가 있다 하겠다.

요컨대 안정복의 절의관은 반성패론적 절의관이라고 말할 수 있다. 스승 성호가 『성호사설』을 통하여 제시한 반성패론적 절의인물 평가방법이 안정복에게 그대로 전수되면서 『동사강목』 편찬에 영향을 주었다고 볼 수 있다.[89]

4. 역사편찬 인식

1) 고이考異를 통한 역사고증

안정복만큼 고증에 심혈을 기울인 역사학자도 드물 것이다. 그는 『동사강목』의 본편과는 별도로 고증내용과 과정을 부록으로 만들어 본편 뒤에 편제하였다. 따라서 후인들은 부록만 보아도 그가 어떤 고증대상을 어떻게 고증하였는가를 쉽게 알 수 있다. 그렇다면 그가 『동사강목』을 편찬하면서 이처럼 고증에 철저하였던 까닭은 무엇일까. 『동사강목』 서문에,

---

88 앞의 책, 제4하, 庚午, 문무왕 10년 夏6월, 按.
89 성호 이익이 반성패론적 절의문제를 다룬 사료로 『성호선생문집』 권15, 「答安百順 乙亥」; 『星湖續集』 권9, 「答安百順別紙」; 『성호사설』 권20, 「趙位寵 및 讀史料成敗」 등이 있다.

여러 역사서에 실로 의론할 만한 것이 많아 대략 손질을 가하고, 오류가
심한 것은 별도로 부록 두 권을 만들어 뒤에 붙여 놓았다.[90]

라 하였듯이, 여러 역사서에 '의론할 만한 것이 많아' 손질을 가하였다 하고 오
류가 심한 것은 별도로 부록으로 만들어 『동사강목』 뒤에 붙였다는 것이다.
그러니까 부록에 있는 것은 오류가 심한 것만 골라 별도로 모아 놓았다는 설명
이다. 또한 의론할 만한 것이 많다는 것은 무엇일까. 이는 그가 『동사강목』 도
처에서 누차 지적하였듯이, 종래 역사서의 기록에 대한 불만이다. 이를테면, 『삼
국사기』에 대해 오류가 많고 황잡하며 문적을 널리 구하지 못하여 간략하고
북방지역에 대한 것은 모두 탈락시켰다고 비판한 반면, 『삼국유사』에 대해서
는 이단의 허황한 설이고 전적으로 불승佛僧의 자취를 썼기 때문에 황탄하다
하였다. 『고려사』에 대해서는 지志에 탈락된 것이 많고 열전은 소루하며 『삼국
사기』의 오류를 그대로 답습하였다 하고, 『동국통감』에 대해서는 이해하기 곤
란한 내용이 많다고 하였다. 그 밖에 잘 알려진 『동사찬요』·『여사제강』·『동
사회강』·『동국여지승람』 등에 대해서도 많은 오류가 있음을 지적하였다. 더
욱이 후대의 사가들이 종래 역사서 기록의 오류를 그대로 답습해 오고 있다는
것이다.[91] 요컨대 기존 역사서의 잘못을 바로잡아 『동사강목』을 편찬하겠다는
목적에서 고증의 철저를 위해 별도로 부록을 두었다고 하겠다. 「지리고」를 『동
사강목』 편찬 초기, 즉 1756년에 썼다는 사실은 본편 서술에 앞서 고증에 심혈
을 기울였다는 사실을 말해 준다. 무엇보다도 종래의 역사고증과는 달리 본편
과 고증을 분리함으로써 고증으로 인한 본편의 번잡함을 피하고, 고증과정을
밝혀 후인으로 하여금 고증에 대한 의혹을 사지 않도록 배려하였다는 점을 주

---

90 『동사강목』 자서. "諸史於此 實多可議 故若加洗刷 而至若訛謬之甚者 別爲附錄二卷 繫之
于下."
91 『부부고』 권6, 「徐台命膺君受書 乙未」.

목하게 된다.

그는 나름대로의 고증의 틀을 도입하여 고증에 임하였다. 사마광司馬光의『자치통감고이資治通鑑考異』를 활용하였던 것이다. 즉,

사마광이『자치통감』을 저술할 때 여러 책을 참고하여 그 같고 다른 점을 평가하고, 버리고 받아들이는 뜻을 두어「고이」30권을 지었으니, 오직 근거에 충실하고 본받을 것만 받아들였다. 이것이 역사를 쓴 자의 절실한 법이 되기에 이제 모방하여「동사고이東史考異」로 삼는다.[92]

라 하였듯이, 사마광이『자치통감』을 저술할 때 여러 역사서를 참고하여『자치통감고이』를 만든 것처럼, 자기도 이 방법이 절실하다고 생각하여 모방한다는 것이다.『동사강목』부록에 있는「고이」를 비롯하여「지리고」·「괴설변증」·「잡설」등이 그것이다. 다만 지리고증과 설화변증은 별도로 분리하여 고증하였지만 고증방법은 역시 고이를 통하는 것이었다. 본편에서 고증한 내용을 보아야 할 필요가 있을 경우에는 '「고이」를 보라[見考異]' 혹은 '「지리고」를 보라[見地理考]'와 같은 방식으로 간주하여 참고하도록 권하였다.

고이를 통하는 방법은 주로 문헌고증이었다. 그러나 그는 이에 만족하지 않고 1760년『동사강목』초고가 이루어진 뒤 재고과정에서도 20여년에 걸쳐 많은 성호문인의 자문을 거쳐 문헌고증을 보충하였다. 여기에는 성호를 비롯하여 윤동규와 이병휴의 역할이 가장 컸다. 뒷날 신채호申采浩가 안정복의 고증을 평하여 "지리지 오류의 교정과 사실모순의 변증에 가장 공이 많다 하여도 가可할 것이다."[93]라고 말한 사실에서도 그가 얼마나 고증에 심혈을 기울

---

92 『동사강목』부록, 고이, 머리글. "司馬氏作通鑑 參考群書 評其同異 以示去取之意 爲考異三十卷 只取典實可法者 此作史者之柯則也 今倣之 爲東史考異."
93 『朝鮮上古史』上, 總論.

였는가를 알게 한다.

2) 강목체 역사서술과 역사지리의 접목

조선 후기 사학사에서 주목되는 사실 가운데 하나는 강목체 역사서와 역사지리학풍의 유행이라 하겠다. 이 시기의 강목체 사서로는 홍여하洪汝河의『동국통감제강東國通鑑提綱』, 유계兪棨의『여사제강麗史提綱』, 임상덕의『동사회강』, 안정복의『동사강목』등을 대표적으로 들 수 있다. 이들 사서 모두 조선 후기 역사지리학풍이 유행되는 가운데 편찬되었다. 일찍이 한백겸韓百謙의『동국지리지東國地志』가 편찬되어 나온 이후, 지리연구를 통한 역사이해의 방법으로 단행본의 지리지가 나오기 시작하였는데, 유형원의『동국여지지東國輿地志』, 신경준申景濬의『강계고疆界考』, 정약용丁若鏞의『강역고疆域考』는 잘 알려진 역사지리지이다. 이들 지리지는 대부분 역대 지리의 연혁이나 고증목적으로 쓰여졌으며 순수한 역사서는 아니다. 이렇게 강목체 역사서와 역사지리학풍이 유행되어 오면서 대부분의 역사학자들은 역사지리학풍의 영향을 받아 지리고증을 소홀히 할 수 없었다. 순수한 역사서는 물론이고 지방지의 편찬에서도 마찬가지였다.

역사가가 역사서를 저술할 때 필히 갖추어야 할 조건으로 안정복은 '선정강역'을 강조하였다.[94] 그는 종래의 지리지 기록에 불만이 많았다. 그의 불만을 요약하면 종래의 지리지에는 기록에 탈락이 많고, 잘못된 기록이 많으며, 저자에 따라 각각 다른 주장을 하여 종잡을 수 없다는 것이다. 그리하여『동사강목』범례를 통하여 "우리나라의 지리명호地理名號와 강역계한疆域界限의 여러 설이 같지 않아 구명할 수 없는 것에 대해「지리고」를 만든다."[95]고 하였다. 지리고증

---

94 『순암집』권10,「동사문답」,「上星湖先生書 乙亥」."作史者 必先定疆域."

을 위하여 「고이」와는 별도로 「지리고」를 둔다는 것이다. 그렇다고 본편에서 지리고증이 이루어지지 않은 것이 아니다. 『동사강목』 사론을 분석해 본 결과, 총 633개의 안설 가운데 60개가 지리에 관한 것이었다는 사실로 보아 그가 『동사강목』을 편찬하는 과정에서도 지리문제에 얼마나 관심을 두었는가를 알 게 한다. 지리고증의 주된 관심 지역은 옛 북방강역이었다. 특히 요동지방을 비롯하여 국경지방에 주목하였는데, 국경지방을 자세하게 기록해야 한다 하면 서 "만약 사변을 당하면 어떻게 대처할 것인가"[96]라 하여 『동국여지승람東國輿地勝覽』에서 잘못된 기록을 보고 개탄하기도 하였다. 그는 종래 지리지 가운데 학자들이 가장 많이 활용하는 『동국여지승람』에 시문이 많은 것을 지적하여 평하기를 "시문이 과연 나라를 다스리는 데에 얼마나 유익하겠는가"[97] 하고 반 문하면서 지리지의 가치를 의심하였다.

  그런데 안정복의 「지리고」는 순수하게 고증목적으로 쓰여졌기 때문에 다른 단행본의 지리지와는 달리 일정한 체재도 없고 고증방식 또한 구애받지 않았 다. 특히 안정복은 유형원의 『동국여지지』를 『동사강목』 재고과정에서 크게 참고하였다. 「지리고」 저술 역시 본편의 번잡함을 피하는 데에도 목적이 있었 으므로 본편에서 보충설명이 필요할 경우에는 부록의 고증내용을 참고하라고 안내하였다. 『동사강목』 앞머리에 붙인 8폭의 '역대 강역지도'는 『동사강목』이 당시 역사지리학풍에 크게 영향받고 있었음을 말해 준다 하겠다. 종래의 강목 체 사서에 역사지리지를 곁들인 형식을 갖추었다고 볼 수 있다. 이 점이 종래 다른 강목체 역사서와 특히 다른 부분이라 할 수 있다. 이렇게 볼 때 "『동사강 목』은 17세기 이후 대두한 강목체 역사서술(『여사제강』과 『동사회강』)과 정통론(홍

---

95 『동사강목』 범례. "東方地理名號疆域界限 諸說不同 莫能究詰 爲地理考一篇."
96 앞의 책, 부록, 지리고, 哈蘭府考. "疆理地域 有國之所必詳者 我人昧昧多錯 以此規模 若當 事變 何以處之耶 可慨也已."
97 『순암집』 권7, 「與李廷藻家煥書 己酉」. "地誌 盖有經國之模 而若勝覽等書 詩文過半 果何 益於經國乎."

여하, 성호)이 중심이 되고 한백겸 이후의 역사지리학풍이 집대성되어 완성된 것"[98]이라는 평가를 받아 마땅하다 하겠다. 「지리고」가 붙여진 역사서술 방식은 뒤에 한진서韓鎭書에게 영향을 주어 한치윤韓致奫의 『해동역사海東繹史』에 「지리고」가 첨부되게 하였다.

3) 한국사 정통체계의 확립

안정복은 『동사강목』의 체재를 철저하게 정통에 입각하여 한국사의 체계를 수립하였다. 우선 그는 『동사강목』 범례에서,

> 통계는 역사가가 책 첫머리에서 가장 중요한 의리로 삼는 것이다.[99]

라 하여, 역사가가 역사를 편찬할 때에는 먼저 통계統系, 즉 계통系統을 정해야 한다는 입장을 나타냈다. 그리고 정통의 의미에 대해,

> 정통의 뜻은 토지의 대소나 나라의 향유함이 길고 짧음에 있는 것이 아니고 앞선 왕조의 통서統緒가 단절되지 않으면 그 정통이 남아 있는 것이다.[100]

라 하였다. 즉 많은 땅을 차지하여 오랜 기간 누린 왕조가 반드시 정통이 아니고 왕위의 이어짐이 끊어지지 않으면 정통이라는 것이다. '앞선 왕조의 통서가

---

98 李萬烈(1977), 「17세기의 史書와 古代史認識」, 『한국의 역사인식』 下, 창작과비평사, 355면.
99 『동사강목』 범례, 統系. "統系 爲史家開卷第一義."
100 『순암집』 권16, 「壬辰桂坊日記」, 6月1日條. "臣曰 正統之義 不以土地之大小享國之久近 而先王之統緒不絶 則其統猶在也."

끊어지지 않으면 그 정통이 남아 있다'는 것으로 볼 때, 그의 정통개념은 원칙적으로 혈통으로 이어지는 것이었다.

그가 세운 한국사의 계통을 『동사강목』 범례와 「동국역대전수지도東國歷代傳授之圖」에 따라 정리하면 다음과 같다.

단군조선 → 기자조선 → 마한 → (삼국 무통) → 문무왕 9년 이후의 신라
→ 태조 19년 이후의 고려 → 조선

그는 단군조선을 정통의 첫머리에 놓았고, 위만을 찬적篡賊이라 하여 조선의 정통에서 뺐으며 마한을 정통으로 삼았다.[101] 삼국은 세 나라가 서로 세력의 균형을 이루었다 하여 어느 나라도 정통을 삼지 않았고, 문무왕 8년(668) 삼국이 완전히 통일된 이듬해부터 통일신라에 정통을 부여하였다. 그리고 고려는 태조 18년 신라가 고려에 투항한 이듬해부터 정통으로 삼았다. 그것은 태조 원년부터 18년까지 신라가 이미 정통으로 부여받았기 때문이다. 따라서 18년 동안의 왕건의 즉위기간은 참국僭國으로 처리되었다. 그런데 단군조선을 정통으로 삼았지만, 실제 본편에는 단군조선의 편목이 있는 것이 아니고 기자조선에 부기附記하였다. 이는 단군에 대한 자료도 미비하고 그나마 대부분 설화이기 때문에 의심스러운 것이 많아 역사적 사실로 기록하기 어려워 그렇지 않았나 여겨진다.[102] 위만조선이나 한사군漢四郡에 대한 기록은 정통 마한에 부기하였다.

---

101 홍여하는 단군을 개국시조로 인정하면서도 '國絶無嗣'라 하여 정통성을 인정하지 않았고(『동국통감제강』 권1, 朝鮮紀 上, 殷太師), 林象德은 단군에 관한 사료의 빈약을 들어 『동국통감』 外紀를 따른다 하여 단군의 정통성을 말하지 않았다(『동사회강』 범례 上).

102 성호 역시 안정복에게 단군에 대해서는 의심스러운 부분이 많아 강목의 필례를 따라 쓰기 어렵다는 의견을 말한 바 있다("檀君事 本多可疑 何可別立綱目之例"(『성호선생전집』 권27, 「答安百順 辛巳(1761)」).

그가 세운 한국사 정통체계는 혈통과 시세를 겸한 것이었다고 볼 수 있다.
우선 마한정통에 대해, 그는,

> 기준이 비록 나라를 잃고 남쪽으로 도망하였으나 마한을 공격하여 파괴
> 하고 다시 나라를 만들어 태사太師의 제사를 폐하지 않았으니, 이 또한 정
> 통으로 돌아가는 바이므로 『자치통감강목』 촉한蜀漢의 예처럼 쓴다.[103]

라 하였듯이, 기준箕準이 위만의 공격을 받고 남쪽으로 달아나 기존의 마한을
멸하고 새로운 마한을 건국하여 기자의 제사를 폐하지 않았다는 명분을 들어,
주자가 『자치통감강목』에서 촉한에게 정통을 부여한 것처럼 마한에 정통을 부
여한다는 것이다. 이는 혈통과 의리를 중시한 도덕사관에 바탕을 둔 정통인식
이라 하겠다. 그러나 이후의 왕조 교체에 따른 승계국의 정통 부여는 혈통만을
적용할 수 없었다. 이를테면, 고려나 조선이 정통으로 승계하는 경우가 그렇
다. 앞서 살펴보았듯이, 고려 태조 원년부터 18년까지 왕건을 반적으로 처리하
였지만, 왕건의 치적을 포양하여 태조 19년부터 정통으로 삼았고, 조선 태조
이성계의 경우도 고려가 망할 때까지는 그의 행적을 비판하였으나 당시의 시
세로 보아 하늘의 뜻이라 하여 등극 이후를 정통으로 삼았다. 대신 왕건이나
이성계를 추종하던 신하들은 충절문제를 들어 폄하의 대상으로 삼았다. 삼국
의 경우도 '병립幷立'한 때라 하여 정통이 없는 무통으로 처리하였지만,[104] 이는
마한의 혈통을 유지하여 승계한 나라가 없었고, 서로 세력의 균형을 이루었기
때문에 어느 나라에도 정통을 인정하기 곤란하였기 때문이라 생각된다. 이렇
게 볼 때, 그의 한국사체계에 나타난 정통인식은 기본적으로 혈통과 의리를 중

---

103 『동사강목』 범례, 통계. "箕準雖失國南奔 而攻破馬韓 再造邦國 使太師之祀不替 則是亦正
統之所歸 如綱目蜀漢例書之."
104 앞의 책, "無統 爲三國幷立之時."

시하는 도덕사관에 뿌리하면서, 시세를 가미한 것이었다.[105]

그의 한국사 정통체계에서 주목할 부분은 역시 마한정통과 고려 말 우왕과 창왕의 기록이다. 먼저 마한정통을 보자. 마한정통이 역사서에 정식으로 도입되어 쓰여진 것은 홍여하의 『동국통감제강』[106]과 홍만종의 『동국역대총목』이라 하겠다. 홍여하와 홍만종이 부여한 마한정통의 명분은 안정복의 견해와 유사하다.[107] 모두 기자의 혈통을 이어 제사를 받들었다는 것이다. 이 점은 임상덕이 '망명한 군주'라 하여 정통을 인정하지 않으려 한 것과 다르다.[108] 마한의 정통성을 남인계 역사학자가 수용하고, 서인계 역사학자가 부인하였다는 차이점을 보이는 대표적인 사례라 하겠다.[109] 그러나 안정복은 홍여하와 홍만종의 마한정통을 받아들였지만, 이들의 마한서술에 대해서는 만족하지 못하였다. 그리하여 마한을 『동사강목』의 한 편목에 넣고 기년을 써서 한 시대의 정통임을 분명히 하였다. 즉, 『동사강목』 제1 상권에서 조선과 '마한'을 분리하여 편제하고, 마한정통기의 삼국이나 위만조선을 비롯한 여러 나라는 마한시기에 포함하여 마한기년에 따라 분주하여 썼다.

---

105 정구복은 "임상덕은 당시의 실세를 중시하고 안정복은 의리를 더욱 강조하였다."고 하였다 (정구복(1987), 「안정복의 사학사상」, 『한일 근세사회의 정치와 문화』, 23면).

106 홍여하는 『동국통감제강』에서 '朝鮮紀' 上과 下를 두어 上에 '殷太師'(箕子) 항목을 넣었고, 下에 '기준왕'을 넣어 다루었다. 즉 마한의 정통성을 인정하되 마한국을 따로 쓰지 않고 '조선기'에 포함하여 다루었던 것이다.

107 『동국통감제강』 범례. "舊史 箕準南奔之後 稱衛滿朝鮮 殊失史家正統之體 今以朝鮮紀係之箕準"; 『東國歷代總目』 凡例. "箕準雖爲衛滿所逐失國 徙都尙繼箕子之祀 則猶漢昭烈之國於蜀而不失正統 今亦依朱子綱目例以正統書之."

108 『동사회강』 범례 상. "箕子爲東方萬世之宗主 至其子孫失國播遷 雖不得以舊時宗主處之 其分註紀年當首於三國之上—."

109 이러한 차이점을 한영우는 정치적 · 학문적 배경에서 찾아 보았고(한영우(1986), 「17세기 중엽 영남남인의 역사서술 – 홍여하의 휘찬여사와 동국통감제강을 중심으로」, 『변태섭박사 화갑기념 사학논총』과 한영우(1985), 「17세기 중엽 서인의 역사서술 – 오운의 동사찬요와 趙挺의 東史補遺」, 『한국사학』 6 참조)), 정구복은 당파와는 별 관계가 없다고 보았다(정구복(1992), 「조선후기 역사인식」, 『한국사상대계』 5, 한국정신문화연구원, 65면).

안정복의 마한정통이 홍여하와 홍만종의 그것을 받아들였다 하더라도, 그 이론은 성호의 삼한정통론三韓正統論을 답습한 것이다. 성호는 그의 논문 「삼한 정통론」에서 마한이 정통이 되는 근거로 기준이 위만에게 쫓겨 남쪽으로 내려 가 마한을 건설하여 기자조선의 정통을 끊어지지 않게 하였고, 위만이 기자조 선을 찬탈하여 80여 년 만에 망하였지만 마한은 117년이나 더 오래 계속되어 '유국전서有國傳緖'가 되었으며, 마한은 '소중화小中華'로서 예의인현禮義仁賢의 국 가였다는 점을 들었다.[110] 앞 부분의 견해는 홍여하와 홍만종의 견해와 다를 바 없다. 성호의 이러한 견해에는 기자존숭의 사상이 크게 배어 있다고 볼 수 있다. 특히 성호는 「삼한정통론」에서 우리나라와 중국의 역대 왕조 흥망을 유 사한 시기로 비교하면서 기자조선과 마한의 정통성을 합리화하려는 의도도 담 고 있다.[111] 이와 같은 성호의 생각에는 중국과 우리나라의 역사 흐름이 상호 병립하면서 대등하게 이루어졌다는 자주의식이 작용하였을 것으로 판단된다.[112] 삼한정통론은 성호와 안정복 사이에 편지로도 충분히 논의되면서[113] 『동사강목』 편찬에 반영되어 '마한'으로 편제되고 강목을 갖추어 기년을 사용함으로써 종 전의 미비한 정통체재를 완비함에 이르게 되었다.

한편 고려 말 우왕과 창왕에 대한 안정복의 정통인식은 남다르다. 그는 이

---

110 『성호선생문집』 권38, 「三韓正統論」 참조.
111 성호는 「삼한정통론」에서 단군과 堯가 같은 시기에 흥기하였고, 周 武王과 기자가 역시 같
은 시기에 있었으며, 기준이 왕위에 오른지 20여년 사이에 陳勝과 項羽가 일어났으며, 기준
이 金馬에 도읍하여 마한을 개국할 즈음이 前漢이 흥기할 때이고, 백제가 마한을 멸할 때가
新의 王莽이 漢을 찬탈할 때를 비교하였다. 즉 周-秦-漢의 계통과 기자조선-기준의 재위
20여년-마한의 계통의 왕조변화를 일치시켜 주목하였던 것이다.
112 이만열은 "성호가 한국사를 중국의 역사와 대비한 것은 소중화적 의식도 있었겠지만, 그
보다는 중국과의 대등한 역사발전을 내세운 자주성과 깊이 관련이 있으리라 생각된다."고
하였다(이만열, 「17·8세기의 史書와 古代史認識」『한국의 역사인식』하, 345면).
113 『성호선생문집』 권15, 「答安百順問目 乙亥(1955)」 및 「答安百順 別紙 丙子(1756)」; 『성호
속집』 권9, 「答安百順 丙子」; 『순암집』 권10, 「동사문답」, 「上星湖先生書 丙子」와 「丁丑條」
등.

시기에 대한 종래 사서의 기록에 많은 불만을 나타냈다. 우선 우왕과 창왕에 대한 종래 사서의 처리를 보자. 『고려사』에서는 세가世家에 넣지 않고 반역 열전에서 다루었고, 『동국통감』에서는 '신우辛禑'·'신창辛昌'으로 편제하여 기년 표시를 다른 군주들과는 달리 작은 글자로 세주하였으며, 『휘찬여사彙纂麗史』에서도 세가에 넣지 않고 「신서인전辛庶人傳」을 따로 편제하여 다루었다. 『여사제강』에서는 '신우기辛禑紀'·'신창기辛昌紀'로 편제하되 왕의 호칭을 아예 빼고 란 밖으로 돌려 작은 글씨로 쓰고 중국 기년만 세주하였으며, 『동사회강』에서는 공민왕대까지만 서술하고 우왕과 창왕에 대해서는 생략하였다. 『동국역대총목』 또한 '신우'·'신창'으로 세주하여 표기하였다. 모두 우왕과 창왕을 왕씨가 아니고 신씨로 보아 왕위의 정통성을 인정하지 않고, 아예 세가에서 빼거나 세가로 썼다 하더라도 왕명과 기년을 정통 군주와는 구별하여 세주한 것이다.

이러한 표기에 대해 안정복은,

태조가 왕씨에게서 왕위를 이었으니 우왕과 창왕이 왕씨이냐 신씨이냐
의 분별은 애당초 논할 것이 없다.[114]

라 하였다. 태조가 왕씨 왕조로부터 승계하여 정통인 이상 성씨가 무슨 상관이 있느냐는 것이다. 우왕과 창왕의 기록 문제를 놓고 성호문인 사이에도 왈가왈부하였다. 공민왕대까지만 기록하는 것이 어떻겠느냐는 윤동규의 견해에 안정복은 "신우의 기록을 분주하는 것은 사례에 합당치 않다."[115]는 주장을 폈다. 나아가 그는 "신씨라는 설을 분명하게 바로잡아 주장해 낼 수 없다면 여전히 왕씨"[116]라는 견해도 내놓았다. 그는 국초에는 고려 말기의 사건을 어쩔 수 없

---

114 『동사강목』 범례, 통계, 按. "聖祖 受禪王氏 則禑昌王辛之辨 初無可言—."
115 『순암집』 권3, 「答邵南尹丈別紙 辛卯(1771)」, "辛禑紀年之分註 實不合於史例."
116 『동사강목』 제17상, 戊辰, 전폐왕우 14년 8월, 按. "辛氏之說 未能明正說出 則依舊是王氏
—"

이 꺼려 사실대로 기록할 수 없었다 하더라도, 오랜 세월이 지난 이제 와서 꺼릴 이유가 없다는 것이다. 그리하여 그동안 잘못된 사필을 바로잡는 것도 본조에 빛이 되지 않겠느냐고 하였다.[117] 여기에는 실세로 등장한 이성계 무리의 역성혁명도 의리로 보면 온당치 않다는 생각과 태조가 실세로 정통성을 부여받은 이상 승계한 왕조의 군주 우왕과 창왕도 정통으로 인정해야 된다는 의식이 깔려 있다.

결국 그는 우왕과 창왕을 『동사강목』 16권과 17권에 '전폐왕우'와 '후폐왕창'으로 편목하여 넣고, 본국 기년으로 써서 왕씨 왕조의 정통성을 부여하여 다른 군주와 같은 위치로 다루었다. 이로써 그동안 종래 사서에서 고려 말기의 우왕과 창왕대의 시기를 정통의 공백기처럼 다루던 것을 안정복이 과감하게 정비하였다고 할 수 있다. 『동사강목』에 마한의 편목을 넣고 기년을 사용한 것과 우왕과 창왕을 정통 왕위에 넣어 편제함으로써 우리 역사의 상고대로부터 고려 말에 이르기까지 한국사의 정통체계를 확립한 것은 주목할만한 부분이라 하지 않을 수 없다.

4) 사론의 강화

안정복이 '술이불작述而不作'을 역사서술의 기본 원칙으로 내세웠지만, 역사가의 견해를 나타내는 사론 또한 남달리 중요하게 여겼다. 『동사강목』 편찬과정에서 성호에게 보낸 편지에,

중국 사람들은 입론立論을 위주로 하기 때문에 역대 사론이 그 숫자를

---

117 『순암집』 권9, 「答鄭子尙書 辛丑(1781)」. "麗末事 到今實無可諱之端 若稟裁改正 一洗麗氏一代誣枉之筆 則豈不有光於聖朝乎."

헤아릴 수 없을 정도인데, 우리나라 사람들은 거기에 뜻을 두지도 않고, 혹 있다 하여도 뜻에 차지 않아 올바른 의론을 토출討出해 낼 수 없으니 한스러운 일입니다.[118]

라 하였듯이, 종래 우리나라 역사서에서는 사가들이 사론에 별로 뜻을 두지 않았다고 불만을 나타내고, 그나마 있는 사론도 마음에 들지 않는다고 하였다. 이는 곧 사가가 사실기록에만 치중하고 사가 자신의 견해를 숨기는 것을 겨냥하여 지적한 것이다. 앞서 보았듯이, 오랜 세월이 지난 역사적 사실의 기록을 사가가 꺼려 피할 이유가 없다는 입장에서, 사론도 사가의 소신대로 펼쳐야 한다는 것이 그의 생각이었다고 할 것이다. 특히 "사론은 반드시 대의大義에 관계되는 곳에서 쓰려고 하는데 필력筆力이 미치기 어렵다."[119]고 하였다. 그만큼 안정복은 사론을 통하여 의리와 관련된 평론을 많이 쓰려 했다는 뜻으로 풀이된다. 실제 『동사강목』사론에는 역대 인물과 의리에 관련된 평가가 매우 많다. 그렇기 때문에 후대 학자들이 안정복의 사론을 대의명분 혹은 의리와 깊은 관련이 있는 내용으로 평가하는 것도 무리가 아니다.

그러면 안정복은 『동사강목』을 통하여 얼마나 많은 사론과 어떤 내용을 썼던가. 그는 자신의 의견을 나타내고자 할 경우에는 본문 아래에 '안按'을 쓰고 세주한다는 원칙을 밝혔다.[120] 『동사강목』에는 '안'으로 시작되는 사론이 모두 633개가 수록되어 있다. 수권首卷에 9개, 본편에 556개, 부록에 68개가 배분되어 있다. 본편에 있는 안만으로 시대별로 계산해 보면, 조선에 11(2%)개, 마한에 27(5%)개, 삼국에 120(21.5%)개, 통일신라에 42(7.5%)개, 고려에 356(64%)개이

---

118 『순암집』권2, 「上星湖先生書 戊寅(1758)」. "中國人 以立論爲主 故歷代史論 其麗不億 而 東人則不以爲意 雖或有之 多不滿意 無以討出正議 伏歎."
119 앞의 책, 권10, 「東史問答」, 「上星湖先生書 己卯(1759)」. "史論 必欲於大義所關處爲之 而 筆力難及 伏歎."
120 『동사강목』범례. "竊附愚見者 則正文下書按 而細註之."

다. 삼국시대와 고려시대의 사론이 85% 이상을 차지한다. 사론이 비교적 많은 시기는 왕조교체기였고, 특히 삼국 이전의 고대와 고려말 공민왕 이후에 많은 비중을 두고 있었다. 사론 대상을 숫자로만 본다면, 국방, 외교, 군왕의 통치문제, 신하의 충절 등 신하가 지켜야 할 도리, 지리고증, 제도 개선, 역사가의 역사서술과 관련된 문제들이 주된 논의대상이 되었다. 그 가운데에서도 군왕과 신하에 대한 인물평가가 준열한 포폄이 가해지면서 이루어졌다는 점에 주목하게 된다. 그가 역사를 군신간의 일을 기록하는 것이라 정의하고, 사론을 대의大義와 관련되는 곳에서 쓴다고 한 사실과 부합된다 하겠다.

안정복의『동사강목』사론은 조선시대에 쓰여진 종전의 역사서와 비교해서도 양적으로 큰 차이점을 보인다.『동국통감』에는 382개의 사론이 실려 있는데, 이 가운데 178개는『삼국사절요三國史節要』와『고려사절요高麗史節要』에 실려 있는 것을 첨삭하여 기록한 것이고, 나머지 204개는『동국통감』편찬자들의 사론인데 '신등안臣等按'으로 시작하였다. 이 중에서 118개는 최보가 쓴 것으로 알려져 있다.[121] 한편 임상덕의『동사회강』에는 150개의 사론이 실려 있는데 임상덕 자신의 견해인 '근안謹按'은 3개에 불과하고, 나머지는 모두『동국통감』이나『여사제강』에서 전재한 것이다.[122] 그러나『동사강목』안설은 대부분 안정복 자신의 견해로 작은 글씨로 썼고, 다른 사람의 사론은 자신의 안설과 구별하여 본문의 목目에 별도의 인용문 형태로 썼다. 이렇게 볼 때, 안정복이『동사강목』을 편찬하면서 사론에 얼마나 역점을 두었는가를 알게 한다. 이러한 변화는 종래 역사적 사실기록 중심의 역사서술에서 역사가의 평론이 크게 부각되어 가는 현상을 나타내는 것이라 할 수 있는데, 안정복을 선구자의 한 사람으로 볼 수 있다. 이는 앞서도 언급하였듯이, 의리와 관련하여 충절을 중요시하던 안정복의 인물평가와 철저한 고증을 통하여 역사를 쓴다는 그의 의지

---

121 한영우(1984),『朝鮮前期史學史研究』, 서울대학교 출판부, 194~197면 참조.
122 한영우(1989),『朝鮮後期史學史研究』, 일지사, 181면 참조.

와 무관하지 않다. 고려 말 왕조교체 과정의 사실기록이 숨겨지고, 의리와 관련된 인물평가를 꺼리는 경향을 비판하면서, 이제는 사실대로 밝혀야 한다는 지적과 함께 그의 직서정신도 큰 몫을 하였다고 생각된다. 한편 사론에서 고증이 적지 않게 이루어졌음은 앞서 본 바와 같다.

요컨대 안정복은 철저한 역사고증과 함께 역사가의 견해를 담은 사론을 중시하여 실천함으로써 사실기록 중심의 전통 역사학이 사가의 해석과 평가가 중시되는 근대 역사학으로 이행하는 데 선구적 역할을 한 역사학자라 평가하여 좋을 것이다.

5) 역사학과 실학사상의 조화

안정복이 『동사강목』을 통하여 나타낸 현실 개혁의지는 당시 실학사상의 흐름과 무관하지 않다. 특히 유형원과 이익의 영향이 크다 하겠다. 그는 성호문인이 되기 2년 전에 유형원의 후손들과 교류하면서 『반계수록』을 포함한 유형원의 저술들을 섭렵하여 초록하고 익혔다. 『반계수록』에 대해 "실로 천리를 운용함에 있어 만세의 태평을 열어준 책"[123]이라고 말할 정도로 높이 평가하였다. 『반계수록』에 수록된 개혁내용이 『동사강목』 안설을 통하여 적지 않게 수용되었음을 찾아볼 수 있다. 이를테면, 국방관계 내용으로써 왜구에 대한 방어대책을 수립하고 수군을 양성하며 병거를 사용해야 한다는 주장, 인재선발에 관계되는 내용으로써 시부 중심의 과거를 중지하고 천거를 적극 활용하자는 주장, 환곡제도의 폐단 비판과 더불어 상평창과 사창제를 실시하자는 주장, 노비천적을 폐지하자는 주장 등은 『동사강목』 사론과 『반계수록』의 기록이 거의 같은 내용들이다.[124] 『반계수록』에 있는 유형원의 사상을 역사서인 『동사강목』

---

123 「磻溪年譜 跋」. "至借以先生所著隧錄 歸來讀之 誠運用天理 爲萬世開太平之書也."

사론에서 모두 수용하여 나타내는 데에는 한계가 있었을 것으로 생각된다. 오히려 『임관정요』에서 『반계수록』의 내용을 크게 수용하였다. 안정복이 유형원의 주장을 모두 받아들였다고 보기는 어렵지만, 적어도 현실개혁과 관련된 문제는 유형원의 의견을 크게 존중하였음을 찾아볼 수 있다. 그는 『반계수록』을 문인들에게도 읽어 본받도록 권장할 정도로 높이 평가하였다.[125] 이 밖에 유형원의 저술 『동국여지지』는 지리고증에, 『동사례東史例』는 『동사강목』 범례와 설화변증 등에 적극 활용되었다.

성호의 학문과 사상이 『동사강목』 편찬에 결정적으로 작용하였다는 사실은 재론의 여지가 없다. 특히 『동사강목』 본문은 물론이고 사론에서도 『성호사설』이 크게 활용되었다. 성호 역시 유형원의 『반계수록』을 시무가 가장 잘 드러난 책으로 평가하여[126] 『성호사설』의 주요 자료로 삼았듯이, 성호의 학문과 사상의 집결체라 할 수 있는 『성호사설』은 안정복의 고증작업은 물론이고 현실개혁 문제를 논하는데 기본 자료가 되었다. 『성호사설』의 내용에 의심나는 것은 편지를 통하여 자문하기도 하였다. 이와 같이 성호학파의 역사학을 대변하는 『동사강목』이 현실개혁을 중시한 『반계수록』과 『성호사설』의 많은 영향을 받아 17~18세기 실학의 흐름에서 탄생하였던 것이다.

이는 안정복의 실학관과도 무관하지 않다. 그렇다면 안정복의 실학이란 과연 어떤 것일까. 앞서 보았듯이, 그는 경전을 먼저 하고 역사를 그 다음에 하는[內經而外史] 역사관을 벗어나지 못하였다. 이처럼 경전에 바탕을 둔 역사학의 틀 안에서 그는 다음과 같이 실학의 개념을 말하였다.

---

124 안정복의 현실개혁 안설과 『반계수록』의 내용 비교와 사료 출처는 졸저(1996), 『순암 안정복의 학문과 사상 연구』, 혜안, 172면 〈표 2-3-3〉을 참고하기 바람.
125 『순암집』 권5, 「與李士賓書 戊子」.
126 『성호선생문집』 권32, 「磻溪先生遺集序」.

학문을 하는 요체는 '무실' 두 글자에 불과하다. (…) 다만 밝히는 공부만 하고 존성存省에 소홀하면 편벽되고 빈약한 학문이 되고, 명덕의 본체도 능히 보존하지 못할 것이다. 이는 지와 행이 서로 필요하여 떨어질 수 없는 까닭이다. 그러므로 이 구절(『대학』 수구)을 읽을 때에는 다만 한번만 읊조리지 말고 반드시 실심으로 찾아 보고 실심으로 실행해야 한다. 여러 책을 읽는 법도 모두 이와 같이 한 뒤에 곧 나의 소유가 되니, 실로 실학이라 이를 수 있는 것이다

(…) 후세에 들어 말만 많고 실행이 없어져 천인성명天人性命의 설만 이야기하고 하학하여 상달하는 뜻은 소홀히 하였으므로 백세토록 진정한 유학자가 나오지 않은 것이다. 내가 일찍이 학문을 함에 있어 마땅히 세속의 폐단이 어디에 있는가를 살펴 경계해야 한다고 말하였다. 기왕에 오늘의 세계에 살면서 날마다 세상 사람들과 서로 접하고 있는데 어찌 돌출하여 세속과 끊는 행동을 할 수 있겠는가.[127]

그는 학문의 요체를 '무실務實'이라 하였다. 『대학』 수구首句의 예를 들어 설명하면서 실심實心으로 지知와 행行을 함께 하는 것이 실학이라 하였다. 나아가 말씨름만 하는 성리론에 매달리지 말고 하학으로 닦아 세속의 폐단을 고치고, 여러 사람들과 어울려 생활하며 터득하는 학문, 즉 '하학하여 상달'하는 학문이 실학이라는 견해이다. 여기에서 말하는 하학이란 바로 공맹의 가르침을 말한다. 그의 실학은 바로 공맹의 가르침을 익히고 일상생활에서 실행하는 것이라 하겠다. 학문과 실천이 병행하는 것이다.

---

127 『순암집』 권8, 「與柳敬之警書 乙未」. "爲學之要 不過務實二字 (…) 徒下明之之工 而忽於存省 則爲偏枯之學 而明德之本體不能自保矣 此知行之所以相須而不可離者也 故讀此句不徒一番吟詠而已 必以實心求之 實心行之 諸書讀法皆如此然後 庶幾爲我之有 而眞可謂之實學也 (…) 後世言詞勝而實業亡 口談天人性命之說 而却忽於下學上達之義 此百世所以無眞儒也 愚嘗以爲凡爲學 當觀俗弊所存 而爲之戒 旣居今世 日與世人相接 豈可爲崖異絶俗之行."

이와 같은 그의 실학개념은 '내경외사'적인 역사학에서도 예외가 아니라고 생각한다. 많은 사론에서 역사적 사실을 분석하여 얻은 해석과 결론을 이론적 배경으로 현실의 문제점을 지적하고 개혁을 요구하는 그의 태도가 그렇다. 특히 일반 백성들의 생활고와 관련된 문제들에서 쉽게 찾아볼 수 있다. 비록 경전과 역사학을 분리하여 독자적인 역사학까지 이르지 못하고, 아직은 공맹의 수사학에 바탕을 둔 실학에 머물렀다 하더라도, 현실개혁의 실마리를 역사서를 통하여 찾아보려 한 점은 종래 역사서에서는 보기 어려운 주목할 부분이다.

안정복 자신의 실학문에『반계수록』을 중심으로 한 유형원의 실학과『성호사설』을 중심으로 한 성호의 실학이 역사서인『동사강목』사론을 통하여 현실개혁 문제로 부각되어 나타났다고 판단하여 좋지 않을까 생각된다.

5. 맺음말

지금까지 안정복의 역사개념을 비롯하여 사가론과 작사론, 시세론·화이론·성패론·절의론과 같은 주요 평론 그리고 역사이론과『동사강목』의 편찬인식 및 17~18세기 실학과의 관련을 고찰해 보았다. 이제 안정복의 역사학에 나타나는 전반적인 성격을 생각해 보면서 맺음말로 갈음하고자 한다.

안정복은 16세기 이후 확산된 성리학보다는 경학에 철저한 유학자이다. 따라서 그의 학문은 철학적인 성리학 체계에 묶여 있기 보다는 공맹의 가르침에 대한 실천과 의리가 중시되었다. 그의 청소년용 교육서『하학지남』은 물론이고 역사서『동사강목』에도 그대로 적용되어 나타난다.

그런데『동사강목』은 실학자 유형원과 이익을 떠나 생각할 수 없는 관계에 있다. 안정복은 먼저 유형원의 저서를 접한 이후 이익의 문하생이 되어 학문적인 성숙과 정착을 하게 되었고, 그 결실로『동사강목』을 편찬하였다.『동사강목』은 유형원과 성호의 맥을 잇는다는 점에서 두 가지의 중요한 의미를 지닌다. 우선 역사적 측면을 보면,『동사강목』이라는 책이름이 유형원의 글인「동

국사강목조례東國史綱目條例」에서 비롯되었다. 안정복은 유형원의 「동국사강목조
례」에서 실마리를 얻어『동사강목』 범례의 기틀을 잡는데 도움을 받았다. 한
편 이익 또한 처음에 우리 역사를 다시 쓰려고 시도하였지만[128] 뜻을 이루지
못하고, 안정복이『동사강목』 편찬을 시도하자 적극 지도하고 협조하여 완성
토록 하였다. 결국 유형원과 이익이 시도한 우리나라 역사의 집필을 안정복이
성호문인이 되어 완성한 것이다.

다음으로 실학적 측면에서의『동사강목』과의 관계이다. 안정복은 유형원의
후손과 친밀한 관계를 유지하면서 유형원의 저술을 접하여 사숙하였다. 『동사
례』·『반계수록』·『동국여지지』는『동사강목』 편찬에 절대적인 영향을 준 책
들이다. 그리고 이익 또한 유형원의 실학을 사숙하였다. 안정복이 성호의 학문
을 전수함으로써 이들의 실학사상이『동사강목』 편찬과정에서 사론을 통하여
자연스럽게 수용될 수 있었던 것이다. 특히 대표적 실학서인『반계수록』과『성
호사설』은 핵심되는 참고서였다.『동사강목』이 종래 역사서와 크게 다른 점을
여기에서 찾을 수 있다. 본문에서 언급하였듯이,『동사강목』 사론은 여러 면에
서『반계수록』의 많은 제도개혁 내용,『성호사설』의 다양한 고증,『동국여지
지』의 역사지리 부분 등이 참고되었다. 현실문제와 관련된 부문은 거의 유형
원과 성호의 의견을 수렴한 것으로 보아도 과언이 아닐 정도이다. 요컨대 안정
복은『동사강목』을 통하여 자신의 역사학과 유형원과 이익으로 이어지는 실학
사상을 사론을 통하여 조화롭게 나타낼 수 있었던 것이다.

안정복의 현실개혁을 강조하는 실학사상의 표출은 자연히 사론의 강화로 나
타나게 되었다. 사론은 역사가가 개인적으로 견해를 제시하는 논설이다. 사가
에 따라서는 사론의 제시를 기피하는 경우도 있고, 실제 종래의 역사서에서는
다른 사람의 사론으로 대체하는 경우가 많았다. 설령 자신의 사론을 제시한다

---

[128]『성호선생전집』 권26, 「與安百順 戊寅(1758)」. "東史之成 吾實企而有待 恨不能早自圖之
也."

하여도 가급적 논의대상이 되지 않으려는 경향이 농후하였다고 하겠다. 더욱이 아무리 역사서라 하더라도 현실문제를 대상으로 한 비판적 내용을 다룬다는 것은 정치적 상황에 따라서는 신변의 위험이 될 수도 있다. 그러나 안정복은 우리나라 역사서에 사론이 경시되는 점을 아쉬워하면서 『동사강목』에서 많은 사론을 쓰고, 현실개혁의 필요성을 강조하는 내용을 많이 다루었다. 아직은 강목필법을 통한 사실중심의 전통적인 역사서술 체제를 벗지 못하였지만, 그런 가운데에서 근대 역사학자들도 칭찬하는 그의 고증성과 함께 사가의 주관이 크게 개입되는 사론의 강화는 초보적이나마 역사연구나 서술방법의 근대화에 앞장서 갔던 부분이다. 여기에서 『동사강목』이 17세기 유형원과 18세기 성호 이익으로 이어지는 실학파의 산물이라는 실학적 역사서로서의 가치를 더욱 느끼게 한다.

4

『동사강목』 편찬 개요와 안설

1. 머리말

앞서 보았듯이 안정복은 성호문인이 되기 전 유형원의 저서를 접하였고 2년 뒤 성호문인이 되면서 성호 이익의 가르침을 받기 시작하였으며, 이익 문하의 유능한 학자들과 교류하면서 성호학파에서 자신의 학문적 입지를 굳혀 갔다. 그동안 안정복은 편지를 통하여 성호로부터 역사학에 대한 자문을 받고, 이익 의 수제자 윤동규와 이병휴 등으로부터 역사학에 대한 정보를 교류하며 역사 편찬에 대한 꿈을 키워 갔다. 특히 일찍이 『자치통감강목』을 읽어 강목필법에 대한 관심이 컸던 안정복은 이익과 윤동규로부터 강목필법에 대한 세밀한 지 식을 쌓았고, 그 과정에서 이익이 40여 년 전에 저술한 『도동록道東錄』의 편목 을 조절하고 내용을 첨삭하여 『이자수어』로 정리함으로써 이익으로부터 능력 을 인정받아 학문적 신임도 얻었다. 이러한 과정을 거치면서 성호문인이 된 지 거의 10년이 지날 무렵, 스승 이익과 안정복 사이에 자연스럽게 우리나라 역사 편찬에 관한 의견이 오가게 되었고, 결국 유형원과 이익이 이루지 못한 우리나 라 역사서 편찬을 안정복이 『동사강목』이라는 이름으로 집필하게 된 것이다. 본 장에서는 『동사강목』의 편찬 배경과 동기, 기본 방향과 체재, 편찬과정을 개요만 간략하게 정리한 다음, 안설의 구성과 주요 내용을 분석해 보고 안설 가운데 현실개혁에 관한 내용을 중심으로 소개하고자 한다. 그것은『동사강 목』사론에 실학에서 중시되었던 현실개혁 의지가 어느 정도 나타나 있는가를 알기 위함이다. 이와 관련하여 그가 안설을 쓰면서 유형원의『반계수록』의 어 떤 내용을 참고하였는가도 비교 검토해 보고자 한다.[1]

2.『동사강목』편찬 개요

1) 편찬 배경과 동기

조선 후기 17~18세기의 역사연구 동향을 보면 역사 연구방법에 있어 여러 가지 변화를 보이고 있었다. 첫째, 강목체 필법으로 우리나라 역사를 정리하려 는 의욕이 강하게 나타났다.『동사강목』에 앞서 홍여하의『동국통감제강』, 유 계의『여사제강』, 임상덕의『동사회강』이 그 대표적인 역사서이다. 강목필법 에 의한 역사서술 특징의 하나는 정통체계를 세우는 것이다. 둘째, 역사지리학 풍을 들 수 있다. 지리연구를 통하여 역사를 이해하는 역사 연구방법이다. 한 백겸이『동국지리지』를 편찬한 이후 유형원의『동국여지지』, 신경준의『강계 고』등이 지금까지의 역사지리학풍의 소산이라 할 수 있다. 역사지리의 고찰 대상은 대체로 한반도와 만주 요동지역에 걸친 고대 북방강역의 변천이 주종 을 이루고 있다. 특히 요동을 포함한 만주지역은 당시 중국의 영역으로 넘어가 있었기 때문에 여러 역사학자들은 옛 강역에 대한 실지회복 의식이 매우 강하 게 나타났다.

---

1 『동사강목』편찬과 사론에 관련된 구체적인 내용은 본인의 저서,『동사강목 연구』를 참조하 기 바람.

셋째로 역사 연구에서 고증이 매우 중시되고 있었다는 점이다. 종래 역사 기록의 요류에 대한 비판과 함께 나타나는데, 역사 기록의 정확성과 객관성을 유지하려는 인식에서 비롯되었다고 볼 수 있다. 여기에는 청淸의 고증학考證學이 국내에 들어옴에 따라 그 영향을 많이 받았던 것으로 보인다. 넷째로 역사학자들의 현실개혁 논의가 사론을 통하여 크게 이루어지고 있다는 점을 들 수 있다. 역사에 관심이 깊었던 실학자들의 현실개혁 사상은 역사학자들의 역사 연구와 역사 서술에 큰 영향을 주었다. 앞서 보았듯이, 유형원의 『반계수록』과 『동국여지지』, 이익의 『성호사설』은 실제로 안정복이 『동사강목』을 편찬하면서 쓴 사론 서술에 지대한 영향을 주었다.

이러한 흐름에서 그는 조부 안서우의 영향을 받아 가정에서 일찍이 『자치통감강목』과 같은 역사서를 접하여 익혔고, 유형원의 실학에 대한 정보도 접하였던 것이다. 그러다가 유형원의 증손 유발柳發로부터 유형원의 저서를 접하여 읽고 초록하여 익힌 다음, 2년 뒤 이익의 문하가 되었던 것이다.

유형원의 『반계수록』을 통한 실학사상과 유형원의 역사에 관한 저술을 안정복이 모아 작성한 『동사례』는 안정복이 뒷날 『동사강목』을 저술하는 데에 길잡이가 되면서 획기적인 영향을 주었음은 앞에서 본 바와 같다. 안정복이 『동사강목』 집필을 착수하기까지 스승 이익의 영향력이 컸다는 것은 재론의 여지가 없다. 특히 이익은 그 자신이 이루지 못한 우리나라 역사서를 안정복이 쓰도록 권유하였고, 1754년 경 안정복이 자기에게 『동사강목』이라는 이름으로 우리나라 역사를 저술하겠다는 의도를 밝히자 매우 고무되어 긍정적인 반응을 보였다. 그후 안정복이 『동사강목』을 집필하면서 이익은 적극적인 간여와 협조를 아끼지 않았고 문인 윤동규와 이병휴 등에게도 적극적으로 협조하도록 부탁하였다.

그러면 안정복은 어떤 동기에서 『동사강목』을 편찬하려 하였던가. 첫째, 기존 역사서에 대한 불만이 컸다는 점이다. 주로 고증과 필법에 대한 불만이다. 종전 역사서의 기록에 오류가 많고 학자들 사이에 논란이 많아 다시 고증해야겠다는 것과 필법에 있어 강목 필법과 다르기 때문에 바로잡아야 한다는 것이다. 둘째, 강목 필법에 따라 권계勸誡를 분명히 하여 우리나라 역사를 다시 정리하려 했다는 점이다. 특히 주자가 『자치통감강목』에서 사실대로 직서하여 권면과 징계를 분명히 하였듯이, 자기도 그 의례를 따른다고 하였다.

이렇게 안정복 자신이 우리나라 역사를 새로 쓰겠다는 개인적 동기와 욕구 외에 앞에서 본 바와 같이 이익의 편찬 권고가 그에게 큰 힘을 실어 주었다. 이미 노쇠한 이익은 자신이 하지 못한 새로운 역사서 편찬을 안정복에게 넘기고 자신은 의례를 비롯하여 편찬에 필요한 적극적 지원을 하게 된 것이다. 사실 안정복이 『동사강목』을 쓰겠다고 이익에게 자신의 의도를 밝혔지만, 과연 이익이나 성호문인들의 도움이 없었더라면 가능하였을까. 그리하여 이병휴를 비롯하여 채제공과 허전과 같은 성호학통을 이은 학자들은 『동사강목』이 이익의 권유와 도움으로 안정복이 집필했다고 공공연히 말하였다. 요컨대 일찍이 안정복이 유형원의 「동국사강목조례」에 자극받은 데다가 기존 역사서에 대한 불만을 품고 『자치통감강목』 의례에 따라 새로운 역사서를 편찬하려는 뜻이 이익에게 전달되면서, 이익의 권고에 따라 이루어지게 되었다고 볼 수 있다. 유형원과 이익이 이루지 못한 것을 안정복이 『동사강목』이라는 이름으로 편찬하게 되었다고 하겠다.

2) 편찬의 기본 방향과 체재

『동사강목』 편찬 기본방향의 하나는 철저한 역사고증이다. 그는 『동사강목』 범례 뒤에 붙인 잡례에서 치밀한 고증계획을 세우고, 부록에서 실제로 고증작업을 하였다. 다른 하나는 '권계'의 대상으로 삼았던 역사가의 대법이다. 즉, 역사의 계통을 세우는 '명통계明統系', 찬역을 엄하게 징계하는 '엄찬역嚴簒逆', 시비를 바로 가리는 '정시비正是非', 충절을 포장하는 '포충절襃忠節'과 국가의 통치제도를 자세하게 밝히는 '상전장詳典章'을 말한다. 그리고 그가 철저하게 주자 강목 필법을 준수하려는 '근필례謹筆例'라 하겠다.

그가 고증을 얼마나 중요시하였는가는 『동사강목』 범례와 부록에 잘 나타나 있다. 범례 뒷부분에 다시 '잡례'를 두어 철저한 고증계획을 세웠다. 즉, 설화를 변증하여 1편을 만들겠다는 계획을 비롯하여, 여러 역사서의 다르거나 같은 내용을 참고하여 「고이」 1편을 만들고, 특이한 의견으로 정문正文에 넣을 수 없는 것에 대하여 「잡론雜論」 1편을 만들며, 지리에 관한 것으로 여러 설이 같지 않은 문제를 해결하기 위해 다시 「지리고」 1편을 만든다는 계획이었다. 이와 같은 고증 계획은 『동사강목』 부록에 있는 「고이」·「괴설변증」·「잡설」·「지리고」에서 그대로 이루어졌다. 역사가의 입장에서 안정복이 고증을 얼마만큼 중요시하였는가는 먼저 고증작업을 한 다음, 『동사강목』 본편을 편찬하였다는 사실에서도 알 수 있다. 그 가운데 「고이」와 「지리고」는 고증작업의 핵심 부분이라고 볼 수 있다.

통계를 밝히는 일에서 그는 한국사의 통계를 단군조선 → 기자조선 → 마한 →(삼국 무통) → 문무왕 9년 이후의 신라 → 태조 19년 이후의 고려 → 조선으로 세웠다. 삼국은 각국의 세력이 균등하다 하여 어느 국가에도 정통을 부여하지 않았다. 그가 세운 정통체계의 특징을 보면, 삼국 이전은 대체로 혈연과 도덕사관에 비중을 두었다 할 수 있고 통일신라 이후는 시세를 무시할 수 없었다는 점을 찾아볼 수 있다. 또한 마한정통을 세워 고대사를 정리한 것은 안정복의 한국사 체계의 주요한 부분이다.

찬역을 엄히 하는 일은 대체로 정통국가나 정통왕위에 거슬러 반역하는 행위를 폄하하는 경우에 찾아볼 수 있다. 전자의 경우로 위만이 기준을 몰아내고 위만조선을 세운 것을 참국僭國이라 하였고,[2] 태조 원년으로부터 18년까지, 즉 경순왕이 고려에 항복함으로써 신라가 정통성을 잃을 때까지 18년 동안의 고려는 참국이 될 수 밖에 없다고 하였다.[3] 그리고 궁예弓裔나 견훤甄萱이 정통왕

---

2 『동사강목』 범례, 통계.
3 앞의 책.

조인 통일신라의 신하로서 각각 태봉과 후백제를 건국하였다 하여 도적으로 다루었다. 찬역의 여부는 특히 정통여부를 판단하는 경우에 거론되게 마련이다. 후자의 경우로는 고구려의 명림답부明臨答夫, 고려의 심양왕瀋陽王 고暠,[4] 고려말 조준·정도전·윤소종 등[5]의 반역행위에 대한 평가를 들 수 있다.

시비를 바로잡는다는 것은 두 가지의 의미를 지닌다. 하나는 선악의 구별과 관련된 의리상의 시비를 가리는 것이고, 다른 하나는 고증문제와 관련된 사실의 진위를 가리는 것으로 생각된다. 아마도 의리상의 시비를 가리는 것이 아니었을까 생각된다. 그것은 '정시비'가 앞서 본 바와 같이 '권계'의 목적에서 나왔다고 생각되기 때문이다.

충절의 포장은 그가『동사강목』안설에서 매우 중시한 부분이다. 그는 '신하가 임금을 섬기되 충성은 절의보다 더 훌륭한 것이 없고, 절의는 역사가가 제일 중요시하는 의리'라 하였다. 이러한 취지 아래 그는『동사강목』안설을 통하여 많은 절의 인물을 표출하기도 하고, 명신이나 명사라 하더라도 절의 유무로 재평가하여 포폄을 가하였다. 역대 최고 문사로 널리 알려진 나말 삼최三崔(최치원·최승우·최언위)를 변절자로 폄하하고, 조선조에 들어 평가를 꺼리던 개국공신 정도전이나 조준을 소인배로 폄하한 것이 좋은 예이다.

한편 안정복이 전장을 자세히 한다는 뜻을『동사강목』자서에 밝힌 것은 종래의 역사서에서는 찾아볼 수 없는 점이다. 물론 각종 제도에 관한 연혁이『삼국사기』나『고려사』와 같은 기전체 역사서에서는 지志에 기록되기도 하지만, 편년체 역사서에서는 찾아보기 어렵다. 따라서 그가『동사강목』수권에「관직연혁도官職沿革圖」를 둠으로써 기전체 역사서의 지를 대신하려 하였던 것으로 생각된다. 그가 이처럼 전장을 자세히 해야 한다는 점을 강조한 또 다른 배경

---

4 앞의 책, 범례, 人事.

5 앞의 책, 제17상, 戊辰, 전폐왕우 14년 8월, 按; 제17하, 辛未, 공양왕 3년 秋7월, 按; 공양왕 4년 夏4월, 按 등.

으로, 일찍이 『반계수록』을 접하여 얻은 유형원의 제도개혁사상과 『성호사설』
에 나타나는 각종 제도에 관한 이익의 개혁의지에 더 영향을 더 받았지 않았을
까 생각한다.[6]

끝으로 그는 주자 강목 필법을 준수하는 것을 원칙으로 삼았지만, 『동사강
목』이 우리나라 역사라는 점을 고려하여 예외로 범례의 뒷부분에 잡례雜例를
두었다. 잡례에 규정된 내용을 검토하여 보면 사료의 수집, 강과 목의 서술원
칙, 사론의 서술방법 등을 나타내고, 더불어 고증계획이 구체적으로 규정되어
있다. 비록 『자치통감강목』 의례를 빌려 쓰더라도 우리나라 역사 중심으로 쓰
겠다는 안정복의 작사作史정신에서 비롯되었다 하겠다.

『동사강목』은 편년 강목체 역사서로서 1권의 수권首卷, 17권의 본편本編, 2권
의 부록으로 편제되어 있다. 수권은 이병휴가 쓴 제동사편면題東史篇面・자서自
序・목록目錄・범례凡例・채거서목採據書目・사론제유성씨史論諸儒姓氏・도圖 등 7
개의 항으로 구성되었다. 수권의 특징은 첫째, 다양한 내용을 들 수 있다. 자
서 앞에 붙인 제동사편면, 참고문헌을 소개한 채거서목, 인용한 사론의 찬자
명단, 역대 왕조의 전수도, 역대 강역지도, 관직 연혁도 등을 전면에 첨부한 체
재는 종래 역사서에서 찾아보기 어렵다. 둘째, 성호학파의 역사서라는 것을 자
처하였다는 점이다. 맨 앞에 넣은 제동사편면은 『동사강목』 교정과 고증을 완
성하고 안정복의 부탁으로 1774년 이병휴가 쓴 발문 겸 서문의 성격을 지닌
글이다. 본시 스승 이익이 쓰려고 하였으나 노환으로 홍범설洪範說에 대한 내용
만 쓰고 이병휴에게 보낸 후 타계하였다. 10년 뒤 안정복이 부탁하자 이병휴는
앞 부분에 이익의 홍범설을 쓰고 뒷부분에 자신의 글을 써서 안정복에게 보낸
것을 『동사강목』 전면에 붙인 것이다. 안정복의 의도는 스승 이익의 뜻을 살
리고 당대 성호학파를 실질적으로 이끌고 있던 이병휴의 글을 성호문인들의
도움으로 이루어진 『동사강목』 전면에 붙이고 싶었던 것이다. 셋째 수권에 철

---

6 정구복, 앞의 논문, 19면 참조.

저하게 정통에 의거하여 『동사강목』이 저술된다는 점을 부각시키고 있다. 목차, 전수도, 범례에 뚜렷하게 드러난다. 넷째, 우리나라 역사의 독자성과 역사고증을 철저히 한다는 뜻을 분명하게 드러냈다. 범례의 잡례에 분명하게 나타냈다. 다섯째, 채거서목을 두어 문헌비판을 먼저 가하였다는 점을 들 수 있다. 이러한 예는 종래 역사서에서 좀처럼 찾아보기 어렵다. 여섯째, 역사지리학풍의 영향을 받아 지리 고증을 매우 중시하였다는 점이다. 8폭의 강역지도를 넣었고, 범례에서 지리고증 계획을 밝혔다. 끝으로 관직연혁도를 정리해 수권에 넣은 점 또한 찾아보기 어려운 체재이다.

본편은 17권이지만 각 권은 다시 상하로 나뉘어 사실상 34권인 셈이다. 본편의 특징은 첫째, 고조선과 마한이 본기本紀 체재를 이루고 편년編年이 사용되었다. 종래 대부분의 역사서에서는 고조선과 마한을 본기와 별도로 외기外紀에 넣었으나 안정복은 정통 체재에 넣는 것은 물론이고 가능한한 편년까지 갖추어 썼다. 둘째 종래 역사서에서 썼던 조선기朝鮮紀, 삼국기, 신라기, 고려기 등의 표기 방법을 지양하고 정통 왕조의 순서대로 서술하였다. 다만 삼국시대는 무통으로 처리하였기 때문에 국가의 구별없이 연월 순으로 서술하였다. 셋째 본국 위주의 기년을 썼다. 그동안 관례로 본문 시작에서 쓰였던 중국 기년은 상단에 세주하는 방식을 썼다. 『동사강목』이 우리나라 역사서이기 때문에 우리나라 기년으로 써야 한다는 역사인식에서 비롯되었다 하겠다. 넷째, 자기가 쓴 사론과 인용 사론을 엄격하게 구별하였다. 인용 사론은 대부분 목目의 끝에 쓰고 자기 사론은 앞에 안按이라 표기하고 세주하였다. 다섯째, 고려 우왕을 전폐왕우前廢王禑, 창왕을 후폐왕창後廢王昌이라 칭하고 정통 체계에 넣었다. 종래 역사서는 우왕과 창왕을 정통 체계에서 빼거나 반역 열전에 넣어 서술하는 경향이 있었으나, 안정복은 우왕과 창왕이 어느 성씨이든 논의의 여지없이 정통성을 인정해야 한다는 견해를 폈다.

부록은 상권과 하권의 체재를 갖추어 상권은 「고이」·「괴설변증」·「잡설」, 하권은 「지리고」·「강역연혁고정」·「분야고」로 편제되어 순수하게 역사고증이 다루어지고 있다. 특히 「고이」와 「지리고」는 당대 학자들의 주목을 받은 부분이다.

3) 편찬 과정

『동사강목』은 1756년 경 집필이 시작되어 1760년에 초고가 완성되었다. 물론 본편이 집필되기 2~3년 전부터 역사고증이 이루어지고 있었다. 즉 「고이」와 「지리고」는 본편보다 먼저 집필되었다. 누구보다도 이익은 안정복에게 집필을 권고한 장본인이기 때문에 적극적으로 지원하였고, 윤동규나 이병휴에게도 협조하도록 부탁하였다. 초기 범례 작성부터 이익의 자문에 의존하는 바가 컸고, 성호문인들의 도움을 받지 않을 수 없었다. 또한 안정복의 입장에서도 이들의 도움 없이는 『동사강목』 편찬 진행이 쉽지 않았다. 문헌 자료의 제공, 집필 내용의 자문, 지필묵의 지원이 필요하였고, 본시 건강이 좋지 않은 안정복이었기 때문에 집필과정이 수월치 못하였다. 주로 편지를 통하여 의견 교환을 하였는데, 안정복은 집필되어 가는 과정과 상황을 수시로 이익에게 알렸다.

이익은 주로 편지로 답해 주었으며,[7] 『성호사설』을 참고하도록 하였다.[8] 자문 내용에 자신감이 없을 경우에는 제자인 윤동규에게 다시 자문을 요구하기도 하였다.[9] 윤동규의 해박한 역사지식 때문만이 아니라 성호문인 가운데 가장 연장자로서 수제자이고 이익 자신 다음으로 성호학파를 대표하는 제자였기 때문이다. 더욱이 이익 본인이 병약한 데다가 편찬의 책임을 진 안정복의 건강도

---

7 이익은 안정복의 질문에 답해 주는 것은 물론 다방면에 걸쳐 주문을 요구하기도 하였다. 이를테면, 史를 쓰려면 經을 소홀히 하지 말 것, 기존 사서의 본문을 적절히 刪節하여 語勢를 맞출 것, 윤색을 할 때에는 본의를 반드시 살필 것 등을 들 수 있다(『성호선생문집』 권15, 「答安百順 己卯(1759)」).

8 『성호선생문집』 권15, 「答安百順 別紙」. "僅說中有所記掲 而送之 覽而去取焉."

9 『성호속집』 권8, 「答幼章 戊寅」; 「答幼章 己卯」.

역시 좋지 않다는 사실을 알고 있었다.[10] 윤동규는 이미 노쇠하고 병약한 스승 이익의 권고도 있고, 안정복에게 그동안 강목 필법을 자문하는 등 학문적으로 매우 가까웠기 때문에 적극적으로 도왔다. 안정복이 『동사강목』을 집필하는 동안 이익 다음으로 도움을 준 사람이 바로 윤동규이다.

성호의 조카 이병휴도 정통이나 절의문제 등으로 자문하고, 특히 필요한 문헌 제공을 하는 등 협조를 아끼지 않았다. 그 밖에도 권철신의 부친 권암權巖, 이익의 손자 이구환李九煥 등이 자료 제공을 하는 등 도왔다. 그러나 한때 안정복이 지병으로 집필이 중단되기도 하였다. 1759년 고려 인종 때까지 집필하고 지병이 악화되자, 동생 정록鼎祿과 아들 경증景曾에게 나머지는 윤동규를 중심으로 권철신과 이구환에게 맡겨 완성하도록 유언한 것이다. 결국 자신이 초고를 마쳤지만 그만큼 그는 병고에 시달리며 집필하는 처지였다. 1760년 초고를 마친 뒤 스승 이익에게 보이고 이익은 윤동규에게 보였다. 초고를 본 당시 학자들은 『동사강목』을 보고 많은 찬사를 보냈으며,[11] 이에 안정복도 큰 자부심을 갖게 되었다. 친구 이지한李趾漢은 아들로 하여금 초고를 베껴 가도록 하는 한편 서문을 써주기도 하였다.[12]

이어 재고에 들어갔다. 이익은 노환으로 사실상 손을 뗀 상태이고 윤동규, 이병휴, 이구환, 이인섭 등으로부터 초고 검토와 자문을 다시 받으면서 수정 보완해 나갔다. 그 과정에서도 그는 1762년 『성호사설유선』, 1763년 『사감史鑑』, 『1767년 『열조통기列朝通紀』를 저술하였다. 1773년 경 재고과정도 어느 정도 마무리되자, 그는 이병휴에게 이익이 쓴 「홍범설」을 『동사강목』의 첫머리에 넣고 싶다는 의견과 함께 표제문을 부탁하여[13] 이듬해 이병휴의 글을 받았는

---

10 앞의 책, 권8, 「答尹幼章 丁丑」; 「答幼章 戊寅」.
11 『순암집』 권9, 「答鄭子尚書 辛丑(1781)」.
12 『잡동산이』 권3, 「東史綱目序」 참조.
13 『순암집』 권4, 「與李景協書 癸巳(1773)」. "先生所著洪範說 實是東方一大文字 欲編於東史首張."

데, 현재 『동사강목』의 맨 앞에 붙여 놓은 「제동사편면」이 그것이다. 그 후에
도 1776년 9월부터 1779년 4월까지 목천현감으로 있으면서 보완작업을 계속하
여 1778년 자서를 씀으로써 편찬작업을 일단락짓게 되었다.[14] 『동사강목』의
편찬이 이 때 실질적으로 끝났다고 하겠다. 마침 1779년 정조가 『동사강목』을
궁궐로 올리라는 교시를 내리자,[15] 안정복의 문인이자 정조와 가까운 문인 정
지검을 통하여 보내게 되었다. 1783년 정조가 『동사강목』을 교정하여 인쇄하
도록 명하자, 안정복은 같은 해 9월까지 교정한 초본과 발문을 첨부하여 올렸
고,[16] 이어 직재장내각의 교정을 거쳐 전라도 전주감영에서 등사토록 명하기에
이르렀다.[17] 「순암선생연보」에 따르면, 『동사강목』 초고의 편찬이 4년, 자서를
붙일 때까지의 재고가 19년이 걸렸다. 거기에 교정기간을 포함하면 초고 편찬
에서부터 교정의 완성까지는 실로 28년이 걸린 셈이 된다. 그러나 1791년 안
정복이 타계하기까지 『동사강목』은 간행되지 못하였다.[18]

3. 『동사강목』 안설과 현실개혁 의지

1) 『동사강목』 안설

청년 시절 농촌의 경험과 실천 중심의 하학 공부를 통하여 현실개혁 의식이

---

14 『동사강목』, 자서.
15 「순암선생연보」, 정조 3년 6월. "自上有東史內入之敎 因鄭承宣志儉納上焉."
16 『안정복총서』 권17에 교정을 마치고 쓴 발문 '校正草跋'과 각 권별로 쓴 校正草가 실려 있
   다(內下東史綱目校上草).
17 「순암선생연보」, 정조 7년.
18 丁志永의 安鼎福祭文(『順菴全集』 1, (驪江出版社, 1984), 648면). "至若東史綱目 則自上特
   命閣臣校正刊行 而姑未印出."

자연스럽게 형성되었고, 이어 유형원의 저서를 접하고 이익의 학문과 사상을 수용하는 한편, 성호문인들과 폭넓은 학문교류 과정을 거쳐 실학문으로 정착되어 그 결과가『동사강목』으로 나타났다는 결론에 이르렀다. 그렇다면 안정복은『동사강목』을 통하여 구체적으로 어떤 견해를 제시하였던가. 흔히 역사가는 역사서를 저술할 때 사론을 통하여 자신의 견해를 드러내듯이, 안정복도『동사강목』사론을 통하여 자신의 견해를 나타냈다. 따라서『동사강목』에 수록된 안설을 분석해 보면, 안정복이『동사강목』을 통하여 무엇을 나타내고자 하였는가를 알 수 있다.

지금까지『동사강목』안설은 안정복의 역사인식을 알아 보기 위하여 여러 학자들에 의해 빼놓을 수 없는 분석대상이 되어 왔다.[19] 1990년대에는 비교적 체계적인 분석이 이루어지면서 안정복이 사론을 통하여 나타낸 견해가 더욱 구체적으로 밝혀지게 되었다.[20] 필자 또한 이에 관심을 가지고 나름대로의 기준을 세워 분석한 결과를 토대로 우선 안정복의 현실의식을 살펴본 바 있다.[21]『동사강목』에는 '안按'으로 시작하여 세주한 안설이 633개 실려 있다.[22] 수권에 9개, 17권으로 된 본편에 556개, 부록에 68개가 수록되어 있다. 이를 내용별로 크게 나누어 보면 다음과 같다.

A. 정치·군사·병기·병법·변방의 경계 강화·주변국의 군사적 동향·군

---

19 1980년대까지의 대표적 논문은 다음과 같다. 卞媛琳(1973),「안정복의 역사인식」,『史叢』17·18합집; 정구복(1987),「안정복의 실학사상 -동사강목을 중심으로」,『한일 근세사회의 정치와 문화』, 한일문화교류기금; 한영우(1988),「안정복의 사상과 동사강목」,『한국학보』53.
20 車長燮(1992),「안정복의 역사관과 동사강목」,『朝鮮史研究』1, 伏賢朝鮮史研究會. 이 논문은『동사강목』에 실려 있는 사론을 구체적으로 분석하고 있다. 이 논문과 필자의 글에 나타나는 통계는 분석 기준과 관점이 다르기 때문에 숫자상 차이가 난다.
21 졸저(1994),『동사강목 연구』, 민족문화사, 제5장 참조.
22 한영우는『동사강목』에 사론이 870여 칙이 실려 있다 하였고(한영우, 앞의 논문, 183면), 차장섭은 960칙이라 하였다(차장섭, 앞의 논문, 396면).

사적 요충지 확보·대무반對武班정책 등 국방과 관련한 견해를 제시한 안 설 (66)

B. 사신 교환·조공·사신과 역관의 역할·사대교린 등 국제관계를 주된 내용으로 하는 외교와 관련된 의견을 제시한 안설 (71)

C. 군왕의 정치 득실·왕권의 강약·왕실의 동향 및 변화 등 군왕과 왕실을 겨냥하여 쓴 안설 (93)

D. 신하의 절의와 언행, 거취에 대한 포폄 그리고 인재 등용의 중요성을 포 함하여 주로 군왕을 보필하는 신하의 정치도리에 관한 견해를 제시한 안 설 (94)

E. 각종 제도·관직·법령의 개폐 및 개선에 관한 안설 (57)

F. 조세·토지·구휼 등에 관한 안설 (10)

G. 지리·강역에 관련한 안설 (90)

H. 재상에 관한 안설 (5)

I. 불교와 관련된 안설 (21)

J. 삼강오륜·관혼상제와 관련된 안설 (14)

K. 호칭·어원 및 별명에 관한 안설 (10)

L. 서화·음악·시가에 관한 안설 (10)

M. 역사서술 방법 및 고증에 관한 안설 (41)

N. 통계[正統]에 관한 안설 (3)

O. 중국 역사서의 조선전·발해전·왜전 등을 전재한 안설 (21)

P. 위의 어느 내용에도 포함시키기 어려운 안설 (13)

총계 (633)

위에 제시하였듯이, 『동사강목』 안설의 내용에 따라 국방관계(A), 외교문제 (B), 군왕과 왕실문제(C), 신하의 정치적 행적과 인재등용문제(D), 제도 및 법령 문제(E), 조세 및 대민 구휼정책(F), 지리고증(G), 재상(H), 불교비판(I), 삼강오륜 과 관혼상제(J), 어원이나 호칭(K), 기예(L), 역사서술(M), 통계(N), 중국 문헌기록의 전재(O), 기타(P) 등으로 크게 분류해 보았다.[23] 안설의 숫자로 보면, 군신문제를 다룬 안설, 지리고증과 관련된 안설, 외교와 국방에 관한 안설, 제도 및 법령에 관한 안설 그리고 역사서술에 관한 안설이 단연 큰 비중을 차지한다. 그 밖에 호칭이나 어원에 관한 안설, 불교비판에 관한 안설도 적지 않게 나타난다. 상위 7개 분야의 내용(A · B · C · D · E · M · K)이 512개로 전체 안설 633개의 80% 이상을 차지한다.[24] 특히 군신관계를 다룬 안설(C · D)이 29.5%나 된다. 대체로 그의 관심이 군왕의 정치득실이나 신하의 정치도리 등 정치 분야에 치중된 점을 발견할 수 있다.

이들 안설의 시대적 구성분포를 보면, 『동사강목』 본편 17권 가운데 고려시대 서술에 12권을 배분하여 70.6%를 차지한다. 그러나 안설은 본편에 제시한 556개 가운데 356개로 64%에 그쳤다. 이에 반하여 삼국시대와 그 이전의 시대에 쓰인 안설은 그 후의 시대에 비하여 비율이 높다. 그 가운데에서도 고조선과 마한시대에는 본편의 서술보다 안설의 비율이 훨씬 높다. 이는 안정복이 『동사강목』을 편찬하면서 삼국시대 이전에 더 많은 관심을 두었음을 말해 준다. 『동사강목』 본편에 있는 556개의 안설 가운데 삼국시대 이전의 것이 158개이다. 이는 종래 다른 역사서에 수록된 사론과 절대숫자로 비교해 보아도 결코 적은 숫자가 아니다. 더불어 『동사강목』 부록에 있는 「고이」 · 「괴설변증」 ·

---

23 필자의 내용별 분류에는 적지 않은 문제점이 있음을 밝혀 둔다. 이를테면 구휼에 관한 것은 사회분야로 넣고, 정통문제는 역사서술에 포함시켜야 할 것으로 생각되나, 안설의 내용을 분류해 보면 전자는 경제문제와 관련된 것이고, 후자의 경우는 별도로 다루는 것이 분석의 이해에 편리할 것 같았기 때문이다.

24 안설의 숫자가 많다고 하여 안설의 숫자가 적은 분야는 소홀히 하였다고 평가할 수는 없을 것이다. 『동사강목』 사론을 검토해 보면, 어떤 경우에는 하나의 안설에 많은 견해를 한꺼번에 나타낸 경우가 있는가 하면(이를테면 『동사강목』 제6상, 병진, 광종 7년, 按의 奴婢賤籍에 관한 내용을 들 수 있다), 사소하고 구체적인 사항을 여러 번 나누어 제시하는 경우가 많다. 또한 안설이 아니면서 사론의 성격을 지닌 것도 적지 않다. 따라서 본고에서 구태여 안설의 숫자를 들어 해석하는 것은 그의 관심도를 헤아려 보는 방편일 뿐이다.

「잡설」·「지리고」의 고증대상이 주로 삼국시대 이전의 고대에 속한다는 사실과 부록에서 다루어진 안설 68개가 거의 삼국시대 이전의 것이다. 특히 고대의 지리고증이 많다는 점에서, 그가 『동사강목』을 편찬하면서 역사지리에 크게 관심을 두고 있었다는 점도 주목되는 부분이라 할 것이다. 요컨대 안정복은 『동사강목』을 편찬하면서 한국 고대사의 연구와 고증에 주된 관심을 두었다고 하겠다. 그런가 하면 고려시대에 집중적으로 나타낸 비판적인 안설도 있다. 과거제도의 도입과 불교행사, 고려왕실의 비윤리성 비판 등과 관련된 안설을 통하여 고려왕실을 비판하는 안정복의 고려왕조에 대한 부정적 인식을 읽을 수 있다.

내용별로 분류된 안설 가운데 주목되는 부분을 간략하게 소개하면 다음과 같다.

(1) 국방강화와 군사정책의 개선 (A)

전쟁에 관한 안설이 많다. 요약하면 외침을 막기 위한 대비책에 관한 견해로 이루어졌다고 할 수 있다. 변방의 경계를 강화하고 해방海防 대책을 세우는 일, 주변국의 정치적 군사적 동향을 살피는 일, 군사적 요새지를 확보하고 병거兵車 등 병기를 보급하는 일 그리고 통일신라 이래 문약에 빠지게 한 숭문정책을 지양하고 문무 균형정책을 펴자고 주장한 것 등은 조선 정부의 군사적 위약성을 지적한 안정복의 대표적인 현실개혁 의식의 표출이라 보아 좋을 것이다.[25]

---

25 안정복의 국방에 관한 견해에 대한 연구로 졸고(1991), 「안정복의 국방론」, 『실학사상연구』 2; 졸저(1994), 『동사강목 연구』, 민족문화사, 282~303면 참조.

(2) 사대교린을 통한 외교의 강화 (B)

주변국과의 사신 교환 등에 관한 안설이 55개로 77%를 차지한다. 국내 역사
서에 없는 기록은 『문헌통고文獻通考』를 다수 참고하여 보충하였다. 안정복은
주변국과의 외교를 국방의 차원에서 설명하고, 그 방법으로 사대교린의 중요성
을 거듭 강조하였다.[26] 따라서 그의 외교에 관한 사론은 국방문제와 관련하여
설명되어야 할 것이다.

(3) 왕권강화를 통한 기강의 확립 (C)

군왕 및 왕실에 관한 안설에서는 군왕의 정치득실에 대한 포폄이 크게 다루
어지면서, 더불어 왕권강화를 강조하였다는 점이 주목된다. 이는 특히 일정한
왕조 말기의 군신관계를 다루는 과정에서 자주 찾아볼 수 있다.[27] 대체로 그는
왕조의 멸망을 왕권의 위약성과 관련지어 설명하고 있다.

(4) 신하의 충절과 인재등용의 중요성 강조 (D)

안정복은 왕권이 강화되어야 한다는 견해를 나타냄과 동시에 신하의 절의를
높이 평가하였다. 따라서 명신의 여부를 절의의 유무로 결정하는 경우가 많았

---

26 대표적인 예로 『동사강목』 제1상, 壬申, 마한, 按; 제11상, 원종 원년 2월, 按 등을 들 수 있
  다.
27 『동사강목』 제4하, 庚午, 문무왕 10년 夏6월, 按; 제2하, 癸酉, 秋7월, 按; 제5하, 丁亥, 경애
  왕 4년 12月, 按; 제5하, 乙未, 왕 김부 9년 冬10월, 按 등 참조.

다. 그리고 반역자나 반역행위에 동조 혹은 협조한 신하에 대해서는 준열한 비판을 가하였다.

이와 관련하여 그는 인재등용 방법의 개선을 중요한 현안으로 삼았다. 왕권강화와 더불어 신하의 절의를 높이 평가한 안정복의 군신관은 주목되는 대목이라 하겠다.[28]

(5) 현실에 맞는 제도 개혁 (E)

『동사강목』 사론에서 실학적 요소가 가장 강하게 나타나는 부분이 바로 각종 제도나 법령의 개혁에 관한 견해를 제시한 부분이라 하겠다. 관직이나 군현의 연혁 혹은 개폐에 관한 안설은 대부분 자신의 견해를 생략하고 역사적 사실만을 나타낸 것이 많지만, 그 밖의 형법이나 과거제도와 관련된 안설은 현실비판이 많이 이루어지고, 더불어 개선안도 적지 않게 포함되어 있다. 종래 역사서와는 달리 『동사강목』 수권에 「관직연혁도官職沿革圖」를 넣을 정도로 안정복은 이 부분에 큰 관심을 보이기도 하였다. 특히 형법에 관한 견해는 『임관정요』의 '형법장'이나 '사송장' 그리고 과거제도 등에 관한 견해는 안정복이 제시한 인재등용 방법과 관련하여 검토되어야 할 부분이기도 하다.

(6) 경제안정 정책의 실시 (F)

경제적 내용을 담은 안설은 다른 것에 비하여 그리 많지 않다. 그런 가운데

---

28 안정복의 절의관에 대한 논고로 졸고, 「순암 안정복의 충절론에 관한 일고찰」(『국사관논총』 34, (1992)) 참조.

에서도 안정복은 농촌경제의 안정에 많은 관심을 보였다. 진대법이나 의창, 상평창 등의 운영 실태와 문제점을 지적하고,[29] 조선 전기부터 시행되어 온 환곡제도의 모순과 개선에 주목하였다.[30] 그리하여 그는 환곡제도를 폐지하고 조선 초기부터 논의되어 오던 사창제의 실시 확대를 강력하게 주장하였다.[31]

(7) 철저한 지리고증과 역사지리학풍 (G)

안정복이 『동사강목』을 편찬하면서 가장 관심을 둔 것 가운데 하나는 지리연구를 통한 우리 역사의 이해라 할 수 있다. 『동사강목』 안설 633개 가운데 90개가 지리와 관련된 것 외에도, 수권에 8폭의 역대 강역지도를 넣고, 부록에는 지리를 고증한 「지리고」를 편제하였다. 그뿐 아니라 『동사강목』에는 안설 외에 2400여 개나 되는 간주가 있는데 그 가운데 1500여 개가 지리에 관한 것으로 전체의 60%가 넘는다. 그가 성호 이익이나 성호문인들과 학문적 교류를 하면서 남긴 서간문에도 지리고증에 대하여 나눈 의견이 적지 않다. 이 모두가 안정복이 『동사강목』을 편찬하면서 지리문제에 얼마만큼 관심을 두었는가를 알게 한다.[32]

---

29 『동사강목』 제6상, 丙戌, 성종 5년 秋7월, 按.
30 앞의 책, 제2상, 甲戌, 冬10월, 按; 제7상, 癸巳, 문종 7년 冬10월, 按 등.
31 필자는 환곡제도에 대한 안정복의 견해에 주목하여 과거제도와 형법제도, 더불어 『동사강목』 사론을 중심으로 분석한 바 있다. 거기에서는 사창제에 대해서도 언급하였으나 『동사강목』 사론을 중심으로 한 고찰이기 때문에 구체적인 분석은 피하였다(졸저, 앞의 책, 274~282면). 안정복의 사창제에 대한 구체적인 논고로 吳煥一(1993), 「안정복의 사창에 대한 연구」, 『국사관논총』 46가 있음.
32 이의 중요성을 느끼고 필자는 『동사강목』 연구의 첫 작업으로 「지리고」를 분석한 바 있다(졸고(1986), 「순암 안정복의 동사강목 지리고에 관한 일고찰」, 『역사학보』 112; 졸저, 앞의 책, 203~250면).

(8) 불교비판 (I)

불교에 관한 안설에서는 불교의 전래나 불승의 행적에 관한 내용이 다루어
지고 있지만, 불교의 허황성이나 폐해에 대한 비판이 많이 이루어졌다. 역대
왕실의 호불정책과『삼국유사』에 대한 비판적 견해도 적지 않게 찾아볼 수 있
다. 고려왕실의 불교숭상을 매우 비판적 안목으로 보았다. 특히 그의 불교관은
서학 비판의 이론적 배경을 이루고 있다.[33] 공맹의 수사학 중요성을 역설하던
안정복의 학문관에서 불교는 대표적인 이단이었던 것이다.

(9) 철저한 역사고증 (M)[34]

『동사강목』이 후대 학자들의 좋은 평가를 받는 요인 가운데 가장 대표적으로
들 수 있는 것은 철저한 고증을 거쳐 이루어졌다는 점일 것이다. 수권의「채거
서목」에서 종래 역사서에 대한 문헌비판을 가하고, 별도로 부록에서 고증을 하
여 거기에서 고증한 것을 본문에 옮겨 쓰는 방법을 사용한 것은 종래 역사서에
서는 찾아보기 어려운 점이다. 안설에서는『삼국사기』·『삼국유사』·『고려
사』·『동국통감』등에 대한 문헌비판이 가해지면서 종래 역사서에서 탈략된 기
록을 보충하거나 수정하고, 더불어 역사가가 역사를 서술할 때 지녀야 할 태도
와 서술방법 등에 관한 문제가 중요하게 다루어졌다.[35]

---

33 『순암집』권17에 있는「天學考」와『天學問答』그리고 각종 서간문에서 많이 찾아볼 수 있
   다.
34 앞서 본 지리고증에 관한 안설도 크게는 역사고증에 포함되기 때문에 구체적인 분석이 요구
   될 때에는 본 항과 관련하여 고찰되어야 할 것이다.
35 필자는 안정복이『동사강목』편찬과정에서 사용한 역사고증 방법에 대하여 부록에 있는「고
   이」를 중심으로 고찰한 바 있다(졸고(1990),「안정복의 역사고증방법」,『실학사상연구』창

(10) 계통적 한국사 체계의 수립 (N)

『동사강목』은 철저하게 정통의 유무를 따져 편찬되었다.[36] 이에 관한 안설은 3개 정도에 그치나 『동사강목』 범례에서 크게 다루어졌고,[37] 성호 이익과 긴밀한 논의를 거친 부분이기도 하다.[38] 따라서 정통에 관한 안설이 적다 하여 중요성이 덜한 것은 결코 아니다. 안정복은 안설을 통하여 단군조선과 기자조선이 정통이 되는 이유를 밝히고 고려 말 우왕과 창왕의 정통성도 인정해야 된다는 견해를 나타냈다.[39]

(11) 재상 기록의 보충 (H)

재상災祥에 관한 안설도 수적으로 적다고 할 수 없다. 그러나 『동사강목』 본문을 검토해 보면, 일식·지진·재이 등 천재지변은 모두 기록하는 것을 원칙으로 삼았다.[40] 그리하여 그는 『동국통감』에서 탈락시킨 『삼국사기』의 재상 기록을 471개나 보충하였다.[41]

간호).

36 필자는 안정복이 동사강목에 나타낸 한국사 체계와 마한정통론을 분석해 본 바 있다(졸고 (1993), 「동사강목의 국사체계와 마한정통론에 관한 고찰」, 『실학사상연구』 4).

37 안정복은 『동사강목』 자서에서 "大抵 史家大法 明統系也"라 하였다.

38 『성호선생전집』 권25, 「答安百順問目」 및 「別紙」 등에 잘 나타나 있다.

39 『동사강목』 범례, 統系.

40 앞의 책, 범례, 災祥.

41 필자가 헤아려 본 결과, 안정복은 『동국통감』에 없는 재상 기사 가운데 마한 18개, 삼국 260개, 통일신라 144개, 고려 44개를 『삼국사기』의 기록을 참고하여 『동사강목』에 보충하였다.

(12) 기타

호칭에 관한 안설에서는 나라 이름, 사람 이름, 각종 제도의 호칭 등에 대한 옛 명칭을 해석하거나 현재의 호칭을 옛 이름으로 소개하는 경우를 들 수 있고, 어원에 관한 안설에서는 니계尼谿, 소刟의 발음과 질吒의 뜻을 풀이했다.[42]

기예에 관한 안설에서는 음악의 중요성이 언급되는 가운데 궁중에서 이루어진 속악을 비판하였고, 이제현李齊賢·정인경鄭仁卿·오운吳澐의 시를 소개하기도 하였다.

삼강오륜이나 관혼상제와 관련된 안설에서는 유독 고려의 풍습에 관심을 집중시켰다. 특히 고려의 상례가 매우 문란하다는 사실을 들어 비판적인 입장을 보였다.[43]

끝으로『삼국지』·『후한서』·『남사』·『북사』·『통전』·『당서』·『신당서』·『문헌통고』·『자차통감강목』등 중국 역사서에 수록된「삼한전」·「부여전」·「예전」·「고구려전」·「백제전」·「신라전」·「물길전」·「발해전」의 기사 가운데 필요한 부분을 원문 그대로 옮겨 기록하고, 고려의 풍속 기사와 금金의 흥기에 관한 기사도 원문 그대로 수록하였다.[44]

2) 안설을 통해 본 현실개혁 의지

이상과 같이 안정복은『동사강목』안설을 통하여 다양한 견해를 나타냈다. 본 항에서는 그 가운데에서도 현실개혁과 관련한 견해를 살펴보기로 한다. 현

---

42 『동사강목』제1상, 癸酉, 마한, 춘3월, 按; 제2상, 辛卯, 春2월, 按; 부록, 고이, 尼師수, 按.
43 앞의 책, 제8상, 壬辰, 예종 7년 9월 按; 제14하, 庚子, 공민왕 9년 8월, 按 등.
44 앞의 책, 제7하, 甲寅, 문종 28년 秋9월, 按.

실개혁사상을 드러낸 안설은 여러 부문에 걸쳐 나타나는데, 대체로 국방과 관련된 안설, 인재등용에 관한 안설, 과거제도·형법제도·환곡과 진휼제도·신분제도의 문제점과 개선에 관한 안설 등에 많다. 더불어 여러 안설 가운데 유형원의 『반계수록』 영향을 얼마나 받았는가에 주목해 보고자 한다. 그의 사론전개의 특징 가운데 간과할 수 없는 것은 역사평론을 통하여 교훈적인 결론을 얻고, 현실개혁의 필요성을 강조하였다는 사실이다. 대체로 다음과 같은 내용의 안설에서 자주 찾아볼 수 있다.

(1) 병기의 확보, 해방변어책 및 변방의 경계강화, 문무균형정책의 지향, 국방차원의 외교정책 등 국방에 관한 안설.
(2) 문벌배제, 천거의 엄격한 관리, 인재교육 등 인재등용에 관한 안설.
(3) 과거제도의 문제점과 개선에 관한 안설.
(4) 형법제도의 문제점과 개선에 관한 안설.
(5) 환곡을 포함한 진휼제도의 문제점과 개선에 관한 안설.
(6) 노비천적의 혁파 등 신분제도에 관한 안설.
(7) 기타.

국방에 관한 사론에서 주목되는 내용은 '해방변어海防邊禦'이다. 우리나라는 지리적으로 삼면이 바다로 둘러싸여 있어 어느 지역이나 왜적의 침입을 받기 쉽고, 북쪽은 중국과 연결되어 있는데 한漢·위魏·수隋·당唐대에 중국의 침입을 받은 역사적 경험을 거울삼아야 한다고 하였다.[45] 실로 사면에서 적의 침입을 받기 쉽다는 것이다.[46] 그는 일본의 지리와 풍속을 동아시아 지도를 그려

---

45 앞의 책, 제1상, 壬申, 마한, 夏6월, 按. "我東三邊環海 一隅連陸 誠四面受敵之國也 東南緣海 接近倭城 乘船寇掠無所不到 又與中國失和 則陸從遼碣 水由渤海 漢魏隋唐之事 可鑑也 知此 則海防邊圉之策 當加之意 而要不使挑釁而致變."

가면서 면밀히 분석하고 연안의 방어에 철저한 대책이 있어야 한다는 주장을 폈다.[47] 일본의 침략을 막으려면 먼저 목과 같은 요새지 대마도를 제어해야 한다는 견해를 나타냈다.[48] 해방을 위한 대책으로 먼저 수군을 양성하고,[49] 섬과 섬, 섬과 연안을 연결하는 빠른 통신망의 강화를 주장하였다. 육상대책으로는 병거兵車의 활용과[50] 변방에 나무를 심어 생울타리를 조성하는 종수성책種樹成柵[51]을 권장하였다. 그 밖에도 군사력 확보가 이루어질 때까지는 이소사대以小事大의 외교를 감수하고, 숭문정책을 지양하며, 요새지를 확보하고, 변방의 경계를 강화하며, 주변국 동향도 항상 살펴야 한다고 하였다.

그는 인재를 등용할 때 문벌의 여부에 따라 제한을 가하는 것에 대해,

사람을 씀에 문벌을 숭상하는 것은 후세의 고루한 풍습이다. 문벌과 지벌地閥로써 사람을 쓴다면, 어질고 재능있는 자가 반드시 문벌과 지벌이 있는 것도 아니고, 문벌과 지벌이 있다 하여 반드시 어질고 재능이 있는 것도 아니다.[52]

라 비판하였다. 세족世族이나 종성宗姓이 아니면 재주가 있어도 발탁되지 못하고, 오직 문벌과 지위에 따라 사람을 썼기 때문에 재주가 있는 사람은 그 재주를 펼 수 있는 기회를 잃게 된다고 하였다.[53] 문벌에 따라 사람을 쓰는 종래의

46 『순암집』 권10, 「동사문답」, 「上星湖先生書 己卯」.
47 『동사강목』 제12상, 辛巳, 충렬왕 7년 8월, 按.
48 앞의 책, 제11상, 癸亥, 원종 4년 夏4월, 按; 同 제16하, 丙寅, 전폐왕우 12년 2월, 按.
49 앞의 책, 제7하, 辛未, 선종 8年 춘정월, 按.
50 앞의 책.
51 『순암집』 권19, 「邊方種樹說 癸酉(1753)」.
52 『동사강목』 제7하, 丁酉, 文宗 11년 秋8월, 按. "用人尙閥 後世之陋習也 以門地用人 則有賢才者 未必有門地 有門地者 未必有賢才."
53 앞의 책, 제3하, 乙巳, 5월, 按.

폐습을 지양하고 재능에 따라 인재를 등용하자는 주장이다.

한편 안정복의 과거제도에 대한 생각은 어떠하였던가. 고려 광종대 과거의 도입에 대해 "광종이 중국의 풍속을 흠모하여 행하였지만, 옛날 훌륭한 군주가 인재를 쓰는 기술이 실로 과거에서 나오지 않았음을 알지 못했다"[54] 하면서 과거도입 자체를 잘못된 것으로 비판하였다. 그리고 시부 중심의 과거시험에 대해 "시부로 장차 어떻게 실제의 재주를 취할 수 있겠는가"[55]라 하여 글짓기로는 인재가 지닌 재능을 평가할 수 없다는 견해를 나타내고, 과거시험의 비리도 문제점으로 지적하였다.[56] 그는 원칙적으로 과거의 폐지를 바람직하게 생각하였지만, 기왕의 과거를 존치하려면 경전과 시무 중심의 시험을 주장하고,[57] 의관醫官과 같은 기술관의 등용에서는 과거시험을 없애며,[58] 천거의 확대시행을 권장하였다.[59] 나아가 지역적인 차별을 두지 않고 고르게 등용해야 한다는 견해도 나타냈다.[60]

형刑을 "정치를 돕는 도구"[61]이며, 정치 기강을 바로잡으려는 수단[62]으로 인식한 그는 여러 형법운영의 문제점과 개선안을 제시하였다. 우선 죄의 경중에 따라 엄격한 법의 적용이 이루어져야 하고, 사면과 남형濫刑이 남발되어서는 안 된다고 하였다. 고문의 근절을 주장하고 고문에 의한 자백은 인정될 수 없다고 하였으며, 연좌제의 폐지를 주장하였다. 특히 뇌물수수에 대해 엄벌을 주장하

---

54 앞의 책, 제6상, 戊午, 광종 9년 夏5월, 按. "光宗樂慕華風 斷而行之 殊不知古昔聖王用人之 術 實不由於科擧."

55 앞의 책, 제6상, 癸未, 성종 2년, 冬10월, 按. "詩賦將何以取實才乎."

56 앞의 책, 제12상, 庚辰, 충렬왕 6년 5월, 按.

57 앞의 책, 제6상, 癸未, 성종 2년 冬10월, 按.

58 앞의 책, 제6상, 戊午, 광종 9년 夏5월, 按.

59 앞의 책, 제3하, 乙巳, 5월, 按.

60 『萬物類聚』臣道門, 人材.

61 『동사강목』제9하, 庚戌, 명종 20년 秋8월, 按. "刑者 輔治之具也."

62 앞의 책, 제4하, 庚戌, 춘정월, 按.

였다. 그러나 범죄행위가 이루어진 뒤 형벌을 가하기보다는 교화를 통하여 사전에 예방하는 것이 바람직하다고 하였다.

또 환곡제도가 조선조에 들어 여러 가지 명목으로 모곡耗穀이 늘어나고 관리의 부정으로 오히려 백성을 괴롭히는 수단이 되었다고 보고, 이 제도를 폐지할 것을 주장하였다. 그 대신 정부가 관리하는 상평창常平倉과 농민이 직접 운영하면서 진대賑貸의 참뜻을 살릴 수 있는 사창제社倉制를 실시하여 농민의 경제적 빈궁을 벗어나게 하자고 하였다.

끝으로 노비천적奴婢賤籍의 폐지를 강력하게 주장하였다. "우리나라의 노비법은 천하에 가장 억울한 법이다. 어찌하여 대대로 천한 신분이 되어 영원히 벗어날 수 없단 말인가"[63]라 하여 노비세습을 반대하였다. 그는 "노비를 대대로 전해지도록 법으로 만든 것은 실로 왕정에서 차마 못할 일"[64]이라며 노비세습의 혁파를 주장하였다. 이를 결단하기 위해서는 권문세족의 반대가 있더라도 군왕의 과감한 결단이 필요하다는 것을 역설하였다. 그러나 노비제도 자체를 완전히 폐지하자는 데까지는 이르지 못하였다. 그 대신 임노동賃勞動 형태의 '고용雇傭'을 쓰자는 대안을 내놓았다.[65] 안정복이 이와 같이 현실개혁을 주장할 때에는 대개 역사적 사실의 분석과 평가를 통하여 논리적 배경을 얻으려 하였다.

이상과 같은 그의 개혁지향적 사론은 반계 유형원의 영향을 적지 않게 받은 것으로 보인다. 『동사강목』이 역사서이면서 실학적 성격이 강하게 나타나는 평가를 받는 부분이기도 하다. 여기에서는 유형원이 『반계수록』에 제시한 견해가 『동사강목』에 어떻게 적용되었는가를 구체적으로 검토해 보기로 한다.

---

63 『순암집』 권13, 「상헌수필 하」, 奴婢法. "我國奴婢法 天下之至冤也 豈有世世爲賤 而錮之無窮者耶."
64 『동사강목』 제6상, 丙辰, 광종 7년, 按. "我東奴婢以世之法 實王政之所不忍---."
65 앞의 책. "---倣華制而役備庫而已."

편의상 안정복의 견해 가운데 유형원의 주장과 유사한 내용에 대해 주목되는
내용을 선별하여 다음 〈표 2-4-1〉와 같이 정리해 보았다.

〈표 2-4-1〉 안정복의 현실개혁 안설과 유형원의 『반계수록』 내용

구분		『동사강목』의 안설	『반계수록』의 내용
국방문제	1. 대일본관	• 왜는 믿기 어려우니 방어대책을 하루라도 빨리 강구하지 않으면 안 된다(제1상, 辛未, 마한, 按).	• 왜구를 방어하기 위한 각종 대책 제시(권21, 兵制, 諸色軍士).
	2. 수군확보	• 왜를 막으려면 수군만한 것이 없다(제7하, 辛未, 선종 8년, 춘정월, 按).	• 수군도 과거를 통해 선발토록 할 것(同上).
	3. 병기보급	• 오랑캐를 막는 데에는 병거를 사용하는 것이 상책이다(同上).	• 병거를 군용으로 삼을 것(卷22, 兵車).
인재선발	1. 과거	• 시부를 상례로 하여 시험을 보였으나 시부로 어떻게 실제의 재주를 취할 수 있겠는가(제6상, 癸未, 성종 2년, 冬10월, 按).	• 浮虛한 글짓기를 하는 가거를 영원히 없앨 것(권10, 敎選之制 하, 貢擧事目; 권12, 敎選攷說 하, 本國選擧制附).
	2. 천거와 門地의 배제	• 초야에 남아 있는 어진 인사를 등용해서 써야 할 것이다(제3하, 乙巳, 5월, 按). • 用人에 있어 문벌을 숭상하는 것은 후세의 고루한 관습이다. 문벌과 지벌이 있다 하여 어질고 재능이 있는 것이 아니다(제7하, 丁酉, 문종 11년, 秋8월, 按).	• 천거의 중요성과 구체적인 방법 제시(권13, 任官之制, 薦擧). • 用人은 오직 어짐과 재능으로 하고 문벌과 지벌을 논하지 말 것(同上).
환곡제도	1. 환자의 폐단	• "오늘의 조적정책은 봄에 나누어 주었다가 가을에 거두어들이는데 곡식에는 정해진 수량이 있기 때문에 여기에 모자라게 할 수는 없어서 10분의 1을 거두는데 그것을 耗라 하였으며, 역시 새나 쥐를 빙자하여 거두어들이는 것이다. 기왕에 耗라 한다면 그 소모된 것만 충당해야 할 것이다. 지금은 耗를 관청의 수용비로 쓰고 새나 쥐가 축낸 것은 小豆로 분배하여 백성들로 하여금 그 줄어든 수량을 채워 내게 하여 耗의 耗를 거둔다면, 이는 백성들이 耗를 거듭 내는 것이다. 새나 쥐의 이름을 빙자하여 끌어다가 관용으로 하니 그 욕됨이 심하다. 천하 후세에 전할 수 없으니 옛 사람이 이른바 耗라 한 것과 이름은 같지만 그 백성을 병들게 하는 것은 심하다 하겠다"(제7상, 癸巳, 문종 7년, 冬10월, 按).	• "糶糴이라는 글자의 뜻은 본시 사들이고 파는 것을 말한다. 지금 우리나라 사람들은 모두 환상으로써 꾸어 주는 것을 '糶'라 하고 갚는 것을 '糴'이라 하여 그 글자의 뜻을 알지 못하니, 이는 한쪽 면에 치우친 소견에 빠져 있어 그렇다"(권3, 田制後錄 上, 常平社倉).
	2. 환상곡과 상평창	• "상평창은 위에서 관리하여 곡식이 너무 귀하거나 흔한 때가 없게 하는 것이고, 의창의 이	• 서울과 고을에 모두 상평창을 두고 지금 환상의 법규를 고

	3. 사창제의 실시	로움은 아래에 있기 때문에 백성을 옮기거나 곡식을 이동하는 수고로움이 없다. 만일 마땅한 사람을 얻어 그 법을 두 가지 모두 행한다면 구황의 방법이 될 뿐 아니라 위급할 때 역시 의존하게 되는 것이다"(제6상, 丙戌, 성종 5년, 秋7월, 按). • "성종이 의창을 설치하고 뒤에 또 상평창을 둔 것은 잘하였다고 할 수 있으나 의창을 일백 호의 社에 두지 않고 오직 고을에만 두어, 상평창을 설치하지 않고 兩京과 12牧에 설치한 것은 잘한 것인지 모르겠다"(同上).	칠 것. 환상곡과 저장된 財帛을 모두 옮겨 상평창의 자본으로 삼을 것(同上). • 지금의 還上을 고쳐 列邑에 모두 상평창을 두고, 사창을 지원하여 설립하되 官을 참여시키지 않을 것(권7, 田制後錄攷說 상, 常平義倉救荒).
노 비 문 제	1. 노비천적 2. 從母法	• "우리나라에서 노비를 대대로 전해지도록 법으로 만든 것은 실로 王政에 있어 차마 못할 바였다"(제6상, 丙辰, 광종 7년, 按). • 종모법에 대해 구체적으로 직접 언급은 않았으나 반대 입장을 보임.	• 노비의 자손이 대대로 종이 되는 법은 본래 왕도정치에서 마땅히 고쳐져야 할 것임(권1, 田制 상, 分田定稅節目). • 노비는 어머니의 役을 따르는 법으로 劃一均用할 것임(권26, 續篇 하, 奴隷).

위의 〈표 2-4-1〉에 나타난 두 사람의 의견은 『동사강목』 안설에 제시된 것 가운데 국방관계, 과거를 포함한 인제등용문제, 환곡제도, 노비문제 등 현실문제와 관련된 것만을 나타냈다. 그리고 안정복의 견해를 기준으로 하고, 가능하면 『반계수록』에 제시한 유형원의 의견과 뜻을 같이 한 부분만을 나타냈기 때문에 많은 내용이 생략되었다. 어쩌면 안정복의 입장에서도 『동사강목』이 역사서이기 때문에 현실문제에 관한 논의가 일부분 혹은 개략적인 내용에 그칠 수 밖에 없었다고 보아야 할 것이다. 따라서 실제로 유형원의 견해가 안정복이 『동사강목』 사론을 쓰는 데 많은 영향을 주었던 것은 틀림없지만, 오히려 『임관정요』 저술에 더 많은 영향을 주었다고 생각된다. 그것은 안정복의 『임관정요』 저술 목적이 유형원이 『반계수록』에 제시한 현실개혁에 관한 내용과 더 밀접한 관계가 있기 때문이다. 즉 『임관정요』는 수령이 백성을 다스리는 데 현실적으로 필요한 문제들을 다룬 저술로써, 사실상 『반계수록』을 통해 유형원이 주장한 견해와 통하는 부분이 많다. 물론 『임관정요』가 안정복이 유형원의 저술을 접하기 전인 27세에 쓰여졌기 때문에 이 초고를 수정 보완하는 데

『반계수록』이 이용되었을 것임은 말할 것도 없다.[66]

어떻든 안정복이 『동사강목』 사론을 쓰는 데에도 『반계수록』을 최대한 활용하였을 것임은 의심의 여지가 없다. 다만 현실문제를 중심으로 쓰여진 『반계수록』을 역사서인 『동사강목』에 활용하는 데에 적지 않은 한계가 있었을 것으로 보인다. 서술 내용의 구체성으로 비교해 보아도 안정복이 『동사강목』 사론에 나타낸 견해는 많은 경우 유형원의 견해에 비교될 수 없을 만큼 개론적이라는 점도 이를 대변해 준다 하겠다. 즉 『반계수록』에 제시한 유형원의 구체적인 의견은 주로 현실개혁 문제가 주된 내용이 되었던 반면, 안정복은 역사를 편찬하는 입장이었기 때문에 현실문제와 관련된 논의가 이루어질 때는 경우에 따라 필요한 부분만을 『반계수록』에서 인용했을 것이다. 그 결과 유형원의 서술처럼 일정한 체계를 갖출 수도 없고 구체적이고 다양한 내용을 모두 제시할 수도 없었을 것이다.

그리고 안정복이 처음 『반계수록』을 접했을 때, 유형원의 탁견과 다양하고 구체적인 내용을 보고 놀랐던 점을 상기해 본다면,[67] 안정복 자신이 유형원의 견해 이상으로 뛰어난 대안을 제시할 형편이 못 된다는 점을 느끼지 않았을까 추측되기도 한다. 따라서 그가 『동사강목』 사론을 통하여 현실개혁 문제를 논의하는 동안 『반계수록』에 크게 의존하면서 참조하였을 것으로 여겨진다. 물론 유형원의 견해에 안정복이 모두 수긍한 것은 아니다. 이를테면 종모법從母法에 대하여 유형원은 균일하게 시행할 것을 주장한 반면, 안정복은 노비천적 그 자체를 부정하는 입장을 보였던 것이다. 그러나 『임관정요』와 『동사강목』 안설의 내용을 유형원이 제시한 『반계수록』의 기록과 비교해 보면, 전반적인 현

---

66 그런데 현재 전해 오는 『임관정요』에서 어느 정도까지가 안정복이 초고에 나타낸 의견이고, 다시 뒤에 유형원이나 이익의 의견을 참작하였는지 확실하게 구별하기 곤란하다. 더욱이 안정복이 유형원의 저서를 접하고 이익을 방문하여 성호문인이 되기 전에도 당시 실학사상의 흐름에서 현실개혁 문제에 관심이 많았다는 사실을 감안한다면 더욱 그렇다고 할 수 있다.
67 「반계연보발」 참조.

실개혁의 방향과 개선안에 대한 두 사람의 기본적인 생각은 틀리지 않다는 점을 쉽게 찾아볼 수 있다.

이 점에서는 유형원과 이익의 관계도 마찬가지로 설명될 수 있을 것이다.[68] 즉, 이익 또한 유형원의 학문과 사상을 높이 평가하고 있었던 것이다. 결국 안정복은 성호문인이 되어 이익을 통하여 유형원의 현실개혁 사상을 다시 전수받는 과정을 겪었다고 할 수 있다. 이렇게 볼 때, 이익의 직접적인 관여 아래 안정복의 집필로 이루어진 『동사강목』은 유형원과 이익 그리고 안정복의 현실개혁 사상과 함께 안설을 통해 직·간접적으로 나타났다고 말할 수 있을 것이다.

이처럼 『동사강목』은 유형원의 저서와 이익의 직접적인 가르침에 힘입어 안정복의 집필로 이루어진 것이다. 특히 역사고증과 현실개혁 문제가 중요하게 다루어지면서 『동사강목』에는 유형원·이익의 역사학과 실학사상이 크게 반영되어 나타났다고 할 수 있다.

4. 맺음말

지금까지 『동사강목』의 편찬의 배경과 동기, 편찬의 기본방향과 체재, 편찬 과정 그리고 안설의 구성과 주요 내용을 정리해 보았다. 특히 안설 가운데 현실개혁과 관련한 내용을 대상으로 유형원과 이익의 영향을 얼마나 받았는가에 주목했고, 유형원의 『반계수록』이 안정복의 사론에 얼마나 적용되었는가도 비교해 보았다.

안정복이 『동사강목』을 편찬하는데 영향을 준 유형원의 역사학은 강목체 서술과 한국사 체계, 역사고증 등 여러 부문에 걸친다. 그 가운데에서도 안정복

---

68 성호 이익이 유형원의 실학사상을 어떻게 보았는가의 문제와 혈연적 계보관계는 졸저, 앞의 책, 33~34면 참조.

에게 특히 영향을 준 것은 고증 부분이라고 할 수 있다. 설화고증은『동사강목』
부록에 있는「괴설변증」의 모체가 되었고,『동국여지지』는「지리고」를 보완
하는데 좋은 참고자료가 되었으며,『반계수록』은 현실개혁에 관한 사론에 도
움을 주었다. 더불어 안정복이『동사강목』을 편찬하면서 실시한 고증이 이
익과 성호문인들의 많은 도움을 얻어 이루어졌음도 간과할 수 없다. 사실 스
승 이익과 윤동규, 이병휴 등 성호문인들의 도움이 없었더라면『동사강목』이
제대로 편찬되었을까 의심된다. 이러한 점에서『동사강목』이 안정복의 역사
인식 뿐만 아니라 성호학파의 역사인식을 대변하는 역사서라고 생각해도 좋
은 근거가 된다.

　『동사례』를 비롯하여『동국여지지』가 안정복의『동사강목』편찬의 기본 틀
이나 편찬 및 재고과정에 직접적인 영향을 주었다고 한다면, 안정복이 안설을
통하여 자신의 견해를 나타내는 데는『반계수록』에 있는 유형원의 현실개혁
사상이 큰 역할을 하였다. 즉 안정복은 일정한 역사적 사실을 분석 검토하면서
현실적인 문제와 관련시켜 자신의 의견을 제시하는 경우가 많았는데, 이때 유
형원의 견해가 크게 적용되었다. 이익의『성호사설』역시 고증과 안설을 통한
현실의식 발현에 중요한 참고서가 되었다.

　이처럼 유형원의 저서 그리고 이익의 저술과 학문적 가르침은 안정복의『동사
강목』편찬에 절대적인 영향을 주었다. 유형원·이익·안정복의 학문적 사상
적 관계에서 본다면, 스스로 닦여진 안정복의 학문과 사상이 유형원의 저서를
접하고 이어 이익의 가르침을 받은 이후 새롭게 형성 정착되어『동사강목』으
로 완성되어 나타났다는 점이다. 이 점에서 조선 후기 실학사상의 흐름에서
『동사강목』이 지니는 사학사적 의의가 크다.

　『동사강목』에는 안설을 통하여 안정복의 현실 개혁의식이 크게 부각되어 나
타나는데, 이것이 또한 종래의 역사서와 크게 다른 특색이다. 그는 안설에서
역사적 사실을 분석하고 고증하여 득실을 논하면서 현실개혁의 실마리를 추구
하는 방법을 사용하였다. 이러한 사론 서술방법은 그만이 지닌 특성으로『동
사강목』이라는 역사서의 안설을 통하여 그의 실학사상을 발현했다고 보아 좋

을 것이다. 『동사강목』이 실학사상과 잘 조화된 역사서로 평가받는 이유의 하
나가 여기에 있다.

제3부

노년기 벽위론의 전개와 하학

본 편에서는 안정복의 노년기 학문과 사상이 어떻게 전개되었는가를 고찰해 보고자 한다. 50대 이후, 즉 1763년 성호가 타계한 무렵부터 안정복이 1791년 타계할 때까지의 기간이 이에 속한다 하겠다. 성호 사후에는 이병휴가 윤동규와 안정복의 협조와 자문을 받으며 사실상 성호학파를 이끌어 갔으나, 1773년 윤동규에 이어 1776년 이병휴마저 타계하였다. 성호학파의 유망한 젊은이들 사이에 점차 서학이 확산되어 가는 상황에서 안정복이 성호학파를 이끌어 가야 할 막중한 책임을 지게 되었다. 따라서 원로 성호문인으로서 그의 학문적 사상적 활동이 이전과는 다른 성향을 보이게 되었고, 성호학파의 진로도 어려움에 처하게 되었다.

이와 같은 상황에서 안정복의 학문과 사상이 어떻게 표면화되고 있었던가. 우선 그의 벽위론을 꼽을 수 있다. 1780년대에 천주교 전파가 확산되어 가는 과정에서 그의 저술 「천학문답」을 통한 서학 비판은 이미 잘 알려져 있다. 본 편에서는 그의 서학에 대한 이해와 비판의 실체를 중심으로 고찰하되, 먼저 서학 비판의 근원으로 삼았던 불교인식을 살펴보기로 한다. 그리고 양명학에 대한 인식과 태도에 대해서도 간략하게 소개해 보겠다.

다음으로 안정복의 성리학과 적극적인 하학 장려에 주목하지 않을 수 없다. 여기에서는 조선 후기에 만연한 이기논쟁에 대한 안정복의 대응 태도와 그의 성리론을 살펴보고, 더불어 노후에 문인들에게 그토록 하학에 대한 공부를 적극 권장하였던 배경과 주장 내용에 대해 분석해 보고자 한다.

1

벽위론의 전개

1. 머리말

　지금까지 안정복은 성호문인 가운데에서도 비교적 정통 유학을 고수하려고 노력한 학자로 평가되었다. 따라서 안정복은 후대 학자들로부터 보수와 개혁의 양면성을 띤 인물로 평가받아 왔다고 말할 수 있다. 조선 후기에 들어 변화와 개혁이 빠른 속도로 진행됨에 따라 18세기 성호학파 학자들 가운데에는 새로운 문물의 수용에 적극적인 성향을 보이는 등 한국사의 흐름에서 근대 지향적인 젊은이가 비교적 많았다. 조선 주자학 사회에서 이단으로 취급되었던 양명학에 심취하거나 서학, 즉 천주교에 손을 댄 학자들이 적지 않았고, 기존 주자학에 대한 도전적 성향이 비교적 강하였다고 할 수 있다. 이들은 주자의 학문도 비판대상이 될 수 있다고 생각하였고, 비교적 개방적인 학문관을 지니고 있었다. 이와 같이 성호학파 소장 학자들 중심으로 혁신적인 학문관과 사상이 확산되어 가는 조류에서 안정복은 성호학파의 원로 성호문인으로서 1770년대 후반 이후에 성호학파를 이끌어야 할 막중한 책임을 지게 되었다.

　앞에서 언급하였듯이, 안정복은 어린 시절부터 하학을 기본 학문으로 삼아 닦아 오다가, 유형원의 저서를 접한 이후 그의 실학사상을 크게 수용하였고,

이어 성호 이익의 문인이 되어 성호학문으로 새롭게 정착할 수 있었다. 특히 이익과 안정복의 학문은 공히 공맹의 수사학을 바탕으로, 학문적으로는 고증에 철저하였고, 사상적으로는 현실개혁 정신 또한 강한 면모를 보였던 것이다. 유형원·이익·안정복 세 사람의 역사학과 실학사상의 결정체로『동사강목』이 탄생하였다는 것은 앞서 본 바와 같다. 그런데 1763~1776년 사이에 이익을 비롯하여 윤동규·이병휴와 같은 원로 성호문인들이 타계하고, 더욱이 유능한 젊은 문인들마저 양명학이나 천주교에 몰두하는 경향을 보임으로써, 앞으로 정부의 박해가 있으리라고 예감한 안정복은 이들의 동향을 살피고 단속하는데 상당한 어려움에 직면하지 않을 수 없었다. 일찍이 성호학파를 이끌어 갈 재능 있는 인물로 주목받은 권철신은 오히려 젊은이들을 이끌며 양명학이나 서학 공부에 앞장섰고, 1780년대에는 사위 권일신이 이미 천주교에 입교할 정도로 그와 가까이하던 많은 성호학파 젊은이들이 천주교에 관련되는 등 천주교는 유학을 고집하는 그의 주변에 아주 가까이 와 있었다.

이러한 흐름에서 그는 불교와 도교는 물론 서학과 양명학 등을 이단으로 간주하여 적극적으로 배척하는 입장으로 태도를 바꾸었다. 더불어 후학들에게 벽위사상을 주입하며 하학 공부에 매진할 것을 적극적으로 권장하고 나섰다.

이에 본 장에서는 안정복의 이단사상 배격을 살펴보기로 한다. 먼저 서학 배척의 이론적 근거로 내세운 불교를 비롯하여 서학과 양명학을 표적으로 그가 비판한 구체적 내용이 무엇이며, 이들 사상을 비판하게 된 이론적 배경과 동기에 대하여 분석해 보기로 한다.

2. 불교비판

1) 불교비판 사료

안정복의 불교비판은 크게 세 부분으로 나누어 볼 수 있다. 하나는『동사강목』을 통하여, 다른 하나는 서학 등에 대한 비판 수단으로 이용된 「천학고」와 「천학문답」에서 그리고 문인들에게 보낸 서간문 등을 들 수 있다. 이 가운데 서간문은 불교비판이 대부분 서학 비판의 수단으로 이용된 내용으로 되어 있다. 따라서 안정복의 불교비판은 불교 자체에 대한 비판과 서학 비판 수단으로 이용된 불교비판으로 나누어 볼 수 있다.

『동사강목에』에서는 대체로 사론이나 승려가 쓴 문헌 비판을 통하여 불교비판을 하였는데, 특히 부록의 「괴설변증」에서 불교비판이 크게 이루어지고 있었다. 『동사강목』에는 21개의 불교와 관련된 안설이 수록되어 있다. 이 가운데 불교 자체에 대한 비판이 15개, 불교의 전래와 승려 행적 등에 관련된 것이 5개, 기타 불교 행사와 관련된 것이 1개이다. 또한 안설 가운데 고려 왕조의 불교 신봉과 비판에 관한 것이 15개나 되는데, 이는 불교를 지나치게 신봉했던 고려 왕조를 비판의 표적으로 삼았다는 증거가 되기도 한다.

안정복이 『동사강목』을 편찬하면서 참고한 문헌 가운데 『삼국사기』・『고려사』・『동국통감』 못지않게 활용한 문헌이 『삼국유사』이다. 그런데 『삼국유사』는 안정복의 비판대상이 된 대표적인 역사서이기도 하다. 『삼국사기』・『고려사』・『동국통감』이 대부분 기록의 오류나 소략함 또는 탈락이 많다는 이유로 비판대상이 된 반면, 『삼국유사』는 불승이 저술하였다 하여 기록의 내용은 물론이고 문헌 자체를 부정적인 시각으로 보았던 것이다. 『동사강목』 수권에 있는 「채거서목」과 부록에 있는 「괴설변증」・「지리고」에 잘 나타나 있다. 이 가운데 「괴설변증」은 우리나라 역사서에 실려 있는 각종 설화를 안정복 나름대로 변증하여 제시한 것인데, 여기에서 『삼국유사』와 더불어 저자를 확인할 수 없는 '고기古記'류의 기록이 자주 인용되면서 비판대상에 오르고 있었다. 이처럼 『삼국유사』는 『동사강목』 전반에 걸쳐 비판대상이 된 대표적인 역사서이다.

1785년 경 저술된 「천학고」와 「천학문답」은 전적으로 서학 비판을 목적으로 쓰여졌다. 여기에 또한 불교 비판에 관한 내용이 나타나 있다. 비록 주된 비판대상은 천주교이지만 천주교 비판의 이론적 근거를 불교에서 찾아 거론하고 있었던 것이다. 특히 자문자답 형식을 갖춘 「천학문답」에서 두드러진다. 물론 불교가 주된 비판의 표적은 아니지만, 서학 비판의 이론적 도구로 이용되었다는 사실에서 그의 불교관을 잘 보여주는 자료이다.

끝으로 『순암집』에 수록된 여러 서간문에서도 불교를 비판하는 내용이 나타난다. 1780년대 권철신·이기양·이가환 등 문인들이 천주교에 깊은 관심을 두고 있다는 사실을 듣고, 안정복은 곧 정부의 박해를 예상하고 이들을 천주교로부터 손을 떼게 할 목적으로 주로 편지를 통한 설득작업을 폈다. 역시 이때에도 불교가 천주교 비판의 이론적 도구로 사용되었다.

본고에서는 먼저 안정복이 불교를 어떻게 인식하고 있었던가를 좀더 구체적으로 알아 보기 위하여 우리나라의 불교 도입과 역대 왕조의 숭불정책에 대한 비판을 살펴보고, 불교 배척과 관련하여 대표적 표적이 되었던 『삼국유사』에 대한 그의 견해를 『동사강목』 안설을 중심으로 정리해 보기로 한다. 그리고 서학 비판을 하면서 인용한 불교에 대한 그의 견해는 다음 절에서 이루어지는 서학 비판과 관련하여 필요에 따라 언급하고자 한다.

2) 삼국의 불교 도입과 숭불정책 비판

먼저 삼국의 불교 수용에 대한 견해에 주목해 보자. 신라 법흥왕 15년 이차돈異次頓의 순교와 함께 불교가 공인되기에 이른 사건에 대해, 신라에 불교가 전래되어 정부의 공인을 받게 된 무렵 기록으로 전해오는 불법의 영이함에 대해 그는 서역인의 요술이나 허황한 속임수에 지나지 않는 것으로 평가하였다. 그리고 이차돈이 순교할 때 나왔다고 전해지는 흰 젖[白乳]도 오랑캐의 요망스런 속임수인데 군신들이 모두 이에 미혹되어 불교를 믿게 됨으로써 결국 망국의 지경에 이르게 되었다고 하였다. 특히 군왕이 앞장서서 불교를 신봉하게 되었다는 데에 더욱 개탄하는 모습을 보였다.[1] 물론 그가 신라의 불교 수용에 대한 예를 들어 우리나라의 불교 도입을 부정적인 입장에서 견해를 표명하였지만, 고구려와 백제의 불교 수용에 대한 생각도 마찬가지라 하겠다.

그런데 그는 삼국시대에 우리나라에서 불교가 도입된 배경을 다음과 같이
말하였다.

이때에 우리나라의 풍속은 황량하고 고루하여 불교를 신봉한 이후 허황
한 말이 이르지 않은 곳이 없었다. 이는 성인의 도가 행해지지 않아 사람
들이 이치를 밝히는데 밝지 못하였기 때문이다. 애석하도다.[2]

당시 우리나라에는 성인의 도가 행해지지 못했기 때문이라 하였다. 다시 말
하면 당시 우리나라에 유학이 도입 전파되지 못하여 유교정치가 이루어지지
못했기 때문에 왕실에서 쉽게 불교를 신봉하게 되었다는 평가이다. 아마도 그
는 이차돈의 순교로 흉흉해진 민심 때문에 법흥왕이 불교를 공인하게 되었다
고 본 것은 아닐까 한다. 따라서 한편으로는 신라 조정의 불교 공인이 부득이
한 것이었다고 보려 한 모습도 엿볼 수 있다. 어떻든 불교의 도입은 우리나라
의 정치를 어지럽게 만들었다는 것이 그의 견해이다. 즉,

돌이켜 보건대, (불교와 도교를) 숭상하고 믿어 정치를 어지럽히고 나라를
망하게 한 자가 예나 지금이나 서로 끊이지 않았는데도 알아 깨닫지 못하
였으니 슬프도다. 도교는 이때 행해졌으나 얼마 되지 않아 없어졌는데, 불

---

1 『동사강목』제3상, 戊申, 按. "西域之俗 善幻多技能 而佛其尤者也 故其種種靈異 見於傳記
而不可誣者不一而足 若大明永樂中 命蕃僧設法於靈谷寺 有慶雲天花青獅白象雲裡羅漢空
中梵唄之異 靈怪之狀 不可名言 群臣來賀 上亦由此潛心釋典 以成祖之明而不知見欺于幻
化套中 噫 假使佛教靈異 實有此事 是不過物外虛誕之教 何關於家國事耶 帝王之治 天下自
有彝倫典常之道 實無待於他 而世主惑溺於怳惚神怪之中 不自覺焉 何哉 今此白乳之異 亦
是胡鬼幻變欺誑之術 而擧國迷惑 遂至信奉 至于後世竟以亡國 可不戒哉."
2 『동사강목』제2하, 癸丑, 秋8월, 按. "此時 東俗荒陋 及自奉佛以後 誕妄之說無所不至 此聖
人之道不行 人之燭理不明故也 悲夫."

교의 설은 지금까지 아직도 그치지 않으니 그 역시 우리나라 사람의 불행
이다.[3]

라 하여, 도교는 불교와 더불어 우리나라에 전파되었다가 곧 소멸되었지만, 불
교는 성행하여 정치를 어지럽히는 자가 계속 나타나게 되었다는 것이다. 우리
나라 역사에서 찾아볼 수 있는 정치적 혼란을 불교의 도입과 전파에서 그 원인
을 찾으려 한 안정복의 판단이라 하겠다. 그리고 불교가 성행함으로써 유교정
치가 번성하지 못했다는 아쉬움을 읽을 수 있다.

　그는 또 신라가 불교를 일으켜 국가의 중흥을 맞게 되었다는 종래의 평가를
정면으로 부정하였다. 이를테면, 신라가 호국불교를 일으켜 삼국을 통일하였다
는 주장에 대하여,

　불교의 설을 따르는 자가 말하기를 '신라가 삼한을 통일한 것은 불교를
부지런히 믿었기 때문'이라고 한다. 그렇다면 고구려와 백제도 불교를 받
든 것이 신라에 못지않았고, 신라 말기에는 시주施主가 이전보다 더하였는
데도 급기야 망하였으니, 부처는 하나인데 어찌하여 신라에는 복을 주고
고구려와 백제에는 화를 주며, 전에는 영험하였는데 후에는 영험하지 아니
하였던가. 이것이 그 설의 망령됨이다.

　하늘이 고구려와 백제를 싫어하고 신라의 운세가 바야흐로 흥하여 불교
를 받드는 일이 많아 무지한 사람들이 불교의 힘에 의한 것으로 왜곡하니
어찌 우습지 아니한가. 신라가 이 때에 바야흐로 전쟁이 시작되었으니 정
치를 함에 있어 마땅히 곡식과 재물을 저축하여 군국의 비용을 삼았어야
할 텐데 쓸데없는 곳에 다 써버리고 그 신의 도움만을 바랐으니 애석하다.

---

3 『동사강목』제3하, 癸卯, 3월, 按. "顧乃崇信 亂政亡國者 前後相望 而不知悟焉 悲夫 道敎雖
　自此時行 而未幾而滅 佛氏之說 至今猶未已 其亦東人之不幸也歟."

나라가 망하지 않은 것이 다행이다.[4]

라 하면서 반박하는 견해를 나타냈다. 위의 안설은 선덕여왕 14년(645) 황룡사 9층탑이 건조된 사실을 두고 삼국의 불교 신봉과 국망에 대한 견해를 제시한 것이다. 삼국이 공히 불교를 숭상하였는데 어찌하여 신라에는 삼국을 통일할 수 있는 복을 주고, 불교 신봉이 신라에 못지않던 고구려와 백제에는 화를 주었는지 이해하기 곤란하다는 것이다. 더욱이 신라가 삼국을 통일한 이후 절에 대한 시주가 그 이전보다도 많았는데, 결국 고려에 멸망했다는 사실 또한 납득하기 곤란하다는 뜻을 나타냈다. 따라서 그는 신라가 삼국을 통일할 수 있었던 시대적 배경을 보다 합리적으로 설명하려 하였다. 즉 신라의 국력이 흥성하였던 시기에 때마침 불교를 신봉하여 마치 불교의 힘으로 통일이 이루어진 것처럼 왜곡되었다는 것이다. 호국불교 때문에 신라의 삼국통일이 이루어진 것이 아니라는 주장이다.

그는 또 신라 왕실이 불교를 신봉함으로써 많은 재물을 낭비하였다고 하였다. 당시 고구려·백제와 신라가 서로 잦은 전쟁을 치르고 있었던 때인 만큼, 신라 조정으로서는 불사佛寺의 축조에 힘쓰기보다는 식량과 물자를 비축하여 군국의 비용에 충당했어야 옳았다는 것이다.[5]

요컨대, 삼국의 유교정치가 정착되지 않은 현실에서 불교를 도입하여 정치적 혼란을 가져 오고, 불교 건축물을 일으키는 데 재정을 낭비하여 국력만 약

---

4 『동사강목』 제3하, 乙巳, 3월, 按. "爲佛氏之說者曰 新羅之統一三韓由於奉佛之勤 然則麗濟 奉佛不下於新羅 羅末施舍殆過於前代 而其至亂亡佛則一也 而何其福於此而禍於彼 靈於前 而不靈於後耶 是其說之妄也 天厭麗濟 而羅運方興 其奉佛之事 適與之會故 無知者委之佛 力 豈不可笑乎 新羅此時 兵爭方始 政宜畜穀貯財 以爲軍國之用 而殫竭於無用之地 冀其冥 祐 噫 國之不亡 幸矣."

5 그 밖에도 진흥왕이 국가의 재물을 털어 불교 숭상에 힘을 기울였다고 비판하였다(『동사강목』 제3상, 辛未, 춘정월, 按).

화시켰다는 비판이다.

3) 고려의 숭불정책 비판

안정복이『동사강목』안설을 통하여 불교비판을 집중한 곳이 고려왕조의 서
술 부분이다. 앞서 본 것처럼, 불교를 도입한 삼국 왕조의 숭불에 대해서는 유
교정치가 이루어지지 못했다는 명분을 들어 비교적 완곡한 비판을 가하였다.
그런데 삼국시대보다 더했다는 통일신라의 숭불[6]에 대해서는 특별히 언급이
없고, 다음 왕조인 고려왕조에는 지나칠 정도로 집중적인 비판을 가하였다.
먼저 고려 왕실에 대한 숭불정책에 대한 견해를 보자. 안정복은 태조 왕건
이 즉위한 이후 고려 왕실이 불교의 장려에 적극적이었다는 점을 지적하였다.
군왕이 오히려 불교 신봉에 앞장섰다는 점을 비판의 표적으로 삼은 것이다. 그
가운데 태조를 비롯하여 광종·현종·정종·숙종·명종·고종·공민왕 등을
비교적 강도 높게 비판하였다. 먼저 태조의 불교 신봉에 대하여 삼한을 통일한
창업 군주로서 신하의 예절을 밝힐 뜻을 품고『정계政誡』와『계백료서誡百僚書』
를 반포한 것에 대해서는 찬사를 보냈으나, 이 또한 유교에 따르지 않았다는
점을 지적하고 더욱이 불교를 숭상하여 선왕의 정치를 본받지 아니함으로써
백성의 뜻이 무엇으로 정해지며 예의가 어떻게 정해질 수 있느냐고 비판하였
다.[7] 즉, 왕건의 불교 신봉으로 말미암아 유교정치를 펼 수 없었다는 견해이다.
그는 왕건이 숭불에 빠진 배경을,

---

6 『동사강목』제3하, 乙巳, 3월, 按. "羅末施舍 殆過於前代."
7 『동사강목』제6상, 丙申, 태조 19년 秋9월, 按. "太祖旣定三韓 欲使爲人臣者明於禮節 自製
  政敎頒布中外 甚盛擧也 然而自製之文 何如六經之言 頒誡之政 何如興行之實 王於此時 以
  經術導俗而興周官之治 則不可至戶說 而人人知爲人子爲人臣之義 禮節自行矣 惜乎不知此
  義 徒能崇尙異敎 不行先王之政 民志何由以定 禮義何由以行乎."

고려 태조가 운을 잡고 흥기하여 삼한을 정돈하고 한결같이 태봉의 무도한 정치를 뒤집은 것은 잘하였다고 할 수 있으나, 이교를 숭상하여 믿고 집안의 행실을 삼가지 못하여 도리어 신라 이적夷狄의 풍속을 답습한 것은 어찌된 일인가. 무릇 어릴 때부터 불교의 화이禍利설을 익히 듣고, 그가 나라를 세워 계획할 때는 또한 도선의 음모에 따라 혼미하여 깨닫지 못하고 전하여 가법으로 삼았으니 괴이할 것도 없다.[8]

라 하여, 태조가 어릴 때부터 불교를 믿은 데다가 즉위한 뒤에는 도선道詵의 풍수지리설에 빠진 것에서 찾았다. 더 나아가 이를 가법으로 전했다는 사실을 지적하였다. 여기에서 안정복이 말하는 이교란 불교와 풍수지리설을 포함하여 지칭한 것으로 보인다. 요컨대, 안정복은 태조의 지나친 이교 숭상이 고려시대에 유교정치를 펼 수 없는 실마리가 되었다고 보았다 하겠다.

태조 이후 고려 군왕들의 숭불에 대한 안정복의 평가가 어떠하였는가를 다음 〈표 3-1-1〉에 간략하게 정리해 보았다.

『동사강목』 안설을 통하여 10명의 군왕이 숭불 때문에 비판대상이 되었다. 그러나 이 표에 제시하지 않은 군왕이라 하여 숭불과 관련이 없다는 것으로 볼 수 없다. 다만 표에 제시된 군왕이 안설을 통하여 비판된 대표적인 예일 뿐이다. 거의 연중행사로 연등회나 팔관회가 실시되는 불교행사에 왕이 참석하고, 그 밖에 각종 도량에서 반승과 같은 불교행사가 자주 시행되었던 사실로 미루어 반복하여 지적하지 않았을 따름이라 하겠다. 따라서 고려왕조의 대부분 군왕이 해당된다고 보아야 할 것이다.

『동사강목』 안설에서 불교와 관련하여 안정복이 비판한 내용을 간추려 보

---

8 『동사강목』 제6상, 乙巳, 혜종 2년, 按. "高麗太祖撫運興起 整頓三韓 一反泰封無道之政 可謂得矣 而崇信理敎 內行不謹 猶襲新羅夷狄之俗者 何哉 盖自幼習聞佛氏禍利之說 其立國規劃 又從道詵之陰謀 迷而不悟 傳爲家法 無足怪矣"

〈표 3-1-1〉 태조 이후 고려 군왕의 숭불에 대한 안정복의 평가

군왕	비판 내용	『동사강목』 출처
光宗	• 많은 사람을 죽이고 불씨의 설에 빠져 자신이 지은 죄를 없애고 그 陰佑를 빌려고 하였으니 누구를 속일 것인가 라고 함.	• 제6상, 戊辰, 광종 19년, 按
成宗	• 宋의 獻帝가 大藏經과 함께 보낸 僧을 內殿에 맞아들이고, 다시 僧을 불러 읽게 함.	• 제6하, 辛卯, 성종 10년 夏4월, 按
顯宗	• 연등회와 팔관회를 부활하고 飯僧함.	• 제7상, 戊午, 현종 9년 5월, 按
靖宗	• 부처에게 아부하고 복을 구함 • 즉위 후 節日 道場을 설치하고 寺塔의 역사를 많이 함	• 재7상, 丙戌, 정종 12년 春3월, 按 • 제7상, 丙戌, 정종 12년 11월, 按
文宗	• 불교를 숭상한 보답은 끝내 자손의 滅絶로 이어짐.	• 제7하, 乙巳, 문종 19년 5월, 按
明宗	• 混淫하고 부처에게 기도함	• 제9하, 乙巳, 명종 15년 11월, 按
高宗	• 신하로 하여금 穴口寺에서 法席을 베풂	• 제11상, 乙未, 고종 46년 夏4월, 按
忠烈王	• 늙은 중으로 하여금 과거시험에 개입토록 함	• 제12상, 庚辰, 충렬왕 6년 5월, 按
恭愍王	• 부처를 공양하고 飯僧하여 재물을 탕진함	• 제14상, 壬辰, 공민왕 원년 5월, 按

면, 연등회와 팔관회 실시, 수만 명씩 승려를 모아 연회를 베푸는 반승행사, 각종 도량 등으로 국고를 고갈시키는 불교행사, 승려의 궁궐 출입, 승려의 정치 참여 등을 들 수 있다.

고려 군왕 가운데에서도 가장 신랄한 비판대상이 된 군왕은 태조 외에도 광종·현종·공민왕 등이다. 먼저 광종은 재위한 동안 많은 신하를 죽이고 그 죄악을 벗어 보려는 목적으로 법회를 열고, 또한 방생소를 도처에 두어 살아 있는 동물을 잡아다가 다시 방생하였다는 사실을 들어, 이는 속임수에 지나지 않는다고 하였다. 이미 살생을 한 뒤에 부처의 용서를 빌고, 잡지 않아야 할 생물을 잡아다가 도로 놓아주는 행위는 이치에 맞지 않는 불교의 속임수라는

것이다.[9] 안정복은 광종이 실시한 노비안검奴婢按檢에 대해서는 비교적 잘 한 일이라고 평가하였지만,[10] 과거도입[11]과 숭불에 대해서는 이처럼 혹독한 비판을 가하였다.

현종의 불교 신봉에 대해서도 연등회와 팔관회의 회복, 불경 강론과 사찰 건축, 거대한 반승의 실시, 승려의 부역 기피 등이 성행하여 국고가 낭비되는 사실을 들어 비난하였다. 특히 승려들을 놀고 먹는 좀도둑이라 하고, 반승제도는 국가의 경비를 들여 무뢰배를 양성하는 것과 같다고 극언할 정도로 매우 비판적인 태도를 보였다.[12] 그가 이처럼 현종의 불교장려책을 혹평한 것은 성종이 즉위한 이후 유교정치가 잠시 이루어지다가 현종 대에 이르러 각종 불교행사의 성행으로 모처럼 시도된 유교정치가 중단되는 위기를 맞게 되었기 때문으로 생각된다.[13]

한편 안정복은 공민왕이 매우 총명하고 과단성있는 군주라고 평가하면서도,[14] 역시 부처를 공양하고 반승함으로써 백성의 재물을 고갈시켰다고 비판하였다.[15]

이처럼 고려 왕조에서 불교가 성행하고 유교정치가 제대로 이루어지지 못한

---

9 『동사강목』 제6상, 戊辰, 광종 19년, 按. "昧大小輕重之別 而顧溺於佛氏之說 欲消罪辜 祈其陰祐 吾誰欺乎 且愛物之道 自有其制 養之有方 取之有時而已 後世所謂放生者 求取生物 旋復放之 欲以爲惠 昏庸之難悟 殊可笑也."

10 『동사강목』 제6상, 丙辰, 광종 7년, 按.

11 『동사강목』 제6상, 戊午, 광종 9년 夏5월, 按.

12 『동사강목』 제7상, 戊午, 현종 9년 윤4월, 按. "顯宗卽位之初 卽復二會 講經創寺 復襲前弊 至是飯僧 至于十萬之多 自此歷代視以爲例 其失固不少矣 夫緇流 逃賦避役 遊手徒食 實爲國家之蟊賊 在法當禁 而豈可耗費國用以養無賴崇虛敎而敗風俗乎 麗室佛敎之盛 實顯宗爲之崇也."

13 안정복은 성종대의 유교정치에 대해 다음과 같이 평가하였다. "成宗之世 尊尙儒術 欲興敎化之治 罷燃燈八關之會 異敎廓斥之機"(『동사강목』 제7상, 戊午, 현종 9년 5월, 按).

14 『동사강목』 제14하, 辛丑, 공민왕 10년 11월, 按. "恭愍自是剛敏聰俊人"; 부록, 고이, 恭愍王末年宮閫間年. "恭愍王性雖猜克剛復 而聰敏明斷."

15 『동사강목』 제14상, 壬辰, 공민왕 원년 5월, 按.

원인을 안정복은 어디에서 찾았던가. 연등회와 팔관회의 실시에서 찾았다. 즉 성종이 즉위하여 연등회와 팔관회를 혁파하고 유교정치를 폈으나 성종의 뜻을 따라 유교정치를 펼 유능한 인재가 없었고,[16] 성종이 죽은 뒤에는 다음 왕들이 성종의 뜻을 이어 받지 못한데다가, 신하 중에도 유교를 인도하여 일으킬 만한 선비가 나타나지 못했다는 것이다.[17] 다시 말하면, 후대의 군왕들이 성종의 유교정치를 계승하고 더불어 유학을 공부한 신하가 나타나 군왕을 보필했더라면 고려 왕조는 불교의 폐해에서 벗어나 유교정치를 구현할 수 있었다는 견해이다. 안정복의 생각으로는 고려 왕조가 오직 불교만을 숭상함으로써 성인의 도가 밝아질 수 없었지만, 오직 성종이 재위할 때만은 고려 500년의 기틀이 쌓아지게 되었다고 하였다.[18]

그리하여 그는 군왕의 불교 신봉을 조장한 신하를 가려 비판을 가하였다. 원종대의 이장용李藏用,[19] 충선왕대의 권단權㫜,[20] 공양왕대의 이첨李詹[21] 등을 들 수 있다. 한편 인종대의 정지상鄭知常에 대해서도 부허浮虛하고 탄망誕妄하다 하면서 묘청妙淸과 같은 요사스런 중을 믿었기 때문에, 비록 묘청의 난에 직접 참여하지는 않았을지라도 사형을 면하기 어려웠다고 하였다.[22]

---

16 『동사강목』제7상, 戊午, 현종 9년 윤4월, 按. "成宗之世 尊尙儒術 欲興敎化之治 罷燃燈八關之會 異敎有廓斥之機 而惜乎當時無人 不能導以興行 若使繼世之君有能踵而成其志 則庶乎可矣."

17 『동사강목』제6상, 辛巳, 경종 6년 冬11월, 按. "燃燈八關二會 自新羅以來 已成經國之典 太祖訓要亦申申言之 而成宗卽位之初 斷然革罷 不以爲疑 可謂卓越明主 而當時恨無一箇眞儒 將順其美而使異敎滅絶 而顯宗旋復興行 因爲後王不易之典 惜哉."

18 『동사강목』제6하, 丁亥, 성종 6년 8월, 按. "創業之功 雖在太祖 而其維持五百年基業者 寔由於成宗制治之得宜也."

19 『동사강목』제11하, 壬申, 원종 13년 춘정월, 按.

20 『동사강목』제13상, 辛亥, 충선왕 3년 12월, 按.

21 『동사강목』제17하, 辛未, 공양왕 3년 6월, 按.

22 『동사강목』제8하, 辛未, 공양왕 13년 춘정월, 按. "然而知常等 浮虛誕妄 嘗信妖僧 雖不與之同逆 而贊成其勢之罪 不容誅矣."

『동사강목』을 통하여 자주 왕권강화를 강조[23]한 안정복은 고려 왕조에서 군주의 힘이 미약하고 신하의 권세가 강한[君弱臣强] 원인을 불교 신봉에서 찾았다. 성호 이익이 『성호사설』에 나타낸 견해를 그대로 인용하여 자신의 견해를 대신하였다.[24] 이익은 안정복과 마찬가지로 불교에는 군신의 의리가 없다는 인식을 지니고 있었다. 따라서 초기부터 불교를 숭상하였던 고려 왕조는 필연적으로 군약신강에 이르렀다는 견해를 나타냈던 것이다. 안정복 역시 이익의 의견에 동조하여 고려시대 전반에 걸쳐 군왕의 권한이 미약하고 신하의 권세가 강하였던 원인을 불교신봉에서 찾았다.[25] 어느 국가를 막론하고 정권을 잡은 신하의 횡포가 나라를 망하게 한다는 인식을 지닌 안정복의 관점으로 본다면,[26] 군권이 약하고 신권이 강한 고려 말기의 정치적 현상은 결국 고려 왕조를 망하게 했고, 그 '군약신강'을 초래한 근원은 고려 왕조의 불교신봉이었다는 것이 된다.

안정복은 불교를 포함한 이교는 부모도 없고 임금도 없는[無父無君] 사상을 지니고 있어 우리나라의 예법을 문란시켰다고 하였다.[27] 특히 우리나라 역대 왕조 가운데 고려시대의 예법이 가장 문란하였다고 평가하고, 그 원인을 고려왕실의 지나친 숭불에서 찾으려 하였는데,[28] 그의 불교인식으로 보아 당연한 평

---

23 『동사강목』 제4하, 庚午, 문무왕 10년 夏6월, 按; 제5하, 丁亥, 경애왕 4년 12월, 按; 제5하, 乙未, 왕김부 9년 冬10월, 按; 제12상, 戊寅, 충렬왕 4년 2월, 按; 제13하, 乙丑, 충숙왕 12년 冬10월, 按; 제16상, 乙卯, 전폐왕우 원년 5월, 按 참조.

24 『성호사설』 권21, 경사문, 高麗昏君.

25 『동사강목』 제13하, 乙丑, 충혜왕 12년 冬10월, 按. "僿說曰 秦漢以後 尊君抑臣 分義截然 ---麗世昏君 不足怒而可哀 何其五百年而寂寥至此耶 蓋立法專尙佛教 佛教無君也 一傳至惠宗 王規袖刃穴壁 而亦不罪 此大慈之釋 捨身伺虎者也 主弱臣强自此 權柄傳世 其君拱手而已."

26 『동사강목』 제2하, 癸酉, 秋7월, 按.

27 『천학문답』. "大抵學術之差 皆歸異端 不可不愼也 老佛楊墨 皆必神聖之人 而末梢終歸於虛無寂滅無父無君之教."

28 『동사강목』 제6상, 癸卯, 태조 26년 6월, 按; 乙酉, 성종 4년 冬10월, 按; 제7상, 丁亥, 문종

가였는지도 모르겠다.

　요컨대, 안정복은 고려왕조가 불교를 지나치게 숭상함으로써 유교정치가 이루어지지 못하고 국력의 낭비를 가져왔을 뿐 아니라, 도덕의 문란과 '군약신강'을 초래하여 정치적 혼란을 가져 왔다고 평가하였다. 물론 안정복의 이와 같은 불교인식은 어디까지나 유교적 사고에서 비롯되었다 하겠다.

4)『삼국유사』비판

　안정복이『동사강목』을 통하여 비판한 대표적인 문헌은『삼국유사』와 저자 불명의 '고기古記'이다. 그 가운데에서도『삼국유사』가 가장 많은 비판대상이 되었다. 특히 수권에 있는「채거서목」과 부록에 있는「고이」·「괴설변증」·「지리고」에서 문헌비판을 많이 받았다. 먼저「채거서목」의 예를 보자.

　　고려 중엽의 승려 무극無極 일연一然이 지었는데 모두 5권이다. 그 책은 본시 불교의 원류를 입교하기 위해 지어졌기 때문에 간혹 연대를 고찰할 수는 있으나 전적으로 이단의 허탄한 설인데, 뒤에 와서 본조에서『동국통감』을 편찬할 때 많이 취하여 기록하였고,『동국여지승람』의 지명도 역시 이를 많이 따랐다. 아, 이 책은 다만 이단의 괴설인데 후세에 전해져서 당시에는 어찌 붓을 잡고 일을 기록하는 사람이 없어 모두 인몰되어 전해지지 않았겠는가. 대체로 이 책은 승을 위해 전해졌기 때문에 바위 구멍 가운데 간직되어 전쟁중에도 남아 있었던 것인데, 후인들은 오히려 그것이 남아 있음을 다행으로 여긴다. 우리나라 문헌의 분실이 이 지경에 이르렀

원년 冬10월, 按; 제8上, 壬辰, 예종 7년 9월, 按; 제9하, 甲辰, 명종 14년 4월, 按; 제10상, 癸酉, 강종 2년 秋9월, 按; 제14하, 庚子, 공민왕 9년 8월, 按 참조.

으니 슬프다. 그러므로 옛 사람이 역사를 편찬할 때 반드시 여러 명산의 석실에 보관하였으니 환란을 우려하는 뜻이 깊다고 하겠다.[29]

안정복이 『삼국유사』를 비판하여 쓴 글이다. 내용을 간추려 보면, 첫째로 『삼국유사』는 불교의 원류를 전하기 위하여 썼다는 것, 둘째로 이단의 허탄한 설이라는 것, 셋째로 『동국통감』이나 『동국여지승람』과 같은 문헌에서 적지 않게 활용되었다는 것, 끝으로 옛 문헌이 거듭되는 병화로 없어졌기 때문에 괴이한 설로 이루어진 이 책이 암혈에 간직되어 후세에 전해져 이용되는 상황이 안타깝다는 내용으로 되어 있다. 안정복의 생각을 좀더 요약하면, 『삼국유사』는 이단인 불교의 허탄한 설로 이루어져 믿기 어려운데 후대의 학자들이 그 내용을 믿고 받아들이니 안타깝다는 견해라 하겠다. 『삼국유사』뿐 아니라 『고기』역시 불승이 썼을 것으로 판단하여 비판대상이 되었음은 물론이다.[30]

그리하여 그는 역사가가 불승이 저술한 책을 인용할 때는 변별을 잘하여 쓸 것을 환기하였다. 이를테면 『삼국사기』에 아란불阿蘭佛이 나타나 부여왕 해부루解夫婁에게 도읍을 옮기라고 권하였다는 내용을 들어, 아란阿蘭과 가섭迦葉은 불가의 말인데도 불구하고 『삼국사기』에 분별없이 기술하였다고 지적하고,[31] 나아가 정사에서 불가의 말을 인용한다 하여 우려를 나타냈다.[32] 『동국통감』·

---

29 『동사강목』 채거서목, 삼국유사. "高麗中葉 僧無極一然撰 凡五卷 其書本爲佛氏立教之源流 而作故 間有年代之可考 而專是異端虛誕之說 後來本朝撰通鑑時 多取錄焉 輿地勝覽地名 亦多從之 噫 是書也只是異流怪說 而能傳於後 當時豈無秉筆記事之人 而皆湮沒無傳 盖此 書я僧釋所傳故 藏在巖穴之中 而得保於兵燹之餘 後人猶幸其遺存 東國文獻之泯絶至 於 如是 悲夫 是以古人纂史必藏諸名山石室之中 其慮患之意 盖深矣夫."

30 『동사강목』 부록, 괴설변증. "古記亦不知何人所撰 出於新羅俚俗之稱 而成於高麗 亦必僧釋 之所編也 故荒誕之說 不猒煩而爲之 其人名地號 多出於佛經."

31 同上, 按. "阿蘭·迦葉 皆僧語 此時 佛未通中國 則東北荒遠之地 安得先有此稱 此羅麗間 僧釋所傳 而史家取用 不曾辨別 惜哉."

32 『동사강목』, 부록, 괴설변증.

『동국여지승람』과 같은 관찬사서를 지목한 것이다. 『응제시주應製詩註』에 크게 인용된 '고기'의 내용을 「괴설변증」에서 비판하였던 것도, 물론 내용 자체가 황당한 점도 있지만 기본적으로는 불승이 썼기 때문이라 할 수 있다. 이와 같은 그의 배불적 태도가 '고기'는 물론이고 『삼국유사』까지 역사서로서의 신빙성을 의심케 하였다.

그러나 이와 같은 『삼국유사』에 대한 문헌비판에도 불구하고, 그는 『동사강목』을 편찬하면서 『삼국유사』의 기록을 적지 않게 활용하였다. 특히 부록의 고증에서 많이 활용되었다. 「고이」에서 33회, 「괴설변증」에서 8회, 「잡설」에서 2회, 「지리고」에서 15회나 인용되었다. 물론 『삼국유사』의 기록을 인용하였다 하여 모두 수용한 것은 아니다. 그 중에는 단순히 기록의 내용을 소개하는 데 그친 경우가 있는가 하면,[33] 비판의 대상이 되거나 받아들일 수 없다는 뜻을 밝힌 경우도 있으며,[34] 자신의 견해와 일치된다 하여 받아들인 경우도 있다.[35]

불승이 지었다 하여 지나칠 정도로 비판적이었던 『삼국유사』를 크게 활용하지 않을 수 없었던 까닭은 무엇일까. 하나는 안정복의 고증이 주로 삼국시대 이전에 속했기 때문일 것으로 생각된다. 따라서 사료의 부족 때문에 『삼국유사』의 기록을 참고하지 않을 수 없었던 것이다. 가능하면 『삼국사기』나 『고려사』 등 정사의 기록을 수용하려는 것이 그의 역사서술의 기본 입장이었지만,[36] 정사의 기록에 의심이 가거나[37] 보충이 필요하다고 생각되는 경우,[38] 그리고

---

33 『동사강목』, 부록, 고이, 檀君元年戊辰唐堯二十五年 및 武康王 등 참조.

34 앞의 책, 부록, 고이. 夫妻當有二人 및 新羅藏氷 등 참조.

35 앞의 책, 부록, 고이. 辰韓亦謂秦韓 및 駐驛之役帝有懼色 등 참조.

36 안정복은 本史 위주의 역사서술을 한다는 표현을 자주 썼다. 이를테면 『삼국유사』의 기록을 인용한 후 그 기록을 받아들이지 않을 경우에 '本史와 다르므로 취하지 않는다'(「고이」, 朴堤上與卜好還) 또는 '나는 本紀를 따른다'(「고이」, 新羅藏氷)라는 표현을 썼다. 여기의 本史란 官撰 正史를 말한다.

37 『동사강목』, 부록, 고이, 孝成王妃 참조.

같은 사건에 대한 여러 문헌의 기록을 비교 검증할 경우에 자주 활용하였다.[39] 다른 하나는『삼국유사』의 기록이 지나치게 허황하여 바로잡아야 할 필요성이 절실했을 것이라는 점이다. 그리하여 우리나라 고대사에는 괴설이 너무 많아 역사서에 그 괴설이 사실인 것처럼 그대로 기록되어 있어『동사강목』부록의 「괴설변증」에서 이를 바로잡아야겠다는 의지를 나타냈다.[40] 여기에서 그가 말하는 괴설은 여러 역사서에 수록된 각종 설화를 포함한다. 지금까지 전해 오는 우리나라 역사서 가운데 설화적 요소가 가장 많은『삼국유사』가 그 첫 대상임은 말할 나위 없다. 실제로「괴설변증」에는『삼국유사』에 수록된 설화가 변증 대상이 된 것이 적지 않다. 단군설화, 금와金蛙의 탄생설화, 석탈해昔脫解가 호공瓠公의 집을 숯과 숫돌을 이용하여 빼앗았다는 설화, 탈해의 둔갑설화, 김수로金首露의 탄생설화, 소지왕炤知王 10년 분향수도승焚香修道僧과 궁주宮主의 간통과 관련된 오기일烏忌日의 유래 설화 등이 소개되고, 비판 고증이 이루어졌다. 더불어『동국통감』·『동국여지승람』·『동사찬요』등에 수록되어 있는 사실을 지적하고 삭제되어야 한다는 의견을 붙였다.

이상과 같은 안정복의 견해를 종합해 보면, 그는『삼국유사』가 불가에서 편찬되었다 하여 심한 문헌비판을 하였지만, 그로서도 역사서로서의 가치를 전적으로 무시할 수는 없었던 것으로 추측된다. 다만 유학의 합리적 사고에 바탕을 둔 유학자로서 불가에서 저술된 문헌기록을 그대로 수용할 수는 없었을 것이다. 더욱이 불교를 이단의 본류로 여겼던 그였다. 그리고『삼국유사』나『고기』의

---

38 앞의 책, 부록, 고이. 尼師수 및 新羅置花郎 참조.
39 이를테면『삼국유사』에 '고구려 땅에 馬邑山이 있었기 때문에 馬韓이라 하고, 백제 땅에 원래 邊山이 있었기 때문에 卞韓이라 하였다'라는 기록을 들어, 지금 평양에 마읍산이 있고 扶安縣에 변산이 있으니『삼국유사』의 기록이 혹 증거가 있는 듯하다고 하였다(『동사강목』, 부록, 지리고, 삼한고).
40 『동사강목』, 부록, 괴설변증. "按東國古初 怪說甚多 作史者悶前代載記闕漏 無事可稱 遂取俚俗不經之說 編入正史 有若實有是事者然 今一切刊正 作怪說辨證."

기록이 여러 역사서에 그대로 수록되어 있으므로,『동사강목』편찬을 계기로 불교적인 요소를 제거하려는 의도도 있었던 것이 아니었을까 생각되기도 한다.

3. 서학 인식과 천주교 배척

1) 안정복의 서학 이해

안정복이 서학에 대해 매우 비판적인 태도를 보였다는 사실은 이미 선학의 연구에서 구체적으로 밝혀졌다.[41] 본고에서는 기존 연구를 참고하면서 안정복의 서학에 대한 이해, 주된 비판대상과 그 비판의 이론적 배경을 중심으로 고찰하고자 한다. 안정복이 서학서를 접한 시기는 대략 그의 나이 40대 중반, 즉 『동사강목』편찬을 시작할 즈음이 아닌가 싶다. 1757년 안정복이 이익에게 보낸 다음 편지를 주목해 보자.

---

[41] 안정복의 西學觀에 대한 연구는 지금까지 여러 학자들에 의해 이루어졌다. 그 가운데 최동희(1976), 「안정복의 서학비판에 관한 연구」, 『아세아연구』 19-2(56호), 고려대학교 아세아문제연구소; 琴章泰(1978), 「안정복의 사학비판론」, 『한국학』 19; 이원순(1986), 「안정복의 천학 논고」 『朝鮮西學史研究』, 일지사 등을 대표적으로 들 수 있다. 최동희는 먼저 안정복의 서학비판이 어떻게 형성되었는가를 이익과 권철신과의 편지 내용을 중심으로 분석하였고, 다음으로 안정복이 서학비판을 하게 된 이론적 배경을 이익과 권철신에게 보낸 편지 그리고 「천학문답」을 중심으로 밝혀 보았다. 여기에서 그는 안정복의 천주에 대한 비판과 영혼에 대한 비판을 중점적으로 분석하였다. 이원순은 사료집의 성격을 띤 「천학고」와 안정복의 서학관이 반영된 「천학문답」을 분석하고, 주변 인물들과의 서학에 관한 편지내용을 다른 항목으로 하여 분석하였다. 그는 이 논문에서 안정복의 천학론은 闢邪衛正이라 하였고, '서학을 환망하고 이단에 빠지는 것임을 밝혀 배척을 주장하였다.'(이원순, 앞의 논문, 182~183면)고 결론지었다.

근래 서양 서적을 읽어 보니 그 설이 비록 정밀하고 핵실하나, 결국 이 단의 학문입니다. 우리 유학이 자기를 수양하여 품성을 기르고 착한 일을 행하여 악을 제거하는 까닭은 마땅히 할 바를 하는 것에 지나지 않고 털끝만큼이라도 죽은 뒤의 복을 구할 뜻이 없는데, 서학은 수신하는 까닭이 전적으로 천대의 심판을 받는 것이니, 이것이 우리 유학과 서로 크게 다른 것입니다. 『천주실의天主實義』에 이르기를 '천주가 노하여 노제불아輅齊拂兒를 마귀로 만들어 지옥에 내려가게 하니 이로부터 천지 사이에 비로소 마귀가 있게 되고 비로소 지옥이 있게 되었다' 하였습니다. 생각건대, 이러한 말들은 결단코 이단입니다. 천주가 만약 노제불아로 하여금 지옥을 설치하게 하였다면 지옥은 천주의 사사로운 감옥이요, 또 이는 앞서의 사람이 악을 행한 것은 지옥의 고통을 받지 아니하였으니 천주의 상벌이 어디에서 다시 베풀어지겠습니까.

또한 『기인편畸人篇』에 이르기를 '액륵와략額勒臥略이 인간을 대신하여 지옥의 고통을 받았다' 하였는데, 생각건대 천주의 상벌이 그 사람의 선악으로 주어지지 않고 혹 개인적인 부탁으로 가볍고 무거운 바가 있다면 그 심판이 잘 되었다고 말할 수 있겠습니까. 만약 그렇다면 반드시 선을 행하지 않아도 천주 한 사람만 섬기면 된다는 것이 의심스럽습니다. 또한 『변학유독辨學遺牘』은 곧 연지화상蓮池和尙과 이마두가 학문을 논한 책입니다. 그 논변이 정밀하고 핵실하여 이따금 창을 갈아 방에 뛰어드는 듯하지만, 유감스럽게도 마명馬鳴·달마達摩 등 여러 사람과 보루를 대하고 기치를 세워 서로 변론하며 다투지 않습니다.

선생님께서는 그 책을 이미 보셨지요. 『천주실의』 제2편에 또 '임금 있으면 신하가 있고 임금이 없으면 신하가 없으며 사물이 있으면 사물의 이치가 있다' 하였는데, 사물의 실체가 없다는 것은 곧 이치[理]의 실체가 없다는 것이니, 이는 이른바 기氣가 이理에 앞선다는 설입니다. 이 설이 과연 어떻습니까.[42]

안정복이 이익에게 보낸 위의 편지 내용은 안정복의 초기 서학사상을 이해하는 데 몇 가지 중요한 점을 제시해 주고 있다. 첫째로 이즈음 안정복은 『천주실의』를 비롯하여 『기인편』과 『변학유독』[43] 등 이마두利瑪竇[마테오 리치]의 저술을 읽으면서 서학에 대한 호기심과 함께 이미 상당한 연구가 이루어지고 있음을 알 수 있다. 사실 이 편지를 쓰기 3~4년 전만 하더라도 안정복은 이들 서학서에 그다지 관심을 나타내지 않았던 것으로 생각된다. 그것은 1754년 아버지 안극이 작고함에 따라 사헌부 감찰을 그만두고 광주 덕곡으로 낙향하여 주로 경사의 독서에만 전념한 사실로 알 수 있다.[44] 그렇다면 그가 서학서를 읽고 분석해 볼 필요성을 크게 느낀 것은 아마도 관직을 그만두고 덕곡에 내려와 2~3년이 지난 뒤가 아니었을까 생각된다. 당시는 안정복이 이익의 후원아래 『동사강목』을 편찬하던 중요한 시기였는데, 이처럼 서학서를 읽고 그 나름대로 분석을 하여 스승 이익에게 자신의 의견을 피력하였던 것이다.[45]

---

42 『순암집』 권2, 「上星湖先生 別紙 丁丑(1757)」. "近觀西洋書 其說雖精覈 而終是異端之學也 吾儒之所以修己養性 行善去惡者 是不過爲所當爲 而無一毫徼福於身後之意 西學則其所以 修身者 專爲天臺之審判 此與吾儒大相不同矣 其天主實義曰 天主怒輅齊拂兒 變爲魔鬼 降 置地獄 自是天地間 始有魔鬼 始有地獄 按此等言語 決是異端 天主若爲輅齊拂兒設地獄 則 地獄還是天主之私獄 且此前人之造惡者 不受地獄之苦 天主之賞罰 更於何處施之耶 又畸 人篇云額勒臥略代人受地獄之苦 按天主之賞罰 不以其人之善惡 而或以私囑 有所輕重 則 其於審判 可謂得乎 若然 不必做善 諂事天主一私人可矣 又辨學遺牘者 卽蓮池和尙與利瑪 竇論學書也 其辨論精覈 往往操戈入室 恨不與馬鳴達摩諸人對壘樹幟 以相辨爭也 先生其 已見之否 實義第二篇又曰 有君則有臣 無君則無臣 有物則有物之理 無此物之實 卽無此理 之實 此所謂氣先於理之說 此果如何."

43 『기인십편』(사료에서는 『기인편』으로 표기됨)과 『변학유독』은 마테오 리치(Matteo Ricci)가 불교 배척을 주장하여 쓴 교리서이다.

44 『순암집』 권19, 「영장산객전 甲戌(1754)」 참조.

45 이즈음 안정복이 어떤 이유에서 서학에 관심을 갖고 서학서를 분석하였는지 확실하게 말하기는 곤란하다. 당시에는 서학에 관심있는 사람들이 우리나라에서 중국으로 가는 사신을 따라 갔다가 북경에 있는 천주교회에 들러 서구 문화에 대한 여러 가지 정보를 수집하고 더불어 천주사상에 대한 설명도 들으면서 그에 관한 서적을 갖고 입국했던 것으로 알려져 있다. 따라서 여기에 호기심을 갖고 있던 학자라면 서학에 대한 초기적인 이해는 지니고 있었을 것이다. 물론 이와 같은 추이에서 안정복도 그 예외는 아닐 듯싶다. 그러나 그가 적극적으

사실 그는 선조 말년에 서학서가 우리나라에 들어와 식자들 사이에 널리 읽혀지고 있다는 사실과 유학에 바탕을 둔 대부분의 학자들이 이 서학을 이단으로 대하고 있다는 정도로 이해하고 있었다. 안정복도 처음 이들 서학서를 이단 학문이라는 선입견을 갖고 접했으리라 짐작된다. 그러나 막상 그 자신이 이들 서학서를 직접 읽고 분석해 본 결과, 특히 서학의 종교사상이 자신의 유학사상과 크게 배치된다는 것을 발견하고 벽위적인 태도를 보이기 시작한 것이 아니었을까 여겨진다.

그렇다고 그는 서학을 일방적으로 배격한 것은 아니다. 위의 편지에도 있는 것처럼, 서양서에 있는 글에는 정밀하고 핵실한 점이 있다는 것을 그도 수긍하고 있었던 것이다. 그가 배격한 서학은 종교적인 문제, 즉 천주교의 교리라 할 수 있다. 그가 살던 광주지방이 뒷날 천주교 교세가 가장 활발한 지역이었음을 감안한다면, 이 지역이 그즈음 안정복으로 하여금 서학사상에 호기심과 더불어 의구심을 가질 수 있게 한 분위기가 아니었을까 생각되기도 한다.

둘째로 서학서를 읽고 분석하면서 서학 배격의 이론적 논거가 형성되고 있었다는 점을 들 수 있다. 서학, 즉 천주교[46]와 불교와의 관계, 천주교와 유학의 이론을 관계지어 설명하려 하였다. 위의 편지내용으로 본다면, 천주교와 불교는 상쟁 관계가 아닌 반면, 천주교와 유학은 크게 상치된다는 사실을 말하고

로 서학에 대한 관심을 갖게 된 데에는 또 다른 배경이 있지 않았을까 싶다. 첫째로 이익의 서학에 대한 관심에서 영향을 받았을 것이라는 점이다. 이익은 이전에 문인 신후담과 천학 문제로 논변을 하였고, 신후담의 저술 『西學辨』 또한 성호문인들이 이미 잘 알고 있던 터였다. 둘째로 안정복이 살고 있는 광주 근방이 서학 전파가 비교적 활발하게 전개되던 지방이라는 점 그리고 1758년 안정복의 큰 딸이 權日身에게 시집을 갔다는 점 등을 들 수 있다. 권일신이 언제 천주교에 발을 들여 놓았는지는 파악하기 어렵지만, 양가의 혼사문제가 오갈 즈음 權巖(권철신·권일신 형제의 아버지)의 집안은 비교적 서학에 관심이 깊었지 않았나 짐작된다. 이 점은 좀더 고찰이 요구된다 하겠다.

46 안정복은 천주교라는 표현은 쓰지 않았다. 그러나 그가 여기에서 쓰는 서학은 사실상 천주교를 나타내기 때문에 필자는 혼돈을 피하여 직접 천주교로 쓰기로 한다.

있다. 특히 수신의 목적이 유학에서는 당연히 할 바를 하는 데 비하여, 천주교에서는 죽은 뒤의 복을 구하고 하늘의 심판을 받기 위함이라는 것, 선악에 대한 심판문제에 있어 천주교에서는 선악의 여부에 따라 천주의 상벌이 주어지는 것이 아니라 천주를 섬기는 것 여부에 따라 심판이 이루어지는 것이 의심스럽다는 것, 사물의 형성과 이기의 선후 문제에 있어서는 서학의 주장대로라면 기가 이에 앞서는 것이 되니 부당하다는 생각을 나타냈다. 따라서 천주교는 이단이라는 것이다. 이익에게 보낸 편지로 보면, 이즈음 안정복의 서학인식은 대체로 개략적 이해에 머무르고 있었다고 하겠다.

이와 같은 안정복의 초기 서학관은 그 이듬해(1758) 이익에게 보낸 편지에 더욱 구체적으로 분석되어 나타났다.

귀신에 대한 설은 계사繫辭·제의祭義 및 염락濂洛 등 여러 선생의 설로 보면 그 정상을 볼 수 있는데, 끝내 의심스런 바가 있습니다. 거기에는 세 가지 귀신이 있는데, 천지의 귀신이 있고 사람이 죽은 귀신이 있으며 만물의 귀신이 있습니다. 사람이 죽은 귀신이 그 이치를 밝히는 데 가장 어렵습니다. 후세를 논하는 설에는 세 가지가 있습니다. 유교는 기가 모이면 태어나고 흩어지면 죽어서 허공으로 돌아가 없어진다고 합니다. 서사西士는 기가 모이면 사람이 되고 이미 사람이 된 뒤에는 달리 일종의 영혼이 있어 죽어도 없어지지 않고 본래의 몸의 귀신이 되어 영원히 존재한다고 합니다. 불교는 사람이 죽으면 귀신이 되고 귀신은 다시 사람이 되어 윤회가 그치지 않는다고 합니다.

만약 유교의 설과 같다면, 성인이 제사의 뜻을 나타내는 것은 조상 귀신이 이르는 이치를 밝혀 두는 것입니다. 만약 다만 효자로 하여금 자손으로서 사모하는 마음을 갖게 하려고 만들었다면, 이는 거짓장난에 가까워 불경함이 심하지 않습니까. 비록 조상과 자손이 하나의 기로써 서로 연결되었기 때문에 귀신이 오는 이치라고 하더라도, 조상의 기가 이미 흩어져서 두 기의 본연으로 돌아갔다면 오직 허공으로 흩어져서 원초의 것과 다르지 않으니 다시 어떤 기가 또 오겠습니까. 실로 오는 것이 있다면 그것은 별도로 흩어지지 않는 것이 존재함이 분명합니다.

만약 서사의 설과 같다면, 인간이 선악을 논하지 않아도 모두 영혼이 있고 천당 지옥의 보답이 있다고 하는데, 영원히 존재하는 귀신이 지극히 많아도 이른바 천당이 아주 넓어 혹 수용할 수 있을지 몰라도, 이른바 지옥의 땅이 둘레가 9만 리요 지름이 3만 리라고 하니 3만리 가운데에 어떻게 그 많은 귀신을 수용할 수 있겠습니까. 가령 수용할 만한 땅이 형질을 갖추었다 하더라도 방이 모두 차서 공기가 없으니 귀신이 비록 형체가 없다 하지만 역시 어떻게 용납할 수 있겠습니까. 그것이 흩어짐에 느리고 빠름이 있다고 말한다면 옳다고 하겠으나, 영원히 흩어지지 않는다면 옳지 않습니다.

무릇 천하의 도는 하나가 아니되 유학 외에는 모두 이단입니다. 유교의 도는 정상적인 법도를 말하고 변화를 말하지 않습니다. 변화는 본디 측량할 수 없으므로 변화를 말하되 그치지 않으면 장차 황탄하고 불경하여 이단의 기탄없는 상태로 돌아갑니다. 이로써 성인이 괴이함을 말하지 않았을 따름이지 괴이함이 일찍이 없었던 것은 아닙니다. 『시경』과 『서경』으로 본다면, 군신이 서로 경계하되 상제上帝 조고祖考의 신령으로서 말하였습니다. 만약 그 사실이 없었다면, 성인이 어찌 사람들이 보지 못할 황홀하고 믿기 어려운 일로 사람을 속이고 사람들 역시 믿고 따르겠습니까. 이러한 사실이 분명히 있으므로 그 말 역시 이와 같습니다.

은나라 사람들이 귀신을 숭상하였으되 어찌 후세의 어리석은 백성들이 무당에게 유혹되는 것과 같다고 하겠습니까. 이는 필시 실제의 일로 말할 수 있는 것이 많았을 것이지만, (진시황의 분서갱유로) 불에 탄 나머지 없어져 전해지지 않는 것이라는 것을 어찌 알겠습니까.

후세에는 상도를 말하는 경우가 흔하여 만약 하나의 말, 하나의 일이 점차 세월이 지나 볼 수도 들을 수도 없게 되면 번번이 괴이한 것으로 돌려 말하게 됩니다. 고로 가르침을 세우는 자는 신중하게 하여 발설하지 않고 상도를 지키는 자는 단지 옛 선비의 설을 따라 모방하려 하기 때문에 종국에는 밝혀 의심없게 할 수는 없는 것입니다.

일찍이 사람의 태어나고 죽는 것을 생각해 보건대, 대체로 말하여 모두 기가 모이고 흩어짐에서 비롯되는데 불이 타서 연기로 흩어져 공중으로 날아가 흩어지는 것과 같습니다. 그 가운데 역시 혹 흩어지지 않는 것이 있다면 서사의 말과 같습니다. 순금이 불에 들어가 모두 녹아 없어져 한 점의 정광精光으로 아직 존재하고 있는 것과 같습니다. 그 가운데 역시 혹 윤회가 있으니 불교의 설과 같습니다. 만약 흩어지지 않는 기가 있다면, 그것이 모여 다시 태어나니 역시 이상하지 않습니다. 사람의 태어남이 기가 모여서라면 귀신은 기가 아닙니까. 역사와 전기로 말한다면, 지환을 알고 있다거나 우물을 기억한다는 것[識環記井]과 같은 종류가 매우 많습니다. 오늘날 인가에 전하는 바로 보아도 역시 의심스런 바가 많습니다. 이와 같은 것들이 증거하는 바로써 반드시 그렇다고 인정한다면 망령된 일이고, 일체 그렇지 않다고 한다면 그 형세를 크게 얽매어 두는 것이므로 단지 말을 하지 않을 뿐입니다. 『역』에 이르기를 육체를 떠난 혼은 변괴가 된다고 하였는데, 외롭게 떠돌아 다니지 않고, 이미 변괴가 되었으면 대개는 어떤 모습으로 존재할 것입니다. 장자張子가 육체를 떠난 혼이 변괴가 된다는 것으로 윤회설을 그릇되었다고 하였으니 어찌 감히 다시 설명할 것이 있겠는가마는 그 의문이 끝내 풀리지 않습니다. 정주程朱의 설 역시 이끌어 내놓고 밝히지 못한 것이 많아 다만 후인으로 하여금 의문을 더하게 합니다(협주 생략). 화담花潭 서경덕徐敬德의 귀신론과 이마두의 설은 부합되나, 이마두는 인생이 생겨난 이후로 그 귀신들이 영원히 존재한다 하고, 서씨는 귀신에게도 오래되거나 얼마되지 않은 구별이 있다 하였으니, 서씨의 설이 나은 듯합니다. 이자李子(이황; 필자주)가 일찍이 서씨의 설을 그르다고 하였으니 감히 의심할 바 없으나, 끝내 의심스러운 것은 남아 있으니, 이 교를 말한다는 혐의를 받을까 두려워 모호하게 두고 밝히지 않으면 도가 있는 것으로 바르게 나아가는 것이 아닙니다.

천당지옥설에 있어서는 말하는 모습이 끝내 이단입니다. 그러나 과연 흩어지지 않는 영혼이 있다면 반드시 주재하는 것이 있을 것이고, 주재하는 것이 있다면 선은 상을 주고 악은 벌하니 혹 괴이하지 않을 것입니다. 그렇지만 끝에 가서는 상이 번잡스럽고 형벌이 무거울 것이니 주재하는 자가 장차 어떻게 하나하나 처리하겠습니까. 여기에 그 설이 종국에는 막히는 곳이 있는 것입니다.

서사의 마귀론은 아마도 혹 그 풍속이 그런가 합니다. 무릇 사람의 선악은 형기와 성명의 나뉘어짐에서 비롯되는데, 마귀가 어떻게 사람을 이끌어 악하게 할 수 있습니까. 이 주장은 실로 마땅함을 잃었습니다. 혼백이 합하여 사람이 되고 사람이 죽으면 혼은 올라가고 백은 내려가는데, 혼은 본디 귀신이 있어, 전기에서 말하는 바로는 묘 또한 귀鬼가 있으니 이는 혼 역시 신이 있는 것입니다. 이는 한 사람이면서 혼과 백이 구별이 있고 그 신은 둘이 있는 것입니다. '삼혼칠백三魂七魄'의 설은 도가道家에서 나왔는데 그 말은 믿기 어렵습니다. 그에 대해 주자가 말하기를 '삼칠三七은 금金과 목木의 수數이다. 그런즉, 한 사람이 죽어 혼백이 10개의 신으로 나누어지니 많지 않은가'라 하였습니다. 의서醫書에는 간장肝腸은 혼魂, 폐장肺臟은 백魄으로 간肝은 목목이고 폐肺는 금金이라 합니다. 낙서洛書의 위치로 보면 삼동三東이요, 칠서七西인 고로 주자의 설은 대개 여기에서 나왔으니 금수金數를 칠七로 한 것은 알 수 없습니다. 가만히 보니 혼백은 둘로 나눌 수 없을 듯합니다. 좌씨左氏가 '마음이 밝고 상쾌하다' 하였는데, 이는 혼백을 말합니다. 서사가 말하는 이른바 영혼이라는 것이 이것입니다. 사람의 정신은 하나일 뿐이지만 음도 있고 양도 있다는 구별이 있기 때문에 혼백이라는 이름이 붙여졌을지라도 달리 두 물건으로 구별할 수는 없습니다.[47]

---

47 『순암집』 권2, 「上星湖先生書 戊寅 別紙(1758)」. "鬼神之說 以繫辭祭儀及濂洛諸先生之說 觀之 其情狀可見 而終有所疑 其等有三 有天地之鬼神 有人死之鬼神 有百物之鬼神 人死之鬼神 其理最難明 後世論說有三 儒者謂氣聚則生 散則死而歸於空無 西士謂氣聚爲人 既而爲人之後 別有一種靈魂 死而不滅 爲本身之鬼神 終古長存 佛氏謂人死爲鬼 鬼復爲人 輪廻不已 若如儒者之說 則聖人立祭祀之義 明有祖先鬼神來格之理 若徒爲孝子順孫思慕之心而

위 편지의 내용을 보면, 1년 전 안정복이 이익에게 보낸 서학에 관한 편지에 비하여 사뭇 논리적이고 자세한 분석을 하였다는 사실을 찾아볼 수 있는데, 그 동안 천주교에 대하여 다각적으로 연구 분석하였음을 짐작할 수 있다. 안정복은 이 편지에서 크게 세 가지 문제를 들어 천주교를 비판하였다. 첫째는 귀신

設 則是不幾於虛假戲玩而不敬之甚者乎 雖云祖先子孫一氣相連 故有來格之理 祖先之氣 已散而歸於二氣之本然 則惟漂散虛空 餘原初不異 復有何氣更來乎 誠有來格者 則其別有 不散者存明矣 若如西士之說 則人無論善惡 皆有靈魂 有天堂地獄之報 亘古恒存 其鬼至多 所謂天堂閒曠 或有可容之理 所謂地獄 地周九萬里 其經三萬里 三萬里中 豈能容許多鬼神 假或容之 地有形質 窒塞無空 鬼神雖云無形 何以容之耶 謂之散有遲速 則可 謂之來世不散 則不可矣 如佛氏之說 則其說尤爲誑惑 不可專信 而其中亦有可疑者矣 夫天下之道非一 而 儒外皆異端也 儒者之道 語常不語變 變固不可測 語變不已 則將荒誕不經而歸於異端之無 忌憚也 是以聖人不語怪而已 怪未嘗無也 以詩書觀之 君臣交戒 必以上帝祖考神靈言之 若 無其實 則聖人何爲以人所不見怳惚難信之事 誑謠於人 而人亦信從之乎 明有是事 故其言 亦如是矣 殷人尙鬼 豈若後世愚民之誘惑于巫覡者爲也 是必多有實事之可言 而安知非焚滅 之餘亡而不傳耶 後世語常之道勝 若一語一事 稍涉于不見不聞 則輒歸語怪之科 是故立教 者 愼之而不發 守常者只欲依倣先儒之說 而終未能晢然無疑也 竊嘗思之人之生死 以大體 言之 儘由於氣之聚散 如火滅烟散 騰空而消滅者 其中或有不散者 如西士之說 如眞金入火 混體消融 而一點精光 猶有存焉 其中亦或有輪廻 如釋氏之說矣 若有未散之氣 則其聚而服 生 亦不異矣 人之生也 以氣之聚 則鬼神非氣乎 以史傳言之 如識環記井 其類甚多 以今世 人家所傳觀之 亦多可疑 若是之類 證之以必然則妄 誘之一切不然則太拘 其勢但不語而 已 易云遊魂爲變 不獨爲遊散而已 至於爲變 則盖無所不有矣 張子以遊魂爲變 爲輪廻之說 非則何敢更爲論說 而其疑終未亡矣 程朱之說 亦多有引而不發者 徒增後人之疑 (夾註 省 略) 花潭鬼神說 與利氏說合 而利氏則謂自生人以來 其鬼長存 徐氏謂有久速之別 徐說似優 矣 李子嘗非徐說 則不敢復有所疑 而終有可疑者存 則不可以語涉異敎爲懼而含糊不發 不 就正於有道矣 天堂地獄之說 言語貌像 終是異端 然而果有未散之靈魂 則必有主張者存 有 主張者 則賞善罰惡 或不怪矣 然而未稍賞繁刑重 主張者 將何以區處耶 是其說之終有窒 礙處也 西士魔鬼之論 恐其俗或然也 凡人之善惡 由於形氣性命之分 魔鬼何能導人爲惡耶 此論誠棄之當矣 魂魄合而爲人 人死則魂升魄降 魂固有神 以傳記所存言 則墓亦有鬼 是魄 亦有神矣 是一人而有魂魄之別 其神有二也 三魂七魄之說 出於道家 其言難信 朱子言之曰 三七是金木之數 然則一人之死 而魂魄分爲十箇神 不其多乎 醫書 肝藏魂肺藏魄 肝木而肺 金 洛書之位 三東而七西 故朱子之言 盖出於此 而以金數爲七則不可知也 竊謂魂魄不可以 二之 左氏謂心之精爽 是爲魂魄 西士所謂靈魂是也 人之神一而已 而有在陰在陽之別 故有 魂魄之名 不可別爲二物也."

론이고, 둘째는 천당지옥설이며, 셋째는 마귀론이다. 이 가운데 귀신론이 주된 논의대상이 되었다. 모두 유교와 천주교 그리고 불교의 교리를 비교하면서 자신의 견해를 제시하였다.

먼저 귀신론에 대한 그의 견해를 보자. 그는 귀신을 영혼과 같은 뜻으로 쓰기도 하였다. 귀신이 어떻게 태어나고 어떻게 없어지는가에 주된 관심을 두었다. 천주교의 영혼불멸설을 겨냥한 논리적 분석에 목적을 두고 있다고 볼 수 있다. 우선 그는 귀신이 존재한다는 종래의 설을 일단 받아들이면서, 귀신에는 세 가지 종류가 있다고 하였다. 천지의 귀신[天地之鬼神], 만물의 귀신[百物之鬼神], 사람이 죽은 귀신[人死之鬼神]이 있는데, 그 가운데에서도 사람이 죽어 생긴 귀신이 이해하기 어렵다는 것이다.

그는 사람이 죽은 귀신의 생성과 소멸에 대한 의문을 품고 있었다. 그리하여 유학과 천주교 그리고 불교에서 말하는 다음과 같은 세 가지 설을 소개하면서 상호 비교해 보았다.

가. 기가 모이면 태어나고 흩어지면 죽어서 공중으로 날아가 없어진다는 유학자들의 설
나. 기가 모이면 사람이 되는데 사람이 죽어도 그 죽은 사람의 영혼은 영원히 존재한다는 서사의 설[靈魂不滅說]
다. 사람이 죽으면 귀신이 되고 귀신은 다시 사람이 되어 윤회가 그치지 않는다는 불가佛家의 설[輪廻說]

안정복은 이 세 가지 설에 대하여 모두 비판적인 견해를 나타냈다. 첫째로 기가 흩어져 공중으로 날아가 없어진다는 유학자의 설에 대해 의문을 나타냈다. 즉 기가 흩어져 공중으로 날아갔다면 원래의 기로 돌아간 것과 같으니 다시 어떤 기가 올 수 있겠느냐고 반문하면서, 제사를 지낼 때 오는 귀신이 있다면 그것은 흩어지지 않은 것이 있음을 증거하는 것으로 보았다. 즉 공중으로 흩어지지 않은 기가 있다는 것이다. 마치 순금이 불에 들어가 모두 녹아 한 점

의 정광精光으로 남아 있는 것과 같다고 하였다. 둘째로 천주교의 영혼불멸설에 관하여 천당지옥의 공간에 의문을 나타냈다. 즉 천당과 지옥이 아무리 넓고 또한 영혼이 형체가 없다고 하더라도 결국에는 공간이 좁아 질식하게 되니 수용하기 곤란하다는 것이다. 다만 천당과 지옥에 영혼을 수용하되 시간의 격차를 두고 결국에는 영혼이 흩어진다면 인정할 수 있다는 견해를 나타냈다. 끝으로 불교의 윤회설에 대해서는 허황한 것으로 돌려 아예 언급을 회피하였다.

좀더 구체적으로 보자. 귀신론의 핵심은 사람이 태어나고 죽는 것을 기가 모이고 흩어지는 것으로 이해하고 있다는 점일 것이다. 기가 모여 사람이 태어난다고 본 점에서는 유교나 천주교가 공통적이라고 보았던 것 같다. 그러나 사람이 죽은 뒤 영혼이 어떻게 되느냐 하는 점에 있어서는 달리 생각하고 있었다. 즉 사람이 죽으면 기가 즉시 모두 공중으로 흩어지는 것에 의문을 품고, 자손이 제사지내는 이치로 설명하였다. 기가 처음부터 공중으로 사라졌다면 제사를 지낼 필요가 없다는 것이다. 그렇다 할지라도 종국에는 그 기도 공중으로 흩어지게 된다는 것에는 변함이 없다. 이것이 영혼은 불멸한다는 천주교의 주장과 안정복의 생각이 정면으로 대치되는 부분이다.

여기에서 영혼도 기라는 안정복의 생각에 주목해 보자. 즉 사람이 태어남이 기가 모여 이루지는 것이라면 죽은 뒤의 영혼도 기라는 생각이다. 이와 관련하여 그의 혼백에 대한 견해를 보자. 그는 혼과 백이 합쳐져서 사람이 되는데 일단 사람이 죽으면 혼은 공중으로 올라가고, 백은 땅 속으로 내려간다고 보았다. 그런데 혼에는 본시 신이 있고, 백에는 전기상으로는 신이 있는 것처럼 전해 오지만, 자신의 생각으로는 혼백은 본시 둘이 아닌 하나로 신도 하나라는 주장을 폈다. 다만 이 신이 음에도 있을 수 있고 양에도 있을 수 있으므로 혼백으로 구별하게 되었다는 것이다. 그는 이 혼백이 서사가 말하는 영혼이라고 하였다. 따라서 영혼인 이 혼백은 모두 기라는 이야기가 된다. 이처럼 안정복은 기로 이루어진 영혼, 즉 혼백이 영원히 존재하는 것은 아니지만, 그렇다고 모두 공중으로 흩어져 없어지는 것도 아니라는 조금은 애매한 견해를 나타냈다.

다음으로 그가 부정적 시각을 나타낸 천당지옥설을 보자. 영혼불멸설을 부정한 그로서는 당연한 주장이라 하겠다. 비록 천당지옥의 존재를 가정하더라도 영혼의 상벌과 그것을 주재하는 자 그리고 영혼이 영원히 존재할 만한 공간에 대한 문제가 있다는 것이다. 우선 그는 영혼과 선악은 별개의 것으로 보았다. 따라서 영혼이 선악에 따라 그 영혼이 천당이나 지옥으로 가는 보답을 받는 것은 이치에 맞지 않는다는 논리를 폈다. 그리고 가령 영혼을 주재하는 자가 있다 하더라도 선악에 대한 판단과 그에 따른 상벌을 일일이 할 수 없을 것이라고 하였다. 더욱이 종국에는 천당과 지옥이 꽉 차서 수많은 영혼을 모두 수용할 수 없다는 것이다. 영혼불멸을 인정하지 않는 그의 입장에서 천당 지옥의 존재를 수용하기는 기대하기 어려웠다고 할 수 있다.

끝으로 마귀의 존재도 철저히 부인하였다. 선악이 형기와 성명에 의하여 비롯되는데 마귀가 나타나 사람을 악하게 만든다는 것은 있을 수 없다는 것이다.

이처럼 안정복은 스승 이익에게 보낸 편지를 통하여 천주교의 귀신론, 영혼불멸설, 천당지옥설, 마귀론에 대하여 나름대로의 이론적 근거를 제시하면서 부정적인 입장을 보였다. 기본적으로는 성리학의 이기론에 바탕을 두되 퇴계 이황의 이기론으로 비판의 논거를 삼았다고 볼 수 있다. 이가 기에 앞서 존재한다는 것을 인정하지 않은 서경덕의 기불멸론氣不滅論[48]이 이마두의 영혼불멸설과 부합된다면서 다소 불만을 나타내고, 결국 이황이 서경덕의 설을 그르다고 본 평가에 동조하였던 것이다. 그렇다고 안정복이 천주교의 주장을 아주 회피해 버린 것은 아니다. 그가 영혼에 관한 문제에 관심을 갖게 되고 이것을 기와 연결시켜 해석해 보려는 태도를 갖게 된 동기는 천주교의 영향으로 보아도 좋지 않을까 여겨진다.[49] 앞서 본 바와 같이, 이미 안정복은 천주교리를 제외

---

48 이병도, 『韓國儒學史』, 181~182면 참조.
49 이미 최동희는 그의 논문에서 안정복이 귀신에 관한 문제에 관심을 갖게 된 것을 서학의 영향이라고 평가하였다(최동희, 앞의 논문, 68면).

한 서학이 정밀하고 핵실하다는 사실을 인정하고 있던 터였다.

지금까지 1757~58년에 걸쳐 안정복이 스승 이익에게 보낸 두 통의 편지 내용을 중심으로 초기 안정복의 서학관을 천주교를 접하는 그의 견해를 중심으로 살펴보았다. 그러나 이익은 안정복의 편지를 받고 그 내용에 대한 이렇다 할 답변을 하지 않았던 것으로 보인다. 이익이 안정복의 견해에 수긍을 한 것인지, 그렇지 않으면 자신의 견해와 달라 구차스럽게 변명이 필요하지 않았는지는 알 수 없다. 이익은 이미 『천주실의』와 『칠극七克』을 읽고 천주교리에 대해 호기심을 보일 정도로 서학에 깊은 관심을 나타냈다.[50] 어떻든 안정복은 『동사강목』 초고를 편찬하던 바쁜 가운데에서도 여러 서학에 관한 문헌을 접하고 분석하면서, 특히 천주교 교리에 대해서는 유학자의 입장에서 비판적인 태도를 보였다.[51] 그러나 서학서에 나타난 과학이나 지리 등에 관한 내용에 대해서는 매우 호의적인 태도를 보였다.

2) 천주교의 확산과 안정복의 대응

이상과 같은 1750년대 안정복의 천주교에 대한 이해와 반응은 그 후 어떤 양상을 보였던가. 안정복이 천주교에 대한 초기적 이해로 스승 이익과 토론할 수 있었던 기간은 기껏해야 수년으로 안정복의 나이 50대를 넘지 않았다. 이 때만 하더라도 천주교는 관심있는 학자들이 유학과 비교하는 이론적 연구 대상을 넘지 못하였다고 할 수 있다. 즉 아직은 천주교의 교리를 천주교 신자가

---

50 그렇다고 이익이 이들 서학서에 대해 비판적인 태도를 보이지 않은 것은 아니다. 이익도 천당지옥설과 마귀설 등에 대해 지나치게 무리하고 통할 수 없는 이론이라 하여 회의적인 반응을 보였다(『성호속집』 권15, 「天主實義辨」 참조).

51 柳洪烈은 안정복이 이익의 감화를 받아 천주교와 서학에 대한 연구가 깊었다고 하였다(유홍렬(1992), 『韓國天主敎會史』, 가톨릭출판사, 64면).

되어 익히거나 실천으로 옮기는 우려할 만한 단계는 아니었던 것이다. 그러나 18세기 후엽, 1780년대에 접어 들어 천주교는 지식인 사회로부터 대중사회에 까지 전파되기 시작하였다. 특히 안정복이 몸 담았던 성호학파의 젊은 학자들을 중심으로 천주교 전파가 급속하게 이루어지고 있었다. 1763년 이익이 타계한 이후 재능있는 젊은이들이 양명학에 심취하더니 천주교에도 눈을 돌려 급기야 1780년 대에는 성호학파의 젊은이 가운데에서도 신자가 나오기에 이르렀던 것이다. 이에 가장 우려를 나타낸 사람이 성호학파의 원로 안정복이었다. 서로 의지하며 성호학파를 이끌던 윤동규가 1773년에, 이병휴가 1776년에 각각 타계한 이후, 성호학파를 이끌어야 할 원로 입장에서 안정복은 난처한 상황에 처하지 않을 수 없었던 것이다. 즉 성호학파의 젊은이들이 천주교에서 손을 떼도록 적극적인 대처를 해야 했던 것이다.

이즈음 천주교와 관련된 안정복 주변 인물들의 움직임을 보자. 먼저 주변 인물들을 열거해 보면, 성호문인으로서 가장 먼저 천주교 신앙운동을 일으킨 홍유한洪儒漢(1736~1785), 앞으로 성호학파를 이끌어 갈 재원으로 촉망받던 권철신權哲身(1736~1801)과 이기양李基讓(1744~1802), 안정복의 사위 권일신權日身(1742~1791), 천주교 전파에 가장 앞장서서 실천운동을 편 이벽李蘗(1754~1786), 이익의 종손 이가환李家煥(1742~1801), 정약전丁若銓(1758~1816) · 정약종丁若鍾(1760~1801) · 정약용丁若鏞(1762~1836) 삼형제, 최초의 세례교인 이승훈李承薰(1756~1801) 등을 대표적으로 들 수 있다.

홍유한은 충청도 예산 사람으로 이익의 문하에서 유학 공부를 하였으나 1770년부터 천주교에 관한 서적을 접하면서 유학 공부를 그만두고 1775년부터 소백산맥에 숨어 들어가 신앙생활을 하였다고 한다.[52] 권철신은 성호문인 가운데에서도 재능과 학식을 겸비하여 성호 이익과 원로 성호문인 윤동규 · 이병휴 · 안정복 등으로부터 가장 촉망받은 인물이었다. 그러던 그가 양명학에 관

---

52 유홍렬, 앞의 책, 76~77면 참조.

심을 두는 한편, 천주교에 눈을 돌리면서 그의 지우나 안정복의 다른 문인들까지 이에 가담하게 되었다. 그보다 먼저 천주교 신앙활동을 시작한 홍유한과도 직접 만나거나 많은 편지를 주고 받았다.[53] 이기양 또한 권철신과 더불어 촉망 받은 인물이었으며 양명학과 천주교에 관심이 많았다. 특히 이 두 사람은 1780 년대 안정복과 천주교문제로 많은 갈등을 겪었다. 권철신의 동생 권일신은 천주교에 입교하여 자기 가족은 물론 친구들에게도 열심히 전교하는 등 신앙심이 매우 돈독하였다고 한다.[54] 이벽은 1779년 천진암·주어사 강학에 권철신·정약전·김원성金源星·이총억李寵億·권상학權相學 등과 함께 참여한 멤버로,[55] 이승훈·권일신과 더불어 사실상 한국 천주교회 창설자로 더 잘 알려져 있다. 1784년 사돈 관계인 이승훈이 북경에서 세례를 받고 여러 교리서를 가져오는 데 뒤에서 큰 역할을 한 인물이기도 하다. 정재원의 아들 삼형제가 한 때 천주교에 관심을 갖고 교리연구에 참여하였다는 사실은 이미 잘 알려져 있다. 대체로 1770년대 후반 이후 권철신, 이벽 등을 가까이하면서 천주교 연구에 힘을 쏟았던 것으로 보이는데, 약전·약용은 주어사 강학회에도 참여하고 모두 명례동 김범우金範禹의 집에서 주일예배에 참여하였다고 한다. 이승훈은 이벽과는 사돈 관계이고 이가환의 생질이며 정약전과는 처남 매부지간이었다. 1783년 서장관인 아버지를 따라 북경에 가서 베드로라는 세례명을 받고 귀국하여 이벽과 권일신에게 세례를 주는 등 전교활동을 활발하게 전개하였다. 이가환도 처음에는 주변 인물들의 천주교 입교에 반대하거나 회의적인 반응을

---

53 권철신의 서학 접촉과 성격을 다룬 논문으로 車基眞(1993), 「녹암 권철신의 학문과 서학」, 『청계사학』 10 참조.

54 권일신은 1791년 11월 신해박해 때 서학서를 활자화했다는 구실로 붙잡혀 가혹한 고문을 받고, 충청도 예산으로 유배 도중에 고문 후유증으로 사망하였다고 한다(유홍렬, 앞의 책, 105면).

55 천진암 주어사 강학의 내용에 대해서는 반론도 있다. 徐鐘泰는 1779년 강학 때 논의된 내용은 유교에 관한 것이었다고 보는 것이 옳다는 주장을 하였다(서종태(1994), 「천진암 주어사 강학과 양명학」, 『이기백선생고희기념 한국사학논총』 하, 일조각, 1292면).

보였으나 결국 신자가 되어 교리를 연구하고 천주교리서를 우리말로 언해한 것으로 알려져 있다. 그러나 이들 가운데 다수는 1791년 진산사건 이후 조정의 박해가 강화되면서 천주교에서 손을 떼는 입장을 보였다.

이들은 모두 근기남인이었고, 지역적으로 대부분 서울에서 가까운 광주 부근에서 살았으며, 혈연적으로도 대부분 서로 연척관계를 맺고 있었다. 안정복도 성호학파의 원로로서 성호학파를 이끌어야 할 막중한 책임자였는데 그 역시 이들과 학문적 지역적 혹은 혈연적인 관계를 맺고 있었다. 무엇보다도 사위 권일신이 이벽・이승훈과 함께 초창기 한국 천주교회 창설자의 한 사람이 되었다는 사실은 그의 천주교에 대한 인식과 대응태도가 어떠하였을까를 짐작케 한다. 1780년대 노년기의 안정복은 그의 문인들을 포함한 성호학파 젊은이들의 이와 같은 움직임에 매우 긴장하지 않을 수 없었던 것이다. 이제는 천주교 신자가 늘어나고 전교가 확산됨에 따라 천주교가 자신의 주변 가까이에 왔음을 느끼면서 강경한 대책을 강구할 필요성을 절실하게 느꼈을 것으로 판단된다. 더구나 1763년 성호 사후 윤동규・이병휴와 함께 권철신・이기양 등을 성호학파를 이끌어 갈 지도자로 양성하려 했던 계획[56]이 사실상 이들과 갈등을 일으키면서 수포로 돌아가는 상황이었고, 정부의 천주교 박해가 예견되는 마당에서 안정복은 성호학파를 보존해야 하고 이들을 박해의 대상이 되지 않게 해야 하는 참으로 어려운 지경에 처해 있었던 것이다. 그가 20여 년 전 스승 이익과 천주교문제를 논의할 때만 해도 천주교를 논리적으로 이해하고 비판하는 정도에 그쳤으나, 이제는 현실적으로 대처해야 하는 상황에 이르렀다. 그가 1780년대에 들어 천주교문제로 친분이 있는 사람들과 잦은 편지교환을 하고 「천학고」와 「천학문답」을 써서 돌려 읽게 한 것도 이러한 배경에서 나왔던 것이라 하겠다.

---

56 성호학파의 후계 문제에 관한 고찰은 졸고(2010), 「星湖 死後 星湖學派 後繼 論議와 育成에 관한 일고찰」, 『星湖學報』 第8호 참조.

이제 안정복이 문인들에게 보낸 편지를 대상으로 이들을 천주교로부터 멀리하게 하기 위해 어떻게 대처해 갔는가를 살펴보기로 한다. 대체로 그의 문인들이 천주교에 정식으로 입교하여 적극적인 신앙활동을 펴거나 교리에 심취한 시기인 1780년대에 들어 안정복의 제지활동이 두드러지게 이루어졌다고 할 수 있다. 이즈음 그는 그 동안 마무리하지 못한 『동사강목』의 최종 교정이 끝나 정부에 제출하자 전주全州감영으로 보내져 등사만을 기다리고 있었다.[57] 이어 다음해인 1785년 무렵 「천학고」와 「천학문답」을 정리하여 돌려 읽게 하였다.

이와 같은 상황에서 그가 적극적으로 접촉한 사람은 바로 권철신이었다. 권철신은 성호 이익의 문인이자 안정복의 문인이었으며, 이병휴의 문인으로 청소년 시절부터 학문적으로 촉망받아 왔다. 권철신은 성호학파 소장 학자 가운데에서도 연륜이 가장 높고 선도적 위치에 있었다. 안정복은 권철신이 자기를 회피하는 것을 알고 있었지만 포기하지 않고 양명학과 천주교에서 손을 떼고 하학에 매진할 것을 권고해 왔던 터였다. 그만큼 그는 권철신에게 학문적으로 거는 기대가 컸던 반면, 천주교에 심취해 있음에 실망도 또한 컸던 것이다.

> 어찌 이로써 경학의 공부를 포기하고 스스로 무너져 대죄를 짓는단 말인가. 보낸 편지에 또 '죽기 전에 조용히 스스로 수양하여 큰 악에 빠지지 않는 것을 최후의 법으로 삼습니다' 하였으니, 이는 소림사에서 벽을 향하고 앉아 조석으로 아미타불을 외우며 전에 지은 죄를 참회하고 부처 앞에서 천당에 태어나고 지옥에 떨어지지 않기를 구하는 것과 무엇이 다른가. 나는 이에 실로 공公의 말을 알지 못하겠네.[58]

---

57 그러나 『동사강목』의 등사는 그의 생전에 이루어지지 못했다.

58 『순암집』 권6, 「答權旣明書 甲辰(1784)」. "豈可以此而棄經學之功 而自分爲大罪耶 來書又云未死之前 黙以自修 毋陷太惡 爲究竟法 此何異於少林面壁 朝夕念阿彌陀佛 懺悔前過 懇乞佛前 得生天堂 求免墮落地獄之意耶 愚於此誠不知公之有此言也."

라 하였듯이, 권철신이 유학 공부를 포기하고 천주교에 심취해 있는 것을 완곡하게 꾸짖으면서 매우 실망스러움을 나타냈던 것이다. 위 편지 내용으로 본다면, 권철신은 이미 안정복에게 천주교를 믿는다는 사실을 밝힌 것으로 보인다. 이에 안정복이 권철신에게 천주교에 빠진 것이 큰 과오라면서 유학 공부에 매진할 것을 계속 권고하였지만 권철신은 듣지 않았다. 이즈음 안정복은 문인들이 천주교에 입교하여 신앙활동을 하고 있다는 소식을 자주 접하였다. 누구는 첫 번째, 누구는 그 다음이라는 식의 소문을 듣고, 이에 가담한 사람의 수를 헤아리지 못할 지경이어서 이제는 더 이상 감출 필요가 없다고 할 정도였다.[59] 안정복은 권철신이 그 맨 앞에서 이들을 이끈다고 믿고 있었다. 즉, 같은 해, 다른 편지에서 안정복은,

> 지금 듣자 하니 모모 무리들이 서로 약속을 하여 신학을 열심히 익힌다는 설이 오가는 사람들의 입에 낭자한데, 이 모두 공의 친한 친구와 문도들이네. 공이 만약 금하고 억제하는 길이 있었다면 어찌 이렇게 거스름이 빨라져 금하고 억제할 수 없음을 생각지 못하고, 또한 그에 추종하여 파장을 따라 물결을 일으키게 되었으니 어찌할 것인가.[60]

라 하여, 권철신의 주변 인물들이 천주교를 믿는 사실에 대하여 막지 않고 방조함을 들어 원망섞인 호소와 함께 매우 비탄한 심정을 토로하고 있다. 그는 이 때 정부의 천주교 박해가 있을 것을 예견하고 있었다. 즉 서양에서도 일찍이 천주교의 확산을 막기 위해 수많은 사람을 학살하였으나 끝내 막지 못하였고, 일본에서도 같은 목적으로 많은 사람이 희생되었다는 전례를 들어 '우리나

---

59 『순암집』 권6, 「答權旣明書 甲辰(1784)」.
60 앞의 책. "今聞某某輩 相與結約攻習新學之說狼藉 去來之口 此皆公之切友與門徒也 公如有禁抑之道 豈至此橫騖 而不惟不能禁抑 又從而推波助瀾 何哉."

라에서도 역시 이와 같은 일이 없을 것인가.' 하였다. 더욱이 당파싸움으로 서로 틈을 엿보며 약점을 들추어 내던 시기에 누가 일망타진의 계책을 쓸지도 모른다 하면서 만약 그러한 일이 벌어지면 '천주가 구해줄 수 있을까.' 하고 반문하고, 아마도 천당의 즐거움을 맛보기 전에 이 세상의 화가 미칠 것이라고 권철신에게 경고하였다.[61] 여기에서 앞으로 있을지 모르는 박해로부터 문인들을 보호해야 한다는 안정복의 결의를 또한 찾아볼 수 있다.

그러면 안정복은 권철신이 천주교에서 손을 떼게 하기 위하여 어떤 내용으로 설득하려 하였던가. 이 분석은 곧 안정복이 1750년대 이익과 천주교에 대해 논의하던 때의 초기적 천주교 이해에서 20여년이 지난 지금 얼마만큼 연구가 이루어졌는가를 가늠해 볼 수 있는 계기도 될 것이다. 여기에서는 1784년 안정복이 권철신에게 보낸 세 통의 편지내용을 요약하여 정리해 보기로 한다.[62]

(1) 서학과 불교와의 관계

서학은 불교의 변신이라는 점을 여전히 강조하면서 천당과 지옥, 마귀의 존재, 재소齋素를 지내는 것, 군신 부자 부부의 윤리가 없는 것, 십계十戒・칠계七戒와 사행四行・사대四大 등의 내용이 서로 유사하다고 하였다.[63] 더불어 서사의

61 『순암집』 권6, 「與權旣明書 甲辰」. "西國嘗禁此學 誅殺不啻千萬人 而終不能禁 日本亦禁此學 誅殺亦數萬人云 安知我國亦無此事乎 況此黨議分裂 彼此伺釁 掩善揭惡之時 設有人 爲一網打盡之計 而受敗身汚名之辱 則到此之時 天主其能救之乎 竊恐天堂之樂未及享 而世禍來逼矣."
62 세 통의 편지란 『순암집』 권6, 「答權旣明書 甲辰」의 두 통의 답장 편지와 「與權旣明書 甲辰」의 편지를 말한다.
63 『순암집』 권6, 「答權旣明書 甲辰」.

말이 장황하고 변론에 박식한 듯하지만 오히려 불교의 자세한 이론에 반도 미치지 못한다고 하였다. 특히 노老·불佛·양楊·묵墨의 허무적멸虛無寂滅·무부무군無父無君의 설이 이단인 것처럼 서학도 여기에서 벗어나지 않는다는 점을 강조하였다.[64]

(2) 예수의 존재

그는 도가에서는 노자를 위하여, 불교에서는 석가를 위하여, 천주교에서는 예수를 위하여 있을 뿐이라 하였다. 더욱이 천주교는 맨 나중에 나타났음에도 도가나 불교 위에 군림하여 천주 외에는 인정하려 하지 않는 듯하니 그 위계가 교묘하다고 비판하였다. 또한 서사의 언행에는 잘못이 많을 뿐 아니라 옛 성현의 뜻을 배척하는 것이 하나 둘이 아니니 진실된 도가 아니라는 것이다. 유학을 하는 자로서 그 진의가 무엇인지 선명하게 알 수 없다고 하였다.

(3) 천주와 상제의 관계

천주교에서 말하는 천주는 유교에서 말하는 상제이며, 천당은 상제가 있는 곳이라고 보았다. 그는 천주교에서 말하는 천주와 천당 그리고 지옥을 다음과 같이 유교의 내용과 비교하여 설명하였다. 우선 그는 『시전』과 『서전』을 인용하여 천주를 상제와 같다는 뜻으로 풀이하였다.[65] 따라서 천주교에서 말하는 천주는 상제의 조화라고 생각하였다.[66] 그런데 유교는 주경함양主敬涵養의 공부

64 앞의 책, 같은 편지.
65 『순암집』 권6, 「與權旣明書 甲辰」. "天主卽上帝也 詩書之言上帝 聖人之言天---."

로 상제의 도를 존경하고 섬기는 데 지나지 않음에 비하여, 천주교는 천주인 상제를 개인적인 주인으로 삼아 섬기는 데에도 중국인들이 이러한 뜻을 모르고 있다는 것이다.[67]

(4) 간구면죄 문제

천주교에서는 천주에게 죄를 면하기를 간절히 요구하는데, 이는 곧 불가의 참회와 다르지 않은 것으로, 오직 개인의 이기에만 관심을 둔다고 지적하였다. 즉 천주교에서 세상을 구원한다고 부르짖지만, 실제로는 전적으로 자기 하나만을 위한 것이니 도교나 불교의 가르침과 다르지 않다는 것이다.[68]

(5) 내세·현세와 천당·지옥문제

그는 세계는 상계上界·중계中界·하계下界의 3계가 있는데, 상계와 하계는 인간이 헤아릴 수 없는 세계이고, 중계가 인간의 세계라 하였다. 중계는 현세에 속하는데, 이를 인간의 문제로 말한다면 마땅히 수기치인의 도리를 벗어나지 못한다는 것이다. 오직 이 수기치인 정신으로 방책을 갖추어 실행하는데, 천주교에서 말하는 '구세救世'라는 것도 이를 넘지 못한다고 하였다. 따라서 현세에 태어났으면 마땅히 현세의 일을 따르고 경전의 가르침을 구하고 따를 따름이지, 내세의 천당지옥이 자신과 무슨 관련이 있느냐고 반문하였다.[69] 그리

---

66 앞의 책, 같은 편지. "天主卽上帝之造."
67 앞의 책, 같은 편지. "所可痛者 西士以上帝爲私主 而謂中國人不知也."
68 앞의 책, 같은 편지. "名雖救世 其實專爲一己之私 無異道佛之敎也."

고 천주교에서 '이 세상은 현세인데 현세의 화복은 잠시일 뿐'이라는 설에 대해
서도 천당지옥의 화복으로 만세의 고락을 받아야 되느냐고 비난하였다.[70] 철저
하게 내세를 부인하는 안정복의 유교적 세계관을 읽을 수 있다.

천당지옥에 관한 설은 그가 서학을 이해하던 초창기의 영혼불멸에 대한 부
정과 함께 한결같은 비판대상이 되었다. 그는 상제가 있는 곳이 '천天'이라는
논리로 천주교에서 말하는 천당을 비유하였다.[71] 다만 현세에서 만들어진 선악
의 응보, 즉 '상선벌악賞善罰惡'이 내세의 천당과 지옥으로 이어지는 이치가 불명
하다는 것이다. 특히 지옥의 형벌과 관련하여 그 사람이 태어나 악하게 되었다
가 죽은 뒤 그 영혼을 추론하는 것은 사람을 속이는 것에 가깝다고 하였다. 결
국 이 모든 것을 누가 확인해 볼 수 있겠느냐고 반문하면서 망령된 설이라 하
였다.

안정복은 이상과 같은 내용으로 권철신에게 보낸 편지에서 천주교리를 비판
하면서, 지금 중국에서 천주교를 믿는 자들은 시정의 어리석은 백성들일 뿐 유
교의 선비는 이에 빠지지 않았는데 우리나라의 촉망받는 지식인들이 거기에 심
취하니 매우 수치스럽다는 의견을 나타냈다. 그리고 편지의 말미에서 그는 「천
학설문天學設問」을 보내겠으니 읽어 보라고 권유하였다.[72]

이와 같은 절박한 심정에서 그는 이미 문인들이 천주교에 깊이 빠진 상황에
대해,

---

69 앞의 책, 같은 편지. "吾人 旣生此現世 則當從現世之事 求經訓之所敎 而行之而已 天堂地
    獄 何關於我哉."
70 앞의 책, 같은 편지. "其學日 此世現世也 現世之禍福暫耳 豈若爲後世天堂地獄之禍福 萬世
    之受苦樂乎."
71 앞의 책, 같은 편지. 「與權旣明書 甲辰」. "彼日有天堂 吾亦日有天堂 詩云 文王陟降在帝左
    右 又曰三后在天 書曰多先哲王在天 旣有上帝 則豈無上帝所居之位乎."
72 최동희는 「天學設問」이 「天學問答」의 초고인 듯하다고 하였다(최동희, 앞의 논문, 22면).

그러나 이 모두 망령된 말이니, 공들이 이미 배우기로 정한 것을 어찌 움직일 수 있겠는가.[73]

라 하였듯이, 이들을 천주교 신봉에서 구해 내기는 이미 늦어 어렵게 되었다는 것을 인식하고 있은 것으로 보인다. 더불어 편지 말미에는 자신이 보낸 천주교와 관련된 편지는 누설되지 않도록 태워 버리도록 부탁하는 등 문인들의 신변에 세심한 주의를 기울이기도 하였다.

그러나 안정복이 이들에게 천주교에서 손을 떼도록 설득하면 할수록 이들은 안정복의 태도에 거의 반응을 보이지 않고 오히려 회피하는 경향을 보였다. 따라서 안정복은 이들의 태도에 매우 불쾌하였고 섭섭한 심정을 금치 못하였다. 이러한 상황에 이르자, 그는 '어찌하여 이 지경에 이르렀는가' 하고 절망감을 나타내기도 하였으니,[74] 당시 그가 얼마만큼 이들의 태도에 실망하였는가를 짐작할 수 있다. 심지어 천주교리에 관한 자신의 질문에 이들이 계속 침묵으로 일관하자,

야소耶蘇는 세상을 구제한다는 것을 말하네. 세상을 구원한다고 하였으니 그 어리석음을 지도하여 깨우치게 해야 할 것이네. 어찌하여 묻는 바에 반드시 답하지 않고 그 책을 덮어 버리는가. 스스로 감추고 어리석음을 깨우치려 하지 않으니 그것이 과연 천주가 세상을 구원하려는 뜻인가.[75]

라 하여, 그들의 행위가 천주의 뜻이냐며 힐책하기도 하였다. 대체로 1784~

---

73 『순암집』권6, 「與權旣明書 甲辰」, "然蓋妄說 何能動公輩已定之成學耶."
74 『순암집』권8, 「答李士興書 乙巳(1785)」, "有所質問於執事及鹿庵 而終未見一字所答 其爲高明輩所棄信矣 然事之是非 非姑舍有問無答 自非相絶之外 無是事也 何爲而至於是耶."
75 앞의 책, 같은 편지. "耶蘇救世之名也 旣云救世 則指導其昏愚 使之開悟可也 何必有所聞而不答 掩其書而自秘 不使昏愚者有所開悟 其果爲天主救世之意耶."

1785년을 전후한 시기가 안정복이 이들을 천주교로부터 멀리하게 하려고 가장 고심하고 또한 적극적으로 만류한 때라고 하겠다. 『천학고』와 『천학문답』도 이와 같은 절박한 시기에 쓰여진 것이다.

그의 천주교에 대한 부정적인 인식은 나이 80에 가까워서도 여전하였지만, 이미 천주교에 입교한 문인들을 돌이키게 하는 일은 점차 포기하게 되었다. 이들과 논쟁할 의욕도 점차 상실되어 갔다.[76] 그리하여 이미 유학 공부를 멀리한 문인들보다는 하학에 충실하는 문인들이 더 이상 여기에 빠지지 않도록 단속하는 데 주력하게 되었다. 더불어 종래와 같이 천주교에 대한 강한 배척도 어느 정도 수그러지지 않을 수 없었다. 서학의 우수한 점은 인정해 주고 유학 공부를 독려하는 태도를 보였던 것이다.[77] 물론 그가 서학을 처음 접했을 때에도 서학의 핵실함을 인정하였지만, 그 후 다양한 서양에 관한 서적을 접하면서 서양의 과학기술에 대한 지식을 적지 않게 습득한 것으로 보인다. 특히 물리物理에 있어서는 중국의 수준을 능가한다는 것을 제자들에게 서슴없이 말한 것으로 보면,[78] 말년에 접어든 안정복의 서구인식은 천주교를 제외하고 상당한 변화를 가져온 것으로 여겨진다.

그러나 천주교 교리에 대한 기본 인식에는 변함이 없었다. 즉, 역부족으로 논쟁을 벌이거나 적극적인 대책을 강구하지 않았을 뿐이지 확산을 막아야 한다는 신념은 확실하였던 것이다. 벽위적 입장이 강한 이헌경李獻慶과 이기경李基慶에게 보낸 편지에 잘 드러난다.[79] 그가 타계하기 1년 전(1790) 이기경에게 보

---

76 『순암집』 권5, 「答艮翁李參判夢瑞(獻慶)書 己酉(1789)」.

77 안정복 문인으로서 비교적 유학 공부에 충실한 황덕일·황덕길 형제에게 하학 공부에 매진하도록 권장하면서 서학의 장단점을 설명해 준 것이 그 좋은 예이다(『순암집』 권8, 「答黃耳叟書 癸卯」; 「答黃莘叟書 戊申」).

78 『순암집』 권8, 「答黃莘叟書 戊申(1788)」. "大抵 西學明於物理 至若乾文推步籌散鍾律制造器皿之類 有非中國人所可及者."

79 『순암집』 권5, 「答艮翁李參判夢瑞(獻慶)書 己酉」; 권8, 「答李注書休吉(基慶)書 庚戌」 등 참조.

낸 편지에,

　　대저 오늘날 세계의 학술은 여러 갈래로 나뉘어져 있습니다. 옛 사람은
　　불교와 노자의 폐해가 양주묵적楊朱墨翟보다 심하다고 하였는데, 오늘은
　　천학의 폐해가 불교와 노자보다 심하고 속학의 폐해는 천학보다 심합니다.
　　선비가 할 바는 마땅히 그 때의 폐단을 보고 바로잡는 것입니다.[80]

라 했듯이, 천학이 불교나 노장사상보다 폐해가 크다고 지적한 것을 보더라도
끝까지 천주교에 대한 그의 인식은 변함없음을 알 수 있다.

3) 「천학고」와 「천학문답」[81]

이제 1885년 경 저술된 「천학고」와 「천학문답」의 내용을 분석해 보기로 하
자. 앞서 살펴본 바와 같이 1885년을 전후한 시기는 성호학파의 재능있는 젊
은이들 다수가 천주교에 관심을 갖고 있거나 입교함으로써 안정복이 이를 만
류하는데 앞장서던 때였다. 결국 그의 의도대로 성공할 수는 없었지만, 이때에
두 저술이 정리되어 문인들을 포함한 주변 인물들에게 돌려지게 되었다. 따라
서 이 두 저술에 당시 그의 서학인식이 가장 논리적으로 정리되어 나타났다고
볼 수 있다. 두 글을 간단히 분석 정리해 보기로 한다.

---

80 『순암집』권8, 「答李注書休吉(基慶)書 庚戌」. "今世學術歧異 古人云佛老之害 甚於楊墨 今
　　則天學之害 甚於佛老 俗學之害 甚於天學 士之爲學 當觀時弊而矯之."
81 「천학고」와 「천학문답」의 원문과 번역문 全文은 『국역 순암집』(민족문화추진회, 1997)에 수
　　록되어 있다.

(1) 「천학고」

안정복이 「천학고」를 쓴 동기는 무엇일까. 이 글의 첫 머리에,

> 계묘년(1783)에서 갑진년(1784) 사이에 젊은이들 가운데 재기있는 자들이 천학의 설을 주장하니 마치 상제가 친히 내려와 사신의 교시를 내린 것 같았다. 아, 일생동안 중국 성인의 책을 읽다가 하루 아침에 무리지어 이교에 들어갔으니, 삼년을 공부하고 집에 돌아와 제 어미의 이름을 불렀다는 자와 무엇이 다른가. 실로 애석하도다. 이제 전해 오는 기록 가운데 남아 있는 것을 모아 「천학고」를 만든다. 이 학문이 중국에 들어온 지 이미 오래되었고, 또한 우리나라에 들어온 지도 오래되었으니 지금 비롯된 것이 아니라는 것을 알게 하려는 것이다.[82]

라고 있듯이, 1783~1784년을 즈음하여 유학을 공부하던 젊은이들이 새삼스럽게 천주학에 심취된 사태를 보고 매우 놀란 나머지, 이 학문이 중국이나 우리나라에 이미 오래 전에 들어왔다는 사실을 밝히는 데 목적을 두고 있다고 하였다. 다시 말하면 서학의 동래東來에 대한 역사적 고찰이라고 보아 좋을 것 같다. 서학, 즉 천주교를 이단으로 보는 입장에서의 고찰이라 하겠다.

따라서 「천학고」에서는 천주교와 관련된 여러 문헌과 그 기록에 등장하는 서방국가의 이름이 제시되고, 그 나라의 풍속 등도 분석 소개되었다. 또한 이 글의 말미에는 이익의 「천주실의발天主實義跋」을 요약하여 붙이고, 이어 안설을

---

82 『순암집』 권17, 「천학고」, 머리글. "西洋書 自宣廟末年 已來于東 名卿碩儒 無人不見 視之 如諸子道佛之屬 以備書室之玩 而所取者 只象緯句股之術而已 年來有士人隨使行赴燕京 得其言而來 自癸卯甲辰年間 少輩之有才氣者 倡爲天學之說 有若上帝視降而詔使者然 噫 一生讀中國聖人之書 一朝相率而歸於異教 是何異於三年學而歸 而名其母者乎 誠可惜也 今取傳記之所存 爲天學考 使知此學之至中國已久 至東方亦久而非自今始夜."

통하여 이익도 서학에 관심을 기울였다는 당시 일부 학자들의 주장에 대해 스 승을 무함하는 것이라고 일축하였다.[83] 더불어 『천학문답』에 천학과 우리의 학 문이 어떻게 다른가를 별도로 구비해 놓았다는 사실도 밝혀 두었다.[84]

먼저 「천학고」에 인용한 문헌을 보자. 중국 문헌으로는 『한서』·『통전』·『열 자』·『북사』·『자치통감』·『당회요唐會要』·『홍서원시비서鴻書原始秘書』·『오 학편吾學編』·『명사』·『경교고景教考』·『일지록日知錄』이, 중국에 들어온 서양 문헌으로는 애유략艾儒略의 『직방외기職方外記』와 이마두의 『천주실의』가, 그리 고 국내 문헌으로는 이수광의 『지봉유설』과 이익의 「천주실의발」이 활용되었 다. 안정복은 이들 문헌 기록을 통하여 천학이 이미 중국에 들어온 지 오래 되 었다는 사실을 소개하고, 『지봉류설』에 수록된 이수광의 『천주실의』를 보고 느낀 점에 대해 쓴 글을 간략하게 옮겨 실었다. 그리고 이익의 「천주실의발」을 요약한 글에서는 이익이 『천주실의』를 읽고 천주교를 어떻게 비판하였는가를 소개하였다. 이는 1780년대 일부 젊은층 학자들 사이에 이익도 천주교에 관심 이 많았다는 풍문이 돌자, 그렇지 않았다는 점을 밝히기 위하여 쓴 것으로 보 인다. 그 구체적인 내용은 다시 「천학문답」의 뒷부분에서 되풀이된다.

한편, 「천학고」에는 다음과 같은 서방국가가 등장한다.

여덕아국如德亞國·안식국安息國·대진국大秦國·이간국黎軒國·불림국拂 菻國·대식국大食國·고국苦國·고창국高昌國·조기국鳥耆國·조국漕國·계 빈국罽賓國·강거국康居國·활국滑國·천축국天竺國·회회국回回國·토화라 국吐火羅國

---

83 심지어 그는 이익이 천주교를 공부하였다는 소문이 계속 나오자, "내가 죽기 전에 어찌 이런 말이 있으며, 이 어찌 우리의 도를 문란케 하고, 돌아가신 스승을 무함하며, 後生을 잘못되 게 하는 일대 사건이 아닌가."("或謂吾先生亦嘗爲之云 我死之前 豈有是語 此非亂吾道誣先 師誤後生之一大事乎"(『순암집』 권7, 「答尹士眞[愼]書 丙午(1786)」) 하고 비탄해 하였다.
84 「천학고」, 按. "其學術之差 別具于問答."

여기에 제시된 나라 이름은 중국 문헌에 나타난 것으로, 시대에 따라 이름을 달리하면서 일찍이 중국에서는 서방에 속한 국가로 알려져 왔다. 『한서』 기록에 등장하는 안식국과 중국의 교류 시기로부터 이마두가 중국에 들어온 시기까지 서방의 풍속과 지리 등을 연대순으로 간단히 소개하였다. 소개한 내용 가운데 주목되는 것을 들자면, 첫째 나라 이름은 각각 다르게 제시하였지만 서방 국가는 모두 하늘[天]을 섬긴다고 믿었다는 점이다. 즉,

하늘을 섬기는 가르침[學]은 비단 대진大秦 한 나라 뿐만이 아니다. 예로부터 여러 나라가 모두 그렇게 하였다.[85]

라 하였다. 즉 서양에는 예로부터 하늘을 섬기는 풍습이 있다고 믿었던 것이다. 물론 그의 판단이 정확한 것은 아니라 하겠다. 이를테면 이슬람교와 천주교를 혼동하고 있다거나, 소아시아 국가와 유럽 국가를 정확하게 구분하지 못하였던 것이다.

둘째, 천학이 일찍이 중국에 들어 왔다는 점이다. 당 개원開元 7년(719)에 토화라국吐火羅國이 중국 조정에 헌상을 하고 더불어 법당을 설치하려 했다는 『일지록』의 기록을 이마두가 북경에 천주당을 설치한 것과 유사하다고 보았던 것이다. 역사적으로 볼 때, 천주학이 일찍이 중국에 들어 왔다는 생각이다. 그럼에도 불구하고 안정복의 생각으로는 우리나라의 재질 있는 젊은이들이 새삼스럽게 여기에 심취하는 현실을 이해하기 어렵다는 안타까움에서 나온 것이라고 볼 수 있다.

요컨대 「천학고」는 천주교가 동쪽으로 온 유래를 역사적으로 밝혀 젊은 학자들이 이에 빠지지 않도록 막아 보려는 의도에서 쓰여진 논고라 할 수 있다.

---

85 「천학고」, 按. "事天之學 非徒大秦一國 自古諸國 大抵皆然矣."

(2) 「천학문답」

가. 저술 경위

「천학문답」은 안정복이 「천학고」 말미의 안설을 통하여 천명한 것처럼, 서양의 학술과 우리나라 학술의 차이를 제시하고, 또한 척사斥邪의 입장에서 천주교를 비판한 논고라 할 수 있다. 주로 이마두의 『천주실의』를 겨냥하여 썼다고 할 수 있다. 따라서 이미 1724년에 신후담이 쓴 『서학변』의 내용에서 크게 벗어나지 못한 느낌도 갖게 된다. 신후담은 『천주실의』의 목차에 따라 이마두의 견해를 알기 쉬우면서도 매우 논리적으로 비판을 가하였다.[86] 안정복도 이 글을 보고 동감하였을 것임에 틀림없다.[87]

지금 전해 오는 「천학문답」은 1785년 저술된 것으로 알려져 있지만, 초고는 대략 1781년 전후가 아닌가 생각된다. 그렇게 생각하는 근거는 남한조南漢朝 (1744~1809)가 쓴 「안순암천학혹문변의安順菴天學或問辨疑」에,

> 임인(1782)·계묘(1783)년간에 내가 과거시험 때문에 순암 안선생 문하를 왕래하였다. 안선생의 말씀이 사학邪學을 물리쳐야 한다는 생각에 이르자, 총명하고 말솜씨 있는 선비들이 더욱 그 가운데에 빠져 들어 장차 사람들

---

86 신후담은 『서학변』을 통하여 畢方濟의 『靈言蠡勺』과 이마두의 『천주실의』 그리고 애유략의 『직방외기』에 대해 신랄하고도 구체적인 비판을 가하였다. 특히 그는 『천주실의』의 요지를 "천주를 존숭하고 받드는 것을 말하지만, 그 귀추는 천당지옥의 설로 위협하여 유혹하려는 데 불과하다"(言尊奉天主之事 而考其歸趣 則不過以天堂地獄之說恐誘之)(李晚采, 『闢衛編』, 愼遯窩西學辨, 天主實義)고 하였다.

87 그것은 「천학문답」의 내용과 비교해 보면 쉽게 짐작할 수 있다. 다만 스승 이익도 『천주실의』 발문을 쓰면서 비판적 의견을 나타냈지만, 천학을 비판하되 무조건 배격하지 않던 이익과 천학을 신랄하게 배격하던 신후담의 기본 입장은 다르다. 따라서 이익은 신후담의 비판 내용에 동감하는 부분도 많이 있지만 신후담의 지나친 배격 태도를 매우 못마땅하게 생각하였다.

과 가정과 국가가 반드시 화를 입은 뒤에는 곧 영원히 후회할 것을 심히 우려하여 '내가 사악한 설을 막아 물리치려는 하나의 글을 썼는데 자네가 나를 위해 그것을 바로잡아 주게나.'라고 하였다. 나는 사양하며 감히 감당할 수 없다고 하였다. 그 후 사람을 통해 한 소책자를 보내 왔는데 곧 '천학혹문天學或問'이라고 하는 것이었다.[88]

라는 내용으로 알 수 있다. 위 사료에 따르면, 이상정 문인 남한조가 1782~1783년 사이에 안정복의 집을 방문하였을 때, 안정복이 천학 비판에 관한 글을 써놓고 남한조에게 바로잡아 줄 것을 요청했다. 그러나 남한조가 그 자리에서 감히 감당할 수 없다고 사양하고 물러난 뒤, 언제인지는 확실하게 나타내지 않았으나 다른 사람을 시켜 '천학혹문'이라는 이름의 소책자를 보내 왔다는 것이다. 이 「천학혹문」을 보고 남한조는 「천학혹문변의天學或問辨疑」를 썼다. 아마도 1783년 이전이었을 것으로 판단된다. 남한조의 이와 같은 기록으로 보아 안정복의 소책자, 즉 「천학혹문」 작성은 1782년 이전이 아닐까 생각된다.

그런데 1784년 안정복이 권철신에게 보낸 편지의 말미에,

「천학설문天學設問」을 기록하여 보내고자 하였는데 베끼기가 어려워 보내지 못하네. 우사于四[89]가 베껴 갔으므로 볼 수 있는 길이 있을 듯하네.[90]

라는 글을 볼 수 있다. 즉 안정복이 쓴 「천학설문」을 권철신에게 보이고 싶어

---

88 『損齋先生文集』 권12, 「安順菴天學或問辨疑 篇名或問」. "壬寅癸卯年間 余因科行往來順菴 安丈門下 安丈語及邪學之懷 襄聰明才辨之士 尤多沈沈於其中 將必禍人家國而後 已爲之 深憂永歎 因曰 我有闢邪一文字 子其爲我訂正之 余謝不敢當 其後因人投示一小冊 乃所謂 天學或問也."

89 于四는 權㬌(1757~1785)의 字이다.

90 『순암집』 권6, 「與權旣明書 甲辰(1784)」. "天學設問 欲爲錄送 而書出甚難 不得送呈 于四 騰去 則似有可見之路."

하였다. 그런데 이전에 남한조에게 보낸 책자는 「천학혹문」이고, 뒤에 권철신에게 보라고 소개한 것은 「천학설문」이니 책명이 다르다. 이는 무엇을 뜻하는가. 두 책 가운데 하나는 책명을 바꾼 것이라 하겠다. 안정복이 처음에 「천학혹문」이라고 이름붙인 것을 뒤에 「천학설문」이라고 바꾼 것이 아닌가 생각된다. 아마도 이것은 남한조의 영향이라 추측된다. 남한조가 「천학혹문」을 받고 쓴 「안순암천학혹문변의」 첫머리에,

> 지금 이 서학은 곧 사악한 마귀의 이단 가운데 심한 것으로 막아 물리쳐야 하는데, 오히려 엄하지 않은 것 같습니다. 지금 '혹문或問'으로 편명篇名을 하게 되면 마치 진흙에 물기를 띠게 하려는 뜻이 있는 듯하니 고치는 것이 어떠합니까.[91]

라 하여, '혹문'을 바꾸는 것이 좋겠다는 의견을 나타냈던 것이다. 남한조의 의견으로는 '혹문'으로 하면 천학을 비판하는 내용이 엄하지도 않고 혹시라도 천학의 주장을 인정하는 것 같은 느낌을 준다는 것이다. 남한조의 벽위적인 입장이 안정복보다 더 강함을 알 수 있다. 이상과 같은 내용을 종합해 볼 때, 1785년 썼다고 전해지는 「천학문답」은 처음에 「천학혹문」에서 「천학설문」으로, 최종적으로 「천학문답」으로 이름이 바뀌고 내용도 수정되었다고 할 수 있다.

나. 비판내용

「천학문답」은 '혹문或問'과 '혹왈或曰'의 체재를 갖추어 문답식으로 쓰여졌다. 2개의 '혹문'과 29개의 '혹왈'로 되어 있는데, 이는 이마두가 『천주실의』를 통하여 중국의 선비, 즉 중사中士가 질문하고 서양의 선비, 즉 서사西士가 답하는 형

---

91 『손재선생문집』 권12, 「안순암천학혹문변의」, 편명혹문. "今此西學 乃邪魔外道之尤者 辭而闢之 猶恐其不嚴 今以或問名篇 似有拖泥帶水之意 改之如何."

식을 사용한 방식과 같다. 그리고 말미에 부록을 두어 당시 일부 학자들 사이에서 일찍이 성호 이익도 천주교에 호의를 보였다는 풍문에 해명하는 내용도 실었다. 본고에서는 안정복이 『천학문답』을 통하여 무엇을 밝히려 하였는가를 알아보기 위하여 '혹문' 혹은 '혹왈'로 표기한 물음과 대답 가운데 주요 내용을 간략하게 간추려 보고, 아울러 안정복이 주된 비판대상으로 삼았던 『천주실의』의 출처를 나타내 본다.[92]

「천학문답」의 주요 내용[93]

1.

혹문 1   * 천학이 옛날에도 있었는가? (『천주실의』 권상, 제2편)

답   있었다. 유교 역시 하늘을 섬기는 것의 밖에 있는 것이 아니다.

---

92 『천주실의』는 다음과 같은 체재로 구성되어 있다(마테오 리치 저, 李秀雄 譯, 『天主實義』, 분도출판사, 1984 참조).
　天主實義義引
　卷上
　　제1편 천주가 처음으로 천지만물을 창조하고 주재하고 安養함을 논함
　　제2편 사람들의 天主誤認에 대한 배척
　　제3편 영혼의 불멸과 동물과의 큰 차이를 논함
　　제4편 귀신과 영혼의 차이와 천하만물이 일체일 수 없음을 해석함
　卷下
　　제5편 輪廻 및 살생금지설의 오류를 변박하고 齋素의 정의를 설명함
　　제6편 뜻이 없을 수 없음을 해석하고 아울러 사람이 죽은 뒤 천당과 지옥의 상벌이 있어 사람들 소행의 선악에 대한 보상을 논함
　　제7편 人性의 本善을 논하고 천주교도의 正學을 논함
　　제8편 서양 풍속을 들어 神父不婚의 뜻을 논하고 아울러 천주가 西土에 降生함을 해석함
93 ( ) 안은 혹문 혹은 혹왈의 내용과 관련된 『천주실의』 편명을 나타냄.

2.

혹왈 1 * 서사의 학學을 배척하는 까닭은? (동상, 제2편)

답 하늘을 섬기는 것은 한 가지인데 유교를 그르다고 말하기 때문이다.

3.

혹왈 2 * 서사의 동신제행童身制行과 과학기술의 뛰어남으로 보아 믿을 수 있지 않은가? (권하, 제8편)

답 그렇다. 서역西域은 천하의 가운데로 훌륭한 인물이 많고 보물도 많다. 중국은 천하의 동남쪽에 있어 빛과 밝음이 모여 있다. 그 기운을 타고 신성한 사람이 많다. 그러나 서양나라 성인의 가르침이 우리 성인의 가르침일 수는 없다.

4.

혹문 2 * 무슨 뜻인가? (권하, 제5편)

답 상제의 명에 따라 하늘을 섬길 뿐이다. 서사처럼 지옥을 면하기를 간구하고 기도하며 단식재를 드리는 것만이 하늘을 섬기는 것은 아니다.

5.

혹왈 3 * 유교·불교·도교 등 세 종교[三敎]가 있다. 그런데 서사의 천명학天名學은 그 뜻이 어디에 있는가? (권상, 제2편; 권하, 제7편)

답 삼교는 있을 수 없다. 불교는 윤리를 끊는 도이다. 천명학도 망령된 것이다. 유교의 가르침은 하늘의 명령[天命]이 널리 행해지는 것이다.

6.

혹왈 4 * 서사 외에 하늘[지]을 말하는 자가 있는가? (권상, 제1편 및 제2편; 권하, 제7편)

답 묵자墨子의 『천지편』에 있다. 묵자가 말하는 '겸애겸리兼愛兼利'가 그 요점이다. 묵자는 하늘을 현세로 말하고, 서사는 후세로 말한다. 서학의 후세론은 전적으로 불교의 찌꺼기이론에 불과하다.

7.

혹왈 5 * 예수는 구세주를 말한다. 성인의 도와 같지 않은가? (권하, 제6편)

답 예수의 세상을 구원하는 일은 후세의 천당지옥으로 권선징악을 삼는 데 반하여, 성인의 도는 현세에 명덕과 신민新民으로 교화하는 데 있다. 인간은 마땅히 현세에 살면서 착한 일을 하고 천성天性을 버리지 않을 뿐이지 후세의 복을 구해서는 안 된다.

8.

혹왈 6 * 옛날 추연鄒衍과 허균許筠이 말하던 천학의 실상은? (권상, 제2편; 권하, 제7편)

답 추연의 것은 헤아리기 어렵고, 오히려 서사의 천문과 지구를 조리있게 부합시키는 것만도 못하다. 허균은 품행과 절도가 없다. 허균은 성인의 가르침은 어길 수 있어도 하늘이 준 본성은 어기지 못한다고 하였다. 허균의 천학설은 서사의 것과 크게 다르다. 노자·석가·양주·묵적도 신성한 사람이나 결국은 이단이다.

9.

혹왈 7 * 서사의 설에 착한 일을 하고 악한 일을 버리라는 것이 어떤
폐단이 있는가? (권하, 제6편)

답 세상에 어찌 악을 행하고 선을 버리는 학문이 있겠는가. 예로
부터 이단도 모두 선을 행하고 악을 버리는 것을 가르침으로
삼았다. 오로지 서사만 그런 말을 했겠는가. 전적으로 후세 천
당지옥의 보답으로 말을 하니 허망하고 성인의 가르침을 해롭
게 한다.

10.

혹왈 8 * 서사의 현세와 후세란? (권상, 제3편; 권하, 제6편)

답 현세는 지금이고 후세란 죽은 뒤이다. 착한 귀신은 천당에서
만세의 쾌락을 누리고 악한 귀신은 혹독한 벌을 받는다는 것
이다.

11.

혹왈 9 * 영혼이 죽지 않고 천당이나 지옥에 이른다는 주장은 틀림없
는가? (권상, 제3편; 권하, 제6편)

답 딱 잘라서 말할 수는 없다. 성인들이 이에 대해 말한 바 없다.

12.

혹왈 10 * 서사의 가르침을 배척함에 심하게 사악한 것으로 보는 까닭
은? (권상, 제3편)

답 그들이 옳지 못하다는 것을 밝혔을 뿐이다. 현세에 태어났으
니 현세의 일에 충실해야 한다. 현세를 금수의 세상이라고 하
는 것은 옳지 않다. 그리하여 현세 인류가 모두 없어지게 된
다면 천지가 텅 비고 짐승의 세계가 되어야 하지 않겠는가?

13.

혹왈 11 * 서사가 말하는 세 가지 원수(자신·세속·마귀)의 존재는 맞지 않는가? (권상, 제3편)

답 자신을 원수로 삼는 것은 도리에 어긋난다. 이는 부모를 원수로 삼는 것과 같다. 세속을 원수로 삼는 것은 군신의 의를 끊는 것과 같다. 마귀설은 이치에 닿지 않는다. 유교에서는 극기克己 공부를 하고 욕심을 절제하며 중도를 벗어나지 않도록 할 뿐이다.

14.

혹왈 12 * 천주가 천지를 창조하고 아담과 이브를 인류의 조상으로 삼았다고 하는데 그런가? (권하, 제6편)

답 이치로 보아 옳지 않다. 만물은 기氣로써 형形이 이루어져 번성한다. 사람도 이와 같다.

15.

혹왈 13 *원죄[아담]와 재조再祖[예수]의 설을 말해 줄 수 있는가? (권하, 제8편)

답 아담의 원죄로 자손들이 벌을 받게 되었다는 설은 모순이다. 상제가 마땅히 다스려 가르치지 않고 어찌 마귀로 시험하여 자손 대대로 벌을 받게 하는가. 하늘을 모독하는 것이다. 천주의 하강, 예수의 강생, 예수가 십자가에 못 박혀 죽었다는 것, 천주 성자와 진천주가 같다는 것 등은 모순된다. 상제를 모욕함이 심하다. 믿고 따를 수 없다.

16.

혹왈 14 * 자네의 말과 같다면 그 말은 모두 망령된 것인가? (권상, 제1편)

답 성경은 대개 신성한 사람이 있으면 만들어진다. 예수에 관한

것은 석가모니가 죽어 성령으로 나타나는[顯聖顯靈] 것과 다름
없다. 그 학문의 근본이 이단임에 틀림없다.

17.
혹왈 15 * 서사의 천학 공부를 어떻게 생각하는가? (권상, 제3편; 권하, 제7편)
답   그들이 아침에 생각하고 말하며 행동함에 망령되지 않도록 기
        도하고, 저녁에 성찰하여 천주께 감사하고 자비를 구하는데,
        우리 유교에서 자신을 닦는 것과 비교된다. 그들이 유학을 무
        엇하는 것인가라고 하지만, 그들의 행동이나 모습으로 보아
        우리 성인의 가르침과는 다르다.

18.
혹왈 16 * 서사는 불교가 서학의 가르침을 훔쳤다고 하는데(…). (권상, 제3
        편)
답   석가모니는 주나라 소왕昭王(B.C.1052~B.C.1002) 때 태어났고,
        예수는 한나라 애제哀帝(B.C.6~1) 때 태어났다.

19.
혹왈 17 * 서양에는 개벽 이래의 기록이 지금까지 3,600권이 남아 있
        다. 예수의 탄생도 예언되었는데 중국 역사에 민멸되어 없다.
        (권하, 제8권)
답   그 책에서 인용한 경문은 그들의 말일 뿐이다.

20.
혹왈 18 * 서사는 가르침의 실행을 중하게 생각하여 위험을 무릅쓰고
        멀리서 왔다. 아무리 뛰어난 사람도 이와 같을 수 있을까? (권
        하, 제7편)
답   옛날 구마라습과 달마도 모두 대서국大西國에서 왔다. 서사의 학

문이 중국에서 행해지려는 것도 이 무리들이 한 것에 불과하다.

21.

혹왈 19 * 예수의 가르침으로 교화된 나라는 찬역이나 시해 그리고 서로 침범하지 않는다고 한다. 그러나 중국에서 성인정치의 흥망이 있었던 것은 성인의 가르침이 근본을 찾지 못해 그런 것이 아닌가. 유학을 하는 자들도 중국 성인의 가르침이 저들의 가르침보다 못하다고 한다. 과연 그런가? (권하, 제8편)

답   서역 쪽은 혹 그러하나 모두 과장된 말이다. 서양에서도 서로 침공하고 정벌하여 병합이 많았다.

22.

혹왈 20 * 예수는 십자가에 못 박혔으면서 자기를 못박은 사람을 하나도 상하게 하지 않았다. 지극히 인자하여 그런 것이 아닌가?

답   이것이 '복수를 하지 말고 원수를 사랑하라'는 것이다.

23.

혹왈 21 * 서사는 상제가 천지를 창조하였음을 중국 사람이 모른다고 하였다. 주자周子는 이理가 만물의 근원이라 하고, 주자朱子는 천天이 곧 이理라고 한 것은 무엇인가? (권상, 제2편)

답   상제가 만물의 총체적인 주재자라고 이미 유자가 말하였다. 천天은 두 가지로 일컬어지는데, 하나는 주재하는 천天으로 이理이고, 다른 하나는 형기의 천으로 곧 물物이다. 상제는 소리도 냄새도 없는 태극을 말한다.

　　　 * 상제와 태극이 모두 이라고 할 수 있는가?

답   예로부터 상제를 공경하였다는 말은 들었지만 태극을 받들었다는 말은 듣지 못했다. 상제는 이의 근원으로 천지만물을 창조하였다.

24.

혹왈 22 * 서사가 말하기를 중국 선비들[中士]이 옷깃을 끌며 서사의 말
       을 믿고 따른다고 하는데 (….) (권상, 제8편)

답   그것은 그들이 묻고 대답하여 만들어 낸 것이므로 유교의 선
       비로서는 믿고 따를 이유가 없다.

25.

혹왈 23 * 천주라는 이름을 중국 문헌에서 본 일이 있는가? (권상, 제1편
       및 제2편)

답   『사기』와 『한서』에 나타난다. 천주의 이름은 이미 한나라 애
       제 이전에 있었으니 예수는 천주가 아님을 알 수 있다.

26.

혹왈 24 * 삼황오제三皇五帝의 성인 여부는? (권하, 제8편)

답   서방의 성인이 백성을 공평하게 대하고 명예에 능하지 못하였
       듯이 오제五帝 역시 성인이다.

27.

혹왈 25 * 천주교에서 대부大父를 세우는 일, 신부가 베를 목에 걸고
       손으로 이마를 씻는 행위, 신부가 촛불을 밝히고 속죄하는 행
       위, 본명本名을 정하는 일 등은 어떤 뜻인가?

답   전적으로 불교의 양식이다. 성인의 가르침을 익히는 자가 할
       일이 아니다.

28.

혹왈 26 * 영혼불멸설은 어떤 뜻인가? (권상, 제3편; 권하, 제5편)

답   영혼이 죽지 않는다는 말은 불교에서와 같은 것으로 유교에서
       는 말하지 않는다.

29.

혹왈 27 * 석전제에 참석하는 학생이 '가짜 상을 만들어 놓고 제사를 지내면 마귀가 와서 먹는다'는 말을 믿고 속으로 어쩔 수 없이 참석한다는 것을 천주께 아뢴다고 하였는데, 예를 그르침이 심하지 않은가? (권하, 제7편)

답 이 역시 서사가 지어낸 말이다. 천주를 걸어 놓은 것도 하나의 마귀이다.

30.

혹왈 28 * 마귀는 어떤 신이며 천주는 마귀의 악한 짓을 막을 수 없는 가? (권상, 제4편; 권하, 제7편)

답 천주에게 오만하여 지옥으로 떨어진 신이 마귀이다. 천주는 마귀로 하여금 착한 사람의 공을 쌓도록 하여 악한 사람의 죄를 다스리게 하였다고 한다.

31.

혹왈 29 * 듣고 보니 천학은 이단이다. 세상에 태어난 이상 현세의 일에 최선을 다할 따름이다(질문을 한 자가 오직 유교가 공정한 학문이라고 설득되는 내용으로 끝남).

부록 * 성호선생 역시 일찍이 천주의 설을 믿었는가를 질문

답의 요약 1746년 안정복이 성호 이익을 처음 만나 보고 문답한 내용을 소개한 다음, 성호선생은 '나는 천주의 설을 믿지 않는다'라고 말한 사실을 밝히고, 자신이 지금 살아 있기 때문에 그 시비를 분명히 가린다고 하였다. 그리고 성호선생이 이마두를 성인이라고 했다는 소문에 대해서도 그렇지 않다고 부인하였다.

이상과 같이 안정복이 「천학문답」을 통하여 제시한 견해를 간추려 정리해 보자. 첫째, 인간이 하늘을 섬기는 일이 서양에서만 행해진 것이 아니라는 역사적 고찰이다. 즉, 유교에서도 하늘을 섬겨 왔다는 점을 강조하였다(혹문 1, 혹왈 23 참조). 이에 대해서는 그가 「천학고」에서 이미 구체적으로 정리한 바 있다. 다만 천학에서는 내세를 위해 하늘을 섬기고, 유교에서는 상제의 명을 따라 하늘을 섬길 따름이라고 하였다(혹문 2).

둘째, 천학은 불교의 찌꺼기이론이라는 점이다. 예수의 탄생은 석가모니가 성인이나 신령으로 나타나는 것에 불과하고, 서사의 전교방법도 옛날 불승이 전교한 것이나 같으며, 신부의 행위와 천주교에서 대부를 세우고 본명(세례명)을 쓰는 것도 불교의 양식이라는 것이다(혹왈 3, 4, 6, 14, 15, 18, 25). 따라서 예수도 이단이라는 것이다.

셋째, 천학은 내세를 위한 것이라는 점이다(혹왈 5, 7, 8, 10). 물론 영혼불멸설을 믿지 않았고(혹왈 9, 10), 현세에서 자신과 세속 그리고 마귀를 원수로 삼는 것을 윤리에 배치되거나 이치에 맞지 않는다는 명분을 들어 배척하였다. 오로지 유교에서는 극기 공부를 하고 욕심을 절제하며 중도를 벗어나지 않도록 할 뿐이라고 하였다(혹왈 11).

넷째, 천학에서 말하는 천지창조와 인류의 조상론은 이치에 맞지 않는다고 주장하였다(혹왈 12, 13, 21). 그는 상제가 이의 근원으로써 천지만물을 창조하였다고 이해하였다. 아담과 이브의 원조설은 이치에 맞지 않는다 하고, 사람도 만물처럼 기로써 형이 이루어졌다고 하였다. 더불어 예수의 부활 등에 관한 것은 하늘을 모독하고 상제를 욕되게 한다 하여 믿을 수 없다고 하였다.

다섯째, 성경은 대개 신성한 사람이 나타나면 만들어지는 것이라 하면서 천학의 성경에서 말하는 내용은 그들의 말뿐이라 하여 유교에서는 받아들일 수 없다는 입장을 보였다(혹왈 17).

이상과 같이 볼 때, 안정복의 천학, 즉 천주교 비판은 기본적으로 내세를 부정하는 입장에서 비롯되었다고 할 것이다. 영혼불멸설이나 천당지옥설 그리고 마귀설에 관한 비판도 결국은 내세 부정에 근원하였다고 하겠다. 이와 같은 비판이 유교의 가르침에 배치되기 때문이라는 것은 물론이다. 서사가 과학기술에 뛰어난 재질을 지니고 있었다는 점은 그도 인정한 바였다. 또한 천학 가운데 그도 공감하는 점이 없지 않았다. 이를테면 『천주실의』에서 이마두가 천주와 상제를 같다고 본 점, 현세에서 착한 일을 해야 한다는 점, 비록 안정복이 직접 비판은 하지 않았더라도 사물에는 이가 있다는 것과 이마두의 이기성정理氣性情 논의에 반박을 하지 않았다는 점, 두 사람 모두 윤회설을 거짓이라고 비판한 점 등을 들 수 있다.[94] 다만 천학에서는 현세를 부정하고 오직 내세를 위

---

94 『천주실의』에 있는 내용 가운데 안정복이 동조하였거나 직접 반박을 하지 않았던 내용을 간추려 소개하면 다음과 같다.
(天主·上帝·理·太極문제)
  1. 천주는 상제이다(『천주실의』 제2편). 上主, 즉 천주는 理를 관장하고(제1편), 천주는 만물의 근원으로(제1편) 만물을 창조하였다(제1편). 상제를 섬기는 것이지 태극을 섬기는 것이 아니다(제2편).
  2. 사물이 있으면 사물의 理가 있다. 사물은 無에서 有가 생성될 수 없다(제2편).
(魂魄과 靈魂)
  1. 혼백에는 生魂·覺魂·靈魂이 있다(제3편).
  2. 인간은 獸心과 人心을 갖고 있다(제3편).
  3. 영혼은 사람의 형체와 합하여 일체가 되었다(제4편).
  4. 인간과 사물의 모든 理는 모두 천주(상제)의 흔적에 불과하다(제4편).
(輪廻說)
  1. 피타고라스의 윤회설을 석가모니가 이어받았다(제5편).
  2. 윤회설은 인류를 파괴한다(제5편).
  3. 成佛은 理에 어긋나는 말이다(제7편).
(善惡과 天堂地獄)
  1. 선악의 응보는 자신의 행위에 따라 자기에게 돌아간다. 나는 나이고 자손은 자손이다(제6편).
  2. 중국의 성현들도 천당을 인정하였다(제6편).
(性·仁·愛)
  1. 本性은 본래 善하고, 情은 性의 말단으로 私에 기울어지는 흠을 갖고 있다(제7편).
  2. 理智의 큰 공은 義에 있고, 자유의지(愛慾)의 최대 근본은 仁에 있다. 군자의 배움은 仁이 주체가 된다. 仁은 존귀의 덕행으로 천주를 사랑하고 사람을 사랑하는 것이다. 덕행에서 仁이 가장 귀한 강령이다(제7편).

해 모든 것이 이루어진다는 점을 주된 비판대상으로 삼았던 것이다. 그리하여 그는 현세에서 착한 일을 하고 천성을 따를 뿐이라 하면서, 현세를 부정하여 금수의 세상이라고 하거나 자신이나 세속을 원수로 여긴다면 종국에는 인류를 멸하고 인륜을 파괴한다고 하였다. 특히 그는 윤리의 파괴를 크게 우려하였다(혹왈 3, 11 참조).

요컨대, 「천학문답」을 통한 안정복의 천학 비판은 기본적으로 내세 부정의 입장에서 첫째로 하늘을 공경하여 받드는 목적이나 방법에서 유교와 천학이 서로 상충되기 때문이라 하겠다. 앞서 보았듯이, 천주가 상제와 같다는 입장은 이마두나 안정복의 생각이 다를 바 없다. 그런데 이마두는 『천주실의』에서 유가의 천天 공경에 대해 적지 않은 비판을 가함으로써,[95] 안정복이 이를 읽고 역시 적지 않은 자극을 받았던 것으로 보인다.[96] 둘째로 현세관에 철저한 안정복의 세계관과 이마두의 내세관에 입각한 주장이 첨예하게 대립됨으로써, 현실 세계의 인간행위에 대해 상호 동조하는 관점이 있을지라도 기본적으로 두 사람의 주장은 부합될 수 없었던 것이다. 특히 현세의 선악 응보를 내세의 천당 지옥과 관련시켜 파악하는 이마두의 주장은 안정복에게 받아들여질 수 없는 것이었다.

이러한 내용은 안정복이 일찍이 이익에게 나타낸 견해와 천주교에서 손을 떼게 하려고 권철신에 보낸 편지에 나타낸 견해가 대체로 유사하다. 좀더 구체

---

3. 성심으로 사람을 사랑함은 천주를 사랑함의 최대 효험이다(제7편).
95 이마두는 천주와 상제가 명칭이 다른 것에 불과하다고 말하였지만, 유가에서 말하는 天을 같은 뜻으로 풀이할 수는 없다는 입장을 보임으로써(『천주실의』 권상, 제2편), 중국 고전에 등장하는 天에 대한 공경과 상제에 대한 공경을 다르게 보았다. 이는 곧 이마두가 천주 공경과 중국 옛 성현의 天에 대한 공경을 다르게 보았다는 것이 된다. 이와 같은 이마두의 주장은 옛 성현의 天에 대한 공경을 상제에 대한 공경으로 생각한 안정복에게 좋지 않은 감정을 주지 않았을까 생각된다.
96 『천학문답』 혹왈4와 혹왈7에서 안정복이 이마두가 쓴 글에 대하여 매우 불편한 심기를 드러낸 데에서 찾아볼 수 있다.

적이고 논리적으로 분석한 저술로 만들었다는 점이 다를 뿐이다. 안정복은 「천학고」와 함께 「천학문답」을 문인들에게 읽게 하여, 이들이 천주교에서 손을 떼게 하려는데 큰 목적을 두고 있었다 그러나 이 글이 이헌경이나 이기경과 같은 벽위론자들의 동조를 얻었을지는 몰라도 실상 그가 표적으로 삼았던 권철신이나 이기양 같은 문인들에게는 도움이 되지 못하였다.

어떻든 신후담을 대표로 하는 강한 서학 비판이 이익의 측근, 즉 성호학파에서 일어나 안정복으로 이어지는 흐름속에서, 18세기 후반 안정복과 가까운 성호학파의 젊은 계층 인물들이 오히려 천주교 수용에 더욱 적극적이었다는 사실은 매우 주목되는 부분이라 하겠다.

4. 양명학 비판과 확산의 대처

안정복이 양명학 서적을 언제 읽기 시작하였는지는 확실하게 알 수 없다. 그러나 천주교 서적보다는 먼저 읽었을 것으로 생각된다. 양명학이 조선 전기 중종대에 우리나라에 들어온 이후[97] 이에 대한 배척 또한 만만치 않았다. 퇴계 이황이 대표적 인물이라 할 수 있다. 일찍이 퇴계학에 전념한 안정복이 퇴계문집을 통하여 이를 간과할 리 없었을 것이다. 더불어 왕양명의 문집도 읽어 보았을 것으로 생각된다.[98] 그런데 그가 정작 양명학에 대한 자신의 입장을 나타낸 것은 성호학파의 젊은이들이 이에 관심을 보이거나 심취하는 것을 목격한 이후부터라 하겠다. 대체로 1763년 성호 이익이 타계한 이후가 아닐까 한다.[99]

---

97 유명종(1994), 『성리학과 양명학』, 연세대학교 출판부, 173면.
98 『순암집』 권8, 「答韓士凝書 乙未(1775)」. "好書至多 陽明集 何以觀之乎 (…) 鄙人亦嘗觀此書矣."
99 양명학에 대한 내용을 가지고 안정복이 이병휴나 그 밖의 성호학파의 학자들과 의견교환을 한 것을 『순암집』의 서간문을 통해 볼 수 있는데, 대체로 1760년대 이후에 이루어졌다.

한마디로 그는 양명학에 대하여,

　　대저 학술에 차질이 있게 되면 모두 이단에 귀착되니 신중하지 않을 수
없다. 노자·불타·양주·묵적이 모두 필시 신성한 사람이나 끝에 가서는
결국 허무와 소멸, 아비도 없고 임금도 없는 가르침에 귀결된다. 왕양명은
유학을 크게 부르짖었으나 그 실체는 이단이다. 그리하여 그의 문도 안산
농顔山農이라는 자는 '욕欲'이라는 한 글자로 가르침의 문을 삼았고, 하심은
何心隱이라는 자는 '살殺'이라는 한 글자를 요지로 삼았는데, 모두 이르기를
'우리 선생의 양지학良知學은 마음[心]을 스승으로 삼았으니 마음에서 나오
는 것은 모두 양지良知이다. 나는 내 마음으로부터 나오는 것을 따른다'라
고 하였다. 말년에 곧 남쪽 오랑캐들과 연결하여 난을 일으켰다가 피살당
하였다. 이로써 말한다면, 학자는 마땅히 학문의 근원을 가리고 그 말세의
폐단을 살펴야 한다.[100]

라 하였듯이, 불교·도교·천주교와 함께 이단으로 다루었다. 양명학은 말류
에 속하는 학문으로 유학자가 경계해야 할 대상이라는 것이다. 성호문인이 된
이후, 그는 양명학에 대해 이해가 잘 가지 않는 것이 있으면 이에 조예가 깊었
던 이병휴에게 자문을 구하기도 하였다.[101] 물론 안정복이 양명학에 뜻을 두어
호기심을 갖고 관심을 나타낸 것으로는 생각되지 않는다.
　　그러면 안정복은 양명학이 당시 국내에 점차 확산되어 가는 추세에서 어떻
게 대처해 나갔던가. 사실 성호학파의 학자 가운데에도 일부 젊은 학자들은 양

---

100 「천학문답」. "大抵學術之差 皆歸異端 不可不愼也 老佛楊墨 皆必神聖之人 而末梢終歸於
　　虛無寂滅無父無君之敎 王陽明大倡儒學 而其實異端 是以其徒顏山農者 以一欲字爲法門
　　何心隱者 以一殺字爲宗旨 皆曰我先生良知之學 以心爲師 心之所出 皆良知也 我則從吾心
　　之所出 末乃與南蠻連結作亂被誅 以此言之 學者當卞於爲學原頭而察此末流之弊也."
101 『순암집』 권4, 「答李景協書 壬午(1762)」 참조.

명학에 큰 관심을 보이면서 관련 서적을 읽고 있었다. 이러한 현상을 안정복은 매우 우려하였다. 특히 권철신·이기양·한정운 등 성호학파 안에서도 재능있는 인물들로 앞으로 성호학파를 이끌어 갈 촉망받고 있는 젊은 학자들이 양명학에 심취해 있었기 때문에 더욱 그러하였다. 권철신이나 이기양은 이단학이라 하더라도 학문대상에서 제외될 수 없다는 개방적인 학문관을 지닌 이병휴의 영향을 많이 받았다. 안정복은 당시 성호학파의 젊은이들을 선도하고 있던 권철신이 양명학에 심취되어 있는 사실을 두고 볼 수 없었기 때문에, 그를 상대로 양명학을 강하게 비판하였다. 1766년 권철신에게 보낸 편지를 소개해 본다.

왕양명이 옛 선비들로부터 죄를 입은 까닭은 그가 공부에 머리를 들여 놓음에 잘못이 있기 때문이네. 주자가 사물로 이理를 가르치니 양명이 비난하여 말하기를 '이理를 가히 변별하여 사물 위에 둘 수 없다. 내 마음이 곧 이다. 마음이 움직이는 것은 양지良知가 아닐 수 없다. 마음과 이를 둘로 나눌 수 없다'고 하면서, 마침내 주자를 헐뜯어 의를 마음 밖에 있는 것으로 간주한 고자告子의 설과 같다 하였으니, 이 어찌 터무니 없는 자가 아닌가. 마음이 다스리는 것은 생각이고 생각은 지각을 맡고 있으니 주자가 격물치지를 해석하여 '마음의 지각으로 사물의 이치를 궁구하는 것'이라 하였네. 이는 마음에는 앎의 이치가 있기 때문에 사물의 이치를 궁구할 수 있으니 그렇게 되면 내 마음이 알고 있는 이치와 사물에 산재한 이치가 부합하여 하나가 되는 것인데, 하필 바로 마음이 이라고 가르치고 또 마음이 아는 것을 양지라고 하는가.

무릇 사람의 기질은 같지 않아 성인의 마음은 실로 모두 양지의 본연에서 나오지만, 보통 사람의 마음은 기의 타는[乘] 바가 치우쳐 그 마음의 앎이 사람의 욕심에서 나오는 것이네. 양명의 이 설은 인간의 욕심도 천리임을 인정하는 것이니 그 무리한 폐단을 말로 다 할 수 없네. 양명의 연보에 그가 친상을 당하여 그 아들과 동생에게 훈계하여 말하기를, '너희 마음에 고기가 먹고 싶으면 마땅히 고기를 먹고, 먹고 싶은 것을 먹지 않으면 그 마음을 속이는 것'이라고 하였으니, 아 이 어쩐 말인가. 성인이 예를 만듦에 어진 자로 하여금 지나침이 없도록 하였고, 불초한 자는 노력하여 미칠 수 있게 하였으니, 이것이 중도라는 것이네. 양명이 사사로운 마음으로 마음대로 주장한 폐단이 이에 이르렀으니 한탄스럽네. 또한 격물치지를 해석하여 '나의 양지에 이르기만 하면 사물은 각기 올바름을 얻게 되는 것이다'라 하였는데, 이 역시 경문을 거꾸로 해석한 것으로 스스로 그 설의 모순을 깨닫지 못하고 있네.

또한 지행합일知行合一의 설을 외치고 있는데 경전의 가르침으로 말한다면, 지와 행이 어찌 일찍이 합일合一이었는가. 양명의 재빠른 변론으로 이 지행합일을 만든 것은 주자의 치지설致知說을 파괴하려는 것으로, 역시 그 설은 혼돈하고 변별됨이 없어 스스로 불교의 견해에 귀착되니, 이 뜻을 공公 역시 보아 알고 있지 아니한가.[102]

양명학의 양지설과 지행합일의 모순됨을 장황하게 설명하고 권철신이 양명학 공부를 하지 말 것을 권고하였다. 그리고 9년 뒤 한정운에게도 다음과 같은 편지를 보냈다.

---

102 『순암집』 권6, 「答權旣明書 丙戌(1766)」. "陽明所以得罪先儒者 以其入頭工夫錯誤故也 朱子以物訓理 而陽明非之曰 理不可別在物上 吾心卽理也 心之所動 莫非良知也 不可分心與理爲二 遂譏朱子以告子義外之學 此豈非太郎當者乎 心之官則思 思主知 朱子釋致知格物 以心之知 格物之理 蓋心有知之理 故能窮物理 則吾心所知之理 與散在物上之理 合而爲一 何必直訓心爲理 又以心之所知爲良知 夫人之氣質不同 聖人之心則固皆出於良知之本然 而衆人之心則爲氣所乘 流於偏塞 其心之知 多出於人欲 陽明此說 認人欲爲天理 其流之弊 可勝言哉 陽明年譜 嘗遭其親喪 敎其子弟曰 汝輩心欲食肉則當食肉 欲食而不食 是欺其心也 噫嘻 此何語也 聖人制禮 欲使賢者不得過焉 不肖者企而及之 此所以爲中也 陽明私心自用之弊至於是 可歎 又其釋格物致知 謂致吾之良知 則物各得其正 此亦倒釋經文 自不覺其說之矛盾也 又倡知行合一之說 以經訓言之 知行何嘗合一 而陽明之騁辯爲此者 欲破朱子致知之說 而亦不覺其說之混淪無辨 自歸於釋氏之見 此義公亦見知否"

좋은 글이 매우 많은데 『양명집陽明集』을 왜 보는 것인가. 공이 비록 경서를 난숙하게 외우고 익혔으나 은미하고 온오한 뜻은 많이 터득하지 못하였네. 때문에 이 일에 뜻을 둔 지 이미 여러 해가 되었으나 길이 아직도 까마득한데 잡설을 마구 본다면 반드시 거기에 중독될 것이네. 나 역시 일찍이 그 글을 보았는데 천지를 경동하는 논의가 사람의 넋을 빼앗고 사람의 간담을 서늘하게 하였네. 그런데 그 당시 사람들이 휩쓸려 따라 갔으니 매우 두렵네.

(⋯) 학문의 길은 시작이 바른 뒤에라야 부정한 것이 없는 것이네. 이 사람이 마음은 이理라 하고 양지를 실현한 뒤에 지행합일한다는 설은 모두가 정주程朱와 배치되고 근본이 하나같이 벗어나 착오가 없는 것이 없네. 공이 이 책(필자주: 『양명집』)을 매우 좋아한다고 말하였는데, 반드시 돈독히 실행하여 절실하게 할 것을 가리키는 말일 것이네. 정주의 글과 비교해 본다면, 비록 격치格致를 최초의 공부로 한다 하더라도 그 격치하는 까닭은 장차 실행하려는 것이네. 따라서 자신에게 절실하게 하고 독행처에 대해서는 항상 문인들에게 입이 쓰도록 분석하였던 것이네. 공이 정주학을 본받지 아니하고 양명학에 빠지는 것은 무엇인가. 심즉리心卽理, 치양지致良知, 지행합일知行合一, 이 세 구절이 정주의 말과 다른 것을 공도 연구 분석하여 그 다름이 있음을 알고 있지 않은가.[103]

위의 두 편지 내용에 보이듯이, 안정복은 왕양명의 심즉리心卽理, 지행합일知

103 『순암집』 권8, 「答韓士凝書 乙未(1775)」. "好書至多 陽明集 何以觀之乎 公於經書 雖爛熟誦習 而微奧所存 想多未得 故留意此事 已至多年 而路徑猶迷 泛覽雜書 則其中毒必矣 鄙人亦嘗觀此書矣 其驚天動地之論 有可以奪人魄而慴人膽者 是以當世之人 莫不靡然 向從甚可畏矣 (⋯) 學問之道 原頭正然後 無所不正 此人心理也及致良知知行合一之語 皆與程朱背馳 根本一蹉 無所不錯矣 公之以此書多好語云者 必指切實篤行處也 試觀程朱書 雖以格致爲最初工夫 而其所以格致 將欲以行之也 是以切己篤行處 每每與門人苦口辨析矣 公不取則于此 而歆艶于彼者 何也 心卽理也 致良知知行合一三句之所以異於程朱者 公亦究析而知其有異耶."

行合一, 양지良知의 설을 비판대상으로 삼았다. 권철신에게 보낸 편지에서 심心과 이理를 둘로 나눌 수 없다고 한 왕양명의 주장을 잘못된 것이라 하고, 이는 주자의 이론을 배척하고 헐뜯는 것이라고 규정하였다. 마음의 지각으로 사물의 이치를 궁구한다는 주자의 주장을 내세워, 내 마음이 알고 있는 이치와 각 사물에 흩어져 있는 이치가 합일되는 것이라 하면서, 왕양명의 마음이 곧 이치라는 설은 잘못이라는 것이다. 심즉리를 바탕으로 양지가 사물에 각기 작용하여 올바름을 얻는다는 주장은 경전의 글을 거꾸로 해석한 것으로 모순이라고 지적하였다. 한편 왕양명은 인간의 욕심도 천리로 오인하고 있다 하면서 많은 폐단을 지니고 있다 하였다. 지행합일설도 주자의 치지설을 파괴하려는 의도를 지닌 것으로 불교의 교리에 부합된다고 하였다. 안정복의 양명학 비판이 철저하게 주자의 이학理學에 동조하는 입장에서 이루어지고 있음을 찾아볼 수 있다.[104] 한정운에게도 양명학에 관한 서적을 읽는다는 사실을 알고 멀리하라고 충고하였다. 그 후에도 계속 유학 공부에 매진할 것을 간절히 부탁하였다.[105] 이처럼 1760년대 이후 권철신을 비롯하여 한정운·이기양[106] 등 비교적 학문적 재질이 많은 문인들이 양명학에 심취해 있었기 때문에, 안정복은 이들을 양명학에서 손을 떼게 하려고 매우 고심하였다.

---

104 권철신의 양명학 수용에 대한 논고는 서종태(1992), 「녹암 권철신의 양명학 수용과 그 영향」, 『국사관논총』 34 참조.

105 『순암집』 권8, 「與韓士凝書 壬寅」. "大抵 吾儒事業 只當務吾之所當爲而已 餘外不須論也."

106 이기양의 양명학에 관한 논문으로는 서종태(1989), 「성호학파의 양명학 수용-茯菴 李基讓을 중심으로」(『한국사연구』 66) 참조.

5. 맺음말

지금까지 안정복이 이단으로 여겨 비판대상으로 삼았던 외래사상이나 학문에 대해 살펴보았다. 불교와 천주교에 대한 비판은 안정복의 합리주의적 현세관의 입장에서 내세문제와 관련된 것을 대상으로 하였다는 점에서 같은 맥락의 논리였고, 양명학에 대해서는 주자학의 입장에서 왕양명의 심학이 주자의 성리학에 반한다는 인식에서 이단으로 다루는 성향을 찾아볼 수 있었다. 이제 결론적으로 유학자인 안정복이 생각하는 이단사상을 간략하게 정리하면서 맺음말로 대신하고자 한다.

첫째로 그의 불교나 천주교 비판에서 드러나듯이, 안정복의 이단사상 비판은 철저하게 현세적 합리주의 세계관에 바탕을 두었다는 점이다. 영혼불멸설에 대한 의구심이나 현세에서 선을 행하고 악을 버리는 보상이 천당지옥으로 이어진다는 교리 그리고 불교의 윤회설의 허구성 등에 대한 지적은 결국 그의 내세를 부정하는 철저한 현세적 입장에서 비롯되었다고 할 수 있다. 「천학문답」에서 '현세에서 태어났으니 마땅히 현세의 일을 다해야 한다'는 주장으로 간략하게 대변할 수 있을 것이다. 그는 불교나 천주교의 교리가 이치에 맞지 않는다는 것을 자주 지적하였다. 예수의 기적을 환망한 것으로 돌려 믿지 않으려 하였다. 이 점에 있어서는 스승 이익이나 안정복이 같은 생각을 지니고 있었다. 물론 철저하게 현세적 세계관을 지닌 그가 내세 중심의 교리를 비판하는 과정에서 합리성을 들고 나온 것은 당연하다 하겠다. 여기에서 흔들리지 않는 그의 유학자로서의 합리주의적 사고방식을 엿볼 수 있다.

둘째로 어디까지나 퇴계 이황과 성호 이익의 이기론에 근거하여 이발기수理發氣隨의 논리로 천주교리를 비판하였다. 천지창조의 이치와 영혼의 생성과 소멸에 관한 설명에서 찾아볼 수 있다.

셋째로 그의 비판 배경에는 기존 질서의 붕괴 우려가 도사리고 있다. 불교나 천주교에서 현세를 고난의 세계, 잠시 거쳐가는 세계, 금수의 세계로 봄으로써 인간이 각기 내세를 위한 준비만 한다면, 지금까지 지켜온 기존의 윤리기강이 무너지고 지구는 공동의 세계가 되어 멸망하게 된다고 하였다. 특히 천주교는 애비도 없고 임금도 없는 사상이라 하여 매우 위험시하였다.

한편 그의 천주교 비판에서는 정통 유학을 지켜야 한다는 것이 크게 강조되지만, 그를 더욱 당황하게 한 것은 성호학파의 학자 가운데 젊고 유능한 학자 다수가 천주교에 관심을 둠으로써 성호학파 스스로 와해될 수 있다는 우려를 간과할 수 없다. 안정복이 채제공에게 보낸 다음 편지를 보자.

> 근래 우리 당의 젊은이 가운데 평소 재기가 있다고 스스로 자부하던 자들이 다수 신학으로 돌아가 '진정한 도가 여기에 있다'고 하면서 바람에 나부끼듯 휩쓸려 따라가니 어찌 한심하지 않습니까. 그 넘어지면서 빠져 들어가는 모습을 차마 눈으로 볼 수 없습니다. 서로 가까운 사이에만 대략 경계하는 충고를 하였습니다. 이것은 나의 진심에서 나온 것인데, 도리어 계략을 꾸미는 마음이라고 말합니다. 심지어 끊어 버릴 수 없는 사이인데도 서로 끊어 버려야 하는 자도 있으니, 그게 용감하다면 용감한 일이라 하겠으나, 역시 일세의 변괴로 집안싸움이 이에 이르렀습니다. 요즈음 붕당의 논쟁이 횡행하는 때를 맞이하여 어찌 옆에서 엿보고 돌을 던지는 자가 없다고 하겠습니까. 그 형세로 보아 반드시 망하고 말 것입니다.[107]

당시 성호학파의 많은 젊은이들이 천주교에 심취하여 안정복의 만류에도 불구하고 돌이킬 수 없는 상황에 이르게 되어 근기남인 성호학파의 존재가 붕괴 직전에 이르렀으니 하루 빨리 구하지 않으면 안 된다는 절박한 호소를 하고 있다. 당파싸움이 계속되는 정치적 현실에서 남인에 대한 공격이나 정부의 박해

---

107 『순암집』 권5, 「與樊巖書 丙午(1786)」. "近來吾黨小子之平日以才氣自許者 多歸新學 謂以
眞道在是 靡然而從之 寧不寒心 不忍目睹其顚倒陷溺之狀 略施規箴於切緊之間 是出於赤
心 反以禍心言之 至有不敢絶而敢絶者 勇則勇矣 亦一世變 同室之鬪至此 當此黨議橫流之
時 安知無傍伺而下石者乎 其勢必亡而後已."

가 있을 수 있다는 안정복의 예견을 엿볼 수 있다.

어떻든 성호학파의 원로로서 외롭게 선두에 서서 이단사상을 배격하고, 또 한편으로는 성호학파의 보존과 문인들을 구해야 한다는 그의 일념은 변함없었지만, 대세는 그의 노력에도 불구하고 정부의 박해로 이어지게 되었다.

이로써 성호 이익의 유지를 받들고 그의 학문과 사상을 이어가게 하려던 안정복의 소망은 일찍이 기대를 걸었던 권철신이나 이기양 같은 재능있는 문인들이 등을 돌림으로써 크게 꺾이고 말았다. 다만 황덕일·황덕길 등이 그의 학문과 사상을 계승하고, 이어 한익상韓益相(1767~1851)·안경의安景褘(1781~1857)[108]·허전許傳(1797~1886) 등과 같은 인물들이 배출되어 학통을 계승하게 되었다.

---

108 졸고(2009), 「順窩 安景褘와 19세기 성호학통의 확산」, 『성호학보』 6호, 성호학회 참조.

2

안정복의 성리론과 하학

1. 머리말

안정복은 문인들에게 하학에 매진할 것을 강조하였지만, 그 자신은 성리학에 대해서도 상당한 경지에 있었다. 따라서 안정복의 학문을 이해하려면 먼저 그의 유학관과 함께 성리학을 언급해야 할 것이다. 본서에서도 당연히 제1부에서 논의했어야 했다. 그러나 제1부 제1장에서 하학을 중심으로 안정복의 유학관을 살펴보고, 그의 성리학에 대해서는 장을 달리하여 본 장에서 다루기로 하였다. 그것은 그가 일찍이 성리학에 관심을 두고 공부하였다 하더라도 그의 생애를 통하여 볼 때, 노년기에 들어 이에 대한 논의가 비교적 많이 이루어지면서, 성리학보다는 상대적으로 하학 공부의 중요성을 강조하였기 때문이다.

안정복은 퇴계학통에 속하는 남인 가문에서 태어났다. 때문에 어릴 때부터 퇴계학에 바탕을 둔 학풍의 영향을 받았다. 25세 때 『성리대전』을 읽기 시작한 이후 성리학에 관심이 깊어졌고, 율곡 이이의 저서도 섭렵하였다. 성호문인이 된 이후에는 성호문인들과 학문 교류를 하는 한편, 이익이 저술한 성리서 『사칠신편』을 읽고 이익의 성리론을 추종하면서 성리학에 대한 이해 수준이 상당하게 되었다.

그런데 16세기 이후 끊이지 않는 이기논쟁이 당시 성호학파 내에서도 종종 일고 있었다. 이익이 생존한 동안에는 스승 성호의 중재로 비교적 논쟁이 잠잠하였으나, 1763년 이익이 타계한 이후 문인들 사이에 이기논쟁이 재발되면서 매우 불편한 관계를 유치하게 되었다. 그 가운데 윤동규와 이병휴가 수십 년 동안 벌인 공희노公喜怒 논쟁은 양인이 타계할 때까지 감정의 골이 깊어져 화해가 되지 않을 정도였다. 이러한 상황에서 안정복도 여기에 개입하지 않을 수 없었고 중재 역할도 하였다. 그런데 그가 이기론을 언급할 때면 거의 빠지지 않는 언급이 하학 공부의 중요성이었다.

이에 본 장에서는 안정복의 성리학 공부, 이기논쟁에 관한 견해 그리고 그의 성리론을 살펴본 다음, 하학의 중요성에 대한 의견을 살펴보기로 한다.

2. 안정복의 성리학 공부와 성호학파의 이기논쟁

안정복이 성리학에 관심을 갖고 관련 서적을 본격적으로 읽기 시작한 시기는 무주에서 광주 덕곡으로 이사한 뒤라고 할 수 있다. 대체로 그의 나이 25세 무렵이라 하겠다. 이즈음 그는 성리학에 대하여 학문 토론보다는 그저 독서에만 열중하였던 것으로 보인다. 다음 사료가 이를 말해 준다.

① 25세에 비로소 『성리대전』을 얻어 겨울 석 달을 읽고 나서 우리 유학의 문로를 알게 되었소. 그런데 질병이 몸을 휘감아 항상 책만 어루만지며 탄식할 뿐 실하實下의 공부는 해보지 못하여 늘 한스러웠소. 35세에 비로소 성호를 뵙고 자못 인정을 받아 또한 자신감을 갖게 되었소.[1]

---

1 『순암집』 권8, 「答南宗伯(漢朝)書 丙午(1786)」. "年二十五 始得性理大全 讀過三冬 遂知吾 儒門路 而疾病纏身 惟常撫卷興喟而已 不曾施實下之工 常常歎恨 三十五歲 始謁星湖 頗蒙

② 26세에 『성리대전』을 구하여 비로소 이 학문의 귀중함을 알았다.
(…) 마침내 손수 베끼고 외웠다.[2]

③ 이에 이르러 비로소 성리학에 뜻을 두고 탄식하기를 '처음에 하나의
사물도 알지 못함을 부끄럽게 여기다가, 끝내 몸과 마음의 귀함을 모
른다면, 이는 이른바 눈썹이 눈앞에 있는 것을 사람이 보지 못하는
것이다'라 하였다. 마침내 마음을 가라앉히고 익히고 연구하며 손수
베끼고 외웠다.[3]

위 사료 ①은 이상정의 문인 남한조에게 보낸 편지의 일부이고 ②는 사헌부
감찰을 그만두고 광주 덕곡 선영에 내려와 쓴 글이며 ③은 문인 황덕길이 쓴
안정복 행장의 일부이다. 사료에 따르면, 안정복은 25~26세에 『성리대전』을
구하여 읽고 성리학의 귀중함을 깨달아 필사하며 암송했다고 회고했다.[4] 이때
에는 주자의 성리학을 그대로 익히고 수용하면서 전통적으로 남인계통에 속한
가문의 영향을 받아, 대체로 퇴계 이황의 성리학 영향을 받아 선호한 것으로
보인다. 그에게 성리학이 학문적으로 정착되게 된 계기는 성호의 저서 『사칠
신편』을 읽은 뒤이다.

사단칠정의 의미를 소자가 몽매하여 알지 못합니다. 다만 퇴계 이황의

印可 因亦自信."

2 『순암집』권19, 「영장산객전 甲戌(1754)」. "年二十六 得性理大全而讀之 始知此學之貴 ---遂
手鈔而口誦之."

3 『순암집』, 「순암선생연보」, 영조 13年, 丁巳, 26세. "至是始留意於性理之學而歎曰 始焉恥一
物之不知 終焉不知身心之貴 則所謂睫在眼前人不見也 遂潛心玩究 手鈔而口誦."

4 안정복이 『성리대전』을 읽은 해가 25세인지, 26세인지 분명하지 않다. 75세 때 남한조에게
보낸 편지에는 25세라 하였고, 43세 때 쓴 「영장산객전」에서는 26세라 하였다. 본고에서는
기억력에 따른 착오라 생각하여 26세를 따르기로 한다.

설을 보고 좋아하였는데, 그 뒤 율곡 이이의 설을 보고 의아스럽게 여겼습니다(여헌 장현광의 설 역시 율곡의 설을 따랐으니 실로 의아스럽습니다). 급기야 선생님의 『사칠신편』을 보고 나서 비로소 석연하게 되었습니다.[5]

그가 『사칠신편』을 읽기 전까지는 주로 퇴계의 성리학에 영향받아 추종하다가 율곡 이이나 고봉高峰 기대승奇大升 그리고 여헌旅軒 장현광張顯光의 설 등을 접하면서 혼란을 더한 것으로 보인다. 그가 솔직하게 고백하였듯이 이기론에 관한 인식 수준은 그리 높지 못하였다고 할 수 있다. 더불어 청년 시절의 안정복은 퇴계학파나 율곡학파의 이기논쟁에는 크게 관심을 둘 형편이 못되었다고 할 수 있다. 그러다가 성호문인이 되어 『사칠신편』을 읽고 비로소 그동안 의아스럽게 생각하던 사단칠정의 의미를 확연하게 알게 되었다는 것이다.

물론 퇴계의 이기론을 거의 이어받은 이익의 이기론이 안정복에게 아주 새로운 것은 될 수 없었을지라도, 이기론에 대한 학자들의 의견이 분분하여 혼란스러운데다가, 그동안 자신이 없고 의문에 쌓여 있던 사단칠정론의 의문을 이익의 『사칠신편』을 읽고 해소해 주면서, 그에게 이기론에 대한 확신과 자신감을 심어 주었던 것이라 하겠다. 그리하여 안정복의 이기론은 퇴계와 성호의 주장을 선호하면서 굳어지게 되었다고 할 수 있다.[6] 이따금 이기론에 관한 의견 교환이 있거나 그에 대한 결론이 필요한 경우에는 이황의 이기론이나 이익의 『사칠신편』의 내용으로 대신할 정도로, 퇴계의 이기론과 『사칠신편』은 그의 성리론을 대신하는 교과서와 같았다.[7] 왕세자 교육을 맡았을 때에도 그는 퇴계의 이기설이 옳다는 견해를 나타내기도 하였다.[8]

---

5 『순암집』 권2, 「上星湖先生書 壬午(1662)」. "四七之義 小子蒙不知之 但見李子說而好之 後見栗谷說而疑之(旅軒說 亦從栗谷 誠可疑也) 及見先生新編而後 始釋然."
6 이를테면 공희노가 기발이라는 퇴계의 주장을 따랐다. 『순암집』 권3, 「與邵南尹丈書 丁亥(1767)」. "然而退陶李子 以聖人之喜怒謂氣之順理而發 此語平正 無可改評."
7 『순암집』 권3, 「與邵南尹丈書 丁亥(1767)」; 권5, 「答南君王書 甲申(1764)」 등 참조.

그 후 안정복도 이기론에 관한 자신의 견해를 정리하여 내놓았다. 1766년 윤동규에게 보낸 편지에,

　　지난번 질병을 앓던 여가를 틈타 생각나는 대로 퇴계와 율곡의 이기의 변론을 보고, 그 근원을 찾아 『맹자』와 『예기』의 「예운禮運」편까지 보았는데, 인심과 도심의 분별에 이르러서는 아무리 생각해 보아도 공희노가 이발이라는 주장이 끝내 의심되는 것이 있으니, 실로 집사께서 가르쳐 주신 바와 같습니다. 우매한 제가 대략 변석한 것이 있어 문자로 이루어 놓았으나 한갓 수고로울 뿐 유익함이 없습니다. 다만 일상생활에서 사단은 확충하고, 칠정은 절제하며, 도심은 지키고, 인심은 성찰하여 곧고 올바른 영역으로 돌아가게 한다면 결국 소득이 어떠하겠습니까. 이발 기발로 한갓 사설이나 만드는데 스승의 설을 받들어 지키는 것이 마땅할 것입니다.[9]

라 하였듯이, 공변된 칠정, 즉 공희노가 이발인가 기발인가에서 비롯된 성호학파 내의 이기논쟁이 계속되는 가운데 사칠이기에 대해 변증이 필요함을 인식하고 나름대로 자신의 견해를 정리해 두었다는 사실을 나타냈다. 그것이 바로 『의문擬問』이다. 그가 처음에 공희노가 기발이라는 윤동규의 설을 따르고 이병휴의 이발론을 따르지 않았지만, 기발론은 처음 이익이 주장했던 설이다. 결국 안정복은 스승 이익의 설을 따르는 것이 마땅하다고 하였다. 이는 곧 『사칠신편』의 이기론을 따른다는 의미와 같다.

---

8 『순암집』 권16, 「甲午桂坊日記」, 4월 初2일, 甲申.
9 『순암집』 권3, 「答邵南尹丈書 丙戌(1766)」. "向者乘疾病之暇觀 退陶栗谷理氣之辨 溯其源而至于孟子禮運 以至人心道心之分 常常玩念 公喜怒理發之說 終有所疑 誠如執事所敎也 愚昧㫖有所辨 而著成文字 則徒勞無益矣 但於日用之間 四端則擴之 七情則節之 道心則守之 人心則察之 以歸于中正之域 而末梢所得 果能何如也 理發氣發 徒成辭說 不過遵守師說之爲當--."

이처럼 안정복이 이황과 이익의 이기론을 수용하던 가운데, 공희노의 이기 문제를 놓고 윤동규와 이병휴는 일생을 두고 갈등하였다. 성호학파의 공희노 이기논쟁 전말을 간략하게 소개하면 다음과 같다. 원래 성호는 『사칠신편』에 서 공희노, 즉 성인의 칠정도 기발이라 하였다. 그 후 신후담이 이 내용을 보고 공희노는 이발이란 주장을 펴자 1741년 성호가 이에 동조하여 기발을 수정하고 이발이라는 내용으로 다시 발문을 써서 붙였다. 이것이 『사칠신편』 중발重跋이다. 그 내용을 성호가 이기론에 밝은 윤동규에게 보이자, 윤동규가 이발의 부당성을 주장하면서 적극 반대하고 나섰다. 성인의 칠정도 보통 사람과 마찬가지로 기발이라는 것이다. 이렇게 되자 성호가 다시 중발을 써서 이발이라고 한 부분을 묵삭하였다. 그러나 신후담은 계속 이발을 주장하고 윤동규는 기발이라는 입장을 굽히지 않았는데, 신후담의 주장에는 이병휴가 동조하였고, 윤동규의 주장에는 안정복이 동조하였다. 서로의 의견이 상충되는 가운데에서도 성호가 생존했을 때에는 표면적으로는 크게 논쟁을 벌이지 않았다. 그러다가 성호가 1763년 타계한 뒤 성호유고 정리과정에서 이병휴가 『사칠신편』을 정리하면서 묵삭했던 중발을 다시 붙이게 되자 윤동규가 반대하고 나선 것이다. 윤동규는 성호가 묵삭한 것을 이병휴가 마음대로 붙이려 한다는 것이다. 수십년에 걸쳐 계속된 이 공희노논쟁은 윤동규와 이병휴가 사망할 때까지도 결론이 없었다.[10]

안정복은 성호문인이 된 뒤 자신의 주변에서 전개되는 이 이기논쟁을 직접 경험하고 논쟁의 심각성을 느끼게 되었다. 그리하여 안정복은 그 나름대로 이황의 이기론은 물론 기대승·이이·장현광 등의 이기론도 분석하면서 자신의 이기론을 정립해 나갔던 것으로 보인다. 안정복도 처음에는 이병휴로부터 성인의 공희노가 이발이라는 유창한 변론을 듣고 어느 정도 긍정적인 반응을 보

---

10 성호학파의 공희노논쟁에 관한 구체적인 내용은 졸고(2000), 「성호학파의 이기논쟁과 그 영향-공희노논쟁을 중심으로」(『실학사상연구』 17·18합집, 무악실학회) 참조.

였으나,[11] 이에 대한 의구심을 지니고 있었다. 안정복은 이황과 기대승 사이에 오간 편지를 통한 이기논쟁을 분석하고, 이익의 『사칠신편』과 윤동규의 의견을 참작하여 기발이라는 확신을 얻은 뒤부터는 이병휴의 견해에 적극 대응하게 되었다.[12] 그는 이병휴의 공희노이발설이 잘못이라는 점을 설득하기 위해 노력하였지만,[13] 이병휴는 자기의 주장을 굽히지 않았던 것으로 보인다.

그러나 안정복이 비록 공희노기발설의 편에 서기는 하였지만, 윤동규와 이병휴의 논쟁으로 인한 불편한 감정을 별로 달갑게 여기지 않았기 때문에 중간에서 서로 화합을 권하기도 하였다. 그러나 두 사람은 타계할 때까지 안정복의 노력에도 불구하고 이기론에 관한 결말을 보지 못하였다.[14]

안정복은 이상과 같은 이기논쟁으로 말미암아 성호학파 내의 문인들이 서로 화합하지 못할 것을 매우 우려하였다. 이익은 『사칠신편』을 통하여 이기론에 대한 자신의 견해를 피력하였을 뿐, 실제 윤동규와 이병휴의 논쟁에는 중립적 입장에서 별로 언급을 하지 않다가 1763년 타계하였던 것이다.[15]

안정복이 비록 이황이나 이익의 성리론을 따르고, 윤동규의 공희노기발론에 동조는 하였지만, 이기논쟁 자체를 매우 불필요한 것으로 여겼다. 윤동규에게 "이기설이 비록 성명의 원두原頭라고는 하지만 실용하고는 무관한 듯하고, 말만

---

11 『순암집』 권3, 「與邵南尹丈書 丁亥(1767)」. "昔在義盈直中 景協胎書 以聖人之公喜怒 謂之理發 其言纏纏數百言 辨證明白 甚可喜也." 안정복이 의영고 봉사에 제수된 해는 1751년이다.

12 『순암집』 권4, 「與貞山李景協(秉休)書 辛未(1751)」 참조.

13 안정복이 이병휴에게 공희노이발설이 잘못이라는 견해를 나타낸 그 밖의 사료로 『순암집』 권4, 「與李景協書 丁亥」; 「答李景協書 丁亥」 등의 편지가 있다.

14 『순암집』 권3, 「答邵南尹丈書 辛卯(1771)」. "公喜怒理發之說 尊丈與景協爭之 踰二十年 而未相合 則是終不合而已 迄可少止 而今又爭之不已 是何異於甲者曰願乙平心 乙者曰願甲平心 而竟無相平之期乎 ─到此地頭 兩下意見各異 必無同歸之理 尊丈別爲一篇文字 以辨其不然 及與師說相違處 以示從遊之後進 似或可矣 不可復奮筆舌 婁婁爭辯 致失和氣矣."

15 아마도 이익은 생전에 문인들의 의견을 존중하여 윤동규와 이병휴가 서로 주장하는 이기논쟁에 개입하기를 꺼렸던 것이 아닌가 생각된다(『순암집』 권3, 「答邵南尹丈書 辛卯」 참조).

오가는 사이에 한갓 종잇장의 한가로운 말만 만들고 그 때문에 말다툼만 그치지 않으니 이 무슨 광경입니까"[16] 라 하였듯이, 그가 당시 이기논쟁에 대해 어떻게 보았는가를 잘 보여준다 하겠다. 이렇게 윤동규나 이병휴의 이기논쟁이 진행되는 동안뿐 아니라, 노년기 벽위론을 강력하게 펴는 과정에서도 역시 이기논쟁의 폐단을 지적하고 학자들이 이에 빠지지 말 것을 강조하였다.[17]

3. 안정복의 성리론

그렇다면 안정복의 성리학[18]은 구체적으로 어떤 것이었을까. 앞에서 간략하게 언급하였듯이, 그의 성리학은 대체로 이황이나 이익의 것을 바탕으로 하고 있다. 그의 저술『의문』과「상헌수필」그리고 서간문에서 찾아볼 수 있는데『의문』에 잘 요약되어 있다. 주목되는 내용을 고찰해 보고자 한다.

1) 심성론

우선「상헌수필」에 있는 그의 심心·성性·정情·의意에 대한 해석을 보자. 태극太極은 이理와 기氣를 총괄하고 심은 성과 정을 거느린다 하고, 이가 움직이

16『순암집』권,「答邵南尹丈書 己丑(1769)」. "此雖云性命原頭 似無關于實用 說來說去 徒作紙面上閑話 轉成層激角勝未已者 亦何光景."

17『순암집』권8,「答南宗伯(漢朝,)書 丙午(1786)」; 권5,「答艮翁李參判夢瑞(獻慶)書 己酉(1789)」등 참조.

18 안정복의 이기론에 관한 기존 연구로는 심우준,『순암 안정복 연구』제2편 제4장 이기론이 있다. 孟子의 性善說을 비롯하여 周濂溪의 太極說, 程·朱의 理氣說 그리고 퇴계와 율곡의 이기설을 요약 정리한 다음 안정복의 이기설을 분석하였다. 강병수는 안정복의 서학에 대한 인식과 더불어 성리학을 하나의 장으로 다루었다(강병수, 앞의 논문, 22~46면 참조).

면 기가 되고, 성이 움직이면 정이 된다고 하였다. 심은 태어남으로써 혈육에 붙여진 이름이고, 성은 태어나면서 천명을 받은 것으로 심에 거처하는데, 성이 움직여 정이 되기 때문에 모두 심↑자 변을 쓴다고 하였다. 그리고 정이 움직여 사단과 칠정이라는 다른 이름이 있다고 하였다. 그리하여 맹자는 사단[惻隱 之心·羞惡之心·辭讓之心·是非之心]을 말할 때 모두 심心자를 썼고, 칠정의 글자도 모두 심자 변을 썼다는 것이다. 그리고 의는 사단과 칠정이 발동함을 말하는데 계량하고 운용하는 역할을 하고, 의지의 지志는 지향하여 처소를 얻는 것을 말한다고 하였다.[19]

요컨대 심이 고요한 상태가 성이고, 심이 움직인 상태가 정이며, 심이 성과 정을 거느리고, 의는 중간에서 사단칠정의 발동에 경영하고 작위하는 역할을 한다는 것이다. 「상헌수필」 '심도心圖'에서 그는 성이 움직여 정이 되는데 적중하면 착하게 되고 적중치 못하면 악하게 된다고 하였다. 여기에 경영자로서의 의, 곧 의사意思는 사단과 칠정을 움직이는 데 중요한 역할자인 셈이다.[20]

한편 이기와 심성의 관계를 다음과 같이 말하였다. 근본인 이理는 본연의 성이요, 음양오행의 기氣는 기질의 성인데, 이기를 겸하여 다 갖춘 성은 사람으로 인성人性이고, 다만 음양의 기만 갖춘 성은 짐승, 즉 물성物性이라고 보았다. 또 심은 이와 기가 합해서 이루어진 것이라 하고, 하나의 빛이라 하였다. 이 빛

---

19 『순암집』 권12, 「상헌수필 상」, 性情.
20 앞의 책, "太極總理氣 心統性情 理靜而動爲氣 性情而動爲情 靜者體而動者用 程子曰 體用 一原 邵子曰 心爲太極心是受生後血肉軀殼之名 而人物之生 受天命而爲性 性寓於心 性動 爲情 故性情字皆從心 情動而有四端七情之異 孟子言四端 皆言心字曰 惻隱之心 羞惡之心 辭讓之心 是非之心 又七情字多從心 故張子曰 心統性情是也 心有寂感 寂者性之體也 感者 情之用也 意是四端七情之發 有計量運用之名也 故朱子曰 意之所發也 與情之恁地發出者 稍異 皆隨其不同而名亦異焉 其實一而已
孟子性善之善字 出於繫辭繼之善字(右竝隨筆) 性心之靜也 情心之動也 故先儒曰 性之所發 爲情 心統性情 其所發者意 其所之爲志 意者 中間經營作爲者也 故諺以人之有所想念者則 曰意思是也 志者 始有定向得所者也."

속에 저장되어 있는 사물이 곧 성인데, 이를 따라 위로 발하는 것이 본연의 성이고, 기를 따라 위로 발하는 것이 기질의 성이라고 하였다.[21]

그는 또 성과 『대학』 명덕의 관계를 다음과 같이 설명하였다. 우선 명덕의 실체가 바로 성性이고 그 작용하는 곳이 심이라 하면서, 명덕과 신민이 곧 수기치인의 명칭이라 하였다.[22] 그리고 명덕과 신민은 모두 지선至善에 이르는데, 이 지선이 곧 이理라 하였다.[23] 이를 본말本末·시종始終·선후先後로 말하면, 성을 실체로 하고 있는 명덕이 본이요 시작이니 선이고, 신민新民은 말이요 종이니 후라 하면서, 격물 공부를 함에 있어 마땅히 선후의 구별을 살펴 혼란스럽지 않으면 실학에 귀착되고 지선인 도에 가깝게 된다고 하였다.[24] 더불어 격물은 반드시 가까운 것에서 시작해야 한다고 하였다.

그가 일생을 통하여 강조한 하학 공부의 바탕이 또한 여기에 있음을 찾아볼 수 있다. 즉 "하학을 하여 그 실을 얻을 수 있다면 안으로는 명덕으로부터 밖으로는 신민에 이르기까지 이 하학에 포함된다"[25]고 하였던 것이다. 명덕의 실체인 성이 지선至善, 즉 이理에 이르는 방법도 결국은 하학에 의해 달성할 수 있다는 논리이다.

그가 「상헌수필」에서 그린 '심도'를 풀어 다시 도시해 보면 다음과 같다.

---

21 『의문』, 머리말. "日大本之理 爲本然之性 二五之氣 爲氣質之性 大本與二五 兼得爲性者 人也 只得二五 爲性者 獸也 --大本與二五兼得者 人性也 只得二五者 禽獸也 理與氣合成心 --心一光也 光中所貯之物 卽性也 從理上發者 謂之本然之性 從氣上發者 謂之氣質之性--."
22 『순암집』 권11, 잡저, 經書疑義. "明德之實體是性 而其作用處心 (…) 明德新民 卽修己治人之名."
23 앞의 책. "大學明德新民 皆止於至善 至善卽理也."
24 앞의 책. "以其大者言之 明德爲本爲始而當先 新民爲末爲終而當後 (…) 當審其先後之別而不亂 則皆歸實學而去道不遠 道卽大學之道而至善之所在也."
25 『순암집』 권8, 「答南宗伯(漢朝)書 丙午」. "下學而得其實 則內自明德 外至新民 包于此矣."

```
                    ┌─ 性이 움직이면 情이 됨(적중하면 善하고 적중하지 못하면 惡함)
        心(仁義禮智信) ─┤
                    └─ 經營으로 心이 동작하여 발동한 것이 意이고, 心이 가
                       는 곳이 志임
```

2) 이기사칠론理氣四七論

안정복의 이기와 사단칠정에 관한 견해는『의문』에 잘 나타나 있다.『의문』
은 크게 세 부분으로 구성되었다. 이기를 요소로 하는 태극의 구조 및 인물의
심성을 도해하여 설명한 서론 부분, 이기사칠론을 설명한 부분, 인물지성人物之
性을 설명한 부분으로 되어 있는데 문답 형식을 갖추어 설명하였다. 우선 그는
서론에서 태극이 이와 기를 총괄하는데, 이는 사덕四德, 즉 원형이정元亨利貞과
사단, 즉 인의예지仁義禮智를 주관하고, 기는 오행, 즉 화수목금토와 칠정, 즉 희
노애구애오욕喜怒哀懼愛惡慾을 주관한다. 그리고 오행은 사덕의 명을 받고 칠정
은 사단의 명을 받는다고 하였다. 그리하여 오행이 혹 올바르지 못하면 사덕의
도로 바로잡고, 칠정이 올바르지 못하면 인의예지의 성으로 바로잡는다는 것이
다. 이것이 곧 이가 기를 눌러 이기는 것이다. 이의 주변에는 불선不善함이 없
고 기의 주변에는 선함도 있고 불선함도 있기 때문에 기가 왕성하게 되는 것을
눌러야 한다는 것이다. 그의 이기설이 주리主理에 근거하고 있음을 말해 준다.

안정복은 이기의 구성 원리를 다음과 같이 알기 쉽게 도해하여 설명하였다.

(1) 이발기수理發氣隨 · 기발이승氣發理承

안정복은 그 동안 논쟁거리가 되어 온 이발·기발문제를 『의문』의 「사칠이기」에서 구체적으로 설명하였다. 먼저 그는 사단이 이발인가 기발인가의 여부를 놓고 다음과 같은 견해를 나타냈다.

> 무릇 인의예지는 천리이다. 본연의 성인즉 사단이요 사단은 이에 속하지 않는가. 희노애구는 기질이요 주어진 성은 칠정이다. 칠정은 기에 속하지 않는가. 이의 주변에 속하여 이 이理가 주인이 되니 이발理發이라고 말하는 것이 옳다. 기의 주변에 속하는 것은 기가 주인이 되니 기발이라고 말하는 것이 옳다. 어찌 이가 기를 기다려 발동한다고 하여 사단 역시 기발이라고 말할 수 있겠는가. 이가 기를 기다려 발동하는 것은 이를 위하여 기를 부리는 것일 뿐이다. 이것이 이가 발동하고 기가 따른다는 것이다. 사단이 이에서 발동하는 것은 분명하다.[26]

즉 이가 발동하고 기가 따른다고 하면서 사단은 이가 발동하는 것이 분명하다 하고, 이가 기를 기다려 발동하는 것은 이가 기를 부리는 것일 뿐이라는 것이다. 이것이 이른바 '이발기수理發氣隨'로 퇴계 이황이 주장하였고,[27] 이익 또한 『사칠신편』을 통하여 이를 따랐던 것이다. 안정복 역시 이황의 주장과 이익의 주장을 벗어나지 않았던 것이다.[28]

한편 칠정의 발동에 대하여,

---

26 『의문』, 사칠이기. 원문은 본서 부록 참조 바람.
27 『退溪集』 권16, 「答奇明彦 改本」. "但四則理發而氣隨之 七則氣發而理乘之耳."
28 『순암집』 권3, 「與邵南尹丈書 丁亥」. "至於四七 從幼先入之見 以退陶爲正 及觀師門新編 而信從尤篤—."

대개 사단이 발동하는데 기가 아니고 할 수 없다면 기발이라고 말하여 좋을 것이다. 그러나 기는 혹 폐단이 있고 사단은 혹시라도 폐단이 있지 않은즉, 사단을 기발이라고 말할 수 없다. 칠정이 발동하는 데 이가 그 가운데 있으니 이발이라고 하는 것이 옳다. 그러나 이는 확충할 수 있고 기는 확충할 수 없은즉, 칠정은 이가 발동한다고 말할 수는 없다. 그래서 나는 이제야 '이가 발동함에 기가 따르고 기가 발동함에 이가 탄다[理發氣隨氣發理乘]'의 뜻을 알겠다. 이발기수理發氣隨의 기氣는 사단을 좇아 발현한 기를 말하는 것이고, 기발이승氣發理乘의 이理는 칠정을 좇아 허락한 이를 말하는 것이다.

사단이 이에서 발동하여 기를 쓰고, 칠정이 기에 발동하여 이 역시 거기에 있기 때문에, 정자程子가 이르기를 '기를 말하는 데 이가 분명치 못함을 말하지 말고, 이를 말하는 데 기가 갖추어져 있지 않음을 말하지 말라'고 하였으니, 이 가르침은 매우 명쾌하다. 다만 이가 발동하는 데에 이가 주인이 된다면 이발이라고 말하는 것은 옳고, 기가 발동하는 곳에서 기가 주인이 된다면 기발이라고 말하는 것이 옳다고 하겠다. 주자朱子가 이르지 않았던가. '사단은 이의 발동이요 칠정은 기의 발동'이라고.[29]

라 하였다. 즉 칠정은 기의 발동이요 이가 거기에 탄다는 것이다. 이른바 '기발이승氣發理乘'을 말한다. 폐단유무, 확충여부를 따라 이발인가 기발인가를 설명하였는데, 사단은 혹시라도 폐단이 없고 확충할 수 있기 때문에 이발이라고 말할 수 있고, 칠정은 폐단이 있고 확충할 수 없기 때문에 기발이어야 한다는 논리이다. 이 '이발기수 기발이승'이 안정복 이기론의 핵심내용이다.

폐단을 들어 사단은 이발이고 칠정은 기발이라는 그의 구체적인 설명을 들어 보자.

---

29 『의문』, 사칠이기. 원문은 본서 부록 참조 바람. 이 사료는 『의문』의 문답 가운데 객이 안정복의 설명에 수긍하여 말한 것이다.

이의 주변에는 본시 폐단이 없는데 기의 주변에는 폐단이 쉽게 생긴다. 왜냐하면, 천리는 본연의 성으로 불선함이 있지 않은즉, 이에는 폐단이 없다고 말할 수 있다. 기질은 주어진 성이 선함도 있고 불선함도 있은즉, 기에는 폐단이 있다고 말할 수 있다. 그러므로 사단이 이에서 발동한다는 것은 넓히고 채우는 것[擴而充之]인즉, 인仁이 지극한 의義를 다하여 만세에 폐단이 없게 되는 것이다. 칠정이 기에서 발동한다는 것은 치열하여 절제하지 못하는 것인즉, 지나친 희노애구로 그 폐단이 끝이 없게 된다. 그렇다면 폐단이 없는 사단과 같은 것을 폐단이 있는 기에서 발동한다고 말하는 것이 옳겠는가. 이가 폐단이 없으니 사단 또한 폐단이 없다. 사단이 폐단이 없음을 본다면 사단이 폐단이 없는 이에서 나온다는 것을 알 수 있다. 어찌 칠정과 함께 혼란스럽게 기발이라 하는가.[30]

이의 주변에는 선함만 있으나 기의 주변에는 선함도 있고 불선함도 있기 때문에 사단은 폐단이 있을 수 없고, 칠정은 폐단이 있다는 것이다. 결국 사단은 이에서 발동하기 때문에 폐단이 없을 뿐 아니라 확충할 수도 있으나, 칠정은 기에서 발동하기 때문에 혹 폐단이 끝없이 나타나게 된다는 것이다. 그리하여 사단은 이발이고 칠정은 기발일 수밖에 없다는 논리이다.

그러나 사단이 본디 근본이 착한 성을 지니고 있다 하더라도, 그것이 발동할 때 혹 이가 약하고 기가 강하여 넘치게 되면 올바름을 얻지 못하는 경우도 있게 된다고 하였다. 그러나 이때 부정한 것은 사단이 아니고, 기가 부정하게 만들기 때문이라 하였다.[31]

한편 이기의 관계에 대하여 그는 혼륜渾淪과 분개分開를 동시에 인정하고 있었다. 즉, 이 가운데 기가 있고 기 가운데 이가 있다는 정자의 견해로 보면 혼

---

30 『의문』, 사칠이기. 원문은 본서 부록 참조 바람.

31 『의문』, 사칠이기. "四端固本善之性 而其發也或爲氣所溢 則有所不得其正者 此非四端不正也 使之不正者 乃氣也."

륜으로 말할 수 있고, 이는 불선함이 없고 기는 선악이 있다 하여 이발·기발의 논설을 편 주자의 견해로 보면 분개로 말할 수 있다는 것이다. 그러나 안정복은 구태여 어느 쪽을 택하지 않고 혼륜과 분개로 보는 방법을 모두 수용하여 이기의 학문을 밝히는 한 가지 근원으로 생각하고 있었다.[32] 이 또한 이황의 견해에서 빗나가지 않았다.[33]

그러나 그의 사단칠정 분석 방법을 보면 혼륜보다는 분개 쪽으로 치중하고 있음을 엿볼 수 있다. 정情과 관련한 다음 사료를 보자.

> 무릇 심이 성정을 통활하고 성이 움직여 정이 되는데 정은 하나다. 그런데 사단의 정이 있고 칠정의 정이 있다. 이것이 이른바 하나를 근본으로 하되 만 가지로 다르다는 것이다. 정이 발동하기 이전에는 다만 이 성은 하나의 권역일 뿐이나 정이 발동한 이후에는 사단과 칠정의 이름으로 각기 나뉘어진다. 이자李子의 『십도十圖』 가운데를 헤아려 보면 대개 알 수 있다.[34]

요약컨대 사단도 정이요 칠정도 정이듯이, 정은 하나이지만 정이 발동하게 되면 사단과 칠정으로 나뉘어지게 된다는 것이다. 그리하여 하나의 정일 때에는 사단과 칠정 모두 정의 권역 안에 있다는 것이다. 이 경우에는 사단과 칠정이 대립하면서도 서로 균형을 이루고 있게 된다고 한다. 그러나 그 정이 발동함이 같지 않은 뒤에는 사단과 칠정의 두 길로 나뉘어 분개가 있게 되어 서로

---

32 앞의 책. "大抵理氣 有可以分開言者 理中有氣 氣中有理 而程子有不明不備之訓 則此可以渾淪言也 理無不善 氣有善惡 而朱子有理發氣發之論 則此可以分開言也 渾淪分開 皆所以明此理氣之學 則一也."

33 『퇴계집』 권16, 「답기명언 後論」. "分開說處 作分開看 而不害有混淪 混論說處 作混論看 而不害有分開 不以私意左牽右掣 合分開而作混淪 離渾淪而作分開 如此久久 自然漸覩 其有井井不容紊處 漸見得聖賢之言 橫說竪說 各有有當 不相防礙處."

34 『의문』, 사찰이기. 원문은 본서 부록 참조 바람.

통할 수 없게 된다는 것이다. 다시 말하면, 성은 하나이지만 본연과 기품의 차이가 있고, 심은 하나이지만 도심과 인심의 구별이 있으며, 정은 하나이지만 사단과 칠정의 구분이 있는데, 이를 혼륜으로 말하면 성이고, 심이고, 정이라고 말할 수 있지만, 성과 심 그리고 정이 발동하여 다른 두 길로 갈라지게 되면 서로 통할 수 없는 상태가 되고 마는데 이 경우 분개로 말하게 된다는 것이다.[35]

(2) 공희노기발론

16세기 이후 기대승과 이이 그리고 장현광 등이 내세운 공희노, 즉 성인의 칠정이 이발이라는 주장과 이황과 그의 문인들을 중심으로 그렇지 않다는 주장이 후학들에게도 이어져 대립되어 왔다.

성호학파 내에서도 공희노가 이발인가 기발인가의 여부를 놓고 윤동규와 이병휴는 끝까지 양보없이 대립하였다는 사실은 앞서 본 바와 같다. 신후담과 이병휴, 이철환李嘉煥은 이발이라 하였고, 윤동규와 안정복은 기발이라 하였으며, 성호는 『사칠신편』에서 처음에는 기발이라 하였다가 신후담의 의견을 따라 중발을 써서 이발로 수정하였다. 그러나 윤동규의 의견을 따라 다시 이발이라 한 것을 묵삭하였다. 그 후 성호는 문인들의 논쟁에서 이 문제에 대해 언급을 삼갔는데, 문인들은 표면적으로는 크게 논쟁을 벌이지는 않았지만 서로의 의견을 굽히지 않았고, 성호 사후 『사칠신편』 정리에서 중발문제가 대두되어 이병휴

---

35 『순암집』권6,「答權旣明書 庚寅(1770)」. "愚祖此而爲之說曰 性一也而有本性氣裏之異 心一也而有人心道心之別 情一也而有四端七情之分 渾淪言時 只當曰性曰心曰情而已 四七之發 雖有理氣之殊 而各自對立 然均是情也 則單言情時 四七固皆不在於情圈中耶 及其所發之不同然後 實有二路之分開 而不可以相通矣."

와 윤동규가 다시 첨예하게 대립하였다. 즉, 이병휴는 중발을 『사칠신편』에 붙이려 하였고, 윤동규는 성호가 묵삭하였기 때문에 붙일 수 없다는 주장으로 반대하였다.[36] 윤동규의 기발론에 동조한 안정복은 공희노의 발동을 어떻게 이해하고 있는가를 살펴보자.

공희노에 관한 그의 견해는 성호문인이 되어 5년이 지난 1751년에 이병휴에게 보낸 다음 편지에 명백하게 나타나 있다.

지금 노형께서 사칠에 관한 대논쟁 외에 성인의 공희노를 내놓고 이발이라고 하니 실로 옛 사람들이 내놓지 못한 것을 내놓았다고 할 수 있겠는데, 학문이 고명하여 자득함을 또한 볼 수 있겠습니다. 그러나 우매한 저의 소견으로는 미혹하여 깨닫기 곤란한 점이 있습니다. 만약 희노가 정당성을 얻어 이발이라고 한다면, 장차 사단이 정당성을 얻지 못한다면(만약 측은하지 않으면서 측은해 하거나 부끄러워하고 미워하지도 않으면서 부끄러워하고 미워하는 따위) 기발이라고 하겠습니까? 성인의 희노는 발동하여 스스로 적중하고, 군자의 희노는 발동하여 적중함을 바라며, 일반 사람들의 희노는 발동하여 적중함을 잃게 마련입니다. 비록 적중하고 적중하지 않음이 차이가 있더라도, 그것이 형기에서 발동하는 것은 다름이 없습니다. 그것은 기가 발동하는 것임에 의심없습니다.[37]

처음 공희노를 이해함에 있어 안정복은 성인 군자뿐 아니라 일반인도 적중

---

36 이에 관한 관한 구체적인 내용은 졸고, 「성호학파의 이기논쟁과 그 영향─공희노 논쟁을 중심으로」 참조.

37 『순암집』 권4, 「與貞山李景協(秉休)書 辛未(1751)」. "今老兄就四七大公案外 剔出聖人之公喜怒 謂之理發 則誠可謂發前人之所未發 而學問之高明自得 亦可以覰得矣 然而愚昧之見有迷而難悟者 若以喜怒之得正者 謂之理發 則其將以四端之不得其正者(如不當惻隱而惻隱 不當羞惡而羞惡之類) 謂之氣發乎 聖人之喜怒 發而自中者也 君子之喜怒 發而求中者也 衆人之喜怒 發而失中者也 雖有中不中之不同 而其發於形氣則無異 其爲氣之發 無疑矣."

여부의 차이는 있을지라도 기본적으로 희노는 형기에서 발동하는 것은 같다는 논거를 제시하면서 공희노도 기발임에 틀림없다는 것으로 받아들였다. 즉, 안정복은 처음에는 성인의 희노도 예외없이 칠정에 속하여 기발이라는 주장을 폈던 것이다.

그런데 이와 같은 안정복의 칠정 기발론은 뒤에 완화되는 모습을 보였다. 1767년 이병휴에게 보낸 편지에,

> 희노는 형기 쪽에 치우친 것이 많아 퇴계의 기가 이를 따른다는 설[氣順理說]이 고쳐 평가할 수 없을 듯하여 과거의 견해를 끝내 지켜 왔습니다. 근래 이 설이 신후담에게서 시작되어 성호선생의 인가를 받았고, 노형 또한 믿고 따라 의심치 않았던 것을 비로소 알고, 그 설이 필시 틀림없으리라는 것을 알았습니다. (…) 이른바 희노는 늘 형기에 치우침이 많은데 성인의 칠정은 곧바로 성을 따라 발동하여 정이 되었기 때문에 애당초 선함 쪽에서 왔으므로 이발이라고 말해도 좋겠습니다. 그러나 보통 사람으로 말한다면 미치거나 풍병을 앓는 이 말고는 칠정이 반드시 마땅히 그럴만한 것이 있어 나온 것이므로 처음 발동할 때는 선하지 않은 것이 없은즉, 이발이라 말할 수 있겠지만, 발동하여 절도에 맞지 않은 뒤에는 기발이라 하겠습니까. 그렇다면 하나의 일로 발동된 희노인데, 처음에는 이발이라 말하고 중간에는 기발이라 말한다면 과연 말이 됩니까.[38]

라고 나타낸 의견에서 알 수 있다. 그에 따르면 희노는 형기 쪽으로 치우치기

---

38 『順菴集』 권4, 「與李景協書 丁亥(1767)」. "喜怒終是形氣上分數多 退陶氣順理說 似無改評 終守舊見 近來始知此說 肇於愼上舍 蒙丈席印可 老兄亦信從無疑 則其說必無謬誤矣 (…) 所謂喜怒 終是形氣上分數多 聖人之七情 則直從性發爲情 最初善邊來 則謂之理發可也 以常人言之 非顚妄病風外 其七情必有所當然而出者 其始發未始不善 則亦可謂之理發 而發而不中節而後 謂之氣發乎 然則以一事之喜怒 而始以理發言 中以氣發言 其果成說乎."

때문에 퇴계의 기가 이를 따른다는 설을 따라 고칠 수 없는 주장이라 생각하고 지금까지 예외없는 기발설을 고수해 왔지만,[39] 뒤에 생각해 보니 성인의 칠정만은 곧바로 성을 따라 정이 되었기 때문에 처음부터 선한 데에서 왔으므로 이발이라고 말할 수 있다는 것이다. 사단에서 발동된 것이 도심이지만, 칠정도 순리에 따라 발동되면 도심으로 돌아간다는 인식이라 하겠다.[40] 그러나 보통 사람은 성인과 같지 않아 수용하기 어렵다는 뜻을 나타냈다. 요컨대, 안정복은 원칙적으로 칠정은 형기에 속하여 기발이라 하겠지만,[41] 공변된 희노, 즉 성인의 희노는 이발이라는 의견을 받아들였다 하겠다.

(3) 인물지성

안정복은 『의문』에서 「사칠이기」와 함께 「인물지성」을 별도로 둘 정도로 인간의 성과 사물의 성을 중요하게 다루었다. 우선 「인물지성」의 첫머리에 있는 다음 견해를 보자.

주자가 말하기를 '만물이 하나의 근원임을 본다면 이는 같고 기는 다르다. 만물이 몸을 달리함을 본다면 기는 오히려 서로 가까운데 이는 전혀 같지 않다'고 하였다. 이가 같고 기가 다르다는 것은 하늘에서 받아 생겼은즉 같고, 기의 청탁清濁과 수박粹駁을 받았은즉, 다르다. 기가 오히려 서로 가깝고 이가 전혀 같지 않다 함은 기질의 성은 사람과 사물이 각기 지니고 있되, 본연의 성은 사람만 받는 것이다. 그렇다면 사물이 얻은 것은

---

39 『의문』, 사칠이기. "李子又有公七情氣順理說 實平正之論也."
40 『순암집』 권8, 「與李士興書 庚寅」. "四端之發 屬乎道心 七情之順理而發 亦當歸之道心."
41 『순암집』 권3, 「與邵南尹丈書 丁亥(1767)」. "其諸情之各循氣而發 則與衆人一般矣."

치우치고 사람에게 준 것은 온전한 것이다. 왜냐하면 희노애구애오욕은 칠
정으로 기질의 성인데 금수 역시 많이 지니고 있고, 인의예지는 사단으로
본연의 성인데 금수는 일찍이 이를 지니고 있지 않아 이것이 '사물은 그
치우침을 얻었'고 말하는 것이다. 사람은 그렇지 않아 본연의 성도 있고
기질의 성도 있다. 본연의 성은 이에서 발동하여 사단이 되고, 기질의 성
은 기에서 발동하여 칠정이 된다. 이것이 '사람은 온전함을 받았'고 말하
는 것이다. 사람과 사물의 성을 무엇으로 비교하여 같다고 할 수 있는
가.[42]

　그는 인간은 본연의 성과 기질의 성을 모두 지니고 있으나, 금수를 포함한
사물은 기질의 성만 지니고 있다고 하였다. 본연의 성은 이에서 발동하여 사단
이 되고 기질의 성은 기에서 발동하여 칠정이 되는데, 인간은 이를 모두 갖추
고 있어 기질의 성만 갖추고 있는 금수와 다르다는 것이다. 그리고 사단은 도
심으로 천명의 본성에 근원하였기 때문에 절대로 불선함이 없으나[이른바 理一],
칠정은 인심으로 본시 기질의 성에서 나와 선함도 있고 불선함도 있으며 어질
고 그렇지 못함이 있다[이른바 分殊]는 것이다.[43] 그러나 사단이 올바르지 못하
여 이가 약하고 기가 성하면 본연의 성도 없어져 버리고, 반대로 칠정이 올바
르고 기가 발동하여 이를 따르게 되면 천지의 성이 존재하게 된다고 하였다.
그 방법은 오직 인간이 성찰하여 공부를 하는가 안하는가에 달려 있다고 하였
다.[44]

---

42 『의문』, 인물지성. 원문은 부록 참조 바람.

43 『순암집』 권4, 「與貞山李景協(秉休)書 辛未(1751)」 참조. 그리고 여기에서 말하는 道心은
性命이 바른 것에 근원하여 발동한 것이고, 人心은 形氣의 사사로움에 근원하여 발동한 것
을 말한다(같은 책, 같은 편지에 있음).

44 『의문』, 사칠이기. "蓋四端之不得正 而以至乎理弱氣熾 則本然之性滅矣 七情之得其正 而
以至乎氣發順理 則天地之性存矣 惟在人省用工與否間耳."

4. 이기논쟁의 배격과 하학 매진

노년기 안정복의 성리론에 대한 지식 수준은 당대학자들과 어깨를 나란히 하여 논의할 정도가 되었다. 비록 주자나 퇴계 이황의 성리학에 학문적인 뿌리를 두고 있으면서도, 고봉 기대승이나 율곡 이이 그리고 여헌 장현광의 주기主氣적 이기론에 관심이 깊었다. 그가 동료 학자나 후학들에게 성리론을 펼 때에는 대개 주자의 견해에 이론적 배경을 두고 있었다. 그러나 그는 이기론에 대한 자신의 견해를 퇴계의 편에서 언급하면서도, 논쟁 그 자체에 매우 못마땅한 태도를 보였다. 즉 이기론으로 갑론을박하는 당시의 흐름이 후세에 나쁜 영향을 줄 뿐 아니라 부끄러워해야 한다고 하였다.[45]

다만 그는 학자에 따라 보는 관점이 다르기 때문에 각각 믿는 바를 따를 뿐이지 애써 서로 부합할 필요가 없다는 입장을 보이기도 하였다.[46] 안정복이 기존 학자들의 이기논쟁에 대하여 배격하는 입장을 보인 것은 성호문인이 되어 더욱 절실하게 느꼈던 것으로 보인다. 비록 자신은 윤동규나 이병휴 그리고 그 밖의 학자들과 변론을 하면서도 그의 본심은 이와 같은 논쟁이 바람직하지 못하다는 생각을 갖게 되었고, 나아가 논쟁을 그만두어야 된다는 뜻을 자주 나타냈다.[47] 실제 그는 윤동규와 이병휴가 공희노 논쟁을 벌일 때 중간에서 조정자 역할을 하였다.

그는 이해하기 어려운 이기론보다는 하학에 매진할 것을 강조하였다. 이기론에 대한 그의 견해를 집약하여 저술한 『의문』, 「사칠이기」, 끝부분에,

---

45 『순암집』 권5, 「答艮翁李參判夢瑞(獻慶)書 己酉」. "大抵東方理氣之說 甲是乙非 各有立說 以不知爲羞吝 反成後來之弊 弟則實不欲一言干涉 若有後輩之可言者 則但以下學日用之久 自能上達爲言 才高者聞之 竊笑而去 果未知何者爲是 好笑."
46 『순암집』 권3, 「答邵南尹丈書 己丑(1769)」. "此皆所見之不同 不必强以相合 各尊所信而已."
47 『하학지남』 제하학지남서면; 『순암집』 권3, 「答邵南尹丈書 丙戌(1766)」; 권8, 「與韓士凝書 庚寅(1770)」 등 참조.

천하의 의리가 무궁하고 사람마다 보는 바가 같지 않은즉, 천박한 내가 어찌 감히 성리 하나하나를 논설하여 지당한 과업을 얻겠는가. 요즈음 어려서부터 개발하고 익혀 쌓으려 하지만 터럭 위에 터럭이 일어나고 실오라기 위에 실오라기가 일어나 얽히고설켜 있으니 천하에 지극히 정밀한 자가 아니면 그 누가 능히 변별하겠는가. 옛 사람이 이르기를 '하학하여 상달한다' 하였으니 하학을 그치지 않는다면 청명함이 몸에 존재하고 지기 志氣가 신神과 같아 자연히 상달의 경지에 이르게 되는 것이다. 그런 뒤에 터럭이나 실오라기에서 뜻을 변별해 낼 수 있고 천지에서 심적心迹을 판별해 낼 수 있는 것이다. 그런즉, 오늘 힘쓸 바는 마땅히 하학 공부에 있을 따름이다.[48]

라 하였듯이, 잘 나타나 있다. 이기론을 이해하는 것은 얽히고설킨 털뭉치나 실오라기를 푸는 것처럼 어렵고 혼란스럽기 때문에 어려서부터 이에 빠질 것이 아니라는 요지이다. 그렇다면, 『의문』 본문을 통하여 기껏 자신의 성리론을 장황하게 설명한 다음, 결론 부분에서 왜 '하학하여 상달해야 한다'는 것을 힘주어 말하였을까. 위 사료와 『하학지남』 제문에 나타나 있듯이, 하나는 학자들이 일상생활에 소용되는 하학을 소홀히 하고 공허한 성리학에 매진함으로써 일생을 공부하여도 실제 학문적 소득이 없다는 것이고, 다른 하나는 성리론은 사람마다 각기 견해가 달라 논쟁이 끊이지 않고 혼란스러우며 끝내 이해하기 어렵고 결론이 나지 않는다는 것이다. 여기에는 16세기 이후 계속되어 온 이기논쟁에 대한 부정적 인식이 크게 작용하였으리라 생각된다. 또한 자득과 실천을 중시하는 성호학문의 영향을 받은 것도 빼놓을 수 없다.

그리하여 그는 노년기에 접어 들면서 후학들에게 이기론에 심취하지 말고 하학에 전념할 것을 자주 권장하였다. 예를 들면, 1770년 한정운에게 보낸 편

---

48 『의문』, 사칠이기. 원문은 본서 부록 참조 바람.

지에,

　　사칠은 예나 지금이나 허다한 사람들의 설이 각기 다르니 '인심이 같지
않은 것이 마치 사람 얼굴과 같다'고 한 말이 실로 그럴 듯하네. 이는 실로
일관되고 일정한 이치가 있는데, 이와 같이 분분한 것은 요령을 얻지 못하
여 그러한 것이네. 이는 비록 성명을 근본으로 하는 것이 심신에 긴절한
공부라 하겠지만, 하학으로 일상생활의 인륜 사이에서 쉽게 볼 수 있는 것
과 비교해 볼 때, 선후가 있을 듯하여 전날 만났을 때 강변하려 하지 않았
네.[49]

라 하여 일상생활을 통하여 쉽게 알아 실천할 수 있는 하학을 먼저 익힐 것을
말하고, 또한,

　　대저 오늘날 학자들의 폐단은 이것(사칠이기론: 필자주)에 급급하여 먼저
힘쓰고, 오히려 하학하여 일용함에는 소홀하네. 또한 자신의 재주와 분수
를 스스로 헤아려 보아도 선배들의 10분의 1~2도 미치지 못하는데, 성명
의 근원 같은 것에 대하여 선배들이 얻지 못한 이치를 능히 궁구하여 얻을
수 있겠는가.[50]

라 하였다. 간추려 말하면, 요즈음 학자들은 일상생활에 소용되는 하학을 소홀
히 하고 선현들도 깨닫지 못한 성리론에 몰두하는 폐단을 지적한 것이다. 소기

---

49 『순암집』권8,「答韓士凝書 庚寅(1770)」.“四七說 古今許多人其說各異 人心之不同 如人面
云者 誠信然矣 此實有到底一定之理 而若是紛然者 必不得其要而然也 此雖云性命原頭身
心切緊之工 而較之下學易見處若日用彝倫間.”
50 『순암집』권8,「與韓士凝書 庚寅」.“大抵今世學者之弊 以此爲汲汲先務 而反忽於下學日用
且自量己之才分 不及先輩十百之一二 則至如性命原頭 能究得先輩所不得之理耶.”

의 결과도 얻지 못하면서 오히려 시간만 낭비한다는 것이다.[51]

그는 특히 하학을 통한 실천의 중요성을 강조하였다. 예컨대, 문인 황덕길에게 "우리 선비들에게 정말 긴요한 공부는 전적으로 하학에 있다" 하면서 실천의 공부를 강조하였고,[52] 문인 심유沈浟에게 "바라건대 자네가 사서四書의 긴요한 말을 따라 공부하되, 체험하고 실행하겠다는 뜻을 지니고 실행을 철저히 익히고 살피면 반드시 소득이 있고, 큰 일을 할 때 헤쳐 나가는데 어렵지 않을 것이네"[53]라고 하였다.

대산 이상정 문인 남한조에게도,

하학하여 그 실질적인 것을 얻는다면, 안으로는 명덕으로부터 밖으로는 신민에 이르기까지 여기에 포함되어 있으니, 말이 거리낌없고 알맹이 없으며 지리한 사설로 실용이 없는 짓을 할 필요가 없네. 인간이 학문을 하는 것은 수기와 치인 두가지 일에 불과하네. 여기에 실질적인 공부가 있고, 여기에 실질적인 지식이 있으면, 자신의 몸을 시험해 보고 모든 사업을 조처함에 불가함이 없을 것이네.[54]

라 하여, 하학을 통하여 실질적인 공부를 하고 실질적인 지식을 얻어 수기치인할 것을 권고하였다. 또한 반계 유형원의 5대손 유경柳憼에게 『대학』의 명명덕明明德 장구를 설명하면서, 학문을 하는 요점은 '무실務實'이라 하고, 독서를 함

---

51 이와 유사한 안정복의 지적은 『하학지남』 제문과 黃德吉이 쓴 「순암선생행장」에도 보인다.
52 『순암집』 권8, 「答黃耳叟書 癸卯」. "吾儒著緊用工 專在下學 與伯君講討之深矣 其踐實工夫 則自有次序─."
53 『순암집』 권8, 「答沈士潤(浟)書 乙未」. "幸望著工于四書切緊之語 要以體驗實行爲意 行著習察 必有所得 而大事不難透矣."
54 『순암집』 권8, 「答南宗伯(漢朝)書 丙午」. "下學而得其實 則內自明德 外至新民 包于此矣 不必高談虛遠 支離辭說 無實用也 人之爲學 不過修己治人兩端事 於此而有實然之工 於此而有實然之識 則試之吾身 措諸事業 無不可矣."

에 실질적인 마음으로 찾아보고 실질적인 마음으로 실행할 것을 강조하였다. 그것이 실학이라 하면서 하학을 소홀히 해서는 안 된다고 하였다.[55] 여기에 또한 그의 실학의 바탕이 하학의 공부와 실천에 있다는 것을 찾아볼 수 있다.

이상에서 소개한 바와 같이 그가 왜 그토록 하학의 중요성을 강조하고 나섰는가를 알게 한다. 안정복이 강조한 하학은 실생활과 직결되어 실사에 힘쓰는 공부였다고 하겠다. 그는 앞에서 본 것처럼 문인들에게만 하학을 역설한 것이 아니고, 익찬으로 왕세자 교육에 임하였을 때에도 강학이 체득으로 옮겨져 실천으로 이루어질 것을 요구하였다.[56]

5. 맺음말

지금까지 안정복의 성리학과 더불어 그가 적극 권고한 하학에 대하여 살펴보았다. 그의 성리학은 대체로 퇴계 이황의 이론에 뿌리를 두고, 스승 이익의 『사칠신편』을 따랐다고 하겠다. 그러나 그는 성리학을 공부하였지만 이기논쟁은 바람직하게 생각하지 않았다. 반면 하학하여 상달하는 학문정신으로 문인들에게 처음부터 성리학에 매달리지 말고 하학공부에 매진할 것을 권장하였다. 고도의 사고체계인 성리학을 일생 동안 공부하여도 풀리지 않는다는 이유에서였다. 오히려 하학을 공부하여 일상생활에서 실천하고 체험함으로써 자연스럽게 터득하여 상달의 경지에 도달해야 된다는 견해를 주장하였다. 그가 이와 같

---

55 『순암집』 권8, 「與柳敬之(誼)書 乙未」. "爲學之要 不過務實二字 (…) 必以實心求之 實心行之 諸書讀法皆如此 然後庶幾爲我之有 而眞可謂之實學也 (…) 後世言詞勝而實業亡 口談天人性命之說 而却忽於下學上達之義 此百世所以無眞儒也."
56 『순암집』 권16, 「壬辰桂坊日記」, 6月 初5日(己巳). "臣因奏曰 古人云非知之難 行之難試以日前事言之 書筵召對 逐日爲之 君德成就 實在於是 但逐日講學而止 則體行處 似有不及之慮 伏未知日用云爲之間 照察體驗之工何如也 俄者上番體行之奏誠然 願加三思."

은 견해를 펴는 과정에서 양명학이나 천학과 같은, 이른바 이단학의 배격도 병행하였다.

성리학을 뒤로 하고 하학에 매진해야 된다는 그의 학문관은 당시 실학사상의 흐름에서 주목해야 할 부분이 아닐 수 없다. 필자는 앞서 청년 시절의 안정복이 농촌생활을 통하여 얻은 경험과 스스로 닦은 하학 그리고 유형원·이익의 학문과 사상이 그에게 연결되는 과정을 살펴보았다. 하학에 바탕을 두고 실천을 중시하는 그의 학문과 사상은 매우 현세적이고 합리성을 중시하는 경향을 찾아볼 수 있다. 따라서 그의 학문적 성향은 공리공담의 성리론이나 시부 중심의 학문이 아니고, 실제 생활에서 실천하고 경험하는 실용적이고 유용한 학문을 선호하였다고 말할 수 있다. 그렇게 되기까지는 안정복 자신이 닦은 실용적 학문 성향과 성호문인이 된 이후 이익의 실학문을 전승하여 조화를 잘 이루었기 때문으로 생각된다. 즉, 『사칠신편』으로 성리학을 정립하고, 『성호사설』은 그에게 성호 실학을 심어 주기에 충분하였던 것이다. 사실 그가 유난히 강조하였던 하학 공부도 스승 이익의 뜻과 일치하였고, 이익 또한 성리학에 매달리기보다는 하학 공부를 중시하였던 것이다.[57]

그가 노년기에 접어 들어 더욱 하학의 중요성을 강조한 것은 성리학이 실용성이 없는 학문이라는 점 외에도, 그가 강하게 펼친 벽위론과도 무관치 않다. 문인들이 천학天學에 빠져 있을 때 손을 떼게 하는 대안으로, 그는 하학에 매진할 것을 권고하였다. 현세에 반하는 천주교의 교리를 배격하고, 공리공담에 빠진 이기논쟁에도 빠지지 않으면서 하학 공부에 매진함으로써 자득과 실천을 중시하는 성호학을 전승해 나아가려는 안정복의 절실한 뜻이 아니었을까 생각되기도 한다.

1786년에 쓴 그의 말년 수필 「상헌수필」에 있는 다음 글은 시사하는 바가 크다.

---

57 한우근, 『성호 이익 연구』, 28~46면 참조.

나는 평생 하는 일이 긴요한 일을 크게 간과하였다. 문사文詞로 말할 것 같으면 여느 편지도 제대로 쓰지 못하며 옛 글 보기를 좋아하고, 전고典故로 말할 것 같으면 우리 집 보첩譜牒도 통하지 못하고 여러 역사를 힘써 열람하였으며, 여행으로 말할 것 같으면 고향 산천도 두루 돌아다니지 못하고 지도를 그리려 하였으니, 먼 것에 힘쓰고 가까운 것을 소홀히 하는 폐단이 실로 가소롭다. (…) 지금부터는 마땅히 긴요한 일에 방향을 돌려 일상생활에서 쉽게 접근하는 일 돌보기를 실행하고 언행을 아름답게 하며, 독서는 사서와 『심경』·『근사록』을 벗어나지 않을 것이다.[58]

누구보다 하학을 실천해 온 그였지만 자신도 먼 것에 힘쓰고 가까운 것을 소홀히 하였다[務遠忽近]는 반성이라 하겠다.

서양의 과학기술에 매우 호의적인 반응을 보이고 나름대로 새로운 문물에 대한 탐색과 분석을 게을리하지 않은 안정복이지만, 18세기 후반 막상 천주교의 전파가 가속되는 상황을 접하게 되자, 성호학파를 지키고 문인들을 구한다는 명분으로 강한 벽위론을 펴는 방향으로 선회하였다. 실용을 강조하고 현실적 개혁의지가 강한 현세적이고 도덕적인 그의 합리주의 사상은 아직 천주교의 내세적 세계관을 받아들일 태세가 갖추어지지 못했다고 판단된다. 다만 하학을 강조한 그의 학문적 신념을 볼 때, 하학만으로도 의혹에 찬 서구사상에 충분히 대응할 수 있다고 믿었던 것이 아닐까. 결국 성호학파의 여러 젊은 학자들은 그의 이러한 벽위적 태도에 등을 돌렸고, 황덕일·황덕길 형제와 같은 문인들은 하학과 벽위사상을 철저하게 답습하고 사승 관계를 유지하면서 학통을 이어갔다.

---

58 『순암집』권12, 「상헌수필 상」. "余平生所爲 多沒緊要 以言乎文詞 則不能修尋常尺牘 而好觀古文 以言乎典故 則不能通自家譜牒 而務閱諸史 以言乎遊觀 則不能周鄕里山川 而圖寫輿圖 務遠忽近之弊 固可笑也 (…) 自今以後 宜反乎約 行顧于日用易近之事功 懋于動靜語黙之際 而讀不過四書心近而止焉."

제4부

안정복계열 성호학통의 형성과 확산

1763년 성호 사후 성호학파는 사실상 충청도 예산 덕산에 거주하던 이병휴가 이끌어 갔다. 1764부터 약 10년에 걸쳐 이병휴는 윤동규와 안정복의 자문을 구하면서 성호의 손자 이구환과 성호유고를 정리하고 있었다. 이때 그의 주변에는 성호학파의 여러 젊은이들이 드나들며 유고 정리를 돕는 한편 그의 학문적 가르침을 받았는데, 권철신과 이기양이 그 중심 인물이었다. 본시 이병휴의 학문적 성격은 개방적이어서, 이른바 이단이라 하더라도 학문대상에서 제외될 수 없다는 입장을 보여 왔기 때문에 양명학이나 서학에 호기심이 많던 젊은이들은 이병휴의 이러한 학문적 성격을 선호하였다. 일찍이 안정복의 문하에서 수업하였던 이들이었지만, 양명학과 천주교 사상을 이단시하는 안정복의 학문적 성격에 가까이하려 하지 않았다. 1770년대에 윤동규와 이병휴가 타계하고 1780년을 전후하여 이들의 천주교에 대한 깊은 관심이 더욱 심화되어 가면서 성호학파의 상징적 존재였던 안정복을 매우 고민스럽게 만들었다. 결국 1780년대 들어 정부의 박해가 시작됨과 동시에 천주교에서 손을 떼게 하려는 안정복과 성호학파 소장학자들을 이끌고 있던 권철신·이기양 등은 결별하는 상황에 이르게 되었다.

　　이러한 상황이 계속되면서 만년의 안정복은 이들에 대한 설득을 포기하고 후학 양성에만 전념하다가 1791년 타계하였고, 후학들이 그의 학문과 사상을 계승해 나아가게 되었다. 이제 본 편에서는 그의 학문과 사상이 후학들에게 어떻게 계승되어 갔는가를 정리해 보고자 한다. 안정복은 성호의 가르침을 철저히 전수하면서 다가오는 천주교 박해로부터 성호학파를 유지하고 계승하려는 의지가 강하였기 때문에 그의 학문과 사상은 성호학통과의 관계에서 분리하여 생각할 수 없다. 따라서 그의 학통을 '안정복계열 성호학통'이라는 명제 아래 본 편을 전개하는데, 안정복계열 성호학통이 처음 어떻게 형성되었고, 이어 어떻게 계승 확산되어 갔는가의 순서로 정리해 보고자 한다.

1

안정복계열 성호학통의 형성[1]

1. 머리말

본 장에서는 안정복계열 성호학통이 처음 어떻게 형성되었는가를 고찰해 보
고자 한다. 성호문인이 된 초기에 학문 연구와 『동사강목』을 저술하는 사이에
도 근동의 젊은이들이 출입하면서 그의 가르침을 받았다. 1760년을 전후하여
이인섭·권철신·권일신·이기양 등을 들 수 있다. 이후 그는 관직을 나아가
는 경우를 제외하면 거의 학문연구와 저술활동을 활발하게 하였다. 잘 알려진
『성호사설유선』이 성호가 타계하기 직전(1762) 『동사강목』 초고의 재검토 기간
에 나왔고, 성호 사후 4년 뒤(1767) 본조사本朝史 『열조통기』가 저술되어 나왔던
것이다. 이 무렵만 하여도 윤동규를 정점으로 이병휴가 안정복 등과 협조하며
성호학파를 무리없이 이끌어 나가고 있었다. 이병휴가 주도한 성호문집 정리
도 1774년 초고가 『성호선생문집』이라는 이름으로 완성되어 나왔다. 1770년
대 들어서는 앞으로 성호학파를 이끌어 갈 인재를 양성하려는 계획도 이들 사

---

1 본 장은 졸저, 『성호학통 연구』에서 많은 부분을 전재하였음을 밝혀 둔다.

이에서 활발하게 논의되었는데, 권철신과 이기양 등이 첫 번째 물망에 올랐다. 이들에 대한 교육을 이병휴는 안정복에게 일임하였고, 안정복은 광주 덕곡에서 이들을 자기의 학문 성격과 방식대로 선도하였으나, 이미 양명학이나 천주교 사상에 관심이 깊었던 이들 젊은이들은 정통 유학을 고집하는 안정복의 학문 방식에 별 호응을 보이지 않았다. 이러한 상황에서 이들 후진 양성 계획이 큰 효과를 거두기는 어려웠다. 그래도 이병휴가 살아 있던 1770년대 중반만 하더라도 이병휴의 영향력 때문에 이들이 안정복을 그리 멀리하지는 않았다.

이와 같은 성호학파의 동향에서 1773년 황덕일·황덕길 형제가 경기도 양천현에서 광주의 안정복을 찾아와 문하생으로 받아 주기를 청하였다.

2. 황덕일·황덕길의 안정복 문하 입문

1) 황덕일·황덕길 형제의 덕곡 방문

1773년 겨울 황덕일·황덕길 형제는 어머니의 권유로 경기도 양천에서 90리 길을 걸어 덕곡서당을 방문하여 안정복에게 자신들이 성호문인이었던 황이곤黃以坤의 아들임을 밝혔다. 형제를 맞이한 안정복은 황이곤이 매우 탁월한 인물임을 회고하면서 칭찬하고, 황덕일에게 아버지의 뜻을 따라 자기 밑에서 학문을 닦으려 왔는가 물었다. 이에 황덕일은 자신의 처지를 말하고 문하생으로 받아들여 주길 간곡하게 청하였고, 안정복은 황덕일의 청을 기꺼이 받아들였다. 이들을 제자로 받아들인 안정복은 즉석에서 공부의 방향을 제시해 주었다.

그는 "배우는 자의 법도는 마땅히 주자를 위주로 삼아야 하고, 주자를 배우려면 먼저 퇴계退溪를 공부해야 한다"[2]라고 말하면서, 황덕일에게 『이자수어』

---

2 『拱白堂先生文集』 권4, 「德谷記聞」. "學者繩尺 當以朱子爲主 欲學朱子 先學退溪."

를 내주었다. 『이자수어』는 성호의 지도아래 그 자신이 직접 정리한 책으로 문인들에게 이 책 익히기를 자주 권하였다. 이어 그는,

> 공맹의 말씀은 왕조의 법령과 같고, 정주程朱의 말씀은 엄한 스승의 명령과 같으며, 퇴계의 말씀은 인자한 아버지의 훈계와 같다. 그 모두 사람에게 감동하고 분발케 한다. 이 책이야말로 더욱 절실하여 내가 얻은 바 있다.[3]

라 하면서, 『이자수어』를 읽어야 할 필요성을 강조하였다. 황덕일 또한 퇴계 이황이 『심경』과 『근사록』을 가장 중시하였다는 사실을 알고 있는 터에, 안정복이 『이자수어』를 권하는 뜻을 이해하고 힘써 공부할 것을 다짐하였다.

이날 황덕일이 김인후金麟厚와 이이李珥 그리고 기대승奇大升의 이기론을 반대하고 퇴계의 이기론에 동조하는 발언을 하자, 안정복은 이기논쟁은 바람직하지 못하다고 비판하고, 자신이 추구해 오던 하학 중심의 학문을 권장하면서 옛 성인들이 하학을 먼저 가르쳤듯이, 학문을 하려는 자는 역시 하학에 힘써야 한다는 것을 황덕일에게 역설하였다.[4] 하학을 먼저 익혀야 한다는 안정복의 가르침은 황씨 형제에게 그대로 전수되어 일생 동안 실행에 옮겨졌다. 이렇게 문하생을 받아들인 안정복은 첫 날부터 성리학으로 질문하는 형제에게 하학을 강조하며 성리학에 매진하지 말 것을 권고하였던 것이다.

또한 사장학詞章學을 천박한 문예라 하고 과거시험에 시부의 비중이 너무 크다는 견해를 나타낸 황덕일의 의견에, 안정복은 과거제도가 생겨 명리만 존중하게 되었고 선비들이 행실을 돌보지 않으며 전적으로 거짓만을 숭상하게 되

---

3 앞의 책, "孔孟之言如王朝之法令 程朱之言如嚴師之勅厲 退翁之言如慈父之訓戒 其爲感發求人者 是書爲尤切 吾有所受矣."
4 앞의 책, "先生曰 聖門敎人 先從下學故 性與天道 子貢之不得聞也 學者 眞常用力於下學 頂於日用動靜云."

었다고 부연 설명하면서, 이러한 기예가 인심을 무너뜨리고 선비가 나아갈 길을 잃게 하여 오히려 이단보다 더 위험할 정도라고 응답하였다.

문답의 주된 대상은 천주교 비판에 모아졌다. 이미 서학 서적을 자세히 읽었던 황덕일이 예수의 강생, 영혼불멸, 천당지옥, 천주에 대한 흠숭문제 등을 들어 비판하자, 안정복은 천주교를 불교나 도교와 마찬가지로 이단이라 하면서 천주교의 기본교리는 불교에 뿌리를 두고 있다는 견해를 나타냈다. 또한 안정복은 천주교의 동신제童身制가 삼강三綱의 윤리에 어긋난다는 논리로 황덕일의 견해에 답해 주었다. 더불어 천주가 유교의 상제라는 것은 두 사람 모두 같은 생각이었다.

27년 전 1746년 10월 안정복이 안산의 성호를 첫 방문하여 밤새도록 학문 대화를 하였던 것처럼, 황씨 형제들을 문하생으로 받아들인 안정복도 이들과 처음부터 많은 학문적 질의응답을 하였다. 그러나 안정복이 성호를 찾아 문하생으로 받아주길 요청하였을 때, 성호는 문하생으로 받아들인다는 답을 즉석에서 선뜻 하지 않았다.

2) 황덕일과 황덕길의 생애와 행적

이제 안정복의 문인이 되어 성호학통을 계승하는 데 주역이 된 이들 형제의 생애와 행적을 정리해 보자. 황덕일黃德壹(1748~1800)과 황덕길黃德吉(1750~ 1827)은 친형제로 아버지 황이곤黃以坤(1719~1750, 자: 용여用汝, 호: 노야魯野)과 어머니 백천조씨白川趙氏 사이에서 태어났다. 그의 집안은 대대로 서울 서남쪽 한강이남 양천에 거주하였고 당색은 남인계였다. 양반 사대부였지만 5대조 이후에는 변변하게 벼슬한 인물이 없을 정도로 한미한 가문에 속하였고, 아버지 황이곤은 성호문인으로 32세에 요절하였다. 그가 죽자 성호 이익은 "우리 당에 인물이 있었는데 불행하게도 일찍 세상을 떴다."[5]라고 아쉬워할 정도로 그의 학문성을 기대하여 매우 아낀 인물로 전해 온다.

먼저 황덕일의 생애를 간단히 보자. 황덕일은 3살 때 아버지와 사별하였기 때문에 어머니의 엄한 가정교육을 받으면서 성장하였다. 어머니 조씨는 비록 여자였지만 일찌기 친정아버지 국재菊齋 조경채趙景采(1694~1765)로부터 『소학』 과 가례를 교육받고 언해없이도 풀이할 정도로 한학을 잘하였다. 특히 미신을 멀리하였다. 두 아들의 교육에는 매우 엄격하여 일일이 독서한 것을 점검하되, 과거시험을 위한 공부를 권하지 않았다.[6] 이에 힘입어 황덕일은 어린 시절에 역사서를 비롯하여 병가서 등을 두루 읽고 제갈량諸葛亮을 매우 흠모하였다. 11 살(1758) 때 동생 황덕길과 함께 외갓집에서 외할아버지 조경채로부터 약 7년 동안 공부하다가, 외할아버지가 노환으로 타계함에 따라 중단하고 집으로 돌아 왔다.[7] 성인이 되어 어머니의 권유로 『심경』과 『근사록』을 읽기 시작하면서, 자기 수양을 위한 학문과 성리학 공부에 힘을 쏟았다.

그러나 어머니 조씨는 형제가 순암 안정복 밑에서 학문하기를 원하였다. 그 것은 안정복이 죽은 남편 황이곤과 함께 성호문인으로서 동문수학하였을 뿐 아니라, 학문이 높다는 사실을 익히 알고 있었기 때문이다. 황덕일은 26살(영조 49년, 1773) 되던 해 겨울, 어머니의 권유에 따라 동생 황덕길과 함께 광주 덕곡 의 안정복을 찾아 제자가 되기를 청하였다.[8] 이즈음 안정복은 세손(뒤의 정조) 교육을 위하여 자주 조정의 계방桂坊에 드나들던 때였다. 문하생이 된 후부터

---

5 앞의 책, 권8, 부록, 「공백당선생행장」. "以坤 篤志居學 受業於星湖李先生 稱以吾黨有人 不 幸早世."

6 『下廬先生文集』 권17, 「先妣夫人白川趙氏家狀」 참조. 황덕일의 동생 황덕길은 본시 자신 은 과거시험에 미련이 있었으나 이를 포기하고 학문에만 전념한 것은 어머니의 영향이었다 고 회고하였다(같은 책).

7 앞의 책, 권13, 「外祖考菊齋趙公墓誌 壬午(1822)」.

8 황덕일이 쓴 「祭順菴先生文」(『공백당선생문집』 권3, 祭文)에는 그의 나이 20살에 안정복을 첫 배알하였다고 기록되어 있으나, 『덕곡기문』에는 "癸巳冬 德壹始拜順菴先生於德谷"이라 기록되어 있다. 계사년은 1773년이다. 후자의 기록이 더 정확하다고 생각되어 이를 받아들 인다.

황덕일은 광주 덕곡정사德谷精舍에서 학문을 닦게 되었고, 더불어 안정복의 문을 왕래하는 다른 학자들과도 교류하면서 학문을 키워갔다. 34살(1781) 때에는 안정복과 사돈간인 농와聾窩 박사정朴思正으로부터 기주법朞籌法을 배워 그 이듬해(1782) 『기주법朞籌法』을 저술하기도 하였다.[9] 특히 1880년대 성호문인들이 천주교에 많은 관심을 보이면서 발을 들여 놓았을 때, 안정복이 이들의 마음을 돌리려는 데에 어려움을 겪던 과정에서, 이들 형제는 안정복의 심정을 누구보다도 잘 이해하였고, 안정복의 천주교 배척운동에 동참하였다. 안정복이 저술한 「천학고」와 「천학문답」을 후학들이 읽게 하여 천주교에 빠지지 않도록 해야 한다고 안정복에게 간청하기도 하였다.[10] 안정복이 타계한 이후에도 측근들을 통하여 천주교 확산 방지에 협조를 구하기도 하고,[11] 천주교에 이미 발을 들여 놓은 사람들에게는 발을 떼도록 설득작업을 펴기도 하였다.

그의 저술 『삼가략三家略』은 천주교를 포함하여 이른바 이단사상을 배척하기 위하여 쓴 글이다. 그 밖에도 그는 안정복이 1782년 시작하여 완성하지 못한 『가례집해家禮集解』를 50세(1797)되던 해 상례 부분을 보완하여 완성하기도 하였다.[12] 일생을 학문 연마와 후진 양성에 힘을 쏟았던 그는 51살에 병을 얻어 2년여 동안 고생하다가 53살(1800)되던 해 12월 13일 타계하여 양천현 남산에 묻혔다.[13]

다음으로 황덕길의 생애를 간략히 보자. 둘째 아들로 태어난 황덕길은 태어나기에 앞서 같은 해 7월 아버지가, 이어 9월에는 할아버지마저 타계하는 등

---

9 『공백당선생문집』 권5, 「朞籌法」 말미.
10 앞의 책, 권2, 「上順菴先生書 戊申(1788)」.
11 앞의 책, 권2, 「答吳幼源書 乙卯(1795)」.
12 앞의 책, 권3, 「家禮集解序」.
13 그는 생전에 『易學心傳』·『孝經外傳』·『四書一得錄』·『四禮要儀』·『春秋附義』 등의 저서 외에 『기주법』·『삼가략』 그리고 『讀書雜記』·『山居問對』·『德谷記聞』·『禮問雜記』·『喪禮備要記疑』·『聖賢氣像集說』 등의 저술을 남겼다.

집안이 갑자기 기울어 가는 가운데 유복자로 출생하였다. 유년기의 황덕길은 형 황덕일과 달리 놀기를 즐기고 책읽기를 소홀히 하는 경향이 있었으나, 어머니의 엄한 가르침은 그가 학문에 전념토록 독서의 방향을 잘 잡아 주었고 아들의 독서를 하나하나 점검하면서 교육하였다고 전한다.[14] 9살(1758) 때 형과 함께 가까운 거리에 있던 양천현의 외갓집에서 외할아버지 조경채로부터 7년 동안 수업하였다. 그 사이에 14살(1763) 때에는 안산의 성호 이익을 방문하기도 하였다.[15]

외할아버지 조경채가 죽자, 수업을 중단하고 집으로 돌아온 형제는 독서에만 전념하였다. 언젠가 두 아들이 과거시험에 낙방하고 돌아오자, 어머니는 공부가 정밀하지 못했기 때문이라 위로하면서 과거에 매달리는 공부를 만류하였다.[16] 형제는 어릴 때부터 퇴계의 글을 많이 접할 수 있었다. 그것은 선대로부터 소장된 문헌이 그 때까지 잘 보관되어 있었기 때문이다.[17]

20살(1769) 때 황덕길은 '왼쪽으로 천성을 기르고 오른쪽으로 욕심을 줄인다[左日養性 右日寡慾]'라고 하는 좌우명을 지어 이를 몸소 실행에 옮기면서 자기 수양을 위한 공부에 힘썼다.[18] 23살(1772) 때에는 『동국구현찬東國九賢贊』을 저술하였는데, 구현九賢이란 정몽주·김굉필·정여창·조광조·이언적·서경덕·이황·조식·정구를 말한다.[19]

그러다가 24살(1773)되던 해 겨울,[20] 형과 함께 광주 덕곡의 안정복을 직접

---

14 『하려선생문집』 권17, 「先妣夫人白川趙氏家狀」. "德吉兄弟 每讀書 夫人必問 讀何書讀了 必問幾遍課程有序."

15 앞의 책, 跋(盧相稷 撰), "十四歲 謁星湖李先生."

16 앞의 책, 권17, 선비부인백천조씨가장.

17 황덕길의 집안에는 웃대로부터 소장되어 온 문헌이 많았던 것 같다(『하려선생문집』 권2, 「答趙 敏中 庚戌(1790)」. 조씨는 남편이 보던 서적을 매우 귀중하게 여겨 보관하였다고 한다(『하려선생문집』 권17, 「先考魯野府君行狀」).

18 『하려선생문집』 권12, 「左右銘 己丑(1769)」.

19 앞의 책, 권12, 景賢贊.

찾아가 문하생이 되기를 청하여,[21] 아예 과거 응시는 포기하고 이후 광주를 오르내리며 안정복으로부터 수업을 받았다. 48살(1797) 때에는 「양천향약陽川鄉約」을 지어 현감에게 실시해 볼 것을 청하기도 하였다. 51살(1800) 때 형이 타계함으로써 가문의 일을 도맡게 되었다. 68살(1817) 때에는 경기도 포천에서 허전·허주許傳 형제가 찾아와 문하가 되기를 청하였다. 황덕길은 이들 형제에게 1773년 형과 함께 광주 덕곡의 안정복을 방문하였을 때 안정복이 그랬던 것처럼 『이자수어』를 먼저 읽을 것을 권하였다.[22] 70살(1819) 되던 해 봄에는 고향 두호斗湖에 '두호정사斗湖精舍'를 지어 후학을 양성하는 곳으로 삼았다. 원래 이 사업은 형이 계획하였으나 병환으로 이루지 못하고 타계함으로써 20년 동안 미루어 오다가 황덕길이 지어 완성한 것이다.[23]

그는 노년기에 들어 스승 안정복의 문집과 성호의 유고를 수집하고 정리하는 일에 힘썼다. 순암문집은 안정복의 손자 안철중安喆重(1755~1820)과 증손자 안효근安孝根(1802~1855)의 협조로 저술을 모아 수년 동안 세밀하게 검토 정리하는 일이었는데, 작업이 잘 진행되지 않아 매우 고심하였다.[24] 성호의 유고에 대해서는 성호의 증손자 이재남李載南(1755~1835)과 협조하여 흩어져 있는 저술을 모아 정리하고, 소장되어 있는 자료도 종류에 따라 분류·편차하는 작업이었는데, 그는 이 작업이 자신들이 살아 있을 때 해야 할 책임이라고 여겼다. 이재남은 황덕길의 이 일에 적극 협조하면서 성호의 저술을 보내 주었다.[25] 그

---

20 노상직이 쓴 『하려선생문집』 발문에는 황덕길이 21살 때 안정복을 방문하여 수업을 청하였다고 기록하였으나, 형 황덕일이 직접 쓴 『덕곡기문』에는 癸巳년 겨울에 처음 배알하였다고 기록되어 있다. 계사년은 1773년이다. 본인이 직접 쓴 황덕일의 기록이 더 정확하다고 판단된다. 그렇다면 이때 황덕일의 나이 24세가 된다.

21 『하려선생문집』 권17, 「선비부인백천조씨가장」.

22 『성재선생문집』 부록 권2, 연보 17년 丁丑.

23 『하려선생문집』 권10, 「斗湖精舍記」.

24 황덕길이 고심한 순암문집에 대한 교정과 등사문제는 『하려선생문집』 권2, 「答安重吉(喆重) 庚辰(1820)」; 권4, 「答尹國美(克培)」와 「與安子性(孝根)」에 잘 나타나 있다.

만큼 황덕길은 성호학파의 긍지와 자부심을 갖고 성호와 안정복의 학문을 계승시키는 일에 힘썼다고 하겠다. 그러나 황덕길의 이 작업은 당대에 완성되지 못하였다.

말년에 황덕길은 성호문집을 정리하다가 1827년 11월 15일[26] 78세를 일기로 타계하였다. 순암문집은 그 뒤 1843년 황덕길 문인 안경의安景褘가 완전히 정리하여 1900년 안종엽安鍾曄에 의해 목간되었고, 성호문집은 20세기에 들어 허전문인 안희원과 노상직 등에 의하여 영남에서 목판본으로 간행되었다.

황덕길은 생전에 여러 저작을 남겼다.[27] 그의 문집은 1917년 창원에서 역시 노상직을 중심으로 조병규・김호원金鎬源 등 허전문인과 허전의 증손 허응許應, 그리고 황덕길의 자손 황수건黃洙建에 의하여 간행되었다.[28]

앞서 본 바와 같이, 황덕길은 14살 때 안산을 방문하여 성호를 처음 만나 보았고, 24살(1773) 때 겨울 형 황덕일과 함께 경기도 광주 덕곡에 살고 있던 안정복을 찾아 문하생이 되었다. 이를 계기로 황씨 형제는 안정복계열 성호학통의 길을 걸으면서 오직 학문 연구와 후학 양성에만 힘쓰고 벼슬길에는 관심을 두지 않았다.

---

25 『하려선생문집』 권5, 「與李侯良(載南) 丁亥(1827)」.
26 황덕길이 타계한 날짜를 허전은 행장(1871년에 씀)에 11월 15일로 쓰고, 허전의 문인 노상직은 『하려선생문집』跋(1817년에 씀)에 11월 11일로 썼다. 허전이 황덕길의 제자라는 점을 감안하여 허전의 기록이 정확하리라 여겨 11월 15일을 받아들인다.
27 황덕길의 저술을 소개하면 다음과 같다. 22세(1772) 『東國九賢贊』, 32세(1781) 『四官之戒』, 33세(1782) 『三子實記』, 35세(1784) 『三先生詩』, 37세(1786) 『東學學則』, 38세(1787) 『日用輯要』, 39세(1788) 『聖賢群輔錄』 증보, 42세(1791) 「四端七情說」과 「異端說」, 44세(1793) 『金剛山志』, 48세(1797) 『陽川鄕約』, 52세(1801) 「順菴先生行狀」, 53세(1802) 『邃古史』, 60세(1809) 『濂園文粹』, 61세(1810) 『道學源流』과 『詩變』, 71세(1821) 「讀書次第圖」과 「日省圖」, 73세(1822) 「塾規」, 75세(1824) 「眉叟先生不祧祀議」과 「巴社七里洞規」 등. 그 밖에 저술연대를 확인할 수 없는 저술로 『朝野信筆』(규장각 고서번호 15580)과 시문집인 『放言』, 그리고 『대학』・『중용』・『춘추』 그 밖에 朱子의 저술에 관한 강의록이 있다.
28 『하려선생문집』 편찬에 관련된 구체적인 연구로 柳鐸一(1993), 「하려선생문집 간행의 출판사회학적 접근」, 『서지학보』 10호, 한국서지학회가 참조된다.

이상과 같이 황덕일·황덕길 형제가 어릴 적부터 성호학파의 일원이 된 데에는 그럴만한 배경이 있다. 황덕길의 가문은 조상 대대로 경기도 양천에 살면서 서울을 중심으로 활동한 근기남인에 속하였다. 성균관 진사였던 할아버지 독성재獨醒齋 황최黃最(1680~1750)는 정시한丁時翰(1625~1707)의 문인 관곡寬谷 김화윤金華潤(1672~?)과 동소桐巢 남하정南夏正(1678~1751), 묵재黙齋 목천임睦天任(1673~1730) 등과 어울린 명류였다고 전한다.[29] 이들은 당시 성호와도 가까이 교류하였던 사람들이다. 이와 같은 인맥에서 황덕길의 아버지 황이곤이 성호문하생이 될 수 있었을 것으로 보이는데, 자식을 엄하게 교육한 황최의 권유가 있지 않았을까 생각된다. 그러나 성호로부터 재질을 높이 평가받던 황이곤은 32살의 젊은 나이에 세상을 뜨고 말았다.

황덕일·황덕길 형제가 안정복문인이 된 계기에도 가정적 배경이 있다. 안정복과 황덕길의 집안은 선대로부터 잘 아는 사이였다. 울산부사를 지낸 안정복의 조부 안서우와 황덕길의 할아버지 황최는 서로 교분이 있는 사이였고, 그로 인하여 안정복도 황최로부터 학업에 대한 독려를 받을 정도로 가까운 사이였다.[30] 그리고 황이곤이 성호 문하생으로 들어오면서 안정복은 황이곤과 같은 성호문인으로 동문수학하는 사이가 되었다. 성호가 황이곤의 학문성을 아꼈던 것처럼, 안정복 또한 자기보다 7살 아래인 황이곤의 비상한 학문을 높이 평가하고 있었다. 이 외에도 황덕길의 할머니, 즉 황최의 부인은 안정복의 종고모從姑母이다. 따라서 안정복의 집안과 황덕길의 집안은 일찌기 왕래가 있었다고 하겠다.

이러한 가문적 배경에서 유복자로 태어나 홀어머니 아래에서 자란 황덕길이 14살 때 형과 함께 안산을 방문하여 83세의 성호를 알현하였으나, 성호는 같은 해 타계하고 말았다. 그가 안정복의 문하생이 된 것은 결정적으로 어머니 조씨

---

29 『하려선생문집』 권18, 「寬谷金先生遺事 辛未」 및 「桐巢先生南公遺事 癸未」 참조.
30 『순암집』 권23, 「成均進士獨醒齋黃公墓誌銘 己亥」.

의 영향이라는 사실은 앞서 본 바와 같다. 형제가 20살이 넘어서까지 정해진 스승없이 집에서만 독학하는 것에 한계를 느끼고 광주 덕곡의 안정복을 직접 찾아 문하생이 되기를 청하도록 권유하였던 것이다.

요컨대 황덕일·황덕길의 안정복계열 성호학통 입문은 앞에서 본 것처럼, 성호와 황덕길 선대의 학맥관계, 안정복과 황덕길 두 집안의 가문적 교분에 의하여 이루어졌다고 하겠다.

3. 안정복계열 성호학통의 주춧돌 황덕일

안정복계열 성호학통을 흔히 이익→안정복→황덕길→허전으로 계승된 것으로 말한다. 그러나 황덕일·황덕길 형제가 안정복의 문하생이 된 후 황덕일이 생존하였을 동안에는 황덕길은 형의 학문과 사상을 존중하며 활동하였다. 그러나 황덕일이 1800년 53세로 사망함에 따라 황덕길이 형의 뒤를 이었던 것이다.

1) 안정복의 학문과 사상 계승

황덕일은 안정복의 문하생이 된 뒤 철저하게 안정복의 가르침을 수용하고 행동으로 실천하였다. 먼저 그는 하학에 매진하였다. "하학은 인간의 일을 공부하는 것이고 상달은 천리에 도달하는 것이다. 천리는 다만 인간의 일에 있으니 하학이 익혀진 후에 자연스럽게 천리에 도달할 수 있다"[31]고 하면서 하학의

---

31 『공백당선생문집』 권4, 「독서잡기」. "下學學人事也 上達達天理也 天理只在人事 下學旣然後 自然見得所當."

중요성을 말하고, 또 유학을 공부하는 자는 옛 성현의 옳은 말을 본받아 말하고, 옛 성현의 옳은 행동을 본받아 실행하는 것이 하학하여 상달하는 것이라고 하였다.[32] 그것은 먼 곳에 있는 것이 아니고 일상생활에서 마땅히 해야 할 일에 있다는 것이다. 즉 '천덕天德'에 상달하는 것도 『소학』의 첫머리에 있는 것처럼 '물 뿌리고 청소하고 응대하는 것'에서부터 시작된다고 하였다.[33] 안정복이 일찍기 『의문』을 통하여 '오늘날 힘쓸 것은 마땅히 하학공부에 있을 따름이다.'라고 주장한 내용과 통한다.[34] 여기에서 안정복의 학문관이 황덕일에게 그대로 전수되어 실행되고 있다는 사실을 확인할 수 있다.

그가 말하는 일상생활을 통한 하학이란 것도 결국 예에 근거한 공부라고 할 수 있다.[35] 그 가운데에서도 가례를 중시하였다. 일찍이 성호가 안정복에게 가례를 중요하게 여기고 연구토록 함으로써 안정복이 그 뜻을 받들었는데, 황덕일은 직접 안정복에게 예에 대한 공부를 청하여 배웠고, 나아가 스승 안정복이 완성하지 못한 『가례집해』 저술을 마무리하였다. 안정복은 황덕일에게 예학의 입문은 가례라 하여 이를 익히도록 하였던 것이다.[36] 그가 남긴 저술 가운데 예론에 관한 내용이 다수를 차지하는 것도 그의 학문이 예에 근거한 하학이었다는 것을 말해 준다 하겠다.

황덕일은 이기사칠론에 대하여도 이황과 이익 그리고 안정복의 이론을 답습하였다. 본시 이황의 이기론을 계승한 그는 이익이 쓴 『사칠신편』의 내용을 추종하였다.[37] 이 『사칠신편』이 스승 안정복이 성리론을 이해하는데 결정적 역

---

32 앞의 책, 권2, 「與吳幼源書 乙卯(1795)」. "故爲吾儒者 言先王法言 行先王法行 下學而上達日造."

33 앞의 책, 권8, 부록, 「공백당선생행장」. "所謂先務者 寔吾人日用當行之事而已 上達天德 必自灑掃應對爲始."

34 원문은 본서의 뒤에 있는 부록 『의문』 참조.

35 『공백당선생문집』 권8, 「공백당선생행장」.

36 앞의 책, 권3, 「家禮集解序」.

37 앞의 책, 권3, 「書四七新編後」. "至先生出洒著新編 致其思辨 正其源 委段段發明 無可

할을 한 성리서라는 것은 앞에서 본 바와 같다. 특히 그는 이익이 『사칠신편』
의 뒤에 붙인 '중발重跋'에 대하여 이익이 죽은 뒤 성호문인들이 왈가왈부하였
던 것에 대해 "선생이 당초 중발을 쓴 것은 한때 질문을 강론하고 토론한 것을
기록한 것이다. 다시 지운 것은 이미 확정된 이론이 아니기 때문에 후학들이
둘로 갈리는 것을 염려한 것"[38]라 하여, 이익이 나중에 신후담의 견해가 맞지
않는 것을 알고 받아들이지 않은 것이라 하였다. 더 나아가 신후담의 견해를
지우지 않고 그대로 두면 후학들이 이발이라는 주장과 기발이라는 주장으로
나뉘어 혼란만 가중시키기 때문에 이익이 지워 버렸다는 것이 황덕일의 생각
이라 하겠다. 황덕일은 '공희노기발公喜怒氣發'의 편에 선 윤동규와 안정복의 견
해에 동조하였던 것이다. 요컨대 황덕일의 성리학은 퇴계 이황의 성리학에 뿌
리를 두고, 이익과 안정복의 성리학을 계승하였다고 볼 수 있다. 그러나 그도
안정복처럼 후학들에게 성리학에 매진하기 보다는 하학에 열중할 것을 강조하
였다.

다음으로 황덕일은 안정복의 천주교 사상을 그대로 수용하고 실천하였다.
그의 천주교에 대한 인식은 그의 저술 「삼가략三家略」에 잘 나타나 있다. 천주
교는 무부무군無父無君하고 불교나 도교를 합친 것과 같으며, 천주교는 유교의
상제를 가탁한 것임에도 유교를 비방하고, 인의와 인륜을 막아 그 해독이 도교
나 불교보다 심하다고 하면서, 이 글의 끝부분에서는 천주교의 전파가 확산되
어 가는 현상을 보고 "방치할 수도 없고 막을 수도 없다"고 한탄하였다. 이와
같은 황덕일의 천주교 비판은 스승 안정복이 「천학문답」을 통하여 나타낸 견
해와 크게 다를 바 없다.

그는 당시 성호문인들 사이에 성호가 생전에 과연 천주교를 호의적으로 보

改評."

38 앞의 책, "竊以爲先生當初題重跋者 記其一時講討質問之說也 旋爲塗乙者 旣非定論 而慮後
學之岐貳也."

았는가, 배척하였는가를 두고 왈가왈부하는 현상을 보고 스승 안정복의 뜻에 동조하며 해명에 나섰다. 즉, 성호가 서학에 대해 관심을 갖고 있었음을 일단 인정하고, 그렇다고 성호가 서학을 수용하였다거나 무함한 사실이 없음을 강조하였다. 더불어 지금까지 성호의 서학 배척에 대한 저술이 완전히 밝혀지지 않았다 생각하고, 스승 안정복에게 성호의 저술 가운데 서학에 관한 내용을 샅샅이 조사하여 주기를 요청하였다. 물론 이것은 성호의 서학에 대한 생각이 과연 무엇이었던가를 분명히 밝혀, 항간의 성호에 대한 모함을 막아 보자는 뜻이었다. 그가 이처럼 성호를 옹호하고 나선 것은 자신이 성호문인 안정복의 제자로서 성호학파의 한 사람이라는 인식에서 비롯된 것이다. 더불어 이른바 이단으로부터 성호학파를 지키려는 의식도 작용하였으리라 여겨진다. 안정복은 황덕일의 이와 같은 편지에 답하여 성호가 서학, 즉 천주교를 옹호한 것이 아니라고 해명하였다.[39] 황덕일은 일부 사람들이 천주교와 관련하여 성호를 지나치게 음해한다고 생각하고, 성호를 성호학파의 종사로 삼고[40] 사숙하는 자신들로서 방관할 수 없다는 견해를 나타냈다. 더불어 그 자신이 이익의 문집 가운데 「논양학論洋學」을 보니 성호가 서학을 척사위정의 목적으로 순수하게 썼을 따름이라고 하였다.[41]

안정복은 천주교의 전파가 점차 확산되는 것을 우려하여 황덕일에게 동료 문인들과 힘을 모아 천주교 확산을 막아야 한다는 부탁을 하고 세상을 떴다.[42] 황덕일이 앞장서서 안정복이 쓴 「천학고」와 「천학문답」을 돌리며 동지들의 협조를 구하고 스승의 뜻을 실현하기를 강조하였다.[43] 그러나 점차 확산되어 가

---

39 『순암집』 권8, 「答黃莘叟書 戊申(1788)」.

40 『공백당선생문집』 권2, 「與沈士潤書 戊申」. "星湖先生 (…) 吾黨之所共宗師也."

41 앞의 책, 권2, 「與沈士潤書 戊申」.

42 앞의 책, 권2, 「答吳幼源書 乙卯(1795)」. 7월. "往年 弟自忠江歷 拜順菴先生於德谷 先生謂
曰近日新學漸熾 士趨靡靡 少年輩 多叛去者 洛下 惟吳幼源・沈士潤 能駐足於萬馬驅馳之
中 他日 衛正闢異之責 汝須與若人共勉之不佞 到于今 不敢忘焉."

는 주변 인물들의 천주교 입교를 막기에는 크게 역부족이었다. 더욱이 안정복 문인 가운데에도 이탈자가 생겨났다.[44] 천주교의 전파가 이미 그의 주변에 다가와 오히려 그를 유혹하는 상황에 이르게 되자, 그는 "가는 자 좇지 않고 오는 자 막지 않는다. 더불어 나아가고 더불어 후퇴하지 않는 것이 성인의 가르침이다"[45]면서, 천주교를 배척하는 강한 의지를 굽히지 않았으나, 그의 배척운동은 스승 안정복이 만년에 그러하였듯이 체념상태에 빠지고 말았다.

이상과 같이 황덕일의 천주교 확산에 대한 저지운동은 성호학파를 지키려는 안정복의 뜻을 계승하여 실행에 옮겨졌지만, 대세는 그의 노력에도 불구하고 이에 참여하는 수가 점차 줄어가고 있었다. 수제자 우산재友山齋 한재권韓載權 (1763~1803)이 그의 뜻을 이어 당시 천주교 전파가 가장 심하던 경기도 양근楊根 지방에서 배척에 앞장섰으나, 1800년 황덕일이 타계한 뒤 그도 3년 만에 사망하였다.[46]

2) 황덕일의 안정복계열 성호학통 인식

황덕일은 스승 안정복의 학통을 "오직 우리 선생께서 성호의 문을 계승한 적통이요, 퇴계를 이은 유통遺統"[47]이라 하였다. 즉 이황 … 이익→안정복의 계보가 성호학통의 적통이라는 생각이다. 그는 스승 안정복으로부터 가장 신뢰할 만한 제자로 인정받았고, 그 자신도 스승의 가르침을 철저하게 따르며 스

---

43 앞의 책, 권2, 「答吳幼源書 乙卯」; 「與愼文玉書」 등에 나타나 있다.
44 앞의 책, 권2, 「答吳幼源書 乙卯」. "修明先生之道 其間 雖有一二汚染之徒."
45 앞의 책, 권8, 부록, 「공백당선생행장」, "往者不追 來者不拒 與其進不與其退 聖門之設科 也."
46 『하려선생문집』 권16, 「友山齋韓君行狀 丁卯(1807)」.
47 『공백당선생문집』 권2, 「書愼文玉書」. "惟我先生 承星門之嫡傳 接陶山之遺統."

승의 학통을 계승하려 하였다. 그가 안정복의 학문을 계승하려 한 강한 의지도 이익→안정복으로 이어지는 성호학통의 적통 의식이 강하게 작용하였으리라 생각된다.

동생 황덕길은 형 황덕일에 대하여 "선생의 학문은 사우師友로는 안순암이요 연원淵源으로는 이성호이며 도철塗轍로는 이퇴계"[48]라 하여, 이황 … 이익→안정복→황덕일의 계보로 이어지는 적통으로 말하였다. 그만큼 형 황덕일이 생전에 스승 안정복의 학문을 착실하게 계승하였다 하겠다.

실제 생전의 황덕일은 안정복의 학문을 계승하려는 의욕이 대단히 강하였고, 나아가 안정복의 학문을 보급하는 데 심혈을 기울였다. 1798년 신문옥愼文玉에게 쓴 다음 편지에 잘 드러난다.

오늘날 우리 당의 후학들이 모두 덕곡 장석丈席(안정복: 필자주)의 가르침을 전수한 선비들이라고 말할 수는 없겠으나, 만약 한번이라도 덕곡을 찾아 와 (선생을) 보았다면, 마땅히 문인의 반열에 두어야 할 것이다. 오랫동안 선생의 소식을 접한 사람들도 당연히 사숙한 사람으로 보아야 하는데, 배운 사람이나 배우지 않은 사람, 어질거나 못난 사람을 막론하고 성호 이후 한 사람 뿐이라고 말하지 않는 이가 없다. (…) 선생이 돌아가심으로써 후세 사람들이 선생의 학문을 알고 선생의 도를 배운 자는 드물다. 사악한 말과 잘못된 행동이 일어나는 것도 괴이할 것이 없다. (…) 우리 당의 선비들이 능히 선생의 말씀을 말하고 선생의 행함을 행하며 선생의 마음쓰는 법을 배우게 한다면 머지않아 혹시라도 선생의 도학과 공업을 알아 옛 현인으로 추배追配함에 손색없을 것이다.[49]

---

48 앞의 책, 부록, 「拱白先生壙記(黃德吉 撰)」. "先生之學 師友則安順菴 淵源則李星湖 塗轍則 李退溪."

49 『공백당선생문집』 권2, 「書愼文玉書」. "今之吾黨後進 未必皆謂之德谷丈席講業傳之受士 而若一造覿德 則當置及門之列 百世聞風 則當在私淑之徒 毋論知愚賢不肖 莫不日星湖後

요약하면 당시 많은 사람들은 이미 타계한 안정복을 성호 이후의 학문적 일인자로 본다는 것, 안정복의 학문이 퍼지 못한 세태가 되었다는 것, 따라서 문인들이 안정복의 언행을 솔선수범하여 후학들이 배우게 하자는 것 등이다. 이와 같은 황덕일의 글에서 안정복계열 성호학통이 안정복이 타계한 후 매우 쇠미해 있었음을 짐작할 수 있다. 그리하여 황덕일은 안정복의 문인뿐만 아니라 안정복의 학문을 숭상하는 사람들이 힘을 모아 성호로부터 안정복으로 이어진 학통, 즉 안정복계열 성호학통을 활성화해 보려는 의욕을 나타낸 것으로 보인다.

4. 황덕길의 대두와 안정복계열 성호학통

1) 황덕길의 대두와 학통

그 동안 형 황덕일의 학문과 사상을 존중하며 따랐던 황덕길은 1800년 황덕일이 사망하자 형의 뜻을 이었고, 형의 가사까지 도맡게 되었다. 황덕일의 문인이 황덕길의 문인으로 다시 입문하기도 하였는데, 한재권韓載權(1763~1803) · 한익상韓益相(1767~1851) 형제는 황덕일로부터 수업하다가 황덕일이 죽자 곧 황덕길의 문하에서 수업을 계속한 경우이다. 황씨 형제는 처음부터 안정복으로부터 함께 수업하였으나 스승 안정복도 동생 황덕길도 황덕일이 순암문인으로서 성호학통을 이끌어 갈 문인으로 인정하던 터였기 때문에 황덕길은 형의 뜻을 존중하였고 학문적 성향도 같았다. 따라서 황덕일의 죽음으로 황덕길이 자

一人而已 (…) 山頹以後世之知先生之學尊先生之道者 盖鮮矣 邪說詖行之作 無足怪也 (…) 使吾黨之士有能言先生之言 行先生之行 學先生之心法 則庶或知先生道學功業 追配古賢而無遜也."

연스럽게 황덕일의 뒤를 이어 안정복계열 성호학통을 이끌어 가게 되었다. 그는 양천에서 후학을 양성하는 한편 황덕일이 걸어 온 길을 거의 답습하며 학문활동을 계속하였다.

그리하여 문인 한익상은 황덕길의 학통에 대하여 "형 공백당을 따라 순암의 문에서 수업하고 열심히 형제가 노력하여 마침내 적전嫡傳을 얻었다"[50]라고 하였듯이, 황덕일과 황덕길을 동시에 안정복의 적통으로 말하였다. 그는 아마도 앞서 황덕일로부터 수업하다가 황덕길의 문하에서 수업한 것을 의식하였는지 모르겠다. 그러나 황덕일이 이미 1800년에 53세로 타계하였고, 그가 황덕길 문집『방언放言』서문을 쓴 시기가 황덕길마저 타계한지 11년이 지난 1838년이라는 것을 감안해 볼 때, 한익상은 안정복→황덕길로 이어지는 학통의 계보를 생각하고 있었으리라 여겨진다. 한익상 역시 황덕길이 형 황덕일의 뒤를 이어 여러 문하생을 길러냄으로써 성호→안정복으로 이어지는 학통이 황덕길을 통하여 후대로 넘어가고 있다는 사실을 잘 알고 있었던 것이다.

황덕길의 문인이며 척종질인 심이철沈履喆 역시 황씨 형제가 안정복으로부터 함께 수업하여 도학을 지키고 이단을 막다가 형이 먼저 죽음으로써 황덕길의 가르침이 후학들에게 더욱 컸다고 하였다.[51]

한편 황덕길 문인 안경의安景禕(1781~1857)는 "퇴계 이후 수백 년 만에 성호선생이 바른 학문을 밝히고 앞뒤를 이어 놓아 순암에게 전하였다. 순암이 죽자 스승의 학문 전승을 우리 두호斗湖선생에게 두었다"[52]라고 하면서, 스승 황덕길의 학통을 퇴계 … 성호→안정복→황덕길이라는 사실을 분명히 하였다. 그는 안정복 유고와 황덕길 유고를 손수 정리하여 탈고하고 영남지방에 전파한

---

50 『斗湖放言』序文(韓益相 撰). "從伯氏拱白堂先生 受業於順菴之門 入而昆季講究 卒得嫡傳."

51 앞의 책, 跋文(沈履喆 撰). "下廬公 比伯氏享年益邵 故後生師範 尤有大焉."

52 앞의 책, 跋文(安景禕 撰). "嗚呼 退陶後 數百年 星湖先生 講明正學 紹前繼後 傳之順菴 順菴歿 衣鉢之托 在我斗湖先生."

장본인으로 누구보다도 안정복과 황덕길의 학문을 잘 알았던 사람이다.[53]

황덕길문인인 허전 역시 안경의와 마찬가지로 성호의 도학이 안정복에게 이어지고 다시 황덕길에게 이어졌다고 하였다.[54] 이처럼 황덕길의 문하생 한익상·안경의·허전 등은 스승의 학통을 이익→안정복→황덕길로 보았다. 생전의 황덕길 본인은 안정복의 학통을 형 황덕일이 이었다고 말하였으나[55] 형의 학문성과 존경심에서 그렇게 나타낸 것이지, 후학들은 대부분 동생 황덕길이 안정복의 학통을 이어 후대로 전승시켰다고 보고 있었다. 사실 앞서 본 바와 같이, 20세기 전후 허전의 후학 대부분은 미수 허목의 학문을 사숙한 성호의 학통이 안정복에게 승계되고 다시 황덕길을 거쳐 허전에 이어졌다고 보았던 것이다. 요컨대 황덕길 본인은 말할 것도 없고 문하생들 그리고 손제자라 할 수 있는 허전문인들까지 모두 황덕길의 학통을 안정복계열 성호학통으로 보고 있었다.

2) 황덕길의 안정복계열 성호학통 인식

먼저 스승 안정복에 대한 황덕길의 인식을 보자. 황덕길의 문인 한익상은 황덕길이 형 황덕일과 함께 광주 덕곡을 방문하여 안정복의 문하생이 된 이유를 황덕길의 나이 16살 때 성호가 퇴계의 학통을 접하고 안정복이 성호의 적통을 이었다는 사실을 듣고 안정복의 도학을 배우고자 하였다는 사실을 부각시켰다.[56] 한익상의 생각이 맞다면 황덕길은 안정복의 문하로 들어오기 전에

---

53 안경의에 대한 구체적인 행적과 활동은 필자(2009)의 논문, 「順窩 安景禕와 19세기 성호학통의 확산」, 『성호학보』 6호, 성호학회 참조.

54 『성재선생문집』 권31, 「星湖李先生諡狀」.

55 『공백당선생문집』 권8, 부록, 「拱白堂先生壙記」.

56 『두호방언』 서문(한익상 찬). "下廬黃先生 資稟絶異 未成童 已志于誠正之學 十六聞星湖李

성호학통을 의식하였다는 이야기가 된다.

황덕길도 안정복이 타계한 10년 뒤(1801년) 그가 쓴 「순암선생행장」에서 스승의 학통에 대해,

> 오직 성호선생께서 퇴계의 학맥에 접해 있어 도학의 전함에 근원이 있
> 다. (순암)선생은 절차탁마함에 있어 이미 성호선생을 이었고, 모범으로 삼
> 아 따름이 오직 퇴계에 있었다. (…) 퇴계의 도는 선생을 기다려서 전해지
> 고 성호의 학문은 선생을 얻어서 드러났으니 선생의 성대한 덕과 큰 업적
> 은 뭇 유학자들의 성공을 집대성하였다고 말할 수 있다.[57]

라 하였다. 즉 안정복이 퇴계학에 뿌리한 성호 학문을 일생을 두고 연마함으로써, 퇴계의 도학이 안정복에 의하여 전해지고 성호의 도학도 그에 의해 드러나게 되었다고 높이 평가하였다. 황덕길이 문인의 대표로 스승의 행장을 쓰는 입장에서, 안정복이 퇴계학통이자 성호학통의 적통이라는 것을 강하게 나타내며 자신이 안정복의 학통을 계승한다는 자부심을 묵시적으로 드러냄을 느낄 수 있다.

더불어 황덕길은 스승 안정복의 학문과 사상을 철저히 계승하고 익히며 후학들에게 전승하려 하였다. 그가 스승 안정복의 학문을 얼마나 존중하고 계승하려 하였는가는 안정복의 저서에 대한 평가에서 찾아볼 수 있다. 그는 안정복의 저술 『하학지남』・『내범』・『희현록希賢錄』・『동사강목』・『명물고名物攷』・『홍범연의』・『잡괘설雜卦說』・『소학강의』・『사감』・『열조통기』・『임관정요』・『광주지』・『목천지』 등을 들어 모두 후학들의 모범이 될만하다고 평하였다.

先生 接不傳之統於退陶 以是傳之順菴安先生曰 道在是矣."

57 『하려선생문집』 권16, 「순암선생행장」. "星湖先生 直接退溪之緖 道學之傳 有自來矣 先生
切磋琢磨 旣承於星湖 楷糢準繩 惟在於退溪 (…) 退溪之道 待先生而傳 星湖之學 得先生
而著 先生盛德大業 可謂集羣儒之成矣."

그 가운데 『하학지남』은 '평생 활용할 길잡이'라고 할 정도로 높이 평가하였다.[58] 뒷날 황덕길은 하학에 열중하였으나 자신은 평생을 하여도 능하지 못하다고 자책하기도 했다.[59] 1827년 그의 회고에 따르면, 자신이 『하학지남』을 읽기 시작하여 50년 동안 익히고 실천하였으나 이루지 못하였다며 회한에 젖기도 하였다.[60] 그만큼 그는 스승 안정복의 가르침대로 하학 연마를 학문의 기본으로 삼고 실행에 옮기며 닦았던 것이다. 그의 호 '하려下廬'의 '하下'도 '하학下學'의 '하下'에 근거할 정도로[61] 그의 학문은 하학에 바탕을 두고 있었다. 그 밖에도 그는 「순암선생행장」을 통하여 이른바 양명학이나 천주교 등 이단학에 대한 안정복의 비판, 안정복이 공희노公喜怒이발理發을 반대하고 윤동규의 공희노公喜怒기발氣發을 따른 사실, 과거시험에서 시부詩賦를 줄여야 한다는 주장 등을 소개하면서 안정복의 견해에 동조하였다.

요컨대 황덕길은 스승 안정복의 학문이 퇴계학에 근원한 성호의 도학을 계승·발전시킨 정통이라는 생각에 더욱 존경심을 발휘하였고, 그 자신이 안정복으로부터 수업한 안정복계열 성호학통이라는 자부심을 지니고 학통을 지키는 데에 힘썼다.

다음으로 성호에 대한 황덕길의 인식을 보자. 황덕길이 14살(1763) 때 안산의 성호 이익을 방문하였지만, 이익은 같은 해 노환으로 타계하였다. 그로부터 10년 뒤 24살(1773) 때 형 황덕일과 함께 광주 덕곡에 가서 안정복의 문하생이 되었지만, 성호와 그의 선대와의 밀접한 관계로 성호학에 대한 황덕길의 인식은 남달랐다.

그는 퇴계 이래 도덕을 창조하고 수립한 학자는 오직 성호라 했으며, 당대

---

58 앞의 책, 「순암선생행장」.
59 앞의 책, 권3, 「答李穉圭 丁卯(1807)」.
60 앞의 책, 권4, 「答尹國美(克培)」.
61 앞의 책, 권12, 「下廬銘」.

성호의 학문이 으뜸으로 많은 학자들이 그의 문하에서 공부하거나 사숙하였는데 그 적전은 윤동규와 안정복이라 하였다. 더불어 천주교 비판과 배척도 성호의 뒤를 윤동규와 안정복이 이어 오다가 윤동규가 먼저 세상을 뜸으로써 안정복이 성호의 뜻을 이었다는 견해를 폈다.[62] 윤동규와 안정복이 비록 같은 스승인 성호로부터 수업하였지만, 윤동규는 안정복보다 나이가 17살이나 위이고 사실상 성호가 살아 있을 때 가장 신임한 학자로 성호학파의 제2인자적 위치에 있었다. 안정복이 35살(1746) 때 성호 문하생이 된 뒤에는 성리학을 비롯하여 역사와 지리 등 안정복의 학문이 성장하는데 큰 도움을 준 사람이기도 하다. 황덕길은 남달리 윤동규의 학덕 또한 매우 흠모하고 있었고,[63] 성호학파의 전승 계보를 자신의 스승인 안정복에 앞서 윤동규를 빼놓지 않았다. 윤동규가 성호의 수제자이며 안정복의 학문 성장에 도움이 컸다는 것을 의식하였던 것은 아닐까 생각된다. 그렇다면 황덕길은 성호학파의 학통을 이익→윤동규·안정복→안정복으로 이어지는 계보로 보았던 것이 아닐까 싶다. 그의 형 황덕일이 이익→안정복으로 직접 이어 놓은 것과 약간의 차이가 있다 하겠다.[64]

특히 황덕길은 성호의 저술에 매료되어 최대한 활용하려 하였다. 그는 "후학이 된 자는 마땅히 성호가 쓴 책을 읽고 성호의 학문을 배워야 한다"[65]고 하였다. 이는 그의 학문이 성호학에 뿌리를 두고 있음을 나타내 준다. 그리고 성호가 생전에 『천주실의』를 비판한 것이나,[66] 성호의 저서 『사칠신편』의 내용을

---

62 앞의 책, 권4, 「答鄭希仁 丙戌(1826)」. "惟我星湖先生 造道立德 爲百世師表 在我東則 退陶以來 惟日一人而已 吾黨之當時及門者 孰不在門牆之列 後之讀書者 孰不爲私淑之徒 狂者狷者文人詩人方外之流 莫不萃止而 得其宗則 邵南順菴兩先生也 星湖在世時 洋學之說--邵南已歿 惟順菴歸然在山野 繼述先師之志 發揮先師之言 闢之廓如也."

63 앞의 책, 「答尹國美(克培)」. "近日 順菴先生文集新謄本 方在校讎 治丌上 奉讀邵南先生行狀 仰止遺範切恨."

64 『공백당선생문집』 권2, 「與愼文玉書」. "惟我先生 承星門之嫡傳 接陶山之遺統."

65 『하려선생문집』 권4, 「답정희인 병술」. "爲後學者 惟當讀星湖書 學星湖學."

66 앞의 책, 別紙.

극구 찬양한 데에서[67] 성호의 천주교 배척과 성리론을 답습하고 있다는 사실
또한 알 수 있다.

그가 양천 두호정사에서 후학을 모아 강의할 때에는 제자들에게 반드시 성
호학문을 익혀야 한다는 점을 강조하였을 뿐 아니라, 성호의 저서를 실제로 내
놓고 보이면서 강론하였다고 한다.[68] 이 또한 그만큼 황덕길이 성호의 학문을
존중하여 후학에게 전승시키려는 의도에서 비롯되었음을 알게 한다. 특히『성
호사설』이나『곽우록』이 성호의 실학문이 결집된 핵심적 저술이라고 볼 때,
하학을 중시하였던 황덕길이 제자들에게 어떠한 내용을 교육하였는가를 쉽게
짐작할 수 있다. 그의 성호학에 대한 존중과 계승 정신은 말년에 성호문집을
위한 자료를 수집하고 분류할 때에 "우리 유학을 공부하는 학자에게 영원히 없
어서는 안될 자료로 삼음이 크게 옳다"[69]고 한 말로 대변할 수 있을 것이다. 후
대에 황덕길의 제자 허전이 성호학을 익히고 조정에 성호의 시장諡狀을 올린
일, 문인들로 하여금 스승 황덕길이 못다 한 성호문집을 재정리하게 하였던 것
도 황덕길이 문인들에게 성호학문을 철저히 주입한 결과이다. 이 모두 황덕길
이 성호학통의 계승인식을 갖고 학문연구와 후진양성에 힘을 쏟았다는 사실을
말해 준다.

3) 황덕길의 하학 공부와 벽위사상

황덕길은 읽어야 할 책과 순서를 구체적으로 제시한 「독서차제도讀書次第圖」[70]

---

67 앞의 책, 권9, 「四端七情說 辛亥」.
68 『성재선생문집』, 부록 권2, 연보, 고종 23년, 丙戌(1886).
69 『하려선생문집』권5, 「與李侯良(載南) 丁亥」. "鉅細會爲一通 以爲吾儒家百世不朽之資 庶
可也."
70 앞의 책, 권8, 「讀書次第圖」. 이 「독서차제도」는 문인 허전에게 큰 영향을 주었는데, 허전은

에서『근사록』과『이자수어』를 먼저 읽어야 할 책으로 선정하였다.『이자수어』는 황덕일·황덕길 형제가 안정복에게 찾아와 문하생이 되기를 청했을 때 먼저 읽도록 권한 책이기도 하다. 한편 성리학서는 그 다음에 읽도록 하였는데 이 모두 안정복이 성리학에 빠지기보다는 하학에 매진해야 한다고 주장한 것과 맥을 같이 하는 것이다.『소학』과『가례』를 먼저 읽을 책에 넣음으로써 안정복이 이 두 책을 매일 익혀야 한다고 한 것과 다른 점을 보이기도 하였다.[71] 예론 서적은 성호나 안정복, 황덕길 모두 독서에 있어 소홀하게 할 수 없었던 분야이다. 끝으로 역사서를 읽을 때에는 우리나라 역사서를 겸하여 읽어야 한다고 하였다. 그러나 성호나 안정복처럼 그도 '내경외사內經外史'적인 학문관을 벗어나지는 못하였다.[72] 그는 특히 안정복의 저서 가운데『하학지남』과『동사강목』을 높이 평가하였다.[73]

황덕길의 독서 순서에서 두드러진 특징은 경전 중심의 독서에『이자수어』를 넣고, 성리학 서적의 독서를 뒤로 미루었다는 점에 있다. 이는 "배우는 자는 먼저 수사학洙泗學을 익히고, 성리학은 뒤에 해야 한다"[74]는 그의 학문관에서 비롯되었다 하겠다. 그는 평소 "공맹과 정주程朱의 책이 아니면 보지 않는다"[75]고 할 정도로 경전의 독서에 철저하였다. 공맹의 가르침, 즉 하학을 학문의 근간으로 하는 성호나 안정복의 학문관을 그대로 답습하였다.

이를 그대로 따라 공부하였다고 한다(『성재선생문집』 부록, 연보).

71 안정복의 독서순서를 알 수 있는 사료는『순암집』권6,「書贈鄭君顯」,讀書次第 참조.

72 『하려선생문집』권9,「讀史」. 그는「독사」에서 經典이 먼저이고 역사가 그 다음이라 하면서 경전 또한 역사라고 하였다. 또 경전은 저울과 잣대이고 역사는 물건의 경중과 장단이 틀리는 것과 같아, 국가의 정치득실과 인물의 선악, 예악과 형법, 정령과 풍속은 경전에 근거하여 다스려지고 밝혀진다고 하였다. 역사로써 알 수 있되 경전으로 바로잡는다는 뜻이라 하겠다.

73 황덕길의 順菴祭文. "究詰踐跡 則下學之條列也 見之行事 則東史之筆削也."

74 『하려선생문집』권8,「書示韓孟沃 癸未(1823)」. "學者 必以爲先務洙泗."

75 앞의 책, 권9,「自警文 戊申(1788)」. "非孔孟程朱之書 不接於目."

그는 공부 방법으로써 강습을 통하여 배우고, 그 이치를 연구하고 궁리하여 생각하는 과정을 통함으로써 학문의 경지에 이른다 하고, 하학을 날로 익히고 연마하면 달성하게 되는데,[76] 그 자신은 하학에 평생을 바쳤어도 능하지 못하다고 하였다.[77] 하학하여 상달하는 것도 몸소 체험하여 겉으로 드러내지 않으면 안 된다고 하면서, 이것이 퇴계 이후 문인들이 지켜 온 학문 방법이라 하였다.[78] 특히 사서의 공부와 일상생활에서의 실천을 중하게 여겼다.[79]

그는 하학 연마에 필요한 책으로 스승 안정복의 『하학지남』과 성호의 『이자수어』를 꼽고 간행되어 유포되지 못함을 아쉬워하며, "『하학지남』과 『이자수어』는 확실히 후학들이 학칙으로 삼을 만한 책"[80]이라며 높이 평가하였다. 또한 『하학지남』을 한 집안에서만 사사로이 소장될 것이 아니라 많은 사람들에게 읽혀져야 한다고 하였다. 특히 이 책은 스승 안정복의 저서 가운데 가장 애착을 지닌 책으로 이미 그 자신은 수십 년 전에 읽기 시작하여 몸으로 실천하였다는 것이다. 그러함에도 불구하고 "스승의 가르침에 대한 은혜를 저버리고 책을 열 때마다 스스로 깨닫지 못함에 부끄러움의 땀으로 옷을 적신다"고 하였다.[81] 안정복의 하학중심 학문관을 그대로 답습하고 있다는 사실을 들여다 볼 수 있다.

황덕길의 성리학 또한 성호의 영향을 크게 받았다. 일찍이 스승 안정복이 『사칠신편』을 통하여 성리학을 이해하게 되었다고 밝힌 것처럼,[82] 황덕길도 "성호

---

76 앞의 책, 권4, 「李景虞(濟翊)」.

77 앞의 책, 권3, 「答李穉圭(濟翰) 丁卯(1807)」. "如吉者 平生因於下學 而未能也."

78 앞의 책, 권9, 「送許文心贈言 癸未(1823)」.

79 앞의 책, 권3, 「答李穉圭(濟漢) 丁卯(1807)」. "但 不如語孟庸學之切於日用工夫."

80 앞의 책, 권2, 「答安重吉(喆重) 庚辰(1820)」. "遺集外 下學指南李子粹語等諸篇 表表可爲後 學學則者."

81 앞의 책, 권4, 「答尹國美(克培)」. "見此書目 則爲後學嘉惠者 固非一家之私藏 (…) 孤負師 門教育之恩 每開卷 自不覺 愧汗之沾衣也."

82 『순암집』 권2, 「上星湖先生書 壬午(1762)」.

선생이 『사칠신편』을 저술하여 퇴계 이황의 뜻을 발휘하였으니 이기론의 대공 안大公案이라 할만하다"[83]라 하면서, 『사칠신편』이 이기론을 이해하는데 빼놓을 수 없는 책이라고 높이 평가하였다. 그만큼 그가 이기론을 이해하는데 이 책의 힘이 컸음을 나타내 준다. 그리고 안정복의 이기론에도 동조하였다.[84] 요컨대 황덕길의 이기론은 퇴계의 이기론에 바탕을 두면서 성호의 이기론을 이어 받은 것이다.

그러나 그도 스승 안정복과 마찬가지로 소득없는 이기론에 빠져 논란에 얽매이는 것을 경계하였다. 언젠가 황덕길이 안정복에게 사칠이기에 대해 질문하자, 안정복은 당시 학자들이 성리론에 깊게 빠져 즐기는 행태를 기생이 예론을 펴는 것과 같다고 비판한 적이 있다. 그 후로 황덕길은 이기론에 대한 논의를 감히 하지 못하였다고 회고하였다.[85] 성리학을 멀리하고 하학에 매진하라는 안정복의 문인 교육이 황덕길에게 큰 가르침이 되었던 것이다. 어떻든 황덕길이 평소 이기론보다는 공·맹의 학문에 충실하는 하학 공부에 치중하였다는 점은 분명하다.

안정복의 서학사상을 가장 철저하게 전수하고 실천에 옮긴 문인이 바로 황덕일과 황덕길 형제이다. 이들은 1780년 전후 성호학파의 젊은 학자들이 천주교에 관심이 깊어지면서 안정복이 이들의 마음을 돌이키려고 고심할 때 가장 적극적으로 도왔고, 안정복 사후에도 성호의 천주교 관련 문제가 여론화되었을 때에도 앞장서 해명에 나섰을 뿐 아니라 동료 문인들이 천주교에 관심을 두지 않도록 단속하고, 천주교 배척을 위한 글을 써 배포하기도 하였다. 황덕일의

---

83 『하려선생문집』 권3, 「답이치규 戊辰(1798)」. "星湖先生著四七新編 發揮李子之遺意 可謂理 氣之大公案也."
84 앞의 책, 같은 편지.
85 앞의 책, 권2, 「答姜伯賢(淳欽) 戊午(1798)」. "僕嘗以四七理氣之說質諸順菴先生 先生答曰 後世學者 不能眞實踐履 爲高談性命 則雖自謂學究天人 夷考其歸 不幾於唱家之說乎 僕自 是 不敢妄爲立論."

「삼가략」과 황덕길의 「이단설異端說」이 그것이다.

「이단설」을 통하여 황덕길은 양주楊朱·묵적墨翟·노자老子·석가釋迦·육구연陸九淵·왕양명王陽明의 학문을 모두 이단이라 규정하고 물건에 생기는 좀벌레로 비유하였다. 그 가운데에서도 천학, 즉 천주교에 대해서 더욱 혹독한 비판을 가하였다. 예절을 무시하고 윤리를 끊으며 허황됨이 노자나 석가의 교리보다 심하고, 경전에 있는 내용을 표절함이 양명학의 열 배나 된다고 하였다. 또한 그 해독이 홍수나 맹수의 해독보다 심하다 하면서, 만약 맹자나 정자·주자가 다시 나타난다면 종래의 이단학에 대한 비판을 넘어 엄하게 배척하였을 것이라 하였다.[86] 그만큼 그는 강한 천주교 배척의식을 나타냈다.

그는 이단을 막는 길은 주자가 제기한 '자치自治'라 하였다. '자치'란 옛 성현의 말씀과 덕행을 본받아 큰 도를 밝히는 것이다.[87] 이는 공맹의 가르침과 정주의 학문에 매진하면 이단학이 발붙일 곳이 없다는 견해이다. 말할 것도 없이 이단의 퇴치는 하학의 연마에 있다는 뜻이다. 이는 안정복이 서학을 배척하는 길은 하학을 충실히 연마할 뿐이라고 제자들에게 기회있을 때마다 강조한 방법이기도 하다.

그는 또 천주교 배척에 성호와 윤동규·안정복의 공이 컸다는 사실을 높게 평가하였다. 성호가 살아 있을 때에는 서학이 크게 드러나지 않았으나 성호는 「칠극설七克說」[88]과 「천주실의변天主實義辨」을 지어 후학들로 하여금 경계토록 하였고, 안정복은 성호의 뜻을 이어 천주교의 확산을 막아 혹 성호문인 가운데 한두 명이 천주교에 빠졌을 때 안정복의 감화로 햇빛을 보았다고 하였다. 더불

---

86 앞의 책, 권9, 「이단설」. "使孟子程子朱子 復起今之世 其拒詖邪者 必嚴於楊墨老佛陸氏矣."
87 앞의 책, "孟子嘗言 鄕原亂德之害 卒之以反經 朱子贊之曰 上策莫如自治 自治者 何也 爲吾儒者 非先王法言不言 非先王德行不行 明大道."
88 『七克』은 마테오 리치와 함께 북경에서 전교활동을 하던 龐迪我(Didance de Pantoja 1571-1618)가 쓴 책이다. 『七克說』은 이익이 『칠극』의 내용을 분석하고 비판하여 쓴 글로 생각된다.

어 후학들이 성호와 안정복의 천주교 비판에 대한 저서를 읽어 경계할 것을 강조하였다.[89] 이와 같이 황덕길은 안정복으로부터 교육받은 하학 공부에 철저하였고 천주교 배척에도 적극적이었다. 안정복이래 계승되어 오는 하학 공부와 천주교 배척은 이후 안정복계열 성호학통의 전통이 되어 후학들에게 전승되었다.

4) 황덕길의 성호문집과 순암문집 정리 시도

황덕길은 말년에 스승 안정복의 문집 정리에 착수하였다. 안정복 문집은 원래 안정복의 손자 안철중安喆重이 강화현감으로 재임하고 있을 때 만들어 남승원南升源[90]으로 하여금 보완과 산삭을 하게 하였지만 오류가 많아 완성본이라고 할 수 없는 것이었다. 황덕길이 부탁을 받아 대폭 수정을 가하고 보완하였으나 완전히 정서를 하지 못하고 초고인 채 두었다. 전자, 즉 안철중이 처음 편집하여 만든 문집이 정본이고, 황덕길이 다시 초고해 놓은 것이 이른바 초본이다.[91]

황덕길은 안정복 유고를 거의 마친 상태에서 성호의 증손 이재남의 협조로 성호문집도 정리하려 하였다. 이 작업은 엄밀하게 말하면 성호 유고의 보완이라 할 수 있다. 이미 1774년 이병휴가 정리한 『성호선생문집』이 전해 오고 있었던 것이다. 그도 이병휴가 이미 정리한 성호문집의 존재를 알고 있었지만 간행되지 못하고 필사본으로 소장해 둔 채 후학들이 읽혀지지 못함을 매우 아쉬워하였다. 그리하여 타계하기 수 년 전 성호 유고를 다시 정리하겠다는 뜻을 성호의 증손 이재남李載南에게 전하고 협조해 줄 것을 기다리고 있었다.[92]

---

89 『하려선생문집』 권4, 「答鄭希仁 丙戌」 참조.
90 남승원은 안정복문인 南允性의 아들이다.
91 『順窩遺藁』 권6, 「順菴先生文集跋」 참조. 황덕길이 초고해 놓은 순암문집 초본은 1843년 황덕길문인 안경의가 정리하였다.

그가 성호 유고를 다시 정리하겠다는 강한 생각을 하게 된 배경을 보면, 첫째로 무엇보다도 자기의 부친과 스승 안정복이 성호문인이었고 그 자신 성호학에 매우 심취해 있었던 것이다. 그는 두호정사에서 후학을 양성할 때면 자주 성호의 저서를 학동들에게 직접 펴 보이며 가르칠 정도로 성호학에 매료되었음은 앞에서 본 바와 같다. 또한 성호학통으로서의 자부심이 강하고 책임감이 투철하여 성호 유고를 다시 정리하는 것이 자기와 이재남의 책임이라 생각할 정도였다.[93] 둘째로 성호 유고가 53년 전 이병휴에 의해 정리되었다고는 하지만 문집은 가숙에 소장되어 여러 사람들이 쉽게 볼 수 없고, 아직도 수집 정리되지 않은 성호의 글이 곳곳에 산재하는데, 모두 수집하여 정리하지 못함으로써 선비들이 쉽게 보고 공부할 수 없음을 아쉽게 여겼다. 이러한 현실을 "배가 선착장이 없어 들어갈 곳을 모르는 것과 같다"고 비유하였다. 그리하여 유고를 간행하거나 부본을 여러 개 만들어 세상에 전파하여 인몰을 막아야 한다는 생각을 하게 되었다.[94]

그는 이 목적을 달성하기 위해 기존의 문집과 성호의 각종 찬술을 모아 줄 것을 이재남에게 부탁하여 동의를 얻었다.[95] 당초 그의 생각은 이병휴가 탈고한 필사본 문집과 성호의 각종 찬술을 모아 뜻을 같이하는 사람들의 협조를 얻고 그의 문인들을 동원하여 대대적으로 다시 편집하려는 계획을 갖고 있었던 것으로 추측된다.[96] 그 후 어느 정도 자료가 수집되고 얼마나 정리가 진척되었

---

92 『하려선생문집』 권5, 「與李侯良(載南) 丁亥(1827)」. "竊欲就遺書全部 中分其編帙 第其先後 廣大者精微者 無遺乎鉅細 會爲一統 以爲吾儒家百世不朽之資 庶可也 年前相對時亦嘗語 及 而猶有俟也."

93 앞의 책. "須於兄我在世時 往復商確 務於正當編摩完成 則抑亦爲先生平生精力惠後學之遺 志也 豈非吾輩在今之責乎."

94 앞의 책. "伏念曾王考星湖先生著述編帙浩穰 各自散排 尙儲巾衍 未成一統 士之得見者益寡 雖或有見之 而未易究觀 若無津涯 不知其所入 惜乎吾黨 凋弊轉甚 旣無功力可以入梓 又未 能繕寫數三副本 播傳於世 恐遂湮沒 後進有志者 孰不齎恨."

95 앞의 책, 「答李後良」. "老先生文集及各種著述許送之敎 欣幸."

는지 현재로는 알 수 없다. 황덕길로서는 성호 유고 정리가 절실하였지만 그의 나이 이미 77세로 그 해 노환으로 사망함에 따라 결국 결실을 보지 못하였다.

비록 순암문집이나 성호문집을 자기 의도대로 편집 정리하여 간행하려는 계획이 실현되지는 못했을지라도, 순암이나 성호문집을 간행하려는 그의 의도에는 성호에서 안정복으로, 안정복에서 황덕길 본인으로 이어지는 성호학통의 계승 정신이 크게 작용하였으리라 여겨진다. 성호문집을 완성하는 것이 이재남과 자기의 책임이라고 한 것으로 보아도 더욱 그렇게 생각된다.

5. 맺음말

이상에서 살펴본 바와 같이 황덕일·황덕길 형제는 안정복의 학문과 사상을 가장 철저하게 전수한 안정복문인이었다. 우선 황덕일이 스승 안정복의 뜻을 받들어 성호학파의 재기를 위하여 앞장섰다는 점이 주목된다. 안정복은 생전에 성호학파의 원로로 분열되어 가는 성호학파의 결집을 위해 혼신의 힘을 기울였다. 그러나 그의 노력에도 불구하고 권철신을 중심으로 한 재능있는 성호학파 소장층 다수가 천주교에 발을 들여 놓음으로써 성호학파는 점차 양분의 기미를 더해 갔다. 그러다가 1791년 안정복이 타계함에 따라 성호학파는 사실상 명맥을 유지하기 어렵게 되었다. 그리하여 안정복문인들은 성호학통으로서의 자부심과 계보인식을 지니고 성호학파의 재흥에 노력했던 것이다. 그 대표적 인물이 바로 황덕일이었다. 황덕일은 안정복의 문하에서 천주교에 발을 들여 놓은 성호문인들과 겪었던 갈등의 골이 깊어 오히려 더 벽위적 입장을 보이게 되었고, 천주교가 정부의 감시에도 불구하고 확산되어 가는 흐름에 대응자

---

96 앞의 책, 「與李侯良(載南) 丁亥」. "此師門大事 方有同志人 勗我勉成 庶可協力而藉手 期乎其就 惟願兄搜出原集與各種撰述 倘蒙肯借 則庶可攷較之裁正之爾."

세를 낮추고 벽위노선을 걸으며 하학에 매진할 것을 강조하면서 후진 양성에만 힘을 기울였다.

둘째로 황덕일이 안정복계열 성호학통이 나아가는 기반을 조성하였다는 점이다. 1780년대 말엽 이후 사실상 성호문인 가운데 천주교에 발을 들여 놓은 사람들과 결별된 마당에 오직 성호와 안정복의 학문을 계승 발전시키는 길로 나아갔다. 그는 스승 안정복을 '성호 이후 오직 한사람'이라고 말할 정도로 이익→안정복으로 이어지는 학통이 성호학파의 정통이라는 계보의식을 지니고 있었다. 안정복 타계 이후 사실상 동료문인들을 이끌고 있던 그의 이와 같은 계보의식은 앞으로 안정복계열 성호학통이 발전해 나아가는 밑거름이 되게 하였다. 그는 안정복의 학문을 계승한 수제자로서 안정복계열 성호학통의 길을 닦은 인물이다.

이제 안정복의 학문은 경기도 광주에서 서울 한강 남쪽 양천현으로 옮겨져 황덕일·황덕길 형제에 의해 대를 이어 나아가게 된 셈이었다. 그러나 황덕일이 그의 서재 공백당拱白堂에서 후학을 양성하다가 53세로 일찍 세상을 떠남에 따라 동생 황덕길이 그의 유지를 잇게 되었다.

형 황덕일의 유지를 계승한 황덕길은 철저하게 성호학과 스승 안정복의 가르침을 이해하고 실천하는 데 주력하였다. 문인들에게 성호의 저술을 직접 소개하여 베껴 가도록 하고 성호학통의 자부심을 기르는데 심혈을 기울였다. 『이자수어』와 『하학지남』을 그의 문인들에게 성호학통의 교과서처럼 주지하여 익히게 하였고, 하학으로 다져진 그의 학문은 몸소 실천으로 옮겨져 후학들의 본보기가 되었다. 그가 노년에 심혈을 기울인 성호문집과 순암문집의 정리 간행 계획은 성호학통의 계승 의지에서 나왔다고 보아 틀림없다.

이처럼 황덕일·황덕길 형제는 안정복계열 성호학통을 창도한 장본인들이다. 황덕일이 그 첫 문을 열어 태동시켜 준 주춧돌과 같은 인물이라면, 황덕길은 안정복계열 성호학통을 계승·발전시키는데 주역을 담당한 인물이었다.

2

안정복계열 성호학통의 확산

1. 머리말

본 장에서는 황덕일과 황덕길 형제가 닦아 놓은 안정복계열 성호학통이 19세기에 들어 어떻게 확산되어 갔는가를 살펴보려 한다. 안정복계열 성호학통이 19세기에 들어 전국적으로 확산되어 온 과정을 보면, 이 학통에 속한 학자들이 학통을 계승하는 한편 후대에 전승시키기 위해 얼마나 헌신적 노력을 하였던가를 엿볼 수 있다. 특히 학통을 전승시키기 위하여 남달리 앞장섰던 특정 인물들이 있었다는 점에 주목하게 된다.

순와順窩 안경의安景禕(1781~1857)[1]가 그 중 한 사람이다. 안경의는 황덕길의 문인으로 성호학통을 전승하는 데 앞장서면서 우선 안정복의 유고와 황덕길의 유고를 정리하였고, 다시 이 유고를 영남지방에 유포하여 성호학파의 학문을

---

1 필자의 저서(1999), 『성호학통 연구』, 혜안, 159면 이하에 필자의 착오로 安景禕로 잘못 표기하였다. 이 기회에 그의 문집 『順窩遺藁』(국립중앙도서관소장 청구기호 한古朝 46-가 1073) 기록에 따라 安景禕로 바로잡는다.

알림으로써 뒷날 허전이 영남지방에서 성호학통을 확산시키는데 주춧돌과 같은 역할을 한 인물이라 평가된다. 특히 안정복계열 성호학통이 다른 성호문인 성호학통보다 견고하게 전승되었던 원인이 안경의와 같은 성호학통 의식이 투철한 후학들이 있었기 때문이라는 생각을 갖게 된다. 이에 본 장에서는 먼저 안경의가 어떤 인물이었고, 19세기 성호학통이 전승되는데 구체적으로 어떤 역할을 하였는가를 살펴보기로 한다.

이어 황덕길의 문인 허전이 전개한 성호학통으로서의 활약상을 보기로 한다. 황덕길은 양천현 두호정사에서 한익상을 비롯하여 윤종렴尹鍾濂·안경의·이상규李祥奎·이정환李正煥·한재권韓載權·허전·허주許傳·심이철 등 많은 문인을 길러냈다. 이들은 각각 거주지에서 성호학통의 일원으로 활약했는데, 그 가운데 광주 퇴촌의 안경의가 영남지방에서 안정복계열 성호학통을 전파하는데 숨은 공을 세웠던 것이다. 그런데 후대인들은 황덕길의 여러 문인 가운데에서도 허전을 성호학통의 적통으로 인식하고 있다. 그것은 허전이 스승 황덕길에 이어 성호학통 발전에 중추적인 역할을 해온 인물로 평가되기 때문이다. 본 장에서는 그가 황덕길문인이 되는 과정과 성호학문에 입문하게 된 배경, 성호학 공부, 성호학통에 대한 그의 인식 그리고 영남지방의 문인 배출 등을 정리해 보고자 한다.

황덕길문인 안경의와 허전이 펼친 성호학통으로서의 역할에 대한 고찰은 안정복계열 성호학통이 20세기 초까지 전승되어 온 과정을 이해하는데 조금이라도 도움이 되지 않을까 기대해 본다.

2. 19세기 안정복계열 성호학통 확산의 교량 안경의[2]

1) 안경의의 행적

안경의(자 公美, 호 順窩, 본관 順興)는 경기도 광주부 퇴촌면退村面 오리梧里에서 아버지 안유상安有相(1726~1790)과 어머니 한산이씨韓山李氏 사이에서 태어났다. 10세에 아버지와 사별하였고, 19세 때에는 어머니가 전염병을 앓자 손가락을 베어 흐르는 피로 약을 만들어 복용케 하였던 효자로 전해온다. 31살(1811) 때 황덕길을 찾아가 문하생이 되었고, 33살(1813) 때 생원시험에 합격하여 성균관에 입학하였다. 그 무렵 마침 멀지 않은 풍덕豊德에서 성묘위패聖廟位牌 매장사건이 일어나자 이에 분개한 안경의는 과거시험 공부를 포기하고 고향 오리에 돌아와 농삿일을 하면서 조그마한 정사를 지어 안에는 '광거안택廣居安宅'이라 하고 밖에는 '순와광거안택順窩廣居安宅'이라는 편액을 걸고 기거하면서 독서에 열중하였다.[3] 비록 경제적으로 어려웠지만 그는 가문과 향리에서 효도와 우애의 모범이 되었고 덕행을 몸소 실천하였다고 전한다. 지조가 강하고 영욕을 멀리하였으며, 근검하고 스스로 경작하여 사는 어려운 살림인데도 자신보다 더 가난한 사람을 도우며 살았다고 한다. 또한 철저하게 벽위론을 펴면서 가족들에게 서양에서 들어온 베로 옷을 지어 입지 못하도록 하였다.[4] 62세(1842) 때 조정에서 영릉永陵 참봉을 제수하였으나 나아가지 않았고, 헌종 13년(1847)에는 광주유수 조두순趙斗淳의 추천으로 팔도와 4도에서 조정에 올린 23명의 경행經

---

2 본 장은 졸고(2009), 「順窩 安景褘와 19세기 성호학통의 확산」, 『성호학보』 6호, 성호학회를 약간 산삭하여 전재한 것이다.

3 『순와유고』 권6, 「順窩記」. "上之十九年己卯 卽梧山舊址 築精舍一間 扁其內曰廣居安宅 外曰順窩廣居安宅." 廣居安宅이란 廣陵에 거주하는 安氏 姓을 지닌 선비의 집이라는 뜻이다 ("廣居安宅者 廣陵居安士人之宅也"(『순와유고』 권6, 「廣居安宅記」)).

4 앞의 책, 부록, 「順窩安公贊(丁學淵 撰)」.

行[5]가운데 한 사람으로 뽑혔다.[6]

안경의의 아버지 안유상은 광주에 거주하며 일찍이 성호문인 홍유한洪儒漢 (1726~1785) 등과 교류하면서 매우 친밀하게 지냈다. 홍유한은 성호 이익이 매우 아낀 제자로 서양지리에 밝고 서학에도 관심이 많았다. 안유상도 그로부터 서학에 관한 지식을 접했으리라 짐작된다. 18세기 후반 광주 경안 덕곡에서는 안정복이 후학을 양성하고 있었고, 특히 1780년대에는 이 지역에서 천주교에 대한 연구와 전파가 다른 지역에 앞서 진행되고 있었다는 배경을 감안해 볼 때, 안유상은 당시 천주교 수용문제 때문에 분열로 치닫던 성호학파의 실정을 잘 알고 있었을 것으로 생각된다.

한편 안경의의 고향 퇴촌과 다산 정약용의 고향 초부면 마현은 한강을 사이에 둔 가까운 거리였다. 이러한 지역적 여건에서 안경의는 정약용에게 학문적 자문을 구하며 가까이하였고,[7] 정약용의 아들 정학연丁學淵(1783~1859)과는 말년까지 매우 친밀한 친구로 지내며 학문을 토론하였다. 안경의는 성호문인 안정복의 학문과 벽위사상을 계승한 황덕길의 문하생이 되었지만, 한때 천주교에 손을 댔던 정약용의 학문적 영향도 적지 않게 받았을 것으로 생각된다. 정약용은 황덕길이 쇠미해진 성호학통을 일으키는데 앞장서는 것을 잘 알고 있었고, 황덕길 또한 정약용의 정치적 행로와 학문성을 잘 알고 있었다.[8] 그리고 안경의는 정학연과 가까이 지내며 19세기 초·중반 성호학통의 흐름을 파악하면서 자신이 성호학파를 위해 할 일이 무엇인가를 찾았던 것이 아닐까 추측된다.

한편 성호의 문중과 안경의의 집안과도 무관한 사이가 아니었다. 안경의의 자부가 옥동玉洞 이서李漵의 6대 손녀로 성호의 문중과 사돈관계를 맺고 있었

---

5 經行은 經明行修의 약어로 경학에 능하고 절조가 굳은 선비를 말한다.

6 『日省錄』憲宗 13년 6월 13일조.

7 『순와유고 권2, 「上丁承旨(若鏞)書」.

8 정약용의 황덕길에 대한 기대와 관련된 내용은 필자의 논문(2000), 「정약용의 성호학파 재기 시도에 관한 일고찰」, 『경기사학』 제4호, 경기사학회, 70면 참조.

다. 이상에서 보았듯이 안경의는 혈연적, 학문적, 지역적으로 성호학통과 인연이 깊었다 하겠다.

2) 성호학통으로서의 안경의

먼저 안경의의 성호학통 인식을 보자. 그는 스승 황덕길의 학통을 다음과 같이 서술하였다.

> ① 오호라. 퇴도退陶 이후 수백년 만에 성호 선생이 바른 학문을 밝혀 전대의 학문을 이어받아 후대로 열어 순암 선생에 전하였다. 순암이 죽자 순암의 학문이 우리 두호 선생에게 전해지게 되었다.[9]

> ② 그 때 순암 선생이 성호의 학문을 이어받아 한강 남쪽에서 도학을 강론하였는데 하려 선생과 형 공백당 선생이 함께 가서 스승으로 삼았다.[10]

퇴도는 퇴계 이황, 두호는 황덕길, 공백당은 황덕길의 형 황덕일을 가리킨다. 요컨대 스승 황덕길의 학통이 이황을 연원으로 하여 이익→안정복→황덕길로 전승되었다는 것이다. 이는 곧 안경의 자신이 황덕길의 문인으로 안정복계열 성호학통이라는 이야기이다.

한편 안경의의 종친 안호중安鎬重(1828~?)은 제문에서 안경의의 학문과 학통에

---

9 『순와유고』 권6, 「斗湖放言序」. "嗚乎 退陶後數百年 星湖先生 講明正學 紹前啓後 傳之順菴先生 順菴歿 衣鉢之托 在我斗湖先生."

10 앞의 책, 권4, 「下廬先生黃公行狀」. "時順菴先生 受星湖衣鉢之托 講道於漢南 先生與伯氏拱白堂先生 俱往師之."

대하여, 평범하고 검소한 의식주와 '격물치지성의정심'을 몸을 다스리는 방법으로 삼고, 온순하고 공손하며 검약함을 처세하는 도리로 삼았고, 성리학은 퇴계의 이론에 근본하고, 예론은 성호의 이론을 본받았으며, 생각하고 변별하는 공부는 순암의 방법을 사숙하면서 스승 황덕길의 정통을 이어받았다고 하였다.[11] 곧 안경의는 이익→안정복→황덕길을 이은 학통, 즉 성호학통의 정통이라는 견해이다.

그의 문인 이상휴李尚休는 이익→안정복→황덕길로 이어지는 적전의 도학을 안경의가 황덕길의 문하생이 되어 전승하였다는 사실을 말하였고, 더불어 "완연히 우리 당의 대유학자라는 사림의 공론을 부인할 수 없다"[12]하면서 "성호학통이 지켜온 도학이 세속에 추락하지 않는 것은 안경의의 노력"[13] 때문이었다고 평가하였다. 윤급尹汲 역시 "황덕길의 학문을 정통으로 이어받아 문하생들의 기대와 희망이 컸다"[14]고 술회하였다. 아마도 19세기 중반 그가 생존하였던 당대에는 안경의가 황덕길의 정통을 이을만한 위치에 있을 정도로 평가받았던 것으로 추측해 본다.

안경의는 생전에 19세기 성호학통의 현실을 매우 걱정하고 있었다. 그리하여 근기지방 성호학통 학자들과의 교류는 물론이고 영남사림들과도 가까이하여 성호학통을 유지하고 확산시키는 데에 주력하였다. 특히 남한조南漢朝의 문인 유치명柳致明, 유치명의 생질 이만각李晚慤, 유치명의 문인 윤최식尹最植 등과 연락하면서 쇠미해진 성호학통을 살리고 성호학을 영남지방 사림들이 익혀야 할 당위성을 역설하면서 협조해 줄 것을 요청하였다.

---

11 앞의 책, 부록, 「제문(安鎬重 撰)」. "兼以布帛之文菽粟之味格致誠正 爲治身之方 溫恭儉約 爲處世之道 論性則祖述乎陶山 論禮則憲章乎星湖學問 思辨之工 私淑乎順菴 嫡傳于下廬."

12 앞의 책, 「제문(李尚休 撰)」. "宛爲吾黨之宗匠 則士林之公論 不誣矣."

13 앞의 책, 부록, 「제문(李尚休 撰)」. "以承三先生之業 而使三先生之道不墜於世者 伊誰之力也."

14 앞의 책, 부록, 「제문(尹汲 撰)」. "正受下廬之學 師門之期望甚重."

이를테면, 그는 유치명에게,

> 황선생을 섬겨 뒤를 잇는 일에 있어서는 이미 계승하고 선양하려는 자
> 가 없고, 근기지방의 우리 당에서는 더불어 상의할 수도 없습니다. 이에
> 이 보잘것 없는 늙은이가 천리 밖의 먼 곳에 부탁하여 선생께 한 말씀 듣
> 고 후학들에게 전하고자 하는 계책으로 삼고자 합니다.[15]

라 하여, 근기지방에는 황덕길의 학문을 계승하려는 사람이 없을 뿐 아니라,
함께 강구하여 논의할 사람조차 없다는 실정을 토로하며 유치명의 조언을 듣
고자 하였다. 1827년 황덕길이 죽은 뒤, 19세기 중반 성호학통의 실태가 어떠
하였던가를 알게 한다.
　이만각에게 보낸 편지에서도,

> 무릇 하려 황선생이 타계한 뒤, 우리 근기 수백 리 사이를 돌아보건대,
> 한 사람의 선비도 그 학문에 뜻을 두지 않고 번다한 명성이나 이욕에만 무
> 성하게 모두 좇으니, 아, 우리 성호선생 이하 여러 선생에 대해 장차 이름
> 이 누가 누구인지도 모를 것인즉, 그 도술의 전승이 끊어지리라는 것을 다
> 시 어찌 한가로이 논할 것인가?[16]

라 하였듯이, 근기지방 선비들이 성호학통의 학문을 소홀히 하여 학통의 전승

---

15 앞의 책, 권2, 「答柳承旨書 戊申(1848)」. "至如黃先生事後承 旣無人繼述發揚者 吾黨之在畿
　甸者 又無與可議 乃有此澌末一老物 爲之遠托於千里之外 要得先生長者之一言 以爲傳後
　之計者."
16 앞의 책, 권2, 「與李謹休(晩慤)書」. "蓋自下廬黃先生之歿 環顧我畿甸數百里之間 無有一介
　人士志於此學者 紛華聲利滔滔皆是 而噫吾星翁以下諸先生 將不知名諱之爲誰某 則其道術
　淵源之傳墜 復何暇論也."

이 끊어질 지경이라는 것이었다. 당시 이와 같은 근기지방 성호학통의 어려운 명맥이 그로 하여금 성호학통 재도약의 필요성을 절감하게 하였고, 따라서 유치명을 비롯한 영남 사림들에게 의지하면서 절실하게 협조를 요청하였던 것으로 생각된다. 비록 안경의 본인은 광주에 살고 있었지만, 영남 사림들과의 적극적인 접촉은 영남남인과 근기남인의 유대에 좋은 영향을 미쳤을 것으로 보인다. 유치명이 당시 퇴계학통 이상정계열에서 종사적 위치에 있었으므로 안경의가 의도적으로 적극적 접촉을 시도하였던 것이 아닌가 여겨진다.

특히 안경의는 스승 황덕길은 물론이고 남달리 안정복의 학문에 대해 높은 관심을 보였다. 즉,

> 순암선생은 가까이로는 성호의 학문을 이어 받았고, 멀리로는 퇴계 이황의 계통을 이어 그 학문의 덕업을 바로잡는 일을 성대하게 한 당대의 대유학자로 가히 영원한 본보기가 될 만하다.[17]

라 하였듯이, 안정복이 이황과 이익의 학통이라 하면서 당대의 대유학자로 백세의 사표가 될 만하다고 평가하였다. 안정복의 주거지가 광주 경안 덕곡이었고, 안경의의 고향이 같은 광주 퇴촌 오리였으니 그리 멀지 않은 거리였으나 안경의가 안정복의 말년에 태어났기 때문에 안정복의 학문을 사숙할 수밖에 없었다. 안경의의 스승 황덕길은 안정복의 하학과 천주교를 대상으로 한 벽위사상을 철저하게 전수받아 제자들에게 주입시켰기 때문에 황덕길 제자들은 안정복의 학문과 사상을 잘 알고 있었다. 특히 안경의가 안정복의 문집 편찬에 누구보다 앞장서 적극적이었던 사실도 이러한 지역적, 사승적 인연이 크게 작용하였던 것으로 확신한다.

---

17 앞의 책, 권2, 「與柳(承旨)致明書 癸卯 4月」. "順菴先生 近受星門之托 遠述陶山之緒 其學問之正德業之盛蔚 爲當時之儒宗 而可以師表於百世矣."

비록 안경의는 19세기 전반 황덕길의 문하생으로 과거시험을 포기하고 학행으로 일생을 보냈지만, 근기지방 성호학통 학자들의 기대가 컸던 인물이었을 것이라는 사실을 짐작할 수 있다. 청백리로 널리 알려진 선배 문인 한익상과 뒷날 영남지방에서 성호학통을 크게 일으킨 후배 문인 허전 사이의 황덕길 문인으로 주로 근기지방에서 성호학통을 재기하는데 주인공 역할을 하였던 것으로 파악된다.

3) 안정복 유고와 황덕길 유고 정리

안경의는 안정복의 유고와 황덕길의 유고를 직접 정리하였다. 먼저 안정복 유고 정리와 관련하여 살펴보기로 하면서, 안경의가 쓴 「순암선생문집발順菴先生文集跋」을 다음에 소개한다.[18]

> 선생이 한산漢山의 남쪽에서 도학을 강론하자 사방의 학자들이 많은 가르침을 받았는데, 본인 안경의는 늦게 태어나 문하생이 되는 반열에 이르지 못하였다. 경인년(1830) 본가에서 처음 소장 문헌을 얻어 한번 보고 심취하여 곧 보잘것없는 내 자신을 한탄하였다. 그 유집에는 초본과 정본 2본이 있는데, 이른바 정본은 선생의 손자 안철중이 강화현감으로 있을 때 베껴 낸 것으로, 그때 남승원南升源이 그 일을 도와 보태기도 하고 줄이기도 하여 혹 사람들의 마음에 불만이 없지 않았다. 또 그 책이 한번 나온 뒤로는 다시 잘못된 곳을 검사해 보지 않아 검토가 요구되어 완전한 책이 되지 못하였다.

---

18 1900년 安鍾曄이 주관하여 목판본으로 발행한 『순암선생문집』에 첨부한 안경의의 跋은 『순와유고』에 있는 안경의가 쓴 「順菴先生文集跋」을 약간 교정하고 산삭한 것이다.

그 후 하려 황선생이 부탁을 받아 크게 수정을 가하고 적당하지 않은 것은 빼고, 빠진 것은 다시 넣기도 하였다. 다만 교정하여 베낄 사람이 없어 옮겨 쓰지 못하고 단지 글 머리에 표지를 붙여 두었고, 그 글자나 행간이 잘못되거나 빠져 있는 것은 하나도 바로잡지 못하였으니 대개 형세가 그러하였다. 본인 경의는 이것이 두려워 감히 참람됨을 무릅쓰고 정서할 생각을 갖게 되었다. 교정하여 정서할 때 황선생이 정한 바를 일체 따르되, 잡저 7편은 편목의 순서를 간혹 크게 고치기도 하였다.

(…) 보는 자가 상세히 알 것이지만, 이 또한 황선생의 뜻을 취하여 바로잡는 것이다. 본인 경의가 어찌 간여하겠는가. 무릇 7개월 만에 일을 마쳤다. 오호라. 선생의 학문을 박학함으로 말하자면 바다와 대지처럼 넓어 끝을 헤아릴 수 없는데, 지극히 정밀하고 조밀한 것으로 간략하게 하였으니, 후배로서 보잘것없는 사람이 어찌 감히 만에 하나라도 엿보고 헤아릴 수 있으리오만, 선생의 도를 진실로 얻고자 한다면 이 책을 버리고 어찌하겠는가. 책 말미에 대략 기록하여 흠모하고 추앙하는 정성을 붙여 동지들에게 고하는 바이다.

숭정 후 네 번째 계묘년(1843) 2월 상순에 후학 안경의 삼가 발문을 쓰다.[19]

---

19 『순와유고』 권6, 「순암선생문집발」. "先生講道於漢山之南 四方學者 多被涵育 而禕也生也晚 未及掃門之列矣 歲庚寅 從本家始得睹遺集 而一覩心醉 便有望洋之歎焉 顧其書有艸正二本 而所謂正本 先生之孫喆重氏任沁衙也 所寫出 而時有南生升源者 相其役 略加刊刪 而或不無不滿人意處 且其書一寫後 更不考較訛謬相望要 未爲完書矣 其後下廬黃先生受托 頗加商訂 而其不當刪 而刪者間復收而入之 但其寫役無人 未得易書 只就書頭籤付標識 而其字行間誤缺 則一未刊正 蓋其勢然也 禕爲是之懼 敢忘僭越 爰謨所以正書之 繕寫之際 一遵黃先生所定 而至於雜著七篇 則篇目之序次 間多改正 (…) 覽者詳之 而此亦取黃先生之意 而財正者也 禕何與焉 凡七閱月而工告訖 嗚呼 先生之學 語其博則海涵地負 不可涯涘 而約造乎至精至密之地 後生末學 何敢窺測萬一 而苟欲求先生之道 則舍是書 何以也 略識于卷尾 以寓慕仰之忱 而用諗同志云 崇禎後四癸卯二月上澣 後學安景禕謹跋."

이 발문은 1827년 황덕길이 죽은 지 16년 뒤 1843년에 쓰여졌다. 발문에 따르면 안정복의 문집은 처음 정본과 초본 2본이 있었다는 것이다. 정본은 안정복의 손자 안철중이 강화현감으로 있을 때 만들어 남승원南升源으로 하여금 보완과 산삭을 하게 하였지만 오류가 많아 완성본이라고 할 수 없는 것이었다. 초본은 그 뒤 정본을 다시 정리해 달라는 부탁을 받고 황덕길이 정본을 읽으면서 교정과 의견을 첨부하여 표시만 해두고 정서하지 못한 것을 말한다. 안경의가 1830년 처음 본 것이 바로 이 초본이었던 것이다.

안경의는 황덕길이 정본을 검토하여 초안만 잡아 놓은 초본을 정서하기로 하였다. 황덕길이 바로잡은 내용에 대해서는 수정을 가하지 않고, 미처 정본에 손대지 못한 부분인 잡저의 편목 순서를 바꾸거나 중복되어 나오는 글을 합쳐 바로잡는 작업을 거친 다음, 1842년에 시작하여 7개월에 걸쳐 정서를 마쳤다. 그러니까 그가 안정복문집 초고를 처음 본 지 12년 만에 정서를 하게 된 것이다. 이렇게 늦어졌던 이유는 그동안 스승 황덕길의 문집이 안경의 주도로 먼저 정리되었기 때문이다. 황덕길문집은 이미 1838년에 필사되어 나왔다.

1843년 안경의에 의해 정서되어 나온 안정복 유고가 바로 현재 국립중앙도서관에 소장되어 있는 필사본 『순암집』 27권 14책이다.[20] 안경의는 『순암집』

---

20 그렇게 확신할 수 있는 것은 필사본 『순암집』 年譜 말미에 수록된 廣成君 追贈 기사의 연대 기록에 '我主上元年辛酉 月 特贈―'이라 수록된 반면, 1900년 간행된 목판본 기사에는 '純宗大王元年辛酉九月 特贈―'이라 하였다. 주상은 당시 임금인 純祖를 지칭하는 표현이다. 그렇다면 이 필사본 『순암집』의 연보는 순조때 쓰여진 것으로 볼 수 있다. 이 문집은 그 후 안정복의 현손 安兢遠(1820-1875)이 鎭安縣監에 재임시 다시 30권으로 선사되었고, 이를 稿本으로 하여 1900년 안긍원의 양자 安鍾曄(1862-1924)이 주관하여 목판본으로 간행되었다(『순암집』 跋(安鍾曄 撰). "王考宰鎭安與族父鵬遠氏 繕寫爲三十卷 欲刊行于世"). 그런데 필사본과 목판본의 내용을 비교해 보면 필사본의 내용이 목판본에서 많은 부분이 산삭되었다. 필사본을 보완한 것은 극히 적고 삭제된 것이 훨씬 많다. 목록과 내용을 모두 삭제한 것도 많을 뿐 아니라, 같은 목록의 내용을 비교해 보면 절사된 부분이 많다. 특히 서간문과 제문이 다수 삭제되고, 다음으로 序와 說 등에서 상당부분 삭제가 이루어졌다. 아마도 안경의가 정서한 필사본을 안긍원이 다시 정리하면서 축소 정리한 것을 목판본의 稿本으

을 정서한 뒤 그대로 소장하지 않고 후학들이 읽어 배우도록 하는 한편, 『이자수어』나 『순암집』 등을 베껴 영남지방에 보내 영남 사람들이 읽어 안정복의 학문을 이해하도록 하고 성호학통의 명맥을 유지하는 데 협조를 구하였다.[21] 특히 당시 조정에서 벼슬하던 유치명에게 의지하는 바가 컸다. 유치명을 직접 만나 근기지방 성호학통의 실상을 전하고 영남 사람들이 성호학통과 학문을 알아야 할 필요성을 역설하는가 하면, 본인이 정서한 안정복 유고를 유치명에게 보내 읽어 보도록 하고 안정복 학문 선양에 앞장서 주기를 간청하기도 하였다.[22] 뒷날 유치명은 안경의의 묘지명에서

> (안경의가) 성호 이선생 이하 여러 공이 떠받들 처지가 없음을 한스럽게 여기고, 손수 안순암 유집을 베껴 영남지방에 보내 우리가 연원을 알고 전수하되, 위로는 성호를 잇고 아래로는 하려에게 계승되었다는 것을 후배들에게 가르쳐 주도록 간절히 원하였다"[23]

고 회고하였다. 요컨대 안경의가 순암집을 선사한 큰 목적의 하나가 성호학통

로 활용하지 않았나 생각된다(청구기호 한貴古朝 46-가53. 모두 15책이나 1책(제14·15·16권)은 멸실되었다).

21 『순와유고』 권2, 「與李謹休(晩愨)書」. "李子粹語之年前謄送 又順菴集之謄出 全帙委送家兒 於千里之遠者 嶠南僉君子 庶幾諒此苦衷 而渭陽丈席 所云慨無人於同志 ─." 같은 책, 附錄, 祭文(李晩愨 撰). "我 巖居之日 手寫安順菴先生全書及星湖李先生所編李子粹語 以備嶠南人士講讀之資."

22 앞의 책, 권2, 「與柳承旨(致明)書 癸卯(1843)」. "噫 吾近畿已矣無有乎爾 而一脈斯文惟在於嶺中 氣類相感 固不以地之遠近而有間 故頃於斗湖席上 雖甚凌遽 而敢忘僭越 略有所仰瀆者也 惟我先生八十年 慥慥眞工之形著者 都在於本集 故玆以繕寫一本仰呈 覽過一通 可以見造道之淺深 其尊信而不使至於泯沒 惟在嶺表僉君子意向之如何耳 遇何敢强聒也 且其弁卷文字所不可無者 亦望先生爲之立一言表揚之 使嶺中後進知有我先生 千萬千萬."

23 앞의 책, 부록, 「永陵參奉順窩安公墓誌銘」. "常恨星湖李先生以下諸公無崇奉之地 親寫安順菴遺集 傳及領外 俾吾黨知淵源傳授 上繼星湖下授下廬焉 眷眷接引後輩."

을 이어가기 위한 수단이었음을 찾아볼 수 있다.

다음으로 황덕길 유고 정리의 과정을 보기로 하자. 안경의가 황덕길문집 『두호방언』을 정리하고 쓴 발문과 황덕길의 친척 종질 심이철의 발문 일부를 소개하기로 한다.

① 오호라. 퇴계 이후 수백년 만에 성호 선생이 바른 학문을 밝혀 전대의 학문을 이어받아 후대로 열어 순암 선생에 전하였다. 순암이 죽자 순암의 학문이 우리 두호 선생에게 전해지게 되었다. 정해년 (1827) 돌아가신 뒤 심지어 유고의 정리에 사람이 없어 불초한 보잘 것없는 본인이 손수 빠진 것은 보충하고 잘못된 것은 바로잡아 정리하여 베꼈는데 대개 옛 글 그대로 두었다. 오호라. 하늘이 끝내 사문 斯文을 버리려고 그러하였던가. 방언放言이란 무엇인가. 선생께서 친히 이름붙인 것이다. 문인 순흥 안경의가 삼가 발문을 쓰다.[24]

② 선생이 돌아가신지 지금까지 12년이 지나도록 정교하고 미묘한 선생의 학문이 여러 편으로 남아 있으나 옛 집이 황량하여 선생의 저술을 모아 수습하는 사람이 없더니 근래 안상사安上舍 경의가 흩어진 글을 모아 손수 교정하고 정서하여 약간의 편을 만들었다. 숭정 후 네 번째 무술(1838)년 음력 5월 일가 종질 심이철 삼가 발

---

24 부산대학교 소장 『斗湖放言』 跋文(安景禕 撰). "嗚呼 退陶後數百年 星湖先生 講明正學 紹前啓後 傳之順菴先生 順菴歿 衣鉢之托 在我斗湖先生 曁夫丁亥樑摧之後 甚至於遺稿之修正整理而繕寫之 蓋仍其舊焉 嗚呼 天其欲終喪斯文而然乎 放言者何 先生所親題也 門人 順興 安景禕 敬跋"(유탁일(2000), 『성호학파의 문집간행 연구』, 부산대출판부, 343면 사료). 위 발문은 『순와유고』에는 「斗湖放言序文」으로 수록되어 있다. 한편 『두호방언』에는 황덕길문인이면서 안경의의 선배인 韓益相이 1838년에 쓴 서문이 붙어 있다. 그렇다면 1857년 안경의가 죽은 뒤 편찬되어 나온 『순와유고』에 수록된 「두호방언서문」은 원래는 발문이었으나 서문으로 잘못 표기한 것이 아닌가 생각된다.

문을 쓰다.[25]

위 두 사료를 정리하면, 황덕길이 생전에 『방언放言』이라고 스스로 이름붙인 글모음이 전해 오고 있었는데, 집안의 어려운 사정으로 문집이 정리되지 못하다가 문인 안경의가 흩어져 있는 스승의 글을 모아 손수 선사하여 정리함으로써 황덕길이 죽은지 12년만인 1838년 문집으로 나오게 되었다는 것이다.

많은 내용이 황덕길이 저술한 그대로 정리되었지만 경우에 따라서는 동료 문인들의 협조를 얻지 않을 수 없었다. 1838년 1차 정리를 완료하고 황덕길문인 한익상의 서문과 심이철의 발문도 붙여 탈고하였는데, 그 뒤에도 수정 보완 과정을 거쳤다. 원래 행장은 한익상이 '행록行錄'이라는 이름으로 찬술하여 안경의에게 보였던 것을 후에 안경의가 첨삭 보완을 거쳐 다시 썼던 것이다.[26] 이를 다시 유치명에게 부탁하여 검토해 주기를 청하기도 하였다.[27]

『방언』은 1918년 경남 창원 황수건黃秀建의 서실書室에서 성재 허전의 애제자 노상직盧相稷과 노가용盧家容 등이 주관하여 목판본 10책으로 간행할 때 원고로 쓰였다. 그러나 역시 적지 않은 내용이 재편집되었는데, 황덕길 행장도 안경의가 쓴 행록 대신 허전이 쓴 행장을 수록하여 간행하였다.

이상에서 본 것처럼, 안경의는 1843년 안정복 유고와 1838년 황덕길 유고를 정리한 다음, 안정복의 저술과 황덕길 유고 등을 영남지방에 보내 영남 사람들이 읽어 보도록 하였다. 이와 같은 사실이 뒷날 이만각이 쓴 다음과 같은 안경의 뇌문誄文에 나타나 있다.

---

25 『두호방언』跋文(沈履喆 撰). "先生易簀 今已十二年 造詣之精微 遺在諸編 而故宅荒凉 掇拾無人 近安上舍景禕甫 裒輯散藁 手自繕寫 總若干編 (…) 崇禎後四戊戌仲夏 戚從姪沈履喆 謹跋"(유탁일, 앞의 책, 342면 사료).

26 국립중앙도서관 소장(古朝44-가65) 『下廬先生放言』 권19, 부록, 行錄. "百拙齋韓丈益相 著先生行錄 以余嘗及門 寄示於余 故敢忘僭越 就其中略加修潤 以待後之秉筆者焉."

27 『순와유고』 권2, 「與柳承旨書 丙午(1846)」.

또한 천리를 달려온 맏아들 성균관 유생이 외삼촌(유치명: 필자주)을 찾아 뵙고, 아울러 나의 은거를 방문한 날 손수 필사한 순암선생전서順菴先生全書와 성호선생이 편찬한 『이자수어』를 영남 인사들을 위한 강독 자료로 삼도록 하였다. 하려 황공의 언행 대략을 찬술하여 외삼촌에게 보였는데 무릇 공은 황공에게서 수학하고 황공은 순암의 정통이다. 그 연원과 교류를 확실하게 살펴볼 수 있다.[28]

안경의가 맏아들 안세영安世英을 시켜 유치명과 유치명의 생질 이만각을 방문하도록 하여 순암의 문집과 『이자수어』 그리고 황덕길의 행장을 주고 강독의 자료로 삼도록 하였다는 내용이다. 더불어 보내 준 저술을 통하여 성호학통의 연원과 계통을 잘 알 수 있었다는 사실도 나타냈다.

4) 19세기 성호학통의 확산과 안경의

안경의가 황덕길의 문인이 된 뒤, 안정복문집과 황덕길문집을 정리하고 성호학파의 재기에 앞장서는 등 성호학통으로서 적극적인 활동을 편 시기는 1830년대 이후부터 1857년 타계할 때까지 20여 년이다. 성호학파는 1780년대 천주교문제로 분열된 이후 정부의 천주교 박해와 함께 쇠퇴의 길을 걸었다. 특히 권철신계열 성호학통 젊은 학자 다수가 천주교와 관련되어 정부의 박해로 19세기 초에는 거의 몰락하였고, 그나마 안정복→황덕길 계열이 철저한 벽위사상을 견지하며 성호학통을 이어 갔으나 서인 세도정치 아래에서 18세기만큼 학통의 유지가 원활하지 못하였다. 19세기 초반 호서지방에서는 성호의 조카

---

28 앞의 책, 부록, 「誄文(李晚慤 撰)」. "旣又千里走其胤上舍君 納拜於舅氏 兼訪我巖居之日 手寫安順菴先生全書及星湖李先生所編李子粹語 以備嶠南人士講讀之資 述下廬黃公言行大槪 謁狀於舅氏 蓋公受學於黃公 黃公順菴之嫡也 其淵源授受之的可考也."

이병휴의 양아들 이삼환李森煥(1729~1813)이 충청도 예산을 중심으로 겨우 명맥을 유지해 가는 실정이었고,[29] 근기지방에서는 안정복문인 황덕길이 양천에서 후학을 양성하며 성호학통 재기에 심혈을 기울였다.[30] 이삼환이나 황덕길 공히 성호의 학문과 사상을 전승하였기 때문에 학문적 성격이 크게 다를 바 없었고 철저한 벽위사상을 고수하였다. 이들의 문인 역시 천주교 배척사상을 전승하였다. 1818년 권철신계열 정약용이 18년 동안의 강진 유배에서 풀려 향리 광주 초부로 귀향하였으나 성호학통으로서 기대할만한 활동은 거의 없었다.

생전의 황덕길은 성호학통의 재기를 위하여 후학들에게 성호의 저서를 직접 가르치고, 성호의 후손들과 유기적인 관계를 맺으면서 성호의 저술을 수집 정리하는 데에 열정을 쏟았다. 스승 안정복의 유고에 이어 성호 유고를 정리하려 하였던 것도 모두 성호학통을 재기하고 전승하려는데 목적이 있었던 것이다. 이러한 황덕길의 뜻을 문인들이 잘 알고 있었는데, 앞서 본 한익상·심이철·안경의·이상규·허전 등이 대표적 문인들이었다. 그 가운데에서도 광주 출신 안경의가 황덕길의 뜻을 이어 간신히 명맥을 이어 가는 성호학통을 활성화하기 위해 행동으로 앞장섰던 것이다. 그는 안정복의 학문을 사숙하고, 정약용·정학연 부자와도 가까이하였다. 따라서 안경의는 안정복계열과 권철신계열 성호학통의 영향을 모두 받은 인물이라고 보아 좋다. 나아가 정약용으로 이어진 권철신계열 성호학통도 19세기에 들어서 황덕길로 이어진 안정복계열 성호학통과 자연스럽게 소통되고 있었다는 사실도 엿볼 수 있다.

또한 안경의는 유사한 노선의 정치적·학문적 성향을 지닌 영남 사림들과 적극적으로 접촉함으로써 성호학통을 영남지방에 확산하는데 큰 역할을 하였

---

29 이삼환과 성호학통에 대해서는 졸고(2001), 「李森煥의 洋學辨 저술과 호서지방 성호학통」, 『實學思想硏究』, 19·20합집, 무악실학회 참조.
30 황덕길의 성호학통 재기 노력에 대해서는 졸고(1997), 「下廬 黃德吉의 순암계열 성호학파의 흥기」, 『東亞硏究』 34집, 서강대학교 동아연구소, 참조.

다. 물론 영남지방 퇴계학통 이상정→남한조→유치명계열이 18세기 이후 근기지방 성호학통과 유지해온 우호적인 관계가 19세기 중엽 근기지방 성호학통 안경의의 적극적인 접촉을 쉽게 이루어질 수 있게 하였다. 유치명은 황덕길과 그의 문인 안경의를 가까이하였고, 안경의가 죽자 그의 묘지명을 지어 주었으며, 생질 이만각은 제문을 지어 안경의의 죽음을 애도하였다.

안경의가 성호학통의 확산을 위하여 영남남인과 벌인 적극적인 접촉은 1861년 유치명이 죽고, 3년 뒤 1864년 허전이 김해도호부사로 부임하면서 파급효과가 나타났다. 허전 역시 황덕길의 문인이자 안경의의 후배로 성호학에 매료되어 많은 성호의 저서를 수집·소장하고 탐독하였다. 특히 성호의 예학에 심취되어 있었고, 19세기 후반에는 성호학통을 이끌어 가는 종사로 추앙받았다.

허전은 1864년 3월 김해부사에 부임하면서 관내 많은 학자들을 모아 강론하는 등 교학에 힘써 영남지방에서 많은 문하생을 두게 되었다. 그가 1866년 다시 조정으로 복귀한 뒤에도 허전의 자택 서울 냉천동 불권당不倦堂에는 영남 사림들의 출입이 잦았다. 그의 문하생 가운데에는 유치명의 문인이었다가 허전의 문하생으로 다시 입문한 경우가 상당수 있다. 허전의 문인록, 즉 「냉천급문록冷泉及門錄」의 인물을 분석해 보면 495명의 문인 가운데 70%가 영남인이다.[31]

이렇게 허전이 19세기 후반 들어 영남지방에서 성호학통을 많이 양성한 기반도 허전이 1864년 김해도호부사로 부임하기 수년 전까지 유지된 유치명계열의 영남지방 퇴계학통과 근기지방 성호학통과의 우호적인 관계를 간과할 수 없다. 그 과정에서 두 지방 사림의 긴밀한 관계를 유지하기 위하여 안경의가 집요하게 벌여온 노력이 그동안 쇠미해졌던 성호학통의 형세를 키우고, 지역적으로 성호학통을 확산시키는 효과를 가져왔다고 볼 수 있다. 요컨대 19세기 후반 허전이 영남지방에서 성호학통을 쉽게 확산시킬 수 있었던 것도 쇠미해진 성호학통 활성화를 위한 안경의의 헌신적 노력이 큰 주춧돌이 되었다는 사실

---

31 허전과 성호학통과의 관계는 졸저, 『성호학통 연구』 168면 이하 참조.

에 주목하게 되는 것이다.

3. 19세기 안정복계열 성호학통 확산의 주역 허전

1) 황덕길의 문하 입문과 황덕길의 가르침

먼저 허전이 황덕길의 문하로 들어오기까지의 행적을 살펴보자. 허전(호: 성
재性齋·공암孔巖·냉천冷川)은 정조 21년(1797) 12월 경기도 포천현 목동리木洞里에
서 아버지 허형許珩(1773~1820)의 장남으로 태어났다. 6세(1802)에 외조부 이중필
李重泌로부터『소학』을 배우고, 8세(1804)에『대학』을 읽었다. 9세(1805)에『시경』
과『역경』을 읽을 정도로 그는 이미 유·소년기에 경전을 중심으로 학문을 익
히고 있었고, 10대 전반에 황덕길문인 이정환으로부터 시를 공부하였다.[32] 14
세 때 조정에서 벼슬하던 아버지 허형을 따라 포천에서 한양 밖 약현藥峴으로
와 비로소 부모와 함께 생활하게 되었다. 18세(1814) 때 허형이 경상도 자인현
감慈仁縣監에 부임함에 따라 그곳 현성산賢聖山 신림사新林寺에서 진사 김효일金孝
日로부터 3년 동안 수업하고 21살(1817) 되던 해 봄 아버지의 파직과 함께 상경
하였다. 그해 가을 양천현에 살고 있던 황덕길을 찾아 문하생이 되기를 청하였
다. 이때 황덕길의 나이 68세로 스승 안정복의 학문과 사상을 이어 벼슬길도
포기하고 양천에 칩거하여 성호학을 사숙하면서 후학을 양성하고 있었다.

이렇게 허전이 황덕길을 찾아 가르침을 청한 배경은 무엇일까. 우선 허전의
가계와 황덕길의 가계는 윗대로부터 친분이 있었을 뿐 아니라, 허전의 아버지
허형 또한 황덕길과 자주 학문을 토론하는 등[33] 황덕길의 학문과 인품을 존경

32『성재선생문집』권28, 행장, 成均進士贈宗正卿吏曹參判李公行狀.
33『하려선생문집』권19, 부록,「행장」. "每相往來 講論經史."

하고 있었다.[34] 또한 허전의 조부 허곤許晧과 황덕길은 동갑(1750년생)으로 학문적으로 매우 절친한 사이였다. 비록 두 사람이 동갑이었지만, 허곤은 황덕길의 학문을 높이 평가하여 잦은 왕래를 하면서 학문적 토론을 벌였고, 황덕길과 교유하면서부터 과거시험에 뜻을 두지 않았다고 한다. 허전의 집안이 1788년 경 기도 포천으로 이사하기 전, 황덕길과 허곤이 교류할 때만 하여도 허전의 집안은 양천현에 인접한 고양군 갈두리葛頭里에 살았기 때문에 자주 만날 수 있었다. 허전의 아버지 허형은 23살(1795) 때 과거에 합격하여 벼슬길에 오른 이후부터 서울에서 거주하였기 때문에 황덕길을 잘 알고 지냈던 것으로 보인다. 그러다가 허형이 1813년 경상도 자인현감으로 나갔었는데 불미스런 사건으로 파직당하여[35] 상경해야 했기 때문에, 당시 신림사에서 김효일로부터 약 3년 동안 교육을 받던 허전도 귀경하고 말았다.

아버지의 파직으로 한동안 허전의 가정은 어려운 지경에 놓이게 되었다. 거처하던 약전藥田에서 양천의 두호정사가 그리 멀지 않은 곳이고 허형도 파직당한 이후 당분간 재야에 묻혀 있는 몸이기 때문에, 황덕길과 자주 만날 수 있었을 것으로 생각된다. 이때 허전이 있었던 곳이 본가인 포천이었는지, 아버지가 거주하던 약전이었는지 확실히 알 수 없으나, 어떻든 허형은 두 아들에게 황덕길을 찾아 학문을 청하도록 하였다.[36] 이 해(1817) 가을, 허전은 동생 허주와 함

---

34 『성재선생문집』 권18, 「哭弟文」. "受業於下廬先生(黃德吉) 先生 府君之所敬也."
35 허형이 파직당한 것은 다음과 같다. 허형이 1813년 慈仁縣監의 발령을 받고 부임하였는데 마침 이듬해(1814) 대기근이 들었다. 그리하여 창고를 열어 곡식을 나누어 주고 봉급을 줄이면서까지 流民을 편안하게 하려는 목민관으로서의 선정을 베풀었다. 이에 관찰사(李存秀)가 실정을 정부에 보고하였고, 그 뒤 巡使가 실정을 파악하고자 현청을 방문하였다. 주연이 베풀어졌는데 마침 주연석에서 기생이 무례한 짓을 하자 심하게 꾸짖었으나 기생이 굽히지 않아 순사가 매우 노하였다. 이러한 일로 허형은 사직원을 내게 되었고 얼마 후 파직당하고 말았다. 이후 縣民이 허형의 치적을 기려 遺愛碑를 세웠다고 한다. 허형이 파직당한 뒤부터 서울로 올라오기까지 이곳에서 무엇을 하며 지냈는지는 알 수 없다(『성재선생문집』 권17, 「先考通訓大夫行司諫院正言贈嘉善大夫吏曹參判兼弘文館提學府君編年紀事」, 癸酉・甲戌條 참조).

께 양천의 황덕길을 찾아 제자가 되었던 것이다. 황덕길로서는 허전의 조부 허곤과 절친한 사이였던 데다가 허형과도 친분관계에 있었기 때문에 기꺼이 형제를 문하생으로 맞아들였다. 그때 허전을 만난 황덕길은 '우리 당에 인물이 있구나.' 하면서 칭찬을 아끼지 않았다고 한다.[37]

허전 형제를 문하생으로 받아들인 황덕길은 두 권의 책을 익히도록 하였다. 하나는『동현학칙東賢學則』이고, 다른 하나는『이자수어』였다.『동현학칙』은 우리나라 옛 현인군자의 아름다운 말과 착한 행동을 모아『소학』의 체재를 본따 황덕길 자신이 엮은 것으로 후학 교육용으로 쓴 책이고,[38]『이자수어』는 성호가 문인 윤동규와 안정복의 도움을 받아 이황의 언행을 모아 편찬한 책이다. 황덕길은『이자수어』를 허전에게 주면서,

이는 성호선생이 퇴계 이황의 언행을 정리하여『근사록』과 같이 만든 것이다. 주자를 배우려면 먼저 퇴계를 배워야 한다. 공맹의 말씀은 왕조의 법령과 같고 정주의 말씀은 엄한 스승의 칙령과 같으며 퇴계의 말씀은 인자한 아버지의 훈계와 같다.[39]

라 하였다. 44년 전(1773) 황덕일·황덕길 형제가 광주 덕곡의 안정복을 찾아 문하생이 되기를 청했을 때, 안정복이 이 책을 주면서 똑같은 말을 하였었다.[40] 황덕길 또한 스승 안정복이 그랬던 것처럼, 허전에게 이 책부터 익혀야 함을

36『성재선생문집』부록 권2, 연보, 정조 17년. "一川公 以道義相許 乃命二子往學焉."
37『단계선생문집』권14,「성재허선생행장」. "二十一 請業於下廬先生黃公之門 始厲志聖賢之 學 黃公亟稱之 曰吾黨有人."
38『하려선생문집』권10,「東賢學則序 丙子(1816)」및『성재선생문집』권16,「東賢學則跋」.
39『소눌선생문집』권43,「성재선생행장」. "繼授李子粹語曰 此星湖所刪定退陶言行 如近思錄 者也 欲學朱子 先學退陶 孔子之言如王朝之法令 程朱之言如嚴師之勅勵 退陶之言如慈父 之訓戒 吾有所受之也."
40『공백당선생문집』권4,「덕곡기문」.

말했던 것이다. 뒷날 허전 역시 스승 황덕길이 자신에게 한 이 말을 문하생들에게 되풀이하면서 『이자수어』를 읽도록 하였다.[41] 이러한 사실로 보면, 『이자수어』는 당시 안정복계열 성호학통은 꼭 읽어야 했던 필독서였다는 사실을 알 수 있다. 스승 황덕길이나 제자 허전이 공히 『이자수어』를 익힌 것은 말할 것도 없고, 안정복의 저술 『하학지남』이 황덕길의 학문의 길잡이가 되었듯이, 황덕길의 『동현학칙』은 허전에게 큰 감명을 주었으며,[42] 뒤에 허전은 『초학문初學文』과 『입학문入學門』을 지어 초학의 학문적 길잡이가 되도록 하였다. 이들 저술은 모두 어린이를 위한 학문의 길잡이로 하학을 중시하는 안정복계열 성호학통의 학문관에서 비롯되었다고 볼 수 있다. 허전은 『동현학칙』과 『이자수어』외에 「일성도日省圖」와 「독서차제도讀書次第圖」를 더 청하여 받았다. 그는 이 「일성도」와 「독서차제도」를 스승의 가르침으로 삼아 학문과 심성도야의 지침으로 삼았다고 한다.[43]

그러면 황덕길은 허전에게 어떤 가르침을 주었는가. 허전은 황덕길이 타계할 때(1827)까지 10년 남짓 가르침을 받았다. 첫째 황덕길은 문하생들에게 성호학을 철저하게 주입하려 하였다. 황덕길은 100여 편이나 되는 성호의 저술을 지니고 있었는데 제자들에게 일일이 성호의 저서를 내보이며 성호의 도덕과 문장을 가르쳤다고 한다.[44] 따라서 제자들은 황덕길로부터 성호의 저서를 빌려

---

41 『성재선생문집』 부록 권4, 「士林祭文 小祥時祭文(盧相稷 撰)」.
42 앞의 책, 권16, 「동현학칙발」. "傳少學於先生 受此書學而未能也 今老耄殆盡忘失 借同門友李祥奎手抄一本 讀之 愀然如復見先生."
43 「일성도」는 하루의 생활을 살펴보고 지키는 방법을 언어·문자·사려思慮·사위事爲·인객人客 등 5가지로 나누어 도시한 것이다. 그리고 「독서차제도」는 독서하는 순서와 방법을 정해 놓은 것으로, 선독先讀[所以正其本]·차독次讀[所以盡其用]·겸간兼看[所以通其變]의 3단계로 되어 있다. 황덕길은 『이자수어』를 우리나라 문헌으로는 유일하게 선독에 넣어 주었고, 겸간에 들어 있기는 하지만 우리나라 역사를 읽어 지식을 넓혀야 한다고 하였다(『성재선생문집』 부록 권1, 「師訓」, 日省圖 및 讀書次第圖 참조).
44 『성재선생문집』 권18, 「祭星湖李先生墓文」. "伏傳以傳自少小遊下廬黃先生之門 下廬言必稱先生之道德文章 因出示先生所著書 禮說僿說疾書四七新編藿憂錄文集等百餘編."

읽을 기회가 많았던 것으로 보인다.[45] 허전 또한 성호의 저서를 적지 않게 쌓아두고 읽었던 것으로 보아,[46] 황덕길의 문하생이 된 이후 성호학문을 철저하게 익혔음을 알 수 있다. 한편 안정복의 학문을 사숙하였다고 한다.[47]

둘째, 황덕길은 문하생들에게 하학 공부에 매진하도록 독려하였다. 황덕길 자신은 평생을 하학에 바쳤어도 능하지 못하다고 할 정도로,[48] 하학을 중요시하였고 선비는 이를 먼저 닦아야 한다는 학문관을 지니고 있었음은 앞서 본 바와 같다. 허전이 문하생으로 들어왔을 때, 『동현학칙』을 주면서 익히도록 한 것도 이러한 맥락으로 볼 수 있다. 허전은 스승 황덕길이 「하려명下廬銘」을 지어 마음에 새겨 두었듯이, 자신은 「하학잠下學箴」을 지어 학문하는 경계로 삼았다. 이들이 쓴 '하'는 모두 하학의 '하'로써 같은 뜻을 나타낸다. 허전은 「하학잠」에서 '진실로 하학을 먼저 하면 뒤에 편안하게 상달한다.'고 하였다.[49] 성호가 타계한 이후 천주교가 확산되는 상황에서 이를 막는 길은 오직 하학을 다지는 길밖에 없다고 주장한 안정복의 적극적인 하학 장려는 황덕일·황덕길 등 후학들에게 전해지면서 그 강도를 더해 갔다. 허전 역시 문하생을 통하여 하학으로 점차 상달해야 한다는 학문관을 강조하였다.[50] 허전문인 노상욱盧相旭이 그의 학문에 대하여 '하학하여 상달하는 것이 선생의 학문이었다.'[51]고 평한 한마디는 허전의 학문적 근간이 무엇이었던가를 대변한다 할 것이다.

셋째, 안정복과 황덕길이 그들 문하생에게 철저히 주입시킨 것 중에 빼놓을 수 없는 것이 천주교를 주된 표적으로 고수하던 이단 배척이다. 일찍이 안정복

---

45 황덕길문인 尹鍾濂을 위해 쓴 허전의 祭文에 보인다. "公嘗以不肖遊下廬之門 讀星湖之書 每使之進"(『성재선생문집』 권18, 「祭芹泉尹丈鍾濂文」).
46 『성재선생문집』 권31, 「星湖李先生諡狀」. "士林謂 不侫傳於先生之書 多蓄而多讀."
47 『石荷集』 권4, 「請文憲公性齋許先生諡號改註疏」. "私淑於文肅公臣安鼎福."
48 『하려선생문집』 권3, 「答李稚圭(濟漢) 丁卯(1807)」.
49 『성재선생문집』 권16, 「下學箴」. "人事卽天理 而苟先下學 則後便上達也."
50 앞의 책, 권15, 「育英堂記」. "凡百君子 先自下學乎日用常行之事 漸次上達于天人性命之理."
51 앞의 책, 부록 권4, 「祭文」. "下學而上達 先生之學也."

이 「천학고」와 「천학문답」으로 천주교 배척에 앞장섰듯이, 황덕일·황덕길 형제도 각각 「삼가략」과 「이단설」을 지어 스승 안정복의 뜻을 이었다. 황덕길의 다른 제자들 역시 하나같이 답습하였는데, 허전 또한 예외가 아니었다. 그는 성호가 서양서를 읽고 간교한 사술로 유학을 파괴한다는 사실을 처음으로 통렬하게 비판하였다는 점을 높이 평가하였다.[52]

19세기 후반 서세동점의 국제적 흐름에서 그는 철저한 벽위의식을 보였다. 예컨대 1866년에 일어난 병인양요를 걱정하는 문인들에게 "양요는 우려할 것이 못된다. 오직 우리가 물리치는 방법을 닦는데 힘썼기 때문이다. 선비된 자는 올바른 학문인 유학을 밝혀 사악한 설을 물리칠 뿐"[53]이라 하였다. 양요를 물리친 결과에 자신감을 나타내면서 박해에도 불구하고 확산되어 가던 천주교, 즉 사악한 사상을 막는 길은 올바른 학문인 유학을 밝히는 길밖에 없다고 하였다. 그것이 '가장 먼저 해야 할 급선무'라는 것이다.[54] 이러한 그의 주장은 이미 1700년대 후반 안정복이 강력하게 내세운 바 있고, 1800년대 초 황덕길 또한 제자들에게 똑같은 내용을 말하였던 것이다.

2) 허전의 성호학 사숙과 성호학통 인식

허전은 황덕길로부터 가르침을 받은 이후 성호학을 열심히 사숙하였다. 성호는 그가 가장 존경하는 인물 가운데 한 사람이었다. 즉,

---

52 앞의 책, 권31, 「星湖李先生謚狀」.

53 앞의 책, 권5, 「答許杕」.

54 앞의 책, 권5, 「答金聖夫麟燮」. "此際 淑人心 明正學 爲最先急務也"; 그 밖에도 같은 책 권5, 「踏朴季章致晦」 및 「答禹正鉉」; 같은 책 續篇 권2, 「答盧纘奎壽容」 등에 유사한 내용이 있다.

옥동玉洞·성호星湖 두 선생은 내가 평생 흠모하여 왔다. (…) 내가 비록 선생의 문도가 되지 못하였다 하더라도 마음으로 기뻐하고 진실로 따르기를 70제자가 공자에게 한 것과 다름없이 하였다.[55]

라 하였듯이, 그는 평생 동안 성호 이익의 셋째 형 이서李漵(1622~1723)와 성호를 추앙하였다고 하였다. 더불어 스승 황덕길이 그랬던 것처럼 성호의 저서를 적지 않게 소장하고 독서하였다.[56] 성호의 저술을 독서하는 즐거움에 대한 그의 표현은 더욱 흥미롭다.

전傳이 성호의 저술을 읽고 그 상세함을 깊이 음미해 보는 맛을 좋아하는 것으로는 만족하지 못하여 기뻐하였고, 기뻐하는 것만으로 만족하지 못하여 즐겨하였다.[57]

그가 성호의 저술에 얼마나 심취해 있었던가를 짐작케 한다. 특히 『성호사설』에 대해 "이 책이 세상에 나온 것은 후생의 행복"[58]이라 하여 문인들에게 꼭 익히도록 하였다. 실제 그는 성호가 주장하였던 사칠이기론[59]이나 예론[60]을 크게 따르는 입장을 보였고, 1886년 임종에 앞서 문인들을 모아 놓고 자신은 평생 성호 선생을 존경하고 흠모해 왔으니 "내 상례와 제례는 성호의 예론을 따르는 것이 좋겠다"[61] 하고 유언할 정도로 성호의 예론을 크게 수용하였다.

---

55 앞의 책, 권29, 행장, 弘道先生玉洞李公行狀.
56 앞의 책, 권31, 「星湖李先生謚狀」. "士林謂不佞傳於先生之書 多蓄而多讀 猥以請謚之."
57 앞의 책, 속편 권4, 「冷窩遺稿序」. "星湖先生所著書 ─傳讀之熟味之詳 好之不足而悅之 悅之不足而樂之."
58 『소눌선생문집』 권9, 「答李軒吉(奎麟)」. "僿說 ─使此書出世 後生之福也."
59 『성재선생문집』 권5, 「答李聖涵(根玉)」.
60 앞의 책, 권6, 「禮疑問答」.
61 앞의 책, 연보, 고종 23년 9월. "又語門生曰 吾平生尊慕星湖 如七十子之服孔子 喪祭參用星

요컨대 황덕길이 가르친 성호의 학문과 사상은 허전으로 하여금 성호학에 대한 관심도를 깊게 심어 주었고, 허전 자신은 성호 학문을 열심히 사숙하여 후학들에게 전승시켜 주었던 것이다. 성호와 안정복 이래 강조되어 온 하학 중심의 학문, 이단 배척사상은 황덕길을 거쳐 허전대로 이어 오면서 그의 문인들에게 철저히 주입되었다. 특히 성호의 예론은 허전이 예론의 대가로 성장하는 데 큰 바탕이 되었다.

한편 허전은 자신의 학통을 어떻게 인식하고 있었던가. 허전은 성호의 시장 諡狀을 작성하면서 다음과 같이 스승 황덕길의 학통을 나타냈다.

우리나라에서 퇴계 이황 이후 뛰어난 유학자의 배출이 없지 않았으되, 그 격식에 맞는 문장과 제도의 상세함은 (성호) 선생에 이르러 더욱 갖추어 졌습니다. 선생의 문인 가운데 고명한 제자로 순암 안씨, 하빈 신씨, 소남 윤씨가 뛰어나게 드러난 자들입니다. 그러나 하빈과 소남은 매우 굶주림에 허덕이다가 세상을 떴고, 오직 순암만이 여러 번 부름을 받아 동궁의 관리가 되기도 하고, 벼슬을 하거나 않기도 하였습니다. 마침내 초야에 묻혀 살면서 도를 하려 황씨에게 전하였습니다. 하려 황씨가 죽은 지 이제로부터 50여 년이 지났습니다.[62]

위 글에 나타나 있듯이, 허전은 퇴계 이후 성호에 이르러 학문과 제도가 가장 잘 갖추어져 있음을 말하고, 이익→안정복→황덕길의 사승관계로 성호의 학통이 전승되어 왔다는 사실을 말하였다. 이것이 황덕길 문인으로서 그가 본

湖禮 可也."

62 앞의 책, 권31, 「성호이선생시장」. "我東 自退溪李子以後 非無儒賢之輩出 而其儀文度數之 詳 至先生而益入備焉 先生之門高第弟子順菴安氏河濱愼氏邵南尹氏 卓然出類者也 然河濱 邵南窮餓而死 惟順菴屢徵爲東宮官 或仕不仕 卒業於林樊 以是道傳之下廬黃氏 下廬歿于 玆五十有餘年."

성호학통의 계보이다. 이는 곧 이익→안정복→황덕길로 이어지는 학통이 황
덕길의 제자인 그 자신에게 계승되었다는 의미이다.

그는 또한 안정복의 적통성도 분명히 하였다. 성호에게는 수제자 윤동규를
비롯하여 신후담, 이병휴 그리고 안정복같은 제1세대 대표적인 문인들이 있어
이들이 협력하여 1770년대까지 성호학파를 이끌어 왔다. 그리고 소장학자로서
권철신도 성호학파의 뛰어난 계승자로 물망에 올랐다. 이렇게 두각을 나타낸
여러 성호문인들이 성호 사후 각기 후학을 양성하며 학통을 이어 갔기 때문에
후학들에 의해 적통의 여부 등이 논란의 대상이 되지 않을 수 없었다. 더욱이
19세기 이후에는 18세기 성호문인들이 양성한 후학들이 다수 양성되어 나왔기
때문에 계보의 적통성이 문제시되지 않을 수 없다.[63] 어떻든 적통의 시비를 떠
나 허전은, 특히 성호의 여러 문인 가운데 안정복에 대해,

> 오호라. (순암) 선생은 성호 부자夫子의 적전인데 신하빈·윤소남·이정
> 산은 모두 동문으로 도의를 벗하였다.[64]

라 하였듯이, 성호의 적통임을 분명히 말하였다. 그러나 성호의 다른 고제자
윤동규나 신후담 그리고 성호의 조카 이병휴에 대해서는 적통 여부를 말하지
않았다. 이들을 성호학통으로서의 적통성에 대해 소극적으로 보았던 것이 아
닐까 한다. 그는 윤동규나 신후담, 이병휴의 학문을 높이 평가하고, 당대 성호
로부터 신임받던 학자라는 사실을 인정하고 있었다.[65] 다만 그가 안정복계열을
성호학통의 적통으로 인정하였던 것은 아마도 이 계열을 통하여 성호학이 사

---

63 20세기 이후 성호학통의 계보에 대한 그동안의 논의는 졸저, 『성호학통 연구』 제1편 참조.
64 『성재선생문집』 권15, 「麗澤齋重修記」. "嗚呼 先生星湖夫子之嫡傳 而愼河濱尹邵南李貞山
皆同門道義之友也."
65 허전은 신후담과 이병휴의 행장을 쓰기도 하였다(『성재선생문집』 권21, 「河濱愼公行狀」 및
권29, 「貞山李公行狀」).

승관계를 맺으면서 자신에게까지 확실하게 전승되어 왔다는 점을 의식하였기 때문이었다. 당시 허전은 한반도 전역에 걸쳐 실제 근기 성호학통의 종사로 인정받고 있었던 것이다. 요컨대 그는 성호학통의 적통을 이익→안정복→황덕길→허전 자신으로 이어지는 계보로 스스로 인정하고 있었다고 하겠다.

허전의 이와 같은 학통 인식은 그의 문인들에게도 그대로 받아들여졌다. 이를테면, 그의 문인 허훈許薰은 이황→허목→이익→안정복→황덕길→허전이라는 계보로 보았고,[66] 허전의 노년기 애제자 노상직盧相稷은 이황→정구鄭逑→허목→이익→안정복→황덕길→허전의 계보로 나타냈다.[67] 표현은 약간 다르지만 계보의 이해는 차이가 없다. 성호로부터 허전에 이르는 이러한 학문적 계보를 20세기 초 그의 많은 문하생들도 한결같이 말하고 있다. 이들은 대부분 자신의 학통을 퇴계학통이요, 미수학통이고 성호학통으로 인식하였다. 이 계보가 곧 안정복계열 성호학통이다.

안정복계열 성호학통은 철저하게 사승관계를 맺으면서 이어졌다. 그러한 사승관계가 이루어진 데에는 당색과 학통 그리고 가계간의 밀접한 친분관계가 있었다. 안정복과 황덕길의 사승관계에서는 안정복과 황이곤이 성호문인으로서 동문수학한 배경에서 황이곤의 아들 황덕일과 황덕길이 안정복의 문하생이 되었고, 황덕길과 허전의 관계에서는 황덕길과 허전의 조부 허곤이 학문적으로 절친한 친구였을 뿐 아니라, 허전의 아버지 허형이 황덕길과 가까운 사이였던 배경에서 허전이 황덕길의 문하생이 되었던 것이다.

---

66 『방산선생문집』 권21, 「性齋先生言行總錄」.
67 『소눌선생문집』 권5, 「請改先師文憲公性齋許先生諡注疏」.

3) 영남 성호학통 확산과 허전[68]

허전은 2회에 걸쳐 영남에서 거주하였다. 첫 번째는 18세 때 현감 발령을 받은 아버지를 따라 21세 때까지 살았던 3년과 그 후 1864년(68세)) 3월부터 1866년(70세) 7월까지 김해도호부사로 근무하던 2년 6개월 동안이다. 그는 부사로 나아간 것을 계기로 후학 양성에 힘을 기울여 많은 문인을 배출하였다.

허전이 영남지방 유림들로부터 환영받고 문인을 양성할 수 있었던 것도 그 배경을 보면 퇴계학통, 그 가운데에서도 이상정계열과 무관하지 않다. 이상정은 안산의 성호를 찾아 학문적으로 가까이하였고 윤동규·안정복 등 성호문인들과도 교류하던 사이였다. 이상정의 문인 정종로·한정운·남한조는 안정복과 학문과 사상을 가까이한 사람들이다. 안정복은 정종로와 남한조를 이상정의 후계로 여겨 기대하는 바 컸고,[69] 정종로와 남한조 역시 안정복의 학문을 존경하여 가까이하려 하였다.[70] 특히 정종로는 성호를 당세 근기의 유종儒宗이라 하고 안정복을 성호의 적전이라 하였다.[71] 남한조는 안정복의 「천학문답」을 영남지방에 전파하여 서학 배척에 앞장선 인물로서 19세기 영남남인의 거장 유치명의 스승이고, 한정운은 안정복의 문인이기도 하며, 황덕길과도 가까운 사이였다. 정종로는 이원조李源祚·이종상李鍾祥 등을 길러 냈고, 남한조 문인 유치명은 이진상李震相·이돈우李敦禹·김흥락金興洛·박시묵朴時黙 등 수많은 문인을 영남지방에서 배출했다. 그리고 영남사람으로 안정복의 족질인 냉와冷窩 안경점安景漸(1722~1789)처럼 성호 문하생으로 과거에 올라 벼슬하다가 고향 밀

---

68 성호학통의 영남지방 확산에 대한 내용은 졸고(2003), 「성호사후 성호학통의 변천과 성격」, 『성호학연구』 창간호, 안산시, 202~206면을 약간의 보완과 수정을 가하여 전재한다.

69 『순암집』 권8, 「答南宗伯(漢朝)書 丙午」; 「答李仲章(天燮)書 丁未」; 與鄭都事士仰(宗魯)書 己酉」.

70 『損齋先生文集』 권2, 「答順菴安丈(鼎福) 乙巳(1785)」 및 「丁未(1787)」.

71 『立齋先生文集』 권9, 「與安順菴」.

양에 낙향하여 후학을 양성한 예도 있다. 이로써 본다면, 영남지방에는 18세기에 이미 성호학파와 성호학문이 잘 알려져 있었고 성호나 안정복의 저서도 보급되기 시작하였다고 볼 수 있다. 앞서 보았듯이, 황덕길문인 안경의가 순암문집과 하려문집을 정리한 후 유치명을 통하여 영남 유림들에게 성호학을 보급하려 앞장섰던 경우도 있다. 그 밖에 잘 알려지지 않았지만 근기에서 성호학을 공부한 학자들이 유학의 고향으로 알려진 영남으로 내려가 성호학을 보급하기도 했다.

이와 같은 배경에서 1864년 허전이 김해도호부사로 부임했던 것이다. 그는 부임하자 교학에 힘써 봄·가을에 향음주례를 정기적으로 베풀고, 관아에 있는 '공여당公餘堂'을 개방하여 지역 유림들이 자유롭게 드나들며 학문을 연마하도록 하였다. 이 공여당은 '함허정涵虛亭'과 함께 학문토론 장소이자 유생 교육기관으로 재능있는 선비들을 발굴하는 장소로 활용되었다. 그리고 허전은 공무를 마친 뒤에도 청·장년들을 모아 놓고 강론을 하고,[72] 수시로 관내의 여러 향교나 정자를 순회하여 강학을 하였다. 더불어 문예시험을 자주 실시하여 유림들의 학문을 독려하고, 지역 원로 유학자들을 방문하여 우의를 다지는 데에도 소홀히 하지 않았다.

허전이 부사로 부임한 뒤, 많은 사람들이 문하생이 되려고 모여 들었다. 연령의 고하를 불문하고 문인이 되었지만, 경우에 따라서는 부자가 함께 문인이 되는 경우도 있다. 이를테면 박시묵朴時黙·박재형朴在馨 부자, 안효완安孝完·안희원安禧遠 부자, 노필연盧佖淵과 노상익盧相益·노상직盧相稷 부자, 허조許祚·허훈許薰 부자 등을 들 수 있다. 특히 경상남도 서부지역에는 집성촌 단위로 문인이 되는 경우가 많았다. 예컨대 광주노씨光州盧氏, 김해허씨金海許氏, 함안조씨咸安趙氏, 밀양박씨密陽朴氏, 상산김씨商山金氏, 순흥안씨順興安氏, 광주안씨廣州安氏, 여주이씨驪州李氏, 진주하씨晉州河氏 문중 사람들이 두드러지게 많았음을 찾아볼 수

---

72 『小訥先生文集』권1,「敬次性齋許先生涵虛亭講會韻」.

있다. 그의 문하생에는 유치명의 문인을 비롯하여 유주목柳疇睦·이종상李鍾
祥·이돈우李敦禹·이원조李源祚·이진상李震相·정교鄭喬·최기술崔己述·장복추
張福樞 등 학덕 높았던 영남 유림의 제자들이 많았다. 1861년 유치명이 작고하
고 3년 뒤 허전이 김해부사로 부임하였기 때문에, 특히 유치명 문인 가운데 다
수가 허전문인이 되었다. 예컨대 박치복朴致馥·김인섭金麟燮·박시묵·박재
형·권두영權斗泳 등이 유치명문인이자 허전문인이다. 앞서 본 바와 같이 유치
명의 학통과 허전의 학통인 안정복계열 성호학통이 선대로부터 정치적으로나
학문적·사상적으로 서로 유사하여 잘 통하였기 때문으로 풀이된다.

　허전의 문하생들은 스승의 가르침을 바르게 받자는 취지에서 '취정계就正契'
를 만들기까지 하였다.[73] 그만큼 허전은 짧은 기간에도 불구하고 김해에서 문
하생들의 추앙을 받으면서 후학을 양성하였다 하겠다. 「냉천급문록」에 수록된
495명의 허전문인 가운데 약 70%가 영남인이고 그 가운데 300명 정도가 김
해·함안·단성·진주 등 낙서洛西의 경상남도 사람이다. 문인 안희원이,

　　성재 허선생은 우리 유림의 종장이다. 영남 학자들이 그 문하에서 배출
　　되어 오늘의 유학이 크게 번창케 되었다.[74]

라고 하였듯이, 허전을 영남 유림의 종장이라고 한 것을 보면 당시 허전이 영
남지방에서 얼마만큼 추앙을 받으면서 많은 문하생을 배출하였는가를 짐작할
수 있다. 1866년 김해부사의 임기를 마치고 서울로 올라온 이후에도 영남의
많은 선비들이 찾아와 가르침을 받았다. 허전문인 권상빈權相彬이,

　　옛날 우리 문헌공文憲公 성재 허선생이 서울 냉천冷泉에서 창도하니 팔

---

73 『克齋集』 권7, 부록(上) 「家狀」; 『心齋先生文集』 권4, 「就正契帖跋」.
74 앞의 책, 安禧遠跋文.

도의 선비들이 모두 기꺼이 따랐는데, 특히 영남 사람이 가장 많았다.[75]

라 한 것처럼, 영남사람들이 가장 많았다고 한다. 노상익·노상직 형제를 비롯하여 이홍석李洪錫·양재팔梁在八·이상규李祥奎·이석관李碩瓘·안희원의 경우는 영남인으로 서울 냉천동에서 허전으로부터 수업한 사람들이다. 영남출신 문인들은 연고지에 돌아가 허전을 학문적 종사로 존경하였다. 앞서 본 안희원 외에도 조성렴趙性濂은 허전의 학문과 도덕을 온 나라 학자들이 종사로 삼는다 하였고,[76] 노년기 애제자 노상직은 노산蘆山에 자암서당紫巖書堂을 지어 그 곳 구사재九思齋에 스승 허전이 지어준 '구사잠九思箴'을 걸어 놓고 아침 저녁으로 외우기를 스승이 자리에 앉아 있는 것처럼 하였다고 한다.[77]

앞서 보았듯이 문인 허훈이나 노상직이 스승 허전의 학통을 이황→허목→이익→안정복→황덕길→허전으로 보았던 것처럼, 허전은 퇴계학통이요, 미수학통이며 성호학통으로 불렸는데, 성호학통 가운데에서도 안정복계열 성호학통임을 분명히 하고 있다. 그 밖에 많은 영남 학자들도 이와 같이 보고 있다.[78] 노상직의 다음과 같은 표현은 허전의 학통을 적실하게 나타냈다 하겠다.

회연檜淵의 물이 연천漣川으로 흘러 첨성포瞻星浦로 들어오고 광릉廣陵을 돌아 두호斗湖에 이르러 냉천冷泉에 모였다. 냉천은 나의 스승 허문헌공許文憲公께서 도학을 강의한 곳이다.[79]

---

75 『惠山集』,「跋文(權相彬 撰) 甲子(1924)」.
76 『심재선생문집』 권27,「與溫典翰(忠翰)」.
77 『소눌선생문집』 권27,「紫巖書堂記」.
78 자세한 것은 졸저, 『성호학통연구』 제1편 제2장 2. '허전문인들이 본 성호학통' 참조.
79 『소눌선생문집』 권25,「訓蒙帖序」. "檜淵之水流于漣 入于瞻星之浦 匯廣陵 到斗湖 會于冷泉 冷泉我先師許文憲公講道之所也."

회연은 정구鄭逑가, 연천은 허목이, 첨성포는 이익이, 광릉은 안정복이, 두호는 황덕길이, 냉천은 허전이 후학을 양성하던 곳이다. 학통과 사승적 전승의 맥을 물이 자연스럽게 흐르는 것에 비유하였다. 이들이 말하는 학통은 곧 자신들의 학통을 말하는 것이다.

요컨대 영남지방의 성호학통은 18세기 이후 기존의 성호학문이 잘 알려진 바탕 위에 광주의 안정복계열 성호학통 허전에 의해 19세기 후반에 크게 확산되었던 것이다. 따라서 영남지방 성호학통의 근간은 안정복계열 성호학통이라 하겠다.

4. 맺음말

지금까지 안정복계열 성호학통의 확산에 대하여 황덕길문인 안경의와 허전의 활동을 중심으로 살펴보았다. 먼저 안경의가 안정복 유고와 황덕길 유고를 정리하면서 쇠미해진 성호학파를 일으키고 성호학통을 전승시키려고 노력한 과정을 고찰하였다. 안경의는 양천의 황덕길 문하에서 수업하였지만, 거주한 곳은 광주 퇴촌으로 덕곡의 안정복, 양근의 권철신, 초부면 마현의 정약용 등이 살았던 곳과 매우 가까운 거리였고, 18세기 후반 천주교 강학이 활발하게 이루어졌던 천진암 또한 이웃에 있었기 때문에, 비록 그가 활동하던 시기가 19세기 초·중반 이미 성호학파가 크게 위축된 상황이었다 하더라도 성호학파의 험난했던 내력과 현실을 누구보다 잘 알고 있었다고 하겠다.

스승 황덕길이 자기의 책임이라 여기면서 안정복 유고를 정리하고, 성호 유고를 재정리하려 하였듯이, 그도 자신의 책임이라 생각하고 스승이 마치지 못한 안정복 유고를 이어받아 정서하는 한편 스승의 유고를 편집 정리한 다음, 근기지방은 물론 영남지방에 유포하여 성호학통의 새로운 기반을 다졌다. 즉 그는 근기와 영남을 성호학통으로 연결하는 가교적 역할을 수행하면서, 안정복계열 성호학통이 영남지방에 정착되는 기반을 조성하였다. 학통은 대개 사승을 통하여 전승되지만, 안경의는 자신이 속한 학파의 선현이나 스승의 문집을 다른 지역에 유포하고 강론케 함으로써 기존의 학통을 전파·확산시키는 한편, 정치적·학문적 유대관계를 증진시키는 데에 기여한 성호학통의 대표적 인물 이라 하겠다.

그 결과 영남지방은 19세기 후엽 허전문인을 중심으로 안정복계열 성호학통 의 새로운 본거지가 되었고, 황덕길과 안경의가 정리하여 필사한 문집을 비롯 하여 그동안 숙원사업이던 성호학통 주요 인물들의 유고가 속속 간행되기에 이르렀다. 이렇게 볼 때 안경의의 문집 정리와 학통 재기를 위한 헌신적 노력 은 성호학통 전승에 있어 높이 평가되어야 할 것이다. 나아가 학통의 전승은 안경의나 허전처럼 전승을 위해 각별하게 헌신하는 인물이 있을 때 크게 확산 된다는 경험적 사실을 알게 한다 하겠다.

한편 허전은 19세기 초 한양을 중심으로 황덕길이 펼친 성호학통의 재기를 이어, 성호학통을 전국적인 규모로 성장시켜 확고한 기반을 형성한 장본인이 다. 이로써 그는 황덕길 이후 안정복계열 성호학통의 제일인자요, 실질적인 종 사로서[80] 성호의 학문과 사상을 문인들에게 전승시키는 한편, 학통의 발전과 자신의 입지를 강화해 나갔다. 그의 언행은 이 학통의 진로에 결정적인 역할을 하였다. 그는 학문적으로는 공맹의 가르침에 충실하였고, 사상적으로는 이 학 통의 전통인 벽위노선을 굳게 지켰다. 따라서 정치적인 행보도 반외세적이고 수구적 성향이 강한 편이었다. 반면 1862년 정부에 제출한 「삼정책三政策」에서 볼 수 있듯이,[81] 그는 내정개혁을 강하게 주장한 민본중심의 온건적 개혁주의 자이기도 하였다.

그의 학문과 정치적 성향이 18세기 성호학파의 성향을 그대로 답습하였다고

---

80 『克齋集』「跋文(安禧遠 撰)」. "性齋許先生 吾林宗匠也 嶺之學者 多出於其門 蔚然爲今世 之洙泗."
81 허전의 삼정책에 대한 구체적인 내용은 姜世顯, 앞의 논문이 참고됨.

보기는 어렵다. 그는 어디까지나 안정복계열 성호학통의 학문과 사상을 이어 받았다. 안정복은 성호의 학문과 사상을 철저하게 전승하였고 황덕길 또한 안정복의 학문과 사상을 그대로 계승한 학자였으며, 황덕길은 안정복의 가르침과 성호학을 후학들에게 철저하게 계승시켰다. 허전 역시 철저하게 성호학에 매료되었고 안정복의 학문을 사숙하였다. 이렇게 안정복계열 성호학통은 성호의 학문과 사상을 사승을 통하여 18세기 성호학파의 맥을 적실하게 이어 왔던 것이다. 허전이 19세기 성호학통을 확산 성장시키는 중심에 서 있었던 것이다. 요컨대 안경의가 근기 성호학통을 영남지방에 확산시키는데 교량적 역할을 하였다면, 허전은 이를 발판으로 확산의 주역을 담당하였다고 평가하여 좋을 것이다.

결론

지금까지 안정복의 학문과 사상을 청소년기로부터 노년기에 이르기까지 여건 변화의 흐름 속에서 살펴보았고, 안정복 이후 안정복계열 성호학통이 어떻게 전승되어 갔는가에 대한 과정도 고찰하였다. 본문의 고찰을 통하여 그의 학문과 사상이 어떤 과정을 통하여 어떤 모습으로 변천되어 갔으며, 주변의 상황에 따라 어떻게 순응하고 대처해 나왔는가를 어느 정도 가늠할 수 있었다. 그리고 안정복계열 성호학통이 중단되지 않고 상장 확산될 수 있었던 배경과 원인도 대략 이해할 수 있었다. 결론을 통하여 이를 다시 정리하면서 그 성격과 특징을 생각해 보기로 한다.

1. 하학 공부와 농촌생활의 경험을 통하여 실학사상이 형성된 청년기

안정복이 처음 『소학』을 읽기 시작한 10세(1721)경으로부터 35세(1746)에 성호 이익을 방문하여 성호문인이 되기 이전까지이다. 성호문인이 되기 전 안정복은 성리학보다는 주로 공맹의 수사학을 연마하고 실천하는 공부를 하였다. 더불어 그가 살던 곳이 주로 농촌이었기 때문에 어려서부터 농촌생활에서 얻어진 경험은 자득과 실천을 중시하는 하학 공부와 함께 그의 경세치용적 실학사상이 차곡차곡 쌓여진 시기라 할 수 있다.

그는 유·소년 시절부터 경사를 비롯하여 기술서적이나 유학 외의 학문서적에 이르기까지 다방면에 걸친 독서를 하여 지식을 쌓고, 무주에서 살기 시작한 이후에는 『자치통감강목』과 같은 역사서를 접하면서 학문으로써 역사학에 입문할 정도가 되었다. 광주 덕곡으로 이사한 후에는 『자치통감강목』은 물론 『성리대전』과 같은 성리서를 읽는 등 성리학에도 관심이 깊어지면서 학문세계를 넓혀 갔다.[1] 33세에는 유형원의 저서를 접하였는데 『동사례』와 『반계수록』은 뒷날 『동사강목』 편찬에 큰 도움이 되었다. 그때까지 안정복의 학문과 사상은 누구의 문인으로서 이루어진 것이 아니었고, 뚜렷하게 정해진 스승도 없었다. 따라서 청년기 안정복은 덕곡에 파묻혀 아버지 안극의 농사일을 도우면서 자신의 학문적 경지를 스스로 개척해 가는 이름없는 일개 서생에 불과하였다.

광주 덕곡에서 독학으로 학문을 연마하던 과정에서 안정복은 『임관정요』와 『하학지남』 초고를 각각 27세와 29세에 저술하였다. 『임관정요』는 뒷날 유형원의 『반계수록』과 이익의 『성호사설』로 적지 않게 보충되었지만, 대부분 초고의 내용을 그대로 담고 있어 청년 시절 안정복의 견해를 살펴볼 수 있다. 『임관정요』에 나타나는 실익을 추구하는 애민사상이나 자립지향적인 농본사상, 그리고 여론을 중시한 목민관의 위민정치를 주장한 것 등은 유형원이나 이익과 같은 대실학자의 영향을 받기 이전에 이미 농촌생활의 체험 그리고 스스

---

1 필자는 안정복이 『동사강목』을 편찬하기까지의 생애를 성장 시기별로 나누어 고찰한 바 있다. 즉 제1기는 15세에 조부 안서우를 따라 무주로 이사하기 전까지의 유소년기로 다방면의 독서가 이루어진 시기, 제2기는 15세 경으로부터 24세까지 10년 동안 무주에서 살았던 청소년기의 역사학 입문시기, 제3기는 무주에서 덕곡으로 이사온 해로부터 이익을 방문하기까지의 10년 동안 나름대로 학문세계를 형성한 시기, 제4기는 이익을 방문한 이후 『동사강목』이 이루어진 시기까지로 역사학이 정립된 시기이다(졸저(1994), 『동사강목연구』, 민족문화사, 43면).

로 터득한 학문과 사상을 토대로 형성되었다고 볼 수 있다. 이것은 그에게 이미 실학사상이 자생하고 있었다는 사실을 말해 준다. 그가 이러한 사상을 지니기까지에는 18세기 실학풍의 흐름 속에서 남인의 가풍을 이어온 가정교육도 작용했을 것으로 생각된다. 『임관정요』는 뒷날 정약용이 쓴 『목민심서』의 선하가 되었다.

목민관의 민정 지침서인 『임관정요』와 주로 초학자를 대상으로 한 교육서인 『하학지남』은 저술 정신면에서 서로 무관하지 않다. 『하학지남』은 그의 말대로 종래 성리학에 매달려 먼 것에 힘쓰고 가까운 것을 소홀히 했던 학풍을 지양하고, 하학을 연마하여 일상생활에서 행동으로 옮길 것을 강조하여 쓴 책으로 주자의 『소학』에 비견되는 책이다. 안정복은 『하학지남』 저술의 기본 이념이 하학하여 상달하는 것임을 밝히고, 기본을 뛰어 넘는 상달보다는 하학의 중요성을 강조하면서, 조선 후기 양반사회에서 공리공담으로 뿌리깊었던 이기논쟁을 직·간접적으로 비판하였다. 또한 그는 학행일치를 강조하면서도 반드시 실천으로 이어져야 할 것을 주장하며, 나아가 현장에서 백성을 직접 접하는 목민관의 치인문제를 『하학지남』을 통하여 중요하게 다루었고, 『임관정요』에서 구체적으로 구현하였다. 안정복은 직접 농사일을 하면서 『임관정요』에 이어 2년 늦게 『하학지남』을 저술하였다. 하학 공부를 통한 실학정신과 농촌생활의 체험은 그가 『임관정요』와 『하학지남』을 쓰는 데 공통적인 배경이 되었다. 비록 『임관정요』가 먼저 저술되었다고는 하지만, 『하학지남』은 『임관정요』 저술의 이론적 바탕이 되었던 것이다. 따라서 두 저술은 서로 밀접한 관계에서 저술되었다고 볼 수 있다.

『임관정요』와 『하학지남』 저술을 통하여 청년 시절 안정복의 학문과 사상의 성격을 짐작할 수 있다. 첫째로 학문적 관점에서 본다면 퇴계학을 따르는 남인 계통의 유학에 바탕을 두고 공맹의 수사학에 충실하였다는 점이다. 고도의 사유체계를 요구하고 이기론에 얽매인 성리학보다는 실생활에 유용하고 실천 가능한 하학을 추구하였던 것이다. 그가 1746년 성호 이익을 만나기 이전에 그의 학문적 성격이 하학에 충실한 실용적 학문성을 추구한 이익의 학문성과 상

통하였다는 사실을 말해 준다. 둘째로 현실문제의 타개를 위한 현실개혁 의식이 싹트고 있다는 점을 들 수 있다. 여기에는 삼정의 문란으로 어려움을 겪는 농촌생활을 통한 체험적 배경이 큰 요인이 되었을 것이다. 이렇게 볼 때, 청년시절 안정복의 실용성을 강조한 학문성과 개혁성은 누구의 영향을 받지 않으면서도 조선 후기 실학풍의 흐름에서 의식적이든 무의식적이든 실학사상이 자연스럽게 형성되어 있었음을 엿볼 수 있다.

이와 같은 그의 학문 수준과 성향에 33살 때 접한 유형원의 『반계수록』을 비롯한 여러 저서는 그의 역사학과 실학사상에 큰 감동과 자극을 주어 앞으로 그가 학문하는 데 중요한 길잡이가 되었다. 아마도 이때 스스로 닦아 온 학문이 유형원의 실학서를 접함으로써 현실개혁 사상을 중심으로 한 실학문에 대한 희망과 자신감을 더하지 않았을까 여겨진다.

그렇지만 학문이 깊어짐에 따라 독학으로 일관한 자신의 학문과정에 스스로 한계를 느끼지 않을 수 없었다. 그리하여 무주에서 덕곡으로 이사온 지 10년 만인 35세(1746)에 안산에 거주하던 성호 이익을 찾아 문하생으로 받아주길 청하였다.

2. 성호문인으로서 성리학과 역사학 그리고 실학사상이 정착된 중·장년기

유형원의 저서를 접하고 2년 뒤 35세(1746)에 이익을 방문하여 성호문인이 되면서부터 52세(1763)에 스승 이익이 타계할 무렵까지를 말한다. 안정복의 이익 방문은 그의 학문과 사상에 새로운 전환기를 가져 왔다. 이익의 가르침뿐만 아니라 성호문인들과의 교류는 그에게 학문적 견문을 넓혀 주는 등 그의 학문이 정착되고 도약할 수 있는 계기가 되었다. 이제는 독학으로 닦은 그의 학문이 18세기 근기남인 성호학파의 학풍을 이어받아, 그 일원으로 자신의 입지와 학문이 정착할 수 있는 터전이 마련되었던 것이다. 그는 비록 늦게 이익의 문인이 되었지만 매우 적극적으로 이익의 가르침을 청하여 익혔다. 모두 네 번의 안산 방문과 수백 통의 편지를 통한 가르침이었다.

그리하여 성호문인이 된 지 수년 만에 이익은 안정복에게 『이자수어』를 윤동규의 도움을 받아 정리하도록 맡길 정도로 그의 학문적 능력을 인정하였고, 안정복은 이익으로부터 성리학·역사학·예론·서학 등 다방면에 걸친 학문적 자문을 구하여 익혔다. 앞서 본 바와 같이, 특히 안정복과 이익은 공히 성리학에 매진하기 보다는 하학에 철저하여 일상생활에서의 실천을 중시하는 학문성에서 공통점을 지니고 있었다. 학문방법과 내용에 있어서도 자득과 실천을 중시한 궁경실학이었다.

성호문인으로서 그가 교류한 학자들은 대체로 지역적으로는 근기 지방인이 많았고 그 중에서도 경기 남도인이 다수를 차지하였다. 그러나 그의 학문이 점차 알려지면서 영남 남인들과도 교류도 확대되어 갔다. 많은 학자 가운데 그의 학문 성장에 영향을 준 대표적인 성호문인으로 윤동규와 이병휴를 빼놓을 수 없다. 이들은 성호 다음으로 안정복의 학문 성장에 크게 기여함으로써 성호 동문이지만 안정복 스스로도 이들을 사실상 자신의 스승이라고 말할 정도였다. 또한 이들은 1763년 성호 사후 안정복을 포함하여 성호학파를 실질적으로 이끈 3인방이기도 하다. 안정복이 영남 학자들에게 알려지게 된 계기는 안정복이 『동사강목』을 편찬하였다는 사실이 알려진 이후라고 해도 과언이 아니다. 영남인들은 이익의 주관아래 『동사강목』을 안정복이 집필하였다는 사실을 잘 알고 있었다.

성호문인이 된 뒤, 그의 학문과 사상에서 가장 두드러진 변화를 가져온 것은 역시 성리학과 역사학 그리고 자득과 실천을 중시하는 성호학파 실학사상의 정착을 들 수 있다. 안정복 스스로 밝혔듯이, 이익이 쓴 『사칠신편』을 읽고 성리학에 대한 자신감을 갖게 되었고, 이후 성리학을 논할 때에는 이황의 성리학과 이익의 『사칠신편』이 이론적 바탕이 되었다. 퇴계의 주리론을 따라 '이발기수 기발이승'이 그의 이기론 골격이다. 역사학에서는 『동사강목』 편찬에 유형원의 저술을 초록하여 만든 『동사례』가 큰 자극제와 도움이 되었고, 이익의 편찬 권유와 철저한 간여 그리고 윤동규와 이병휴 등 성호문인들의 적극적인 협조가 있었다. 따라서 『동사강목』의 편찬은 유형원→이익→안정복으로 이어지는 계보로 이해되어야 할 만큼 유형원・이익의 역사학과 실학사상의 영향이 컸고, 이익과 성호문인들이 다수 참여함으로써 성호학파의 역사인식을 대변하는 역사서가 되었다.

　한편 그의 실학사상은 성호문인이 되기 직전에 열람한 유형원의 저서에서 영향을 받지만, 이익 또한 유형원의 실학사상을 크게 받아들인 사람이기 때문에 성호문인이 된 뒤에도 이익으로부터 다시 유형원의 사상을 이어받는 결과가 되었다. 특히 『성호사설』은 이익의 역사학과 실학사상을 안정복에게 전승시키는 데 중요한 매체가 되었는데, 안정복은 이를 다시 이익이 타계하기 직전 『성호사설유선』으로 재정리하였다. 특히 유형원의 『반계수록』과 이익의 『성호사설』에 담겨진 현실개혁을 주장하는 실학사상은 안정복이 『임관정요』의 초고를 보완하고, 그리고 『동사강목』 안설을 통하여 현실개혁을 주장하는 데에 크게 작용하였다.

　이처럼 안정복은 성호문인이 됨으로써 이익의 학문과 사상을 전승하여 자신의 학문을 확고하게 정착시킬 수 있었고, 일찍이 다졌던 나름대로의 경험적 실학사상을 체계화할 수 있었다. 성호 말년 즈음에는 성호문인 윤동규・이병휴와 함께 성호학파를 이끌어 가는 주요 멤버이자 성호학파를 대표하는 역사학자의 위치를 확고히 하였다. 『동사강목』은 그 결정체라 할 수 있다. 또한 성호문인이 된 뒤 천거를 통하여 4년 여 동안 관직에 나아가 사헌부감찰 등을 역임하였으며, 이익의 부탁으로 윤동규와 함께 『이자수어』를 정리하였고 『광주부지』와 같은 지방지도 저술하였다.

3. 이단사상을 배격하고 하학을 장려하면서 성호학파 유지에 심혈을 기울인 노년기

이익이 타계한 해(1763)로부터 안정복이 80세를 일기로 일생을 마친 해(1791)까지를 말한다. 이익이 타계하자 성호학파의 본거지가 성호의 조카 이병휴가 거주하던 충청도 예산으로 사실상 옮겨졌고, 거기에서 이병휴의 주관 아래 성호 유고의 정리가 이루어지고 있었다. 그즈음 안정복은 덕곡에 칩거하여『사감』·『열조통기』등 역사서 편찬에 열중하면서『동사강목』초고의 교정과 보완을 계속하는 가운데 후학 양성도 소홀히 하지 않았다. 더불어 윤동규·이병휴와 협조하며 성호 유고 정리에도 간여하는 등 성호학파의 중심에 서 있었다. 1776년에는 충청도 목천현감에 제수되어 목민관으로서 그가 일찍이『임관정요』를 통하여 제시한 대민 개선책을 직접 실현하여 여러 치적을 남기기도 하였다

성호 사후 성호학파는 윤동규·이병휴·안정복의 협조체제 아래 원만하게 유지되었고, 1773년 무렵 성호유고 정리도 거의 마무리되었다. 더불어 1770년 무렵 이후에는 성호학파 후계문제가 크게 부각되면서 권철신과 이기양 등이 장래 성호학파를 이끌어 갈 인물로 등장되자, 윤동규와 이병휴의 권유에 따라 이들의 지도를 안정복이 떠맡게 되었다. 안정복은 이들이 양명학에 심취하는 대신 하학에 매진하도록 권유하였으나, 이들은 안정복의 권유를 소극적으로 받아들였다.

그런데 그가 정말 어려웠던 시기는 바로 1776년 이병휴가 타계한 이후부터였다. 그것은 안정복 자신이 지도하며 기대를 걸고 있었던 성호학파 내의 많은 젊은 학자들이 양명학은 물론 서학, 즉 천주교에 대한 관심이 깊어 갔기 때문이다. 이러한 흐름에서 성호학파의 원로인 안정복의 입지가 적지 않은 타격을 받지 않을 수 없었다. 성호학파 젊은이들의 선두에 서있는 권철신을 중심으로 한 소장학자들이 점점 천주교에 적극적으로 접근하게 되는 상황에 이르자, 안

정복은 그 동안의 소극적인 방관에서 강경하게 대처하고 나섰다. 이익이 생존하고 있던 당시 안정복은 이익과 천주교에 관한 의견을 교환하면서 천주교 서적을 분석하였고 교리도 상당히 알고 있었다. 그 때에는 천주교리에 대해 부정적인 입장을 보이며 천주교를 불교의 지류라고 하거나 교리를 불교의 찌꺼기 이론에 불과하다고 생각하는 정도에 그쳤다. 내세사상과 관련된 영혼불멸설, 천당지옥설, 마귀설 등이 그의 주된 비판대상이 되었다. 어디까지나 유학자의 현세적이고 합리주의적인 입장에서 비롯된 소극적 비판을 넘지 않았다. 따라서 이익이나 안정복도 천주교 전파를 막아야 한다는 적극적인 태도를 보이지 않았다.

그가 천주교에 대해 보다 적극적으로 대처하려는 태도를 보이기 시작한 것은 1780년 무렵 성호학파 젊은이들이 이전보다 천주교에 대하여 관심이 많아지고, 1780년대 중반에 접어 들어 전파가 점차 활기를 띠면서부터이다. 그리하여 정부의 박해를 예견하고 늘어가는 문인들의 천주교 입교를 저지하여 문인들을 박해로부터 구하고 성호학파의 궤멸을 사전에 막아 보자는 의도에서 소극적이던 천주교 비판을 적극적인 배척으로 선회하였다. 「천학문답」도 이러한 과정에서 저술한 것이다.

안정복은 문인들의 천주교 입교를 막는 한편, 하학에 매진할 것을 적극 강조하고 나섰다. 그가 하학의 중요성을 얼마만큼 강조하였는가는 『하학지남』에 잘 드러나 있지만, 노년기에 들어서 더욱 하학의 중요성을 강조하고 나선 것은 바로 이기논쟁에 빠진 성리학에 대한 반발과 천주교를 중심으로 한 이단사상을 배척하는 일환이었다고도 볼 수 있다. 하학은 궁경실학으로 자득하여 일상생활을 통하여 실천이 가능한 유학이지만, 사칠이기로 공리공담을 일삼는 성리학은 일생을 공부하여도 얻는 것이 없고 논쟁만 일으킨다고 비판하였다. 따라서 공맹孔孟의 가르침을 충실히 닦고 실행에 옮기면 자연히 상달의 경지에 이를 수 있다는 것이 그의 지론이었다. 또한 천주교의 무부무군의 사상을 효와 예의 실천을 주된 공부 내용으로 하는 하학으로 대처해야 한다는 것이 안정복의 생각이었다. 요컨대 그가 주장한 하학 공부는 현세에서 실생활에 소용되는 공맹의 가르침이었던 것이다. 이러한 안정복의 학문관과 스승 이익의 학문관은 서로 상통하였으니, 자득과 실천을 중시하는 이익의 실학 또한 안정복이 청소년 시절부터 익히고 실천해 온 하학 밖에 있는 것이 아니었다.

서구사상의 국내 확산은 조선 후기 주자학 사회의 동요를 부르고, 일상생활과 거리가 먼 이기논쟁과 함께 노년기 안정복의 학문과 사상을 매우 불안하게 하였다. 이에 그가 그 대처방안으로 강하게 주장한 것이 하학공부에 매진하는 것이었다. 그것이 안정복에게 사상적으로는 이단사상에 대한 방어이고, 학문적으로는 공리공담의 성리학에 대한 반동이었다. 안정복 스스로 천주교리를 분석하여 유교와 비교 분석해 보고 수용할 수 없다는 결론을 얻고 하학으로 대처해야 된다는 결론을 얻은 것이다. 또한 안정복의 종교관으로 미루어 보더라도 현세적 유교와 전혀 다른 내세관을 지닌 천주교가 지금까지 그가 경험해 보지 못한 이질적 사상이라는 불안감 때문에 그에게 수용되기를 기대하기는 어려웠다고 생각된다. 이것이 당시 성호학파 젊은이들이 서구의 사상을 적극적으로 수용하려는 태도를 보인 것과 크게 대조되는 부분이다. 그러나 그의 강경한 천주교 배척과 하학 장려에도 불구하고 권철신과 이기양 등 성호학파 소장학자들은 뜻을 굽히지 않음으로써 성호학파는 사실상 분열되었고, 안정복은 이들에 대한 설득을 포기하지 않을 수 없게 되었다. 결국 그의 하학과 천주교 배척을 중심으로 한 벽위사상은 안정복의 문인 황덕일·황덕길 형제에 의해 사승을 통하여 후대로 전승되어 갔다.

4. 19세기에 크게 확산된 안정복계열 성호학통

황덕일·황덕길 형제는 스승 안정복의 하학 중심의 학문과 벽위사상을 충실하게 계승하였다. 형제는 안정복의 가르침을 철저하게 이행하고 성호학을 사숙하면서, 분열된 성호학통을 재기하여 후학들에게 전승하는 데에 심혈을 기울였다. 황덕일이 주도하다 갑자기 타계함에 따라 황덕길이 형의 뜻을 이으면서 성호학의 연구와 보급은 더욱 활기를 얻었다. 황덕길의 문하생들이 유별나게 성호학통 의식이 강하고 성호학을 선호하게 되었던 것도, 황덕길이 양천 두호정사에서 후학들에게 성호학을 가르치는 데 남다른 노력을 편 결과였다. 황덕일이 안정복계열 성호학통의 주춧돌을 다졌다고 볼 수 있다면, 황덕길은 황덕일의 뜻을 이어 안정복계열 성호학통을 형성하는 주인공이었다.

1800년 전후의 성호학파는 그야말로 쇠미하여 지리멸렬되는 상황이었으니 성호학파의 후예들은 하나같이 진로를 우려하였다. 안정복의 만류를 멀리하면서 천주교에 관심을 두었던 성호학파의 여러 지식인들은 박해의 대상이 되었고, 순조시대 서인 노론정치는 성호학파의 발을 묶었다. 성호가문의 맏형 역할을 하던 예산의 이삼환李森煥도 권철신문인 정약용도 성호학파의 재기를 꿈꾸고 있었지만 크게 힘이 미치지 못하는 형편에서, 황덕길의 후학 양성과 성호학 공부는 안정복 문하의 성호학통 형성을 위한 몸부림이었다.

황덕길 문하에서 공부한 문하생 가운데 광주 퇴촌의 안경의는 안정복의 학문을 사숙하였고, 황덕길의 뜻을 이어 안정복문집을 정리하였으며, 스승 황덕길의 문집을 만들어 영남지방에 전파함으로써, 안정복과 황덕길의 학문을 알게 하고 성호학통에서의 안정복과 황덕길이 위상을 높이는 데 중요한 역할을 담당하였다. 특히 그가 만든 황덕길문집을 탈고할 때에는 황덕길문인들이 많이 참여하였고, 안정복문집은 1900년 목판 간행의 고본이 되었다. 그의 활동은 이어 영남지방에서 이루어지는 허전의 대대적인 성호학통 확산의 가교 역할로 보아 좋을 것이다. 안정복계열 성호학통에서 그는 남달리 안정복에 대한 숭모정신이 강하였다.

허전은 19세기 후반 성호학통의 종사적 위치에 있던 관료이자 학자이다. 그는 성호를 공자의 제자들이 공자를 존숭하듯 존경하였고, 성호학을 철저하게 연구하였으며, 특히 성호의 예론을 철칙으로 삼아 자기가 죽으면 성호의 예식에 따라 장례를 치를 것을 부탁할 정도로 성호학에 매료되었다. 그는 김해부사로 나아간 것을 계기로 영남지방에서 많은 문인을 배출하여 성호학통을 영남지방에 전에 없이 크게 확산시켰고, 그의 문인들에게 성호학을 심어 근기 성호학을 영남학에 접합하는 스승 역할을 하였다. 그는 생전에 성호문집이 간행되어 나오지 못한 것을 매우 안타깝게 여겼으나, 결국 성호학통을 이은 그의 제자들에 의해 곧 이루어졌다. 그의 문인들은 한결같이 스승 허전의 학통을 이익→안정복→황덕길[성순려星順廬]의 적통으로 보았고, 자신들이 속한 안정복계열 성호학통에 대한 긍지가 남달랐다. 이처럼 허전은 영남은 물론이고 근기 및 호서지방 출신 문하생을 크게 배출하면서 사실상 19세기 말 성호학통 종사의 위치에 있었다.

지금까지 안정복의 학문과 사상에 대해 무리는 있지만 편의상 청년기·중장년기·노년기로 구분하여 정리해 보았다. 이를 다시 요약해 보면, 하학 공부를 통하여 스스로 터득한 실학문과 농촌생활의 경험으로 얻은 현실개혁 사상이 유형원의 저서를 접하고, 이어 성호 이익의 문인이 되어 성호학파의 실학문과 접목됨으로써 안정복 개인의 실학문이 정립될 수 있었으며, 나아가 조선 후기 실학의 한 맥으로 자리잡을 수 있게 되었다. 이익의 학문과 사상을 철저하게 전승한 안정복은 노년기에 접어 들어 외래사상을 막고 이기논쟁과 같은 종래 성리학의 병폐를 고칠 수 있는 길은 오직 하학을 연마하고 실천하는 것이라 판단하여 학자들에게 매진할 것을 강조하였다고 말할 수 있다.

안정복이 이익의 학문과 사상을 철저하게 전승하였지만, 이익이 타계한 이후 서구사상의 국내 전파가 급속히 진행되어 가는 시대적 조류에서 보다 유연하게 대처하지 못했다는 점은 그의 사상적 한계로 지적하지 않을 수 없다. 이러한 그의 변통성 없는 대처는 새로운 사상에 대한 호기심과 기대에 찬 성호학파의 젊은이들에게는 받아들이기 어려운 낡은 사고로 여겨졌다. 어쩌면 18세기 전반기 청년 시절에 보였던 그의 강한 개혁정신과 유형원·이익으로부터 전승한 실학사상도 18세기 후반 천주교 사상의 수용처럼 급속하게 변화하는 사상적 흐름을 대처하는 데에는 보다 유연하고 전진적인 학문적 사상적 전환이 필요하였을 것이다.

안정복의 학문과 사상은 이후 황덕일·황덕길 형제를 필두로 후학들에게 사승 관계를 통하여 19세기 말 20세기 초까지 전승되었다. 안정복계열 성호학통은 18세기 대표적인 실학파인 성호학파의 큰 계보임에 틀림없다. 여기에서 실학을 들여다보는 후대인으로서 짚고 넘어가야 할 부분이 있다.[2] 한국사의 흐름으로 볼 때, 근대화 여명기의 선구적 위치에 있던 성호의 학문과 사상이 사승의 방법을 통하여 100여 년이라는 오랜 세월을 꿋꿋하게 전승하여 왔다는 점에서 주목받을 만하다 하겠다. 또한 구한말을 전후한 시기에 외세에 맞서 이들 학통에서 구국정신이 크게 발휘되었다는 점도 높이 평가받을만하다 하겠다. 여기에서 이 학통이 지켜온 벽위정신이 민족수난기를 맞아 구국의 선봉에 서는 면모도 들여다볼 수 있다. 민족지향적 성향이 강했던 18세기 성호학파 계열이라는 점에서 실학사적 의미도 부여할 수 있지 않을까 한다.

그러나 이 학통이 19세기 급속히 변화해 가는 근대화 과정에서 보인 모습은 또 다른 비판대상이 될 수 있다. 어느 학파든 역사적 흐름에 적응하여 그에 대처할 수 있는 능력을 발휘할 때 그 가치를 인정받을 수 있다. 성호학파의 학문과 사상이 18세기 당대에는 한 발 앞서가는 선구적 위치에 있었음은 누구나 인정하는 사실이다. 민족지향적인 자주사상과 근대지향적인 현실개혁 사상은 성호학파가 지닌 실학사상의 핵심이었다. 그렇다고 당대에 앞서 가는 학문이나 사상이라 하여 다가오는 시대적 조류에 맞춰 새롭게 조화시켜 나아가지 못하고 수구적 태도로 지켜 나아가기만 한다면 그 학문과 사상도 어느 시기에는 옛 것이 될 수밖에 없다. 안정복계열 성호학통은 처음부터 서학 배척의 기치를 내걸고 벽위사상을 견지해 오면서, 19세기 서구 제국주의 세력의 거센 물결을 맞아 구태의연하게 배외일관적으로 대처함으로써 스스로 한계를 지니고 있었다고 하겠다. 아무리 18세기에는 참신하고 발전적이었던 성호학파의 실학사상이었다고 할지라도, 19세기와 같이 격변을 요구하는 새 시대의 흐름을 위한 발전적 도약의 준비를 갖추지 못했다면 가치없는 사상으로 전락할 것은 뻔한 이치이다. 더욱이 천주교 전파문제로 벽위노선을 걷게 된 안정복계열 성호학통

---

2 이하의 글은 필자의 저서 『성호학통 연구』의 결론에 있는 일부의 글을 그대로 옮겨 싣는다.

이 근대화의 흐름에 제대로 부응하기는 애당초 기대하기 어려웠던 것으로 판단된다.

여기에서 안정복계열 성호학통의 양면성을 볼 수 있다. 어느 한 시대에 앞서 갔던 실학도 다가오는 새로운 역사의 흐름을 선도할 만한 또 다른 실학으로 변모되어야 한다는 경험적 사실을 알게 한다. 실학의 시대적 성격을 가르쳐 주는 대목이 아닌가 한다.

끝으로 성호는 재세在世시 많은 문인을 양성하였다. 따라서 그만큼 성호학통의 다른 갈래가 후대로 전승되었을 가능성이 없지 않다. 앞으로 안정복계열 외의 다른 성호학통의 존재가 드러나길 기대한다.

부록

본 부록에는 안정복의 저술 『의문』의 번역문과 원문을 실었다. 『의문』은 안정복의 성리학과 하학에 대한 견해를 이해하는 데 빠뜨릴 수 없는 사료라 생각하여 번역해 둔다.[1] 1994년에 출판된 이 책의 초판 부록에는 「천학고」・「천학문답」・「의문」의 번역문과 원문을 두었으나, 그 후 국역 『순암집』이 출간되어 그 안에 「천학고」와 「천학문답」의 번역문과 원문이 들어 있기 때문에 그 부분을 본서에서는 빼기로 하였다.

---

[1] 번역의 대본 사료로 『순암전집』(여강출판사, 1984)에 수록된 「의문」을 활용하였다. 이 「의문」은 국립중앙도서관 소장 『안정복 일기』 62권에 수록된 원문을 탈초한 것으로 보이는데, 탈초본에 원문과 다른 자구가 다수 나타나 있다는 문석윤 교수의 지적에 따라 필자 또한 원문과 탈초본을 축자 대조해 보니 사실이었다. 문석윤 교수의 지적에 감사드리며 필자 또한 이 기회에 원문대로 수정하여 활용하기로 한다.

『의문』[1]

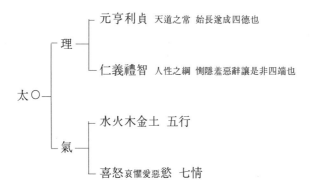

태극은 이기를 총괄하는데 이理에서 주관하는 것은 사덕四德과 사단四端이고, 기氣에서 주관하는 것은 오행五行과 칠정七情이다. 이의 주변[邊]에는 불선함이 없고 기의 변에는 선함도 있고 불선함도 있다. 모름지기 오행은 사덕으로부터 명령을 듣고, 칠정은 사단으로부터 명령을 듣는 것이 옳다. 오행이 문란하지 않으면 사덕을 도와서 천도天道가 이루어지고, 칠정이 올바르면 사단을 도와서 인도人道가 여기에 서게 된다. 그렇기 때문에 혹시라도 오행이 어긋나고 문란하게 되면 하늘이 원형이정元亨利貞의 도로써 어긋나지 않도록 하고, 칠정이 올바르지 못하면 사람이 인의예지仁義禮智의 성性으로 바로잡도록 한다. 이것이 이가 이겨 기를 누르는 것이다. 그렇지 아니하면 매양 기가 성하여 이를 멸하는 우려가 있으니 가히 두렵지 않겠는가?

---

1 『의문』에서 太○의 ○는 極이다.

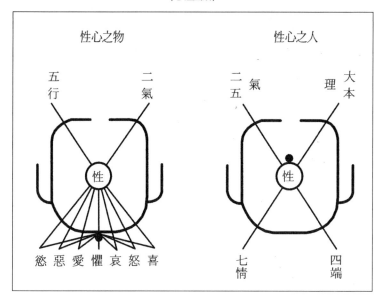

〈心性圖解〉

天지의 이를 얻어 성을 이루고, 천지의 기를 얻어 형을 이룬다. 이는 기에 거처하고 성은 형에 실려 있으며, 본연이 주인이 되고 기질은 쓰임[用]이 된다.

- 이미 천지의 이를 얻어 성을 이루었으니 성은 곧 이이다. 지금 심성도心性圖에 대본大本의 이와 이오 二五[陰陽五行]의 기가 합하여 성이 된 것은 무엇인가? 대본의 이는 본연의 성이고 이오의 기는 기질 의 성이다. 대본과 이오를 겸하여 얻어 성이 된 것이 사람이다. 다만 이오를 얻어 성이 된 것은 짐 승이다.

- 어떤 이는 성이 곧 이라 한다. 또한 이오의 기가 기질의 성이라고 한다면 성이 다만 이는 아니다. 역시 기인가? 이오의 기 역시 이 가운데에서 나와 이루어졌다면, 기가 형을 이루어 이 또한 거기에 부여된 것이 이것이다. 어찌 이로써 성이 곧 이[性卽理]라는 설을 꺼리는가? 대저 형기 이전에는 단 지 대본의 이일 뿐이다. 그 후 이오의 기가 여기에서 생겨나고 기가 형을 이루어 만물이 생겨난다. 천지의 이와 기는 다만 같은 모양이지만, 사람과 사물의 받고 버림이 같지 않은 것은 하늘이 불공 평한 것이 아니고, 곧 사람과 사물이 스스로 같지 않기 때문이다. 이것이 원형이정이 천지의 이로 써 이른바 대본임을 깨닫게 한다. 음양오행 또한 천지의 이로 형을 만드는데 기를 쓰는 것이다. 대 본과 이를 겸하여 얻은 것이 인성이고, 다만 이오를 얻은 것은 금수이다.

- 이와 기가 합하여 마음[心]을 이룬다. 마음은 허령虛靈과 지각知覺을 주재하여 모든 일을 처리한다. 지각은 이를 따라 발동함도 있고 기를 따라 발동함이 있는데, 발동은 곧 인심과 도심의 구별이 있다.

- 마음은 하나의 빛이다. 빛 속에 저장되어 있는 사물이 곧 성이다. 이를 따라 위로 발동하는 것을 본연의 성이라 하고, 기氣를 따라 위로 발동하는 것을 기질의 성이라 한다.

- 고요하여 움직이지 않고 못 이를 갖춘 것이 마음의 본체이고, 감응하여 마침내 통하여 모든 일에 응하는 것은 마음의 쓰임이다. 모든 사물을 거울 속에서 다스리듯 감응을 일으킬 따름이다.

- 마음에는 혈육의 마음이 있고 지각의 마음이 있다.

- 천명을 성이라 하고 하늘이 명한 것은 다만 원형이정의 도이다. 하늘에 있는 것은 원형이정이요, 사람에게 있는 것은 인의예지이다.
- 성이 이미 형기 가운데 떨어져 존재한즉, 기질의 성은 쓰임이 되고 그 가운데로 밀고 나아가니, 본연의 성은 곧 이가 있는 곳이다.
- 천지의 성 역시 기질의 가운데에서 떨어지지 않는다.

1. 사칠이기

객客이 주인主人에게 묻기를 "이는 무위無爲하고 기는 유위有爲하다. 이가 스스로 발동하지 못하고 기를 기다려 발동한다면, 사단 역시 기발이라고 말하여도 옳은가?"라 하였다.

주인이 답하기를 "무릇 인의예지가 천리이고 본연의 성이니 사단은 이에 속하는 것이 아닌가? 희노애구가 기질이 주어진 성이니 칠정은 기에 속하는 것이 아닌가? 이의 변에 들어가 있는 자가 이를 주인으로 삼았으니 이발이라고 말하는 것이 옳다. 어찌 이가 기를 기다려 발동한다고 하여 '사단 역시 기발이다'라고 말할 수 있겠는가? 이가 기를 기다려 발동하는 것은 이를 위하여 기를 사용한 것 뿐이다. 이것이 이가 발동하고 기가 따른다는 것이다[理發而氣隨]. 사단이 이에서 발동하는 것은 분명하다."라 하였다.

객이 묻기를 "사단이 비록 이에서 발동한다 하더라도 기가 아니고는 발동할 수 없다면 기발이라 하여 큰 문제가 없을 듯하다. 꼭 이발이라고 말한 뒤에 뜻에 타당하다는 것을 들려 줄 수 있는가?"라 하였다.

주인이 답하기를 "이의 주변에는 본시 폐단이 없는데 기의 주변에는 폐단이 생겨난다. 왜냐하면 천리는 본연의 성으로 불선함이 없은즉, 이에는 폐단이 없다고 말할 수 있고, 기질은 부여받은 성으로 선함도 있고 불선함도 있은즉, 기에는 폐단이 있다고 말할 수 있다. 그러므로 사단이 이에서 발동한다는 것은 확충하여 채우는 것인즉, 인을 지극하게 하고 의리를 다하여 만사가 폐단이 없게 된다. 칠정이 기에서 발동하는 것은 달아올라 절제하지 못하면 희노애구가 넘쳐 폐단이 장차 끝이 없게 된다. 그렇다면 폐단이 없는 사단을 폐단이 있는 기에서 발동한다고 말하는 것이 옳겠는가? 이가 폐단이 없으니 사단 또한 폐단이 없다. 사단이 폐단이 없다는 것을 본다면 사단이 폐단이 없는 이에서 나온다는 것을 알 수 있다. 어찌 칠정과 혼동하여 기발이라 하겠는가?"라 하였다.

객이 묻기를 "이는 본디 폐단이 없지만 사단은 폐단이 있는 듯하다. 왜냐하면 사람에게는 혹 온당치 못한 측은함에도 측은하게 여기고, 온당치 못한 부끄러움이나 미워함에도 부끄러워하고 미워하는 일이 있다. 또한 측은함을 베풀되 과도하게 측은히 여기고, 수오羞惡하되 과도하게 수오하는 경우가 있는데, 이 어찌 사단이 그 공정함을 얻지 못하여 폐단이 있는 것이 아니겠는가?"라 하였다.

주인이 답하기를 "온당치 못한 측은으로 측은하게 여기는 것은 내가 인仁의 실마리로 말하는 것이 아니고, 온당치 못한 수오로 수오하는 것을 내가 의리의 실마리로 말하는 것이 아니다. 심지가 굳지 못하고 사사로운 뜻과 잡스런 생각으로 때로 온당치 못한 행동을 한다면, 어찌 사단이라고 말하겠는가? 만약 측은하게 여기되 지나치게 측은히 여기고, 수오하되 지나치게 수오하는 것은 이가 발동하고 기가 따름에 즈음하여 이는 기를 잘못되게 만든다. 이것은 사단이 폐단이 있는 것이 아니고 역시 기가 폐단이 있기 때문이다."라 하였다.

객이 말하기를 "기의 폐단을 들려 줄 수 있는가?"라 하였다.

주인이 답하기를 "무릇 기질의 성은 선함도 있고 불선함도 있은즉, 맑기도 하고 흐리기도 하며 순수하기도 하고 그렇지 못하기도 함으로써, 기가 뒤섞여 있게 되는 것이다. 기가 뒤섞여 있으니 기 또한 방종하기 쉬운즉, 기가 과연 쉽게 폐단이 생기는 물건으로 변하지 않겠는가? 대개 기는 혹 폐단이 있는 기가 있을지라도, 이는 폐단이 있는 이가 없은즉, 이것이 내가 사단의 발동을 진실로 털끝만큼도 폐단이 없는 이의 본연의 선에 두는 것이다. 고로 옛날 유학자들이 '사단은 이의 발동이다. 이의 발동이다'하고 말한 것이 이에서 발동함을 말하는 것이다."라 하였다.

객이 말하기를 "지금 주인의 말을 듣고 사단을 발동하게 하는 것이 기라는 것을 비로소 알았는데, 사단이 발원하는 곳이 이라면, 이는 곧 이가 주인이요 기가 하인이 되는 것이다. 주인이 이른바 사단이니 이가 발동한 것은 실로 폐단이 없다는 논리이다. 무릇 성인의 공칠정公七情 같은 것은 이발인 듯한데, 반드시 기발이라고 하는 것은 갑자기 또 무엇인가?"라 하였다.

주인이 답하기를 "성인과 보통 사람의 칠정은 비록 바르거나 바르지 못함이 있어 같지 않다 하더라도, 칠정이 칠정이 되는 까닭은 하나인즉, 보통 사람의 칠정은 기에서 발동한다 하고 성인의 칠정은 유독 이에서 발동한다고 하는가? 또한 이는 본디 선하여 확충할 수 있는데 칠정 역시 확충할 수 있는가? 만약 확충하게 한다면 그 폐단을 장차 어찌할 것인가? 이발이라고 말할 수 없는 것이 분명하다. 그러므로 마땅한 것은 칠정이 바른 기에서 발동하여 기질이 맑은 것을 받는 것이고, 마땅히 그렇지 말아야 할 것은 칠정이 객기에서 발동하여 기질이 탁한 것을 받는 것이라 하겠다. 비록 기가 맑고 탁한 것, 정기正氣와 객기客氣로 나뉘어진다 하더라도, 그것이 기에서 발동하는 것은 한 가지이다. 이자李子(이황을 말함: 역자주)가 또한 공변된 칠정[公七情]은 기가 이에 순종한다는 설을 폈는데, 실로 공평하고 바른 논설이다"라 하였다.

객이 공손히 물러가면서 말하기를 "사단이 발동함에 기가 아니면 할 수 없으니 기발이라 해도 좋을 것이다. 그러나 기는 혹 폐단이 있고 사단은 혹시라도 폐단이 있지 아니하니 사단은 기발이라고 말할 수 없다. 칠정이 발동하는데 이가 그 가운데 있다면 이발이라고 말해도 좋을 것이다. 그러나 이는 확충할 수 있고 칠정은 확충할 수 없으니 칠정을 이발이라고 말할 수 없다. 이제야 나는 이가 발동함에 기가 따르며 기가 발동함에 이가 탄다[理發氣隨氣發理乘]는 뜻을 겨우 알겠다.

'이발기수'의 기는 사단이 발동하여 보이는 기를 따라 말한 것이고, '기발이승'의 이는 칠정이 받아들인 이를 따라 말한 것이다.

사단이 이에서 발동하니 기가 그것을 쓰고, 칠정이 기에서 발동하니 이 또한 거기에 있기 때문에, 정이程頤가 이르기를 '기를 말함에 이가 밝지 못함을 말하지 말고, 이를 말함에 기가 갖추어져 있지 않음을 말하지 말라' 하였으니, 이 가르침은 매우 명쾌하다. 다만 이가 발동하는 곳에 이가 주인이 된다면 이발이라고 말하는 것이 옳으나, 기가 발동하는 곳에 기가 주인이 된다면 기발이라고 말하는 것이 옳다. 주희朱熹가 이르지 않았던가. '사단은 이의 발동이요, 칠정은 기의 발동'이라고.

대개 사단칠정은 그 맨 끝이 어떤가를 먼저 보고 나서 그 발원이 어디에 있는가를 알 수 있다. 측은과 수오는 확충할 수 있은즉, 그 발원이 본연의 성에 있다는 것을 알 수 있고, 희노애구는 확충할 수 없은즉, 그 발원이 기질의 성에 있음을 알 수 있다. 이는 확충할 수 있고 기는 확충할 수 없기 때문이다."라 하였다.

묻기를 "칠정 가운데 애愛는 확충할 수 있는가?"라 하였다.

답하기를 "사단은 크게 공변되고 사사로움이 없는 것이고, 칠정은 공변됨도 있고 사사로움도 있다. 크게 공변되고 사사로움이 없는 것은 본연의 성에 속하여 불선함이 없는 것이 옳다. 공변됨도 있고 사사로움도 있는 것은 기질의 성에 속하여 선함도 있고 불선함도 있는 것이 옳다. 본연의 성은 불선함이 있지 않아 확충할 수 있고, 기질의 성은 선함도 있고 불선함도 있는데 역시 확충할 수 있겠는가? 칠정은 기의 안에 있는 것으로, 애가 칠정 가운데 있은즉, 애는 본디 확충할 수 없다. 만약 혹시라도 애를 곧바로 인이라 하여 확충할 수 있다고 말한다면 역시 옳지 못함이 있다. 왜냐하면 인은 본연의 성이요 애는 기질의 성인데, 기질의 성은 금수 또한 지니고 있는 것이다. 지금 과연 애를 인으로 한다면 이는 금수 또한 인의仁義의 성을 지니고 있는 것이니, 금수가 인의의 성을 지니고 있다고 말하는 것이 옳을 것이다. 금수가 인의의 성이 없다고 한다면 애와 인은 어쩔 수 없이 자연히 구별되지 않을 수 없다."라 하였다.

묻기를 "어떤 이는 인을 애의 이라 하고, 어떤 이는 인은 애의 성이요 애는 인의 정이라 한다. 또 어떤 이는 인은 애를 떠나 얻을 수 없다고 한다. 그렇다면 인과 애는 섞어 일컬어 같은 이름으로 쓸 수 있을 것이다. 그렇지 않은가?"라 하였다.

답하기를 "인은 천지 생물의 마음으로 애가 그것을 생성하고자 하기 때문에, 애를 인으로 해석하는 것이 실로 여기에서 비롯되었다. 큰 줄거리를 말할 것 같으면, 애는 일단의 은애恩愛이고 인은 모든 선함을 통활하는 것인즉, 안자顔子가 3개월 동안 인을 거스르지 않고 원하는 대로 제齊나라를 평정하게 된 것을 어찌 일단의 은애라고 일컬어 주장할 수 있겠는가? 그러므로 선배 유학자들이 후세에 와서 인을 해석하는 차이를 말하였다. 또한 어떤 이는 '후인들은 도대체 인을 모르고 단지 은애설을 억지로 조작하였'고 하였는데, 이 또한 태니료太泥了가 말한 것인즉, 애는 옳지 않고 인이라고 이름을 바르게 쓰는 것이 옳다는 것을 알겠다'라 하였다. 옛 사람들이 인을 말하는데 애를 빌려 말하는 자가 많은 것은, 이 모두 유추하여 의견을 내세우려는 것이다. 칠정의 애가 곧 사단의 인이라고 말하지 않았다. 이러한 뜻을 꼭 알아야 한다.

묻기를 "사람이 어버이를 사랑하고, 백성을 사랑하며, 사물을 사랑함에 끝까지 공부를 확충하여 쓸 수는 없다. 그렇지 않은가?"라 하였다.

답하기를 "어버이를 사랑하되 올바르게 하면 어버이에게 어진 것이고, 백성을 사랑하되 올바르게 하면 백성에게 어진 것이며, 사물을 사랑하되 바르게 하면 사물에 어진 것이라고 이미 말하였다. 어버이에게 어질고 백성에게 어질며 사물에 어질게 하는데 어찌 확충이 불가하겠는가? 이것이 이른바 기가 이에 순종하는 것이다. 이에 순종하는데 실로 확충할 수 없겠는가? 또한 기질의 성이 착하다는 것은 거꾸로 하면 천리의 성이 거기에 있는 것이니, 천리의 성 역시 확충할 수 없겠는가? 만약 어버이를 사랑하는데 다만 음식으로만 봉양한다면 어진 것이 아니다. 묵자의 겸애가 어진 것 아니고 위공衛公이 학鶴을 사랑하는 것도 어진 것이 아닌즉, 역시 확충할 수 있겠는가? 그렇다면 애는 확충할 수 없고 어진 후에 확충할 수 있다는 것이 마땅하지 않은가?"라 하였다. 통합해서 말하자면, 칠정은 기의 발동인데 기는 잡스러운 것을 지니고 있기 때문에 확충이 불가능하다. 나누어 말하자면, 칠정이 올바르면 기가 이에 순종하는 것이다. 이에 순종하면 천리를 가능하게 하므로 확충할 수 있는 것이다.

묻기를 "사단의 측은과 칠정의 애가 구별이 있는 것은 무엇인가"라 하였다.

답하기를 "측은은 본연의 성에서 나왔으니 크게 공변되고 사사로움이 없다. 은애는 기질의 성에 관계되니 공변됨도 있고 사사로움도 있다. 이것이 구별되는 까닭이다."라 하였다.

묻기를 "『맹자』의 '선함이 있으면 기를 기른다'는 온 천지에 가득한 가르침
이다. 이 기는 기질의 기가 아닌가? 어떻게 확충함이 이와 같은가?"라 하였다.

답하기를 "그것은 기이다. 지극히 크고 지극히 굳세게 인의를 모아 생성한
것인즉, 다른 기와는 스스로 구별되고 강하지만, 기라고 불렸기 때문에 맹자가
'말하기 어렵다'라고 하였다. 대개 크기가 비할 바 없기 때문에 지나치게 크다
는 폐단이 없고, 굳셈이 대적할 수 있는 상대가 없기 때문에 또한 지나치게 굳
세다는 혐의가 없다. 이와 같다면 다시 무엇을 꺼려하여 확충하지 않겠는가?
어찌 기질의 기를 확충하는 것과 치열하여 절제하지 못하는 것을 함께 다루어
이야기 하는가?"라 하였다.

묻기를 "사람의 태어남이 모두 기의 조화이고 이의 조화가 없다면, 사람의
성은 모두 기발이고 이발은 없다. 그렇지 않은가?"라 하였다.

답하기를 "하늘이 음양오행의 조화로 만물을 생겨나게 하였다. 기가 형체를
만들고 이 또한 여기에 부여되었다. 또한 기를 변화시킨 것이 곧 이이다. 이것
을 기화氣化라고 하겠는가? 그렇다면 도무지 기발이라고 말할 수는 없을 듯하
다."라고 하였다.

묻기를 "칠정의 애哀와 애愛는 어진 것이고, 노怒와 오惡는 의리이다. 기뻐 화
평하고 두려워 엄숙한 것은 예禮라 할 수 있다. 욕심이라는 것이 마음이 하고
자 하는 것이라면 지智라 할 수 있다. 그렇다면 칠정 가운데 역시 사단이 있고,
사단과 칠정이 본시 두 물건이 아닌데 사단과 칠정이 이발과 기발의 차이가 있
는 것은 무엇인가?"라 하였다.

답하기를 "측은은 어짐의 단서인데 사람의 착한 마음을 어떻게 표현할 수
없은즉, 비애悲哀와 친애親愛를 측은과 구별하고, 수오는 의리의 단서인데 자기
와 다른 사람이 선하지 못함을 부끄럽게 여기고 미워하는 것인즉, 성내고 미워
하는 것과 수오는 스스로 구별된다. 애哀와 애愛, 노怒와 악惡을 어짐의 종류나
의리의 종류라고 한다면 어짐의 단서라고 부를 수는 있겠으나, 의리의 단서는
옳지 못하다. 또한 공손함은 사양이고 변별하는 것은 시비이니 예와 지이다.

그런데 희喜·구懼·욕慾 세 가지는 사양과 시비와는 본디 쉽게 부합되지 않은 즉, 어찌 사단이라고 할 수 있는가? 칠정 가운데 역시 사단이 있으니 또한 사단과 칠정이 본시 두개의 물건이 아니라고 말할 수 있는가? 또한 칠정은 금수 역시 지니고 있다. 만약 사단과 칠정이 본시 두 물건이 아니라면 금수 역시 사단을 지니고 있는가? 이로써 본다면, 사단과 칠정을 어찌 혼동할 것이며, 또한 어찌 이발과 기발의 다름이 없겠는가? 옛날 혹 어떤 이가 주희에게 묻기를 '희·노·애·오·욕은 도리어 어짐과 의리에 가깝다'라고 하자, 주희가 답하기를 '본디 비슷한 곳이 있지만 그 비슷한 곳을 분별하여 말할 수 없다'고 한 것은 뜻이 본디 있는 것이다. 그렇다면 사단과 칠정이 두 물건이 아니고 무엇이겠는가?"라 하였다.

묻기를 "수오의 오와 칠정 가운데 오가 같지 않음이 있는 것은 무엇 때문인가?"라 하였다.

답하기를 "사람에게 불선함이 있는 것을 보고 증오하고 미워하는 것, 이것이 곧 사단의 오이고, 죽어 없어지거나 가난으로 고통받는 것을 싫어하고 미워하는 것, 이것이 곧 칠정의 오이다. 사단의 오는 본연의 성에 속하고, 칠정의 오는 기질에 속한다. 글자는 같아도 뜻이 다른 것이니, 이와 같은 것을 말한다."라 하였다.

묻기를 "기질의 성이 착한 것을 바꾸어 말하면 천지의 성이 여기에 있는 것이니, 사단과 칠정이 본시 두 가지 물건이 아니라 그런 듯하다."라 하였다.

답하기를 "인심이 위태롭게 되고 도심이 미약하게 되어 기질의 성이 쓰이게 되면, 얼마 있지 않아 멸하게 된다. 사람이 이에 때때로 큰 반성과 깊은 성찰이 기질의 위에서 이루어진다면, 기질의 변화를 일으켜 천지의 성을 다시 얻어 지닐 수 있으니, 이것이 곧 그 시초를 복구하는 것이다. 어찌 그것이 사단과 칠정이 두 물건이 아니라 그런 것이겠는가?"라 하였다.

묻기를 "사단도 정이요 칠정도 정이다. 정이 하나라면 사단과 칠정도 하나의 물건이 아닌가?"라 하였다.

답하기를 "하늘이 음양오행으로 만물을 화생化生하고, 만물이 끊임없이 생기는 것이 한결같다면, 자네의 말은 그것도 만물 역시 하나의 물건이라는 것과 같다. 무릇 마음이 성과 정을 통할하고 성이 움직여 정이 되는데 정은 하나이지만, 사단의 정이 있고 칠정의 정이 있다. 이것이 이른바 하나를 근본으로 하면서 만 가지로 달라진다는 것이다. 정이 발동하기 전에는 다만 이 성은 하나의 우리[圈]일 뿐이지만, 정이 발동한 뒤에는 사단과 칠정의 이름으로 각기 나뉘어지는 것이다. 이황의 『성학십도聖學十圖』 가운데를 헤아려 보면 대개 알 수 있다." 하였다.

묻기를 "사단이 본연의 성으로 불선함이 있지 않다면, 이른바 사단이 그 올바름을 얻지 못한다고 말하는 것은 무슨 말인가? 이미 지금까지 사단이라고 말한 사단도 역시 바르지 못함이 있다는 것인가?"라 하였다.

답하기를 "사단은 본디 근본이 착한 성인데, 그것이 발동함에 혹 기가 넘치게 되면 역시 올바름을 얻지 못하는 경우가 있다. 이것은 사단이 바르지 못한 것이 아니고, 바르지 못하게 한 것은 곧 기이다. 비록 그렇다 하더라도 이가 발동하고 기가 따를 때, 혹 기가 넘쳐 이미 그 올바름을 얻지 못한 것을 '사단이 올바름을 얻지 못하여 그렇게 말한다'고 말하지 않고, '어떤 물건이 그 올바름을 얻지 못하였는가?'라고 말한다. 그러므로 한혜漢惠는 측은히 여기는 마음 때문에 마침내 죽음에 이르고, 오찰吳札은 사양하는 마음 때문에 갑자기 나라를 혼란에 이르게 하였고, 명제明帝의 지나친 관찰은 시비를 살피는데 올바름을 얻지 못하였다. 어찌 사단이 그 올바름을 얻지 못한 것이 아니겠는가?"라 하였다.

묻기를 "사단이 올바름을 얻지 못하기 전에는 사단은 본디 불선함이 없다. 사단이 그 올바름을 얻지 못한 이후에는 그 사단을 사단이 악하게 되었다고 말할 수 있을 듯하다."라 하였다.

답하기를 "천하의 이가 바르면 선하고 올바르지 못하면 악하니, 올바르고 올바르지 못한 것이 여기에서 선악으로 나뉘어지는 것이다. 이것이 곧 유사한 점으로 미루어 지극히 정밀한 뜻에 이른다[充類至義]2는 말이다. 차등을 두어 말한다면, 그 질문이 사물을 구별할 줄 아는 지혜가 없지 않은데, 그릇으로 비유하여 보자. 지금 그릇이 옆으로 기울어진 것은 그 올바름을 얻지 못한 것이고, 그릇이 뒤집혀 엎어진 것은 올바르지 못함이 심한 것이다. 그릇이 아무것도 남지 않은 것은 올바르지 못함이 심하여 악함에 이른 것이다. 이로써 말하자면, 옆으로 기울어져 올바름을 얻지 못한 것은 기가 넘친 시초이고, 엎어져서 올바르지 못함이 심한 것은 기가 달아올라 거스르고 방자해진 때이다. 깨져서 악함에 이른 것은 기가 왕성하여 이를 멸한 뒤이다. 그렇다면 올바르지 못함이 악함에서는 심하게 고루 쪼개지게 되는 바, 사단이 올바름을 얻지 못하는 것을 하필 '사단을 악하게 한다'고 이름붙이는가? 또한 옆으로 기울어진 것은 아직은 그릇이라고 말할 수 있다. 부서져 없어진 것은 그릇의 이름을 붙일 곳이 없다. 이는 기가 넘치는 초기이니 아직은 사단이라고 말할 수 있다. 이가 없어진 뒤에는 사단이 거처하여 명령할 곳이 없다. 그렇다면 사단이 올바름을 얻지 못한다는 말은 기가 넘치는 초기에는 쓸 수 있으나, 이가 없어진 뒤에는 쓸 수 없다. 왜냐하면 이가 없어진 뒤에는 사단이라고 말할 수 없기 때문이다.

무릇 사단이 올바름을 얻지 못하고 이가 미약하고 기가 달아오름에 이르면 본연의 성은 없어진다. 칠정이 그 올바름을 얻고 기가 발동하여 이에 순종하면 천지의 성이 존재하게 된다. 사람의 성찰공부 여부 사이에 있을 따름이다.

대저 이기는 뒤섞어서 혼륜混淪으로 말할 수 있는 경우가 있고, 나누어 분개分開로 말할 수 있는 경우가 있다. 이 가운데 기가 있고 기 가운데 이가 있다는 것으로, 정자程子의 분명하지 않고 갖추어지지 못함이 있다는 가르침은 혼륜으로 말한 것이다. 이는 불선함이 없고 기는 선악이 있다는 것으로 주자朱子가 이발과 기발로 주장을 편 것은 분개로 말한 것이다. 혼륜과 분개 모두 이기의 학문을 밝히는 것은 한 가지이다.

천하의 의리가 무궁하고 사람마다 보는 바가 같지 않은즉, 내가 천박한 몸으로 어찌 성리 하나 하나를 감히 논설하여 꼭 맞는 답을 얻겠는가? 요즈음 어려

---

2 『孟子』萬章下. "夫謂非其有而取之者 盜也 充類至義之盡也"

서부터 개발하고 익혀 쌓으려 하지만 털 위에 털이 나고 실오라기 위에 실오라기가 일어나 얽히고설켜 있으니, 천하에 지극히 정밀하지 않으면 그 누가 그것을 변별하겠는가? 옛 사람이 이르기를 '하학하여 상달한다'고 하였으니, 하학을 그치지 않는다면 청명함이 몸에 배고 지기志氣가 신령神靈과 같아 자연히 상달의 지경에 이를 것이다. 그런 연후에 털과 실오라기 뭉치에서 정의를 변별해내고 세상에서 마음의 자취를 판별할 수 있는 것이다. 그렇다면 오늘날 힘쓸 것은 마땅히 하학 공부에 있을 따름이다. 내가 『하학지남』 두 권에 바라건대 마음으로 베끼고 입으로 읽어서 뒷날 학문이 나아지고 지식이 나아지기를 기대한다.

2. 인물지성人物之性

주회가 말하기를 '만물이 하나의 근원임을 본다면 이는 같고 기는 다르다. 만물이 형체를 달리함을 본다면 기는 오히려 서로 가깝고 이는 절대로 같지 않다'라고 하였다. 이가 같고 기가 다르다는 것은 하늘에서 받아 생겨났으니 같고, 기의 청탁과 수박粹駁을 받음이 차이가 있다. 기는 오히려 서로 가깝고 이는 절대로 같지 않다 함은 기질의 성은 사람과 사물이 각각 지니나, 본연의 성은 사람만이 받은 것이다. 그렇다면 사물이 얻은 것은 치우치고 사람에게 주어진 것은 온전하다. 왜냐하면 희·노·애·구·애·오·욕의 칠정은 기질의 성으로 금수 또한 많이 지니고 있고, 인·의·예·지의 사단은 본연의 성으로 금수는 일찍이 지니고 있지 않다. 이것이 '사물은 그 반쪽을 얻었다物得其偏者也'고 하는 것이다. 사람은 그렇지 않아 본연의 성도 있고 기질의 성도 있다. 본연의 성은 이에서 발동하니 사단이 되고, 기질의 성은 기에서 발동하여 칠정이 된다. 이것이 '사람은 온전함을 받았다人稟其全者也'고 하는 것이다. 사람과 사물의 성을 어떻게 비교하여 같다고 할 수 있는가? 근래 어떤 사람이 말하기를 '소 가운데에서 한 성인이 나온 뒤 성이 같다는 주장은 따를 만하다'라 하자, 어떤 사람이 답하기를 '비록 성스런 소가 있다 하더라도 나는 성이 같다는 주장은 따를 수 없다. 왜냐하면 소에게서 성인이 나왔다는 것은 하나의 변괴이다. 어찌 그 성이 같아 그러하겠는가?'라 하였다. 이 모두 어처구니 없는 말이다"라 하였다.

묻기를 "호랑이나 늑대가 부자父子가 되고, 벌이나 개미가 군신君臣을 이루며, 까마귀가 뱉어 먹이고 개나 말이 주인을 위하는 것으로 보아, 동물[3]에게도 인의가 있다는 것이 어찌 아니겠는가?"라 하였다.

답하기를 "이는 칠정 가운데 애愛로부터 나오지 않는 것이 없다는 것이다. 어찌 그것이 인의의 성이 있다고 그러는가? 무릇 동물 역시 서로 사랑하는 것을 안다. 그러므로 벌과 개미가 물이나 불에 이르면 서로 따라 죽고, 개나 말이 그 주인을 연모하여 힘을 다하고 죽는다. 이는 실로 서로 사랑함이 죽음에 이르러도 그 죽음이 아깝다는 것을 스스로 깨닫지 못하는 것이다. 도리의 당연함이 있어 그러함을 어찌 알겠는가? 무릇 동물의 성이 그와 같은 것을 우리 인간의 인의에 비유해 보는 것은 옳지만, 동물도 역시 인의의 성이 있다고 곧바로 말하는 것은 옳지 않다. 그러므로 나는 '칠정 가운데 애에서 나오는 것'이라고 말한다"라 하였다.

묻기를 "물수리도 부부의 구별이 있고 사슴도 붕우의 의리가 있다. 그렇지 아니한가?"라 하였다.

답하기를 "이 또한 애정 가운데에서 나온 것이다. 물수리는 음란을 좋아하지 않고 서로 사랑하기 때문에 부부의 구별이 있는 듯하고, 사슴은 싸우는 것을 좋아하지 않고 서로 사랑하기 때문에 붕우의 의리가 있는 듯하다. 사랑은 사랑인 것이다. 저들이 어찌 부부의 예절과 붕우의 신의가 있어서 그러하겠는가?"라 하였다.

묻기를 "음란을 좋아하지 않고 싸움을 좋아하지 않는다면 이것이 근본이 착

---

3 원문에는 物로 표기하였으나 여기에서는 動物로 해석하기로 한다.

한 성性인 듯하다."라 하였다.

답하기를 "동물이 어찌 근본이 착한 성이 있는가? 동물이 기를 받아 그 가운데에 청탁과 수박의 다름이 머물러 있다면, 물수리와 사슴은 곧 맑고 순수한 것이다. 그 기를 받은 것 가운데 다소 맑고 순수한 것을 말하는 것은 옳다. 어찌 우리 사람의 근본이 착한 성과 섞여 같다고 할 수 있겠는가?"라 하였다.

동물은 기가 서로 이어져 있어 사랑하는 것이고, 끼리끼리 서로 상종하여 사랑하는 것이며, 은혜와 위엄이 동시에 있어 사랑하는 것이고, 감동과 덕이 있어 사랑하는 것이다. 기가 서로 연결되어 사랑하는 것은 호랑이의 부자요 까마귀가 뱉어 먹이는 것이고, 끼리끼리 상종하여 사랑하는 것은 물수리요 사슴이며, 은혜와 위엄을 겸하여 사랑하는 것은 벌과 개미이고, 감동과 덕으로 사랑하는 것은 개와 말이다. 이 모두 동물이 기질의 성을 얻어 그런 것이다. 이러한 기질의 성도 지니고 있고 또한 근본이 착한 성도 지니고 있는 것이 오직 사람이다. 그러므로 만물 가운데 사람이 가장 영험하고 사덕과 오상五常이 찬연하게 갖추어져 있다. 만약 우리 인간에게 다만 기질의 성만 있고 근본이 착한 성이 없도록 한다면 어찌 반드시 사람이라고 하겠는가? 금수라 하여도 또한 좋을 것이다.

금수 역시 기질의 성이 있고, 기질의 성 가운데 오직 애愛가 인의에 가장 가깝기 때문에, 사람이 금수가 서로 사랑하는 것을 보고 '인의가 여기에도 있다'고 쉽게 이야기하니, 사려깊지 못함이 심하다. 무릇 금수는 어미를 사랑하는 것은 알면서 애비를 사랑하는 것은 모르고, 자식을 사랑하면서도 사랑이 자식에서 자식으로 전해지는 것은 모른다. 다만 무리를 사랑하는 것을 알고 있고, 다만 주인을 사랑하는 것을 알고 있으며, 다만 암컷과 수컷이 서로 사랑하는 것을 알고 있을 따름이다. 다시 총체적으로 말한다면, 서로 사랑하는 것을 알되 서로 사랑하는 가운데 또한 서로 공경하는 도리를 모른다면, 인의예지의 성이 있다는 것이 실로 이와 같은 것일까? 심지어 곤충의 무리는 기질의 성 가운데 맑거나 흐림, 치우치거나 온전함을 부여받은 것이 같지 않아, 혹 한쪽 기관[路]으로만 깨닫는 것이 있고 두 기관, 세 기관으로 깨닫는 것이 있으니, 여러 금수에 비하면 그 지각이 더욱 다양하지 않다. 이로써 보건대, 사람과 동물의 성이 같은가 다른가?

대개 본성과 기질이 겸하여 있는 것이 사람이고, 다만 기질의 성만 있는 것이 금수이다. 기질의 성 가운데 겨우 한두 개 얻은 것은 곤충이다. 단지 음양 오행의 기를 얻었으나, 지각과 운동이 전혀 없는 것은 풀과 꽃, 나무와 돌 따위이다. 이것이 사람과 동물이 부여받은 치우치거나 온전한 등급이다. 그렇다면 한갓 사람과 동물의 성만 같지 않다는 것이 아니고, 동물의 성도 역시 만 가지로 같지 않다. 이전의 유학자들이 '만물은 각기 하나의 태극을 갖추고 있다'고 하였는데, 이는 기화에 의하여 태어나는[化生] 오묘함을 가리켜 말한 것이지 그 부여받은 성을 가리켜 말한 것이 아니다.

주희가 경전을 논함에 폭이 넓고 커서 혹 갑과 을이 서로 부합되지 못한 듯함도 있어, 요즈음 사람들은 그 초기와 말기의 다름을 변별하기도 한다. 전해 오는 기록의 오류 또한 진실이 아닌 말인 듯하며, 혹 부득불 그렇게 해야 될 곳이 있다. 이러한 것들을 처리함에 십분 신중하게 보는 것이 좋을 것이다.

독서와 궁리를 함에 의문이 없을 수 없고, 의문이 있으면 물어보지 않을 수 없다. 내가 매우 늦게 태어나 정이程頤와 주희는 이미 멀어 질문할 곳이 없은 즉, 애석하게도 어디에서 의문을 풀며 다시 뵙겠는가? 요즈음 산재山齋에서 독서할 겨를이 있어 혹 스스로 의문을 품고 스스로 물어 보며, 스스로 풀고 스스로 터득한 것을 스스로 살피고 비교하여 그 날로 서재에서 『의문』을 기록하였다. 강론하고 토론한 예를 주목하였다. 이에 참람됨을 느끼면서 스스로 하나의 설을 갖추어 상자 안에 두어, 때로 스스로 고찰하고 열람하여도 역시 감히 자신하거나 자만한 뜻을 갖지 않는다. 또한 나아가 생각해 보며 이르기를 '내 주장이 정자나 주자가 당시 이미 변별한 논의가 아니라는 것을 어찌 알겠으며, 정자나 주자가 그 때 버리고 기록하지 않은 것이라면 이는 반드시 온당치 못한 저의가 있는 까닭이다'라 하였다. 매양 이러한 뜻을 위주로 한 것은 모든 생각이 선배 유학자의 말을 독실하게 믿는 데에 있을 따름이다. 또한 어찌 경전의 훈계를 거스르겠는가? 진실로 혹시라도 모두 뜯어 고칠 생각을 얻어 이전의 사

람들이 일으키지 못한 바를 일으킬 것을 스스로 말한다면, 그 폐단은 장차 성
인의 말씀을 모독하여 거리낄 바 없는 지경에 이를 것이다. 그 사람들의 죄는
죽어 마땅할 것이다. 저들 무리가 끝에 가서는 결국 이단으로 돌아가는 것 역
시 잘난 체하고 새로운 것을 좋아하는 소치가 아닐 수 없다. 경계하지 않을 수
있겠는가?

『擬問』

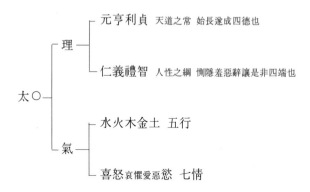

太〇總理氣 而主於理者 四德也四端也 主於氣者 五行也七情也 理邊無不善
氣邊有善有不善 須使五行聽命於四德 七情聽命於四端 可也 五行不亂 則佐四
德 而天道成焉 七情得正 則佐四端 而人道立焉 然則 五行或致乖亂 則天以元
亨利貞之道 使之不乖 七情不得其正 則人以仁義禮智之性 使之得正 此是理勝
而揖氣者也 不然 每有氣盛滅理之患 可不懼哉

〈心性圖解〉

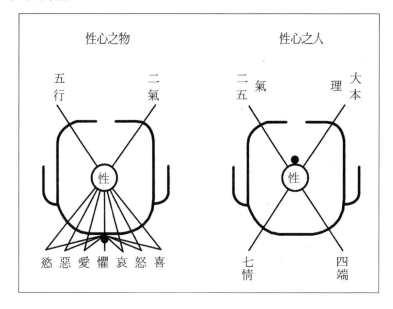

得天地之理成性 得天地之氣成形 理寓於氣 性在於形 本然爲主 氣質爲用 ○旣曰 得天地之理成性
則性只是理也 今於心性圖 大本之理二五之氣 合以爲性者 何也 曰 大本之理 爲本然之性 二五之氣 爲
氣質之性 大本與二五 兼得爲性者人也 只得二五 爲性者獸也 ○有曰 性卽理也 又曰 二五之氣 爲氣質
之性云 則性非徒理也 亦是氣乎 曰 二五之氣 亦自理中出成 則氣以成形 理亦賻焉者此也 豈可以是而性
卽理之說乎 大抵形氣以前 只是大本之理而已 厥後 二五之氣生焉 氣以成形萬物化生 天地之理與氣 只
一般 而人物受 各不同 非天不公 乃人物自不同故也 是知元亨利貞天地之理 而所謂大本者也 陰陽五行
亦天地之理 而以形以氣者也 大本與二五兼得者人性也 只得二五者禽獸之性也 ○理與氣合成心 心之主
虛靈 知覺宰處萬事 知覺 有從理而發 有從氣而發 乃有人道心之別 ○心一光也 光中所貯之物 卽性也
從理上發者 謂之本然之性 從氣上發者 謂之氣質之性 ○寂不動 而具中理者 心之體也 感遂通而應萬事
者 心之用也 鑑空衡平凡物 而成感應之而已 ○心有血肉之心 有知覺之心 ○天命之謂性 而天所命 只是
元亨利貞之道也 在天爲元亨利貞 在人爲仁義禮智 ○性旣墜在形氣中 卽氣質之性爲用 就其中 抽出本然
之性 卽理之所在也 天地之性 亦不離於氣質之中

四七理氣

客問於主人曰 理無爲 而氣有爲 理不自發 待氣而發 則四端亦謂之氣發 可也

主人曰 夫仁義禮智 天理本然之性 則四端其非屬於理乎 喜怒哀懼 氣質所稟之性 則七情其非屬於氣乎 屬於理邊者 此理爲之主 而謂之理發可也 屬於氣邊者 氣爲之主 而謂之氣發可也 豈可以理之待氣而發者 因謂之曰四端亦氣發耶 理之待氣而發 則氣爲理所使而已 此是理發而氣隨者也 四端之發於理則明矣

客曰 四端雖發於理 而非氣無以發矣 則謂之氣發 似無大害矣 必謂之理發然後 隱於義者 可得聞歟

主人曰 理邊本無弊 氣邊易生弊 何者 天理本然之性 無有不善 則理可謂無弊也 氣質所稟之性 有善有不善 則氣可謂有弊也 故四端之發於理者 擴而充之 則仁之至義之盡 而萬世無弊 七情之發於氣者 熾而不節 則過喜過怒過哀過懼 弊將無窮 然則以若無弊之四端 謂之發於有弊之氣可乎 理無弊 而四端亦無弊 觀四端之無弊 則四端之出於無弊之理 可知也 烏可與七情混 謂之氣發耶

客曰 理固無弊矣 四端則似有弊 何者 人或有不當惻隱而惻隱之 不當羞惡而羞惡之 又 有惻隱而過於惻隱 羞惡而過於羞惡者 此豈非四端之不得其正而有弊者耶

主人曰 不當惻隱而惻隱者 非吾所謂仁之端也 不當羞惡而羞惡者 非吾所謂義之端也 心志未固私意雜念 有時橫出者 曷足以四端稱之乎 若夫惻隱而過於惻隱 羞惡而過於羞惡者 理發氣隨之際 理爲氣所誤者也 此非四端有弊也 乃亦氣弊也

客曰 氣之弊 可得聞歟

主人曰 夫氣質之性 有善有不善 則淸濁粹駁 氣所以爲夾雜也 氣是夾雜 而氣又易放 則氣果非易生弊之物乎 大凡 氣或有有弊之氣 而理則無有弊之理 則此吾所謂四端之發 亶在乎一毫無弊理之本善者也 故先儒曰四端理之發理之發云者 發於理之謂也

客曰 今聞主人之言 始知發四端者氣也 而四端之所發源理也 則此乃理爲主而氣爲使也 主人所謂四端 理之發者 誠無弊之論也 若夫聖人之公七情 似是理發 而必謂之氣發者 抑又何也

主人曰 聖凡之七情 雖有中不中之不同 七情之所以爲七情 一也 則凡人之七情 謂之發於氣 而聖人之七情 獨謂之發於理乎 且理本善 而可以擴充 七情亦可以擴充乎 苟使之擴充其弊 將如何 不可謂之理發也明矣 故曰 當然之七情發於正氣 而稟氣質之淸者也 不當然之七情發於客氣 而稟氣質之濁者也 雖有氣淸氣濁正氣客氣之分 而其發於氣則一也 李子又有公七情氣順理之說 實平正之論也

客唯唯而退曰 蓋四端之發 非氣無以 則謂之氣發可也 然而氣或有弊 而四端無或有弊 則四端不可謂氣發也 七情之發 理在其中 則謂之理發可也 然而理可擴充 而七情不可擴充 則七情不可謂理發也 而今以後 吾乃知理發氣隨氣發理乘之義也

理發氣隨之氣 就四端發現之氣而言之 氣發理乘之理 就七情所然之理而言之也

四端發於理 而氣以用之 七情發於氣 而亦在焉故 程子曰 論氣不論理不明 論理不論氣不備 此訓甚明快 但理發處理爲主 則謂之理發可 氣發處氣爲主 則謂之氣發可 朱子不云乎 四端理之發 七情氣之發

蓋四端七情 先觀其末抄之如何 然後可知其發源在何處 惻隱羞惡 可以擴充 則其發源在於本然之性 可知也 喜怒哀懼 不可擴充 則其發源在於氣質之性 可知也 理可擴充 而氣不可擴充故也

問 七情中愛則 可以擴充

曰 四端 是大公無私者也 七情 是有公有私者也 大公無私者 屬之本然之性 而無有不善是也 有公有私者 屬之氣質之性 而有善有不善是 也 本然之性 無有不善者 可以擴充矣 氣質之性 有善有不善者 亦可以擴充乎 七情是氣邊物 而愛在乎七情中 則愛固不可以擴充也 若或 以愛直謂之仁 而可以擴充云 則亦有所不可 何者 仁是本然之性也 愛是氣質之性 而氣質之性 禽獸亦得有之 今果以愛爲仁 則是禽獸亦有仁義之性也 謂禽獸有仁義之性 則可矣 謂禽獸無仁

義之性 則愛與仁 不得不有自別

問 有曰 仁者愛之理 有曰 仁是愛之性 愛是仁之情 又曰 仁不能離得愛 然則仁與愛 似可混稱而同名也否

曰 仁者天地生物之心 而愛之欲其生也 以愛釋仁 宣由於此 若夫大體言之 愛是一段恩愛 而仁爲萬善所統 則顏子之三月不違仁 夷齊之求仁 得仁焉者 豈足以一段恩稱說 之哉 故先儒論 後世言仁之差 有曰 後人都不識仁 只把做恩愛說 是又太泥了云 則愛不可以正名以仁 可知也 古人言仁 多借愛爲說者 此皆推類立言者也 非謂七情之愛 卽四端之仁也 此意不可不知也

問 人於愛親愛民愛物 上終不可用擴充工否

曰 愛親而得其正 則仁乎親者也 愛民而得其正 則仁乎民者也 愛物而得其正 則仁乎物者也 旣云乎 仁親也 仁民也 仁物也 則夫何擴充之不可也 此所謂氣之順理者也 順理者 固不可以擴充乎 且氣質之性善反 則天理之性存焉 天理之性 亦不可以擴充乎 若夫愛親而只養口體者 非仁也 墨子之兼愛 非仁也 衛公之愛鶴 非仁也 則是亦可以擴充乎 然則愛不可擴充 而仁然後 可以擴充者 不亦宜乎 統以言之 則七情氣之發也 而氣夾雜故 不可以擴充也 分以言之 則七情之得正者 氣之順理者也 順理則可天理故 可以擴充

問 四端之惻隱與七情之愛有別者 何也

曰 惻隱出自本然之性 而大公無私 恩愛係於氣質之性 而有公有私 此所以有別也

問 孟子有善養氣 塞天地之訓 是氣則非氣質之氣耶 何其擴充之如是耶

曰 其爲氣也 至大至剛 集仁義 而所生也 則與他氣自別而强 名之曰氣者也 故孟子曰難言 蓋其大無外故 初無過大之弊 其剛無敵故 又無過剛之嫌 夫如是 則復何憚 而不爲之擴充乎 豈與氣質之氣擴而充之 熾而不節者 同日語哉

問 人之生 都是氣化 而無理化 則人之性 都是氣發 而無理發 然否

曰 天以陰陽五行 化生萬物 氣以成形 理亦賦焉 且氣以化者 卽理也 何必曰 都是氣化也 然則似不可以都是氣發爲言也

問 七情之哀與愛 仁也 怒與惡 義也 喜和而懼嚴 可謂禮也 慾者 心之所欲

也 則可謂智也 然則七情中 亦有四端 四端與七情 本非二物 而四七之有理發
氣發之異者 何也

曰 惻隱 仁之端 而形容不忍人之善心 則悲哀 親愛與惻隱有別 羞惡義之端
而恥憎己與人之不 善 則恚怒厭惡 與羞惡自異 哀與愛怒與惡 謂之仁之類義之
類 則可謂仁之端 義之端則不可 且揖遜辭讓 辨別是非 禮也智也 而喜懼慾三
者 與辭讓是非 固非泛然相合 則豈可曰四七 情中亦有四端 又可曰 四七本非
二物乎 且七情禽獸亦得有之 若四七本非二物 則禽獸亦得有四端乎 由此言之
則四七豈可混而同之 亦豈無理發氣發之異乎 昔者 或有問於朱子曰 喜怒愛惡
慾 却似仁義 朱子答曰 固有相似處不正 言其相似 則意固有在也 然則四七非
二物而何

問 羞惡之惡與七情之惡 有不同者 何也

曰 見人有不善憎而惡之者 此乃四端之惡也 死亡貧苦 厭而惡之者 此乃七情
之惡也 四端之惡 屬之本性 七情之惡 屬之氣質 可也 字同而義異者 此之謂也

問 氣質之性 善反之 則天地之性存焉 似是四七本非二物而然也

曰 人心惟危 道心惟微 氣質之性爲用 則天地之性 幾乎滅矣 人於是時 猛省
而探察 用工於氣質上 則可至乎變化氣質 而天地之性 復得而存焉 此之謂乃其
初者也 豈其四七非二物而然耶

問 四端情也 七情亦情也 情則一也 則四七其一物乎

曰 天以陰陽五行 化生萬物 萬物之生 生則一也 則子之言 其猶萬物亦一物
也 大凡 心統性情 性動爲情 情則一也 而有四端之情 有七情之情 此所謂一本
而萬殊者也 情發以前 只是性一圈而已 情發以後 四七之名 各有分焉 推觀於
李子十圖中 蓋可知矣

問 四端是本然之性 而無有不善 則所謂四端之不得其正云者 何也 旣曰四端
則四端者 亦有不正者乎

曰 四端固本善之性 而其發也 或爲氣所溢 則亦有所不得其正者 此非四端不
正也 使之不正者 乃氣也 雖然理發氣隨之時 或爲氣所溢 已不得其正者 不曰
四端不得其正 而謂之曰 何物不得其正乎 是故漢惠 以惻隱之心遂至隕身 吳札

以辭讓之心卒致亂國 明帝之太察察 是非之不得正也 伯夷偏於隘 羞惡之不得
正也 此豈非四端之不得其正者耶

問 四端不得正之前 四端固無不善矣 四端不得其正後 四端似可謂惡四端也
曰 天下之理正則善 不正則惡 正與不正 善惡分焉者 此乃充類至義之辭也
若以差等言之 則其間自不無分數焉 請以器喩之 今夫器之傾仄者 不得其正者
也 器之覆墜者 不正之甚者也 器之破殘 無餘者 不正之甚而乃至於惡者也 由
是言之 則傾仄而不得正者 爲氣所溢之初也 覆墜而不正之甚者 氣熾橫肆之時
也 破殘而至於惡者 氣盛滅理之後也 然則不正之惡也 煞有所等分焉 而四端之
不得正者 何必名之曰惡四端乎 且仄而欹者 猶可謂之器也 殘而滅者 器之名無
所施焉 此猶氣溢之初 猶可謂之四端也 理滅之後 四端無揭號處也 然則四端不
得正之說 可用於氣溢之初 不可用於理滅之後 何者 理滅然後 不可曰四端故也
蓋四端之不得正 而以至乎理弱氣熾 則本然之性滅矣 七情之得其正 而以至
乎氣發順理 則天地之性存矣 惟在人省察用工與否間耳

大抵 理氣有可以渾淪言者 有可以分開言者 理中有氣 氣中有理 而程子有不
明不備之訓 則此可以渾淪言也 理無不善 氣有善惡 而朱子有理發氣發之論 則
此可以分開言也 渾淪分開 皆所以明此理氣之學則一也

天下之義理無窮 人人之所見不同 則以吾淺薄 安敢論說性理箇箇 歸至當之
科乎 近日 少欲開發蘊奧 則毫上起毫 縷上起縷 毫毫縷縷 非天下之精 其孰能
辨之哉 古人曰 下學而上達 下學不已 則淸明在躬 志氣如神 自然及上達之境
矣 然後可以辨義於毫縷 判心迹於天壤者也 然則今日之務 當在乎下學工夫而
已 吾欲於下學指南二卷 心抄之口讀之 以待後日學進而識進也

人物之性

朱子曰 觀萬物之一原 則理同而氣異 觀萬物之異體 則氣猶相近 而絶不同
理同氣異者 稟生於天則同 而稟氣之淸濁粹駁 則有異也 氣猶相近 而理絶不同

者 氣質之性則 人物各得有焉 而本然之性則 人所獨稟也 然則物所得者偏 人
所稟者全 何者 喜怒哀懼愛惡慾七情 氣質之性 而禽獸亦多有焉 仁義禮智四端
本然之性 而禽獸未嘗有焉 此之謂物得其偏者也 人則不然 有本然之性 有氣質
之性 本然之性發於理 而爲四端 氣質之性發於理 而爲七情 此之謂人稟其全者
也 人物之性 豈可比而同之哉 近來 有一人曰 牛中出一聖人 然後性 同之論可
從 有一人答曰 雖有聖牛 吾不從性同之論矣 何者 牛之出性 誠一變怪也 豈其
性同而然也 此皆絶到之言也

　問 虎狼之父子, 蜂蟻之君臣, 烏之反哺也, 犬馬之爲主也 豈非物之有仁義者
耶

　曰 此莫非自七情中愛來者也 豈其有仁義之性而然哉 夫物亦知相愛也 故蜂
蟻赴水火 而以死相隨 犬馬戀其主 而竭力致死 此實相愛之至死 而不自覺其死
之惜也 皆大凡 物性之如彼者 取譬於吾人仁義 則可 直謂之曰 物亦有仁義之
性 則不可 吾故曰 出自七情中愛來者也

　問 雎鳩有夫婦有別 鹿有朋友之義 然否

　曰 此亦自愛情中出來者也 雎鳩不喜淫 而相愛也 故似有夫婦有別 鹿不喜鬪
而相愛也 故似有朋友之義 愛則愛矣彼有夫婦有禮朋友之信而然哉

　問 不喜淫不喜鬪 則似是本善之性也

　曰 物豈有本善之性 物之稟氣 就其中 有淸濁粹駁之不同 則雎鳩與鹿 乃其
淸粹者也 謂其稟氣中 稍爲淸粹 則可也 豈可與吾人本善之性混而同之哉

　物有氣相連 而愛者有類相從 而愛者有兼恩威 而愛者有感德 而愛者氣相連
而愛者虎之父子也烏之反哺也 類相從 而愛者鴟也鹿也 兼恩威 而愛者蜂蟻也
感德 而愛者犬馬也 此皆物得氣質之性而然也 有此氣質之性 又兼本善之性者
獨人也 是故 萬物之中人爲最靈 四德五常 燦然具備 若使吾人從有氣質之性
無本善之性 則何必爲之人也 謂之禽獸亦可也

　禽獸亦有氣質之性 而氣質之性中 惟愛最近仁義故 人見禽獸之相愛也 便謂
之曰仁義在是 蓋不思之甚也 夫禽獸知愛母 而不知愛及其子之子 有徒知愛群
者 有徒知愛主者 有徒知雌雄相愛者 又總而言之 則徒知相愛 而相愛之中 又

不知相敬之道 則有仁義禮智之性者 固如是乎 至於昆蟲之類 則氣質性中 又有
清濁偏全 所稟之不同 或有通一路者 或有通二路三路者 而比諸禽獸 其知覺
尤有多焉 由是而觀之 人物之性 同乎否乎

蓋本性氣質兼有者人也 只有氣質之性者禽獸也 氣質性中 各纔得一二者 昆
蟲也 只得陰陽五行者氣 而全沒知覺與運動者 草卉木石之類也 此乃人物所稟
偏全之等級也 然則非徒人物之性之不同 物之性亦類萬不同 先儒曰 萬物各具
一太○ 此指其化生之妙而言之也 非指其所稟之性而言之也

朱夫子論經浩大 或有似甲乙不相合者 近人有辨其初晚之別 傳錄之誤 亦似
遁辭 而或有所不得不然者 此等處十分愼旃看可也

讀書窮理 不可無疑 有疑不可無聞 吾生也晚 程朱已遠 摳衣問質 旣無其所
則憤悱啓發於何復睹 近日山齋有讀書之暇 或自疑而自問之 自解而自得之 竊
自比 於當日函席上記疑問目 講討之例 斯覺僭焉 而蓋自備一說 藏于篋笥 以
時乎自考自覽 而亦不敢有自信自多之意 又從而思之 曰 吾說 安知非程朱當日
已辨之論 而程朱棄而不錄者 則此必有未櫽底意故也 每以此意爲主 則畢意歸
宿 在於篤信先儒之言而已 又何有違經之誚哉 得一新意 便自謂發前人所未發
則其弊將至於侮聖言無忌憚之域矣 其人輩罪案 可勝誅哉 渠輩末抄之歸于異端
亦莫非自高好新之致也 可不戒哉

찾아보기

｜ㄱ｜

『가례작통家禮酌通』　160

『가례집해家禮集解』　360, 366

가섭迦葉　267

갈두리葛頭里　404

갈산葛山　116

『강계고疆界考』　158, 200, 218

강목체綱目體　138, 139, 147, 148, 167,
　　172, 200, 201, 218, 223, 245

강목필법綱目筆法　137, 138, 139, 147,
　　167, 180, 216, 217, 218

『강역고疆域考』　200

강진康津　102, 106, 401

거사居士　88, 187, 193, 197

거사비去思碑　129

검모잠劍牟岑　196, 197

『격몽요결擊蒙要訣』　37, 40, 41

견훤甄萱　187, 221

결부법結負法　87

결안結案　87

『경교고景教考』　296

『경국대전經國大典』　85, 102, 107

경묘법頃畝法　87, 118

경증景曾　226

경학經學　9, 33, 125, 132, 133, 134,
　　142, 175, 214

『계몽啓蒙』　125

『계민집戒民集(장영張詠)』　104

계백階伯　196

『계백료서誡百僚書』　260

「고구려전高句麗傳」　237

『고려사절요高麗史節要』　210

『고려사高麗史』　178, 182, 183, 198,
　　207, 222, 235, 255, 268

「고이考異」　122, 142, 180, 199, 201,
　　221, 224, 225, 230, 266, 268

고종高宗　260, 262

고증학考證學　219

공민왕恭愍王　130, 184, 207, 210, 260,
　　262, 263

공여당公餘堂　414

공자孔子　32, 136, 430

공희노公喜怒 논쟁　324, 343

공희노公喜怒 이발理發　151, 149, 329,
　　375

공희노기발公喜怒氣發　338, 367

관곡寬谷　364

「관직연혁도官職沿革圖」　222, 233

광거안택廣居安宅　388

광릉廣陵　416, 417

광종光宗　240, 260, 262, 263

광주노씨光州盧氏　414

『광주부지廣州府志』　111, 161, 166, 175,
　　176, 426

광주안씨廣州安氏　414

『광주지廣州誌』　374

「괴설변증怪說辨證」　122, 142, 180, 199,
　　221, 224, 230, 246, 255, 266,
　　268, 269

구사잠九思箴　416

구사재九思齋　416

구양수歐陽修　40

구이九夷　130

국모복례國母服禮　130

궁경실학窮經實學　135, 425, 428

궁예弓裔　130, 187, 221

권계勸戒　176, 180, 220, 222

권단權㫜　264

권두영權斗泳　415

권상빈權相彬　415

권상학權相學　284

권암權巖　154, 155, 165, 166, 226

권일신權日身　154, 155, 166, 254, 283, 284, 285, 355

권철신權哲身　51, 131, 150, 152, 154, 155, 164, 166, 226, 254, 256, 283, 284, 285, 286, 287, 288, 299, 312, 313, 315, 318, 321, 353, 355, 356, 400, 401, 427, 430

『근사록近思錄』　349, 357, 359, 378

금와金蛙　269

기대승奇大升　326, 328, 329, 338, 343, 357

기불멸론氣不滅論　281

『기인편畸人篇』　271, 272

기자책봉箕子册封　130

기전설箕田說　130

기책법著策法　125

길재吉再　39, 46

『금강산지金剛山志』　363

김굉필金宏弼　39, 361

김범우金範禹　284

김수로金首露　269

김원성金源星　284

김인섭金麟燮　415

김인후金麟厚　357

김장생金長生　125

김해허씨金海許氏　414

김호원金鎬源　363

김화윤金華潤　364

김효일金孝日　403, 404

김흥락金興洛　413

| ㄴ |

나주정씨羅州丁氏　166

낙선방樂善坊　153

남돈南墩　166

『남사南史』　237

남승원南升源　382, 394, 396

남영南泳　166

남유노南惟老　165

남이공南以恭　165

남필복南必復　166

남하덕南夏德　166

남하정南夏正　165, 166, 364

남한조南漢朝　127, 163, 163, 167, 298, 299, 300, 325, 391, 402, 413

남혁南赫　165

『내범內範』　24, 52, 53, 69, 374

「냉천급문록冷泉及門錄」　402, 415

냉천冷泉　416

노가용盧家容　399

노비　70, 88, 241, 243, 244, 263

노비천적奴婢賤籍　119, 211, 238, 241, 244

노산蘆山　416

노상익盧相益　414, 416

노상직盧相稷　363, 399, 412, 414, 416

노장사상老莊思想　33, 153, 294

노제불이輅齊拂兒　271

노필연盧佖淵　414

「논양학論洋學」　368

『논어論語』　30, 35, 55, 132

눌지왕訥祗王　196

능리能吏　75

| ㄷ |

달마達摩　271

『당서唐書』　237

『당회요唐會要』　296

대동법大同法　88

『대록지大麓誌』　162, 175

『대학大學』　30, 36, 37, 40, 47, 50, 124, 125, 153, 213, 332, 346, 403

덕곡德谷　23, 25, 34, 59, 103, 124, 126, 134, 137, 147, 154, 155, 158, 167, 168, 272, 324, 325, 356, 359, 360, 361, 362, 363, 365, 373, 375, 389, 393, 405, 417, 422, 424, 427

『덕곡기문德谷記聞』　362

덕산현德山縣　149

도가道家　277, 289

도교道敎　42, 254, 258, 290, 314, 358, 367

도圖　223

『도동록道東錄』　217

도선道詵　261

도저동桃楮洞　116

『도학원류道學源流』　363

『독단獨斷(왕소王素)』　104

『독사만록讀史漫錄』　129

독서분년법讀書分年法　40

「독서차제도讀書次第圖」　363, 377, 406

독성재獨醒齋　364

『동국구현찬東國九賢贊』　361

『동국문헌비고東國文獻備考』　157, 158, 159, 178

「동국사강목조례東國史綱目條例」　118, 119, 120, 121, 122, 143, 214, 220

『동국여지승람東國輿地勝覽』　198, 201, 266, 267

『동국여지지東國輿地志』　60, 118, 122, 123, 143, 156, 200, 201, 212, 215, 219, 246

「동국역대전수지도東國歷代傳授之圖」　203

『동국역대총목東國歷代總目』　142, 205, 207

「동국지리의변東國地理疑辨」　129

『동국지리지東國地理志』　200, 218

『동국통감東國通鑑』　140, 193, 194, 198, 207, 210, 235, 236, 255, 267, 269

『동국통감제강東國通鑑提綱』　165, 200, 205, 218

『동사강목東史綱目』　7, 13, 14, 15, 18, 52, 53, 56, 57, 58, 64, 69, 70, 71, 72, 100, 106, 111, 112, 113, 114, 119, 120, 121, 122, 123, 132, 137, 139, 140, 141, 142, 143, 145, 148, 149, 151, 152, 154, 156, 162, 164, 166, 167, 171, 172, 177, 178, 179, 180, 181, 182, 185, 189, 197, 198, 199, 201, 202, 205, 208, 209, 210, 211, 212, 214, 215, 216, 218, 219, 220, 221, 222, 223, 224, 226, 227, 228, 229, 230, 234, 236, 241, 243, 244, 245, 246, 254, 261, 268, 272, 355, 374, 378, 425, 426

「동사고이東史考異」　199

「동사괴설변東史怪說辨」　118, 122, 143

『동사례東史例』 118, 119, 212, 123, 143, 156, 215, 219, 246, 422, 425

『동사찬요東史纂要』 194, 198, 269

『동사회강東史會綱』 180, 194, 198, 200, 201, 207, 210, 218

동소桐巢 165, 166, 364

동약洞約 83, 92, 112

「동자의童子儀」 48, 165

『동현학칙東賢學則』 363, 405, 406, 407

두호斗湖 362, 372, 377, 383, 387, 390, 416, 417, 430

두호정사斗湖精舍 362, 377, 383, 387, 404, 430

|ㄹ|

『렴민문수濂閩文粹』 363

|ㅁ|

마명馬鳴 271

마한馬韓 121, 196, 203, 204, 205, 206, 209, 221, 224, 230

마현馬峴 103, 155, 389, 417

『맹자孟子』 30, 125, 327, 443

명림답부明臨答夫 222

『명물고名物攷』 374

『명사明史』 296

명제明帝 354, 445

명종明宗 193, 260, 262

목도루穆度婁 196

목동리木洞里 403

목록目錄 223

『목민심서牧民心書』 59, 100, 102, 103, 104, 105, 106, 107, 423

목천임睦天任 364

『목천지睦天誌』 374

묘청妙清 264

무부무군無父無君 289, 367, 428

무실務實 50, 51, 55, 213, 346

무실행務實行 150

무안박씨務安朴氏 166

묵재黙齋 364

문사文詞 349, 222

문종文宗 262

문헌공文憲公 415

『문헌통고文獻通考』 232, 237

미사흔未斯欣 196

「미수선생불조사의眉叟先生不祧祀議」 363

밀양박씨密陽朴氏 414

|ㅂ|

박사정朴思正 160, 166, 360

박시묵朴時黙 413, 414, 415

박재형朴在馨 414, 415

박제상朴堤上 196

박처순朴處順 160

박치복朴致馥 415

『반계수록磻溪隨錄』 24, 47, 50, 60, 93, 107, 116, 118, 119, 123, 143, 156, 211, 212, 214, 215, 219, 223, 241, 243, 244, 246, 422, 426

반고班固 173, 181

「발해전渤海傳」 237

『방언放言』 363, 372, 399

『백선시百選詩』 112

『백씨보략百氏譜略』 160

「백제전百濟傳」 237

범엽范曄 181

『법범法範(유이劉彝)』 104

법흥왕法興王 256, 257

벽위론闢衛論 16, 18, 165, 167, 251, 313, 330, 348, 349, 388

벽위사상闢衛思想 7, 254, 349, 389, 393, 400, 401, 429, 432

『변학유독辨學遺牘』 271, 272

보첩譜牒 349

보학譜學 160

「부여전」 237

『북사北史』 237, 296

분개分開 336, 337, 338, 388, 446

불교佛敎 17, 33, 42, 229, 230, 231, 235, 254, 255, 256, 257, 258, 259, 260, 261, 262, 263, 264, 265, 267, 273, 280, 289, 310, 318, 319, 358, 367, 428

불권당不倦堂 402

불쇠헌기不衰軒記 158

| ㅅ |

『사감史鑑』 69, 112, 226, 374, 427

『사관지계四官之戒』 363

『사기史記』 173

「사단칠정설四端七情說」 363

사도설梱圖說 131

사론제유성씨史論諸儒姓氏 223

사마광司馬光 130, 199

사마천司馬遷 173

「사수변四水辨」 147

사창社倉 86, 93, 119, 211, 234, 241

『사칠신편四七新編』 132, 136, 137, 167, 323, 325, 326, 327, 328, 329,

334, 338, 339, 347, 348, 366, 367, 376, 379, 380, 425

산수算數 160

『산학지남算學指南』 160

「삼가략三家略」 360, 367, 381, 408

『삼국사기三國史記』 122, 130, 152, 154, 178, 192, 198, 235, 236, 255, 267, 268

『삼국사절요三國史節要』 210

『삼국유사三國遺事』 198, 235, 255, 256, 267, 268, 269

『삼국지三國誌』 237

『삼선생시三先生詩』 363

삼수三水 130

『삼자실기三子實記』 363

「삼정책三政策」 418

「삼한전三韓傳」 237

삼한정통론三韓正統論 206

삼혼칠백三魂七魄 277

삽량주간揷良州干 196

상산김씨商山金氏 414

상평창常平倉 86, 118, 211, 234, 241

「상헌수필橡軒隨筆」 185, 330, 331, 332, 348

서경덕徐敬德 39, 276, 281, 361

『서경書經』 275

서명응徐命膺 162

『서언緒言(호대초胡大初)』 104

서학西學 17, 34, 51, 125, 132, 145, 150, 155, 166, 251, 253, 254, 255, 256, 270, 272, 273, 274, 278, 282, 288, 289, 291, 293, 294, 295, 296, 298, 353, 358, 368, 381, 389, 425, 427, 432

『서학변西學辨』 153, 154, 298

석탈해昔脫解 269

선정강역先定疆城   181, 200

성기成己   130, 196

『성리대전成理大典』   34, 153, 323, 325, 422

성리론成理論   123, 132, 147, 163, 213, 252, 323, 324, 326, 329, 343, 344, 345, 348, 366, 377, 380

성리학性理學   17, 18, 26, 30, 31, 32, 34, 35, 48, 51, 54, 68, 123, 145, 146, 150, 153, 161, 167, 214, 251, 319, 323, 324, 325, 330, 344, 347, 348, 357, 359, 367, 376, 378, 379, 391, 422, 423, 425, 428

성묘위패聖廟位牌   388

성종成宗   262, 263, 264

성패론成敗論   172, 185, 193, 194, 195, 214

『성학십도聖學十圖』   445

『성현군보록聖賢群輔錄』   363

성호문인星湖文人   8, 15, 16, 17, 18, 34, 47, 48, 50, 51, 64, 72, 93, 112, 128, 145, 146, 150, 153, 158, 160, 166, 168, 169, 171, 179, 207, 211, 217, 223, 225, 228, 234, 245, 246, 251, 253, 283, 314, 323, 326, 339, 348, 356, 367, 368, 383, 385, 389, 411, 412, 421, 424, 425

『성호문집星湖文集』   355, 363, 377, 382, 384, 431

『성호사설星湖僿說』   93, 119, 132, 164, 194, 197, 212, 215, 223, 246, 348, 377, 409, 422, 426

『성호사설유선星湖僿說類選』   112, 113, 132, 166, 226, 355, 426

성호학파星湖學派   15, 16, 17, 51, 106, 112, 135, 146, 148, 150, 152, 159, 162, 166, 167, 168, 169, 171, 212, 223, 246, 251, 253, 254, 283, 285, 313, 315, 320, 321, 327, 338, 349, 353, 355, 364, 368, 376, 384, 389, 411, 417, 418, 425, 426, 427, 428, 430, 432

성혼成渾   39

세리勢吏   75, 76

『소남선생문집邵南先生文集』   146

소중화小中華   206

소태보邵台輔   196

『소학小學』   33, 35, 36, 37, 40, 53, 125, 359, 378, 405

속리俗吏   75

『속통감장편續通鑑長編』   173

손성孫盛   173

「수고사蒐古史」   363

수기치인修己治人   37, 64, 67, 76, 94, 95, 105, 127, 135, 290, 332, 346

수사학洙泗學   127, 135, 153, 169, 214, 235, 254, 378, 421, 423

수차水車   84, 97, 162

「숙규塾規」   363

「순암선생문집발順菴先生文集跋」   394

『순암집順菴集』   13, 18, 57, 145, 146, 256, 396, 397, 435

순흥안씨順興安氏   414

『시경詩經』   275, 403

『시변詩變』   363

시세론時勢論   172, 185, 188, 192, 193, 214

『시전詩傳』   125, 289

「시조時措」   52, 58, 73, 75, 80, 93, 94,

95, 102

시헌력법時憲曆法 131

신경준申景濬 157, 158, 200, 218

『신당서新唐書』 237

신라新羅 142, 187, 188, 196, 203, 221, 222, 231, 256, 258, 259

「신라전新羅傳」 237

신림사新林寺 403, 404

신우辛禑 130, 207

신채호申采浩 199

신후담愼後聃 129, 149, 153, 154, 298, 313, 328, 338, 367, 411

『심경心經』 40, 104, 125, 349, 357, 359

심양왕瀋陽王 고暠 222

심유沈浟 346

심이철沈履喆 372, 387, 398, 399, 401

심즉리心卽理 317, 318

십계十戒 288

| ㅇ |

아란불阿蘭佛 267

아란阿蘭 267

안경의安景禕 18, 321, 363, 372, 373, 386, 387, 388, 389, 390, 391, 393, 394, 396, 397, 398, 399, 400, 401, 402, 414, 417, 418, 419

안경점安景漸 163, 167, 413

안극安極 23, 34, 272, 422

안서우安瑞羽 23, 33, 55, 60, 103, 115, 124, 164, 219

안세영安世英 400

「안순암천학혹문변安順菴天學或問辨疑의」 298, 300

안유상安有相 388, 389

안정복安鼎福 7, 8, 9, 13, 14, 15, 16, 18, 23, 25, 26, 30, 31, 33, 34, 35, 40, 45, 47, 48, 50, 51, 53, 55, 56, 58, 59, 61, 64, 65, 68, 69, 70, 72, 74, 76, 78, 83, 87, 92, 93, 94, 95, 97, 99, 102, 103, 104, 105, 106, 107, 112, 113, 114, 115, 117, 119, 120, 121, 122, 123, 124, 125, 126, 127, 128, 132, 133, 134, 135, 136, 137, 139, 140, 141, 142, 143, 147, 148, 152, 154, 156, 157, 159, 160, 161, 163, 164, 167, 171, 172, 177, 185, 189, 194, 197, 205, 209, 210, 214, 215, 217, 220, 223, 227, 230, 233, 237, 243, 245, 251, 254, 260, 265, 267, 272, 280, 282, 285, 288, 296, 310, 313, 319, 325, 329, 334, 340, 348, 353, 354, 356, 358, 359, 360, 363, 365, 366, 368, 370, 371, 373, 374, 375, 376, 379, 381, 382, 384, 385, 390, 394, 401, 406, 407, 412, 413, 417, 419, 421, 424, 425, 426, 427, 429, 430, 431

안종엽安鍾曄 363

안철중安喆重 362, 382, 394, 396

안호중安鎬重 390

안효근安孝根 362

안효완安孝完 414

안희원安禧遠 363, 414, 415, 416

애유략艾儒略 296

액륵와략額勒臥略 271

야소耶蘇 292

약전藥田　155, 156, 284, 404

약현藥峴　403

양근楊根　154, 166, 369, 417

『양명집陽明集』　317

양명학陽明學　15, 17, 42, 51, 150, 166,
　　168, 251, 253, 254, 283, 284,
　　286, 313, 314, 315, 316, 318,
　　319, 353, 375, 427

양안糧案　87

양재팔梁在八　416

「양천향약陽川鄕約」　362, 363

「양학변洋學辨」　165

양효養孝　88

어리장御吏章　73, 80, 102

『여사제강麗史提綱』　198, 200, 201, 207,
　　210, 218

여주이씨驪州李氏　414

「여지고輿地考」　158

여흥이씨驪興李氏　166

연지화상蓮池和尙　271

연천漣川　416, 417

『열자烈子』　296

『열조통기列朝通紀』　18, 182, 226, 355,
　　374, 427

영릉永陵 참봉　388

『영언여작靈言蠡勺』　153

『예기禮記』　53, 327

예론禮論　9, 18, 127, 132, 133, 134,
　　147, 163, 366, 378, 380, 391,
　　409, 410, 425, 430

「예운禮運」편　327

「예전禮傳」　237

『예학집요睿學輯要』　162

오운吳澐　194, 237

오찰吳札　445

『오학편吾學編』　296

옥동玉洞　389, 409

온조溫祚　131, 196

옹산성장甕山城將　196

왕건王建　130, 187, 192, 204, 260

왕검성王儉城　196

왕권강화　232, 265

왕양명王陽明　313, 315, 317, 318, 319,
　　381

왜국倭國　196

우곡성牛谷城　196

우산재友山齋　369

우태優台　131

유경柳謙　346

유계兪棨　200, 218

유광위柳光渭　116

유발柳發　24, 93, 111, 116, 143, 156,
　　179, 219

유치명柳致明　391, 392, 393, 397, 399,
　　400, 402, 413, 414, 415

유향留鄕　88

유형원柳馨遠　15, 17, 23, 24, 26, 47,
　　50, 55, 56, 68, 93, 106, 107, 111,
　　112, 113, 114, 115, 116, 117,
　　118, 120, 121, 123, 143, 156,
　　200, 211, 212, 214, 217, 241,
　　244, 245, 346, 422, 424, 426, 431

윤광의尹光毅　165

윤급尹汲　391

윤동규尹東奎　16, 48, 106, 111, 126,
　　128, 137, 139, 146, 147, 148,
　　151, 199, 217, 219, 225, 226,
　　251, 283, 285, 324, 327, 328,
　　338, 339, 343, 355, 376, 411, 425

윤소종尹紹宗　182, 183, 188, 197, 222

윤종렴尹鍾濂　387

윤최식尹最植　391

윤회설輪廻說 280, 311, 319
을파소乙巴素 130
『응제시주應製詩註』 268
의령남씨宜寧南氏 166
「의문擬問」 18, 32, 435
이가환李家煥 157, 256, 283, 284
이구환李九煥 124, 152, 155, 164, 226, 353
이기경李基慶 293, 313
이기논쟁理氣論爭 15, 17, 127, 167, 324, 327, 328, 329, 330, 344, 348, 423, 429
이기론理氣論 49, 54, 136, 137, 151, 152, 281, 319, 326, 327, 328, 335, 343, 344, 357, 380, 423
이기양李基讓 51, 150, 152, 256, 283, 284, 285, 313, 315, 318, 321, 353, 355, 427
이기진李箕鎭 165
「이단설異端說」 363, 381, 408
이도李燾 173
이돈우李敦禹 413, 415
「이루장구離婁章句」 30
이마두利瑪竇 271, 272, 281, 296, 297, 298, 300, 311, 312
이만각李晚慤 391, 392, 399, 400, 402
이만부李萬敷 153
이맹휴李孟休 126, 128, 160, 164
이명진李明鎭 149
이민곤李敏坤 161
이발기수기발이승理發氣隨氣發理乘 123
이벽李蘗 283, 284, 285
이병휴李秉休 16, 106, 126, 128, 145, 148, 149, 150, 151, 152, 159, 165, 167, 181, 217, 220, 223, 226, 251, 283, 286, 324, 328,

329, 338, 340, 353, 355, 356, 383, 411, 426, 427
이삼환李森煥 165, 401, 430
이상규李祥奎 387, 401, 416
이상정李象靖 127, 162, 163, 167, 299, 325, 346, 393, 402, 413
이상휴李尙休 391
이색李穡 188, 196
이서李溆 389, 409
이석관李碩瓘 416
이성계李成桂 188, 192, 195, 196, 204
이수광李睟光 296
「이순수유사李醇叟遺事」 111
이승훈李承薰 283, 284, 285
이식李栻 153
이언적李彦迪 361
이영응李永膺 39
이우李偶 39
이원조李源祚 413, 415
이이李珥 37, 39, 40, 46, 123, 136, 323, 326, 328, 338, 343, 357, 437, 443
이익李瀷 7, 15, 16, 17, 26, 47, 48, 50, 55, 56, 68, 72, 81, 93, 94, 106, 107, 111, 112, 113, 114, 124, 125, 126, 127, 132, 133, 134, 137, 139, 142, 143, 146, 148, 150, 163, 167, 169, 214, 216, 219, 220, 225, 236, 254, 282, 296, 324, 347, 367, 393, 417, 422, 425, 427, 429, 431
이인섭李寅燮 164, 167, 355
『이자수어李子粹語』 111, 113, 132, 134, 137, 147, 166, 167, 217, 356, 357, 362, 378, 379, 385, 400, 405, 406, 426

이잠李潛　149

이장용李藏用　264

이재남李載南　362, 382, 383, 384

이정환李正煥　387, 403

이제현李齊賢　237

이종상李鍾祥　413, 415

이준경李浚慶　39

이중필李重泌　403

이지량李之樑　39

이지한李趾漢　226

이진상李震相　413, 415

이차돈異次頓　256, 257

이첨李詹　264

이총억李寵億　284

이침李沉　149

이택재麗澤齋　112

이하진李夏鎭　149

이헌경李獻慶　165, 293, 313

『이현보理縣譜(부염傅琰)』　104

이홍석李洪錫　416

이황李滉　31, 39, 46, 123, 125, 136,
167, 313, 325, 328, 329, 334,
337, 343, 361, 366, 369, 380,
390, 405, 412, 425, 445

이휘원李輝遠　48, 165

「일성도日省圖」　363, 406

일연一然　266

『일용집요日用輯要』　363

『일지록日知錄』　297, 296

『임관정요臨官政要』　7, 15, 16, 23, 25,
45, 46, 52, 56, 58, 59, 60, 64, 67,
70, 71, 73, 93, 100, 101, 102,
104, 106, 107, 112, 113, 118,
119, 244, 374, 423

임상덕林象德　180, 194, 200, 205, 210,
218

『입학문入學門』　406

| ㅈ |

「자로편子路篇」　30

『자치통감강목』　125, 139, 157, 237

『자치통감고이資治通監考異』　130, 199

『자치통감』　199, 296

「잡괘설雜卦說」　111, 374

「잡론雜論」　221

「잡설雜說」　180, 199, 221, 224, 230,
268

장복추張福樞　415

장천리長川里　149

장현광張顯光　136, 326, 328, 338, 343

전결田結 문서　87

전고典故　349

전폐왕우前廢王禑　184, 208, 224

절의론節義論　172, 185, 214

『정경政經(진덕수眞德秀)』　104

『정계政誡』　260

정교鄭喬　187, 415

정구鄭逑　361, 412, 417

정도전鄭道傳　182, 183, 188, 194, 196,
222

정록鼎祿　226

정명장正名章　132

정몽주鄭夢周　46, 188, 196, 361

정범조丁範祖　165

『정산잡저貞山雜著』　146, 150

정서례程瑞禮　40

정수연鄭壽延　156, 157, 174

정술조鄭述祚　162

정시한丁時翰　364

정약용丁若鏞　59, 100, 101, 102, 103,

104, 105, 106, 107, 108, 155,
156, 200, 283, 389, 401, 423, 430

정약전丁若銓 155, 156, 283, 284

정약종丁若鍾 155, 283

정약현丁若鉉 156

「정어政語」 52, 64, 73, 74, 75, 102

정여창丁汝昌 361

정이程頤 440, 450

정인경鄭仁卿 237

정재원丁載遠 103, 105, 106, 155, 161,
165, 166, 284

정종靖宗 260, 262

정종로鄭宗魯 163, 167, 413

정주程朱 357, 378, 381

정지상鄭知常 264

정지영丁志永 161

정총鄭摠 182, 183

정학연丁學淵 389, 401

정혁동鄭赫東 40

제동사편면題東史篇面 152, 223, 227

「제하학지남서면題下學指南書面」 27, 65,
472

조광조趙光祖 39, 361

조두순趙斗淳 388

조성렴趙性濂 416

조식曹植 31, 39, 361

『조야신필朝野信筆』 363

조욱趙昱 39

조위총趙位寵 129, 193, 194, 196

조헌趙憲 39

존양存養 42

종모법從母法 244

종수성책種樹成柵 239

좌수座首 99

주경함양主敬涵養 289

주근周勤 129, 196

『주례周禮』 24

주몽朱蒙 131

『주역周易』 104, 125

주자朱子 39, 53, 135, 180, 220, 223,
253, 318, 319, 325, 343, 356,
381, 423, 446, 450

주희朱熹 24, 441, 444, 447, 450

『중용中庸』 125

「지리고地理考」 142, 158, 179, 180,
198, 199, 200, 201, 202, 221,
224, 225, 230, 234, 246, 255,
266, 268

『지봉유설芝峯類說』 296

지수신遲受信 196, 197

지행知行 42, 43, 316

지행합일知行合一 316, 317, 318

『직방외기職方外記』 153, 296

직서주의直書主義 177, 181, 184

진건陳建 173

진주하씨晉州河氏 414

『진춘추晉春秋』 173

| ㅊ |

창왕昌王 184, 205, 207, 208, 224

「채거서목採據書目」 223, 224, 235, 255,
266

채제공蔡濟恭 158, 159, 320

채충순蔡忠順 196

천주교 7, 15, 17, 51, 155, 158, 159,
163, 165, 168, 251, 253, 254,
256, 273, 274, 279, 280, 281,
282, 283, 284, 286, 289, 291,
293, 310, 319, 349, 353, 360,
367, 376, 381, 393, 427, 428

「천주실의발天主實義跋」　295, 296

「천주실의변天主實義辨」　381

『천주실의天主實義』　153, 271, 272, 282, 296, 298, 300, 301, 312, 376

「천학고天學考」　18, 255, 285, 294, 295, 296, 297, 310, 313, 360, 368, 408, 435

「천학문답天學問答」　18, 153, 165, 251, 255, 256, 285, 286, 294, 296, 298, 300, 310, 313, 360, 368, 408, 413, 428, 435

「천학설문天學設問」　291, 300

「천학혹문변의天學或問辨疑」　299

『초학문初學文』　406

최기술崔己述　415

최문본崔文本　197

최보崔溥　193, 210

최승우崔承祐　196, 222

최언위崔彦撝　196, 222

최영崔塋　188

최치원崔致遠　130, 196, 222

최항崔沆　196

충렬왕忠烈王　196, 262

충선왕忠宣王　196, 264

충숙왕忠肅王　196

충혜왕忠惠王　196

『치현보治縣譜(부염傅琰)』　59, 104, 105

칠계七戒　288

「칠극설七克說」　381

| ㅌ |

탐리貪吏　75, 76

태극太極　330, 333, 436, 450

태니료太泥了　442

태봉泰封　187, 222

태조太祖　187, 192, 196, 203, 204, 207, 208, 221, 260, 261

토화라국吐火羅國　297

『통기通記』　173

『통전通傳』　237, 296, 474

| ㅍ |

「파사칠리동규巴社七里洞規」　363

| ㅎ |

「하려명下廬銘」　407

하학下學　15, 17, 30, 31, 32, 35, 47, 48, 50, 51, 54, 55, 56, 68, 127, 142, 145, 213, 254, 323, 324, 332, 343, 344, 347, 348, 349, 357, 375, 379, 381, 393, 407, 423, 428

「하학잠下學箴」　407

『하학지남下學指南』　7, 15, 16, 17, 24, 26, 27, 32, 36, 37, 38, 45, 46, 47, 50, 52, 53, 54, 55, 56, 61, 65, 67, 69, 214, 344, 374, 375, 378, 379, 406, 423

한덕일韓德一　163

한백겸韓百謙　200, 202, 218

『한서漢書』　173, 296, 297

한익상韓益相　321, 371, 372, 373, 394, 399, 401

한재권韓載權　369, 371, 387

한정운韓鼎運　51, 163, 315, 318, 344, 413

한종유韓宗愈 196

한진서韓鎭書 202

한충韓忠 39

한치윤韓致奫 202

한혜漢惠 445

함안조씨咸安趙氏 414

함허정涵虛亭 414

항통법缿筒法 99

『해동문헌통고海東文獻通考』 160

『해동사문유취海東事文類聚』 160

『해동역사海東繹史』 202

해방변어海防邊禦 238

해부루解夫婁 267

향청鄕廳 93, 99

허곤許睏 404, 405, 412

허목許穆 373, 412, 416, 417

허무적멸虛無寂滅 289

허응許應 363

「허전許傳」 8, 18, 169, 220, 321, 362,
363, 365, 373, 387, 394, 399,
401, 402, 403, 404, 405, 406,
407, 410, 412, 413, 415, 416,
417, 418

허조許祚 414

허주許儔 362, 387, 404

허형許珩 403, 404, 412

허훈許薰 412, 414, 416

「헌문편憲問篇」 30, 55

헌제獻帝 262

혁구습장革舊習章 41

현성산賢聖山 403

현종顯宗 196, 260, 262, 263

혈구사穴口寺 262

혼륜渾淪 336, 337, 338, 446

홍대용洪大容 165

홍만종洪萬宗 142, 205, 206

홍명한洪明漢 159, 178

홍범설洪範說 223, 226

『홍범연의洪範衍義』 111, 374

홍범洪範 147, 129

『홍서원시비서鴻書原始秘書』 296

홍석윤洪錫胤 165

홍여하洪汝河 165, 200, 201, 205, 206,
218

홍유한洪儒漢 283, 284, 389

화이론華夷論 172, 185, 186, 214

화이지분華夷之分 131

『환택편宦澤篇(정한봉鄭漢奉)』 104

황덕길黃德吉 8, 18, 51, 69, 165, 169,
321, 325, 346, 349, 356, 358,
359, 360, 361, 362, 363, 364,
365, 370, 371, 372, 373, 375,
377, 380, 382, 386, 387, 390,
391, 392, 398, 399, 401, 403,
404, 406, 408, 412, 417, 430, 431

황덕일黃德壹 18, 165, 321, 349, 356,
357, 359, 363, 365, 366, 367,
368, 370, 371, 372, 385, 390,
429, 430

황수건黃洙建 363, 399

황이곤黃以坤 165, 356, 358, 359, 364,
412

황최黃最 364

회연檜淵 416, 417

『효경孝經』 35

후폐왕창後廢王昌 184, 208, 224

『후한서後漢書』 237

『휘찬여사彙纂麗史』 207

『희현록希賢錄』 112, 131, 374